ヒトラーもの、ホロコーストもの、ナチス映画大全集

―戦後75年を迎えて―

（『SHOW－HEYシネマルーム』1～45より）

弁護士・映画評論家　坂和　章平

まえがき

1）２０２０年のお正月は「ゴーン被告国外へ逃亡！」のニュースに日本中がビックリ！しかし、その真相が明らかになり、「ハリウッドで映画化！」の噂まで出るようになった１月末からは、中国武漢発の新型コロナウィルス騒動となり、２月、３月はその拡大に中国はもとより韓国や日本、そして世界中が大騒動に。

　そんな中、１月末に日本でもひっそり伝えられた（？）のが、「アウシュビッツを忘れない」をテーマとした「アウシュビッツ収容所解放７５年」のニュースだ。ナチスドイツが１９４０年にポーランド南部に開設したアウシュビッツ強制収容所では、１９４５年１月２７日に旧ソ連軍によって解放されるまで、ガス室に送られたユダヤ人など約１１０万人が犠牲になった。同収容所跡への世界各国からの訪問者は年々増加し、２０１９年は約２３０万人と過去最高を更新している。これは、一方では「その痛みを今も忘れていない」ためだが、他方では世界中が不安定になる中、人々が生き抜くための答えを求めているためだ。同収容所で２０２０年１月２７日に開催された「アウシュビッツ収容所解放７５年」の式典では、地元ポーランドのドゥダ大統領の挨拶の後、４人の元収容者が「次の節目の記念日に私は生きていないだろう」「あんな歴史はもう二度と起きてほしくない」と語りかけた。しかし、各国でもたげる愛国主義がぶつかり合う中、そこにはロシアのプーチン大統領は招待されず、米英などの首脳級も参加しなかった。そのうえ、今や各国の極右勢力や反ユダヤの勢力は勢いを増している。

2）１月２６日生まれの私は、２０２０年１月２６日に満７１歳になった。そして、日本人の私にはアウシュビッツの悲劇は縁もゆかりもない。それはその通りだし、「先の大戦」でアメリカと戦争したことすら知らない若者が生息している今の日本では、なおさらそうかもしれない。しかし、人間には感性があるうえ学習能力があるから、歴史を学べば、そして、ある種の映画を観れば、「アウシュビッツの悲劇」を感じとり、その悲劇を再び繰り返してはならないという学習ができるはずだ。

　他方、同じ「アウシュビッツ解放７５年」を前に、エルサレムのホロコースト記念館では１月２３日に犠牲者を追悼する式典が開かれ、こちらにはドイツのシュタインマイヤー大統領や米国のペンス副大統領、ロシアのプーチン大統領らが出席し、記憶と教訓の継承を誓った。その冒頭のあいさつはイスラエルのリブリン大統領で、「ホロコーストと第２次世界大戦の記憶は薄れつつある。私たちは記憶しなければいけない」と訴え、続いてドイツのシュタインマイヤー大統領が「私は歴史的な罪の重荷を背負ってここに立っている」と語った。このように、同じ「アウシュビッツ解放７５年」を巡って２つの追悼集会が開かれていることや、出席する首脳やあいさつの内容が微妙に違っていることは、まさに

分断を深めている世界情勢の現れだと言わざるをえない。現に、エルサレムの集会では、米国が現在イランと対立を深めていることを反映して、「米国とイスラエルの首脳からはイランを牽制する発言」が目立ったそうだ。具体的には、イスラエルのネタニヤフ首相は「地球上で最も反ユダヤの体制に（世界が）統一して断固たる姿勢を取れないことを憂慮する」と発言し、ペンス副大統領は「世界はイランに強い態度を取らなければならない」と訴えたそうだ。このような現状では、「アウシュビッツは単なる歴史ではなく、我々にとっての鏡だ」（国際アウシュビッツ委員会のホイブナー氏）が、現状はかなり厳しいと言わざるを得ない。

3）「先の大戦」そのものすら知らない日本の若者には、「先の大戦」中、「命のビザ」で多くのユダヤ人を救った外交官・杉原千畝（１９００～86年）のことも知らないはず。その功績は『杉原千畝　スギハラチウネ』(15年) を観れば明らかだが、今では日本の若者よりイスラエル国民の方がスギハラのことはよく知っているらしい。テルアビブの北にあるネタニア市には、「スギハラ・ストリート」が、別の市には「スギハラ公園」が、あるそうだ。２０２０年２月17日付産経新聞は、「杉原がビザを発給して今年で80年。イスラエルにとって杉原の功績を語り継ぎ、伝えていくことにどんな意味があるのか」について、「生存者の家族『次の世代へ伝える』」「杉原『命のビザ』いまなお顕彰」「イスラエル　語り継ぎ80年」の見出しで報道した。それによると、「命のビザ」の発給から80年を迎え、イスラエル以外でも顕彰の動きは広まっており、リトアニアでは記念碑が設置されるそうだ。私たち日本人は、「アウシュビッツ解放75年」だけでなく、２０２０年は「戦後75年」、「杉原がビザを発給して80年」の節目に当たることをしっかり確認しておきたい。

4）私は２０１９年11月17日～19日にはじめて沖縄旅行に行き、ひめゆりの塔をはじめとする南部戦跡巡りをした。これは、２０１５年３月７日～９日の鹿児島特攻戦跡旅行に続く念願の旅で、１９４５年の３月26日から６月23日まで90日間続いた沖縄戦と、その中でも特に印象深い「ひめゆり学徒隊」の当時の姿を垣間見ることができた。それを機会に吉永小百合、浜田光夫、和泉雅子ら日活青春スターが総出演した『あゝひめゆりの塔』(68年) をDVDで鑑賞し、改めて大量の涙を流した。

　２０２０年の日本は、７月24日～８月25日まで東京オリンピック・パラリンピックの開催が決定していることもあり、戦後75年の節目となる２０２０年８月15日の終戦記念日への思い入れは薄れている。私が大学に入学した１９６７年（昭和42年）当時、東宝は終戦記念日を中心とするお盆の時期には、必ず「戦争映画大作」を作っていた。その代表が、『日本のいちばん長い日』(67年)、『聯合艦隊司令長官　山本五十六』(68年)、『日本海大海戦』(69年) だが、今の日本にはそんな企画は全くない。ポン・ジュノ監督の韓国映画『パラサイト　半地下の家族』(19年) が第72回カンヌ国際映画祭でのパルムド

3

ール賞に続いて、第９２回アカデミー賞で作品賞、監督賞、脚本賞、国際長編映画賞の４部門を受賞した快挙に比べると、近時の邦画は、是枝裕和監督の『万引き家族』(18年) 等、一部の例外はあるものの、総じて安易なエンタメものばかりになっている。私の情報では２０２０年夏の戦争映画大作の予定は一本もない。しかし、戦後７５年の日本のあるべき姿を考えるうえで、ホントにこれでいいの？

５）ヒトラーの自殺については、１９４５年の「４月２９日」なのか、それとも「５月１日」なのかという疑問はあるが、そのどちらかであることは間違いない。そして、その最期の様子は『ヒトラー　～最期の１２日間～』(04年) を観ればよくわかる。また、『ワルキューレ』(08年)、『イングロリアス・バスターズ』(09年)、『ヒトラー暗殺、１３分の誤算』(15年) を観れば、さまざまなヒトラー暗殺未遂事件のこともよくわかる。しかし、ヒトラーってどんな人？そんな質問を設定すると、その回答は難しい。『帰ってきたヒトラー』(15年) のように、ホンモノのヒトラーがタイムスリップして現代に甦ってくれば、直接それを取材すればいいが、それはあくまで映画の世界でのお話だ。そこで、私は、あえて本書の序章のタイトルを「ヒトラーってどんな人？」としたうえで、『チャップリンの独裁者』(40年)、『我が闘争』(60年)、『アドルフの画集』(02年) の３本の映画評論を掲載した。つまり、これが私なりのヒトラーの人物像なのだ。２０２０年はそんなヒトラーの死亡（自殺）からも７５年が経過した。

６）本書は、太平洋戦争の敗戦から７５年、アウシュビッツの解放から７５年、ヒトラーの死亡から７５年、杉原千畝がビザを発給してから８０年の節目に当たる２０２０年に『ヒトラーもの、ホロコーストもの、ナチス映画大全集－戦後７５年を迎えて－』と題した本書を出版できたのは実にタイムリーだし、私にとって望外の幸せだ。本作は、私の『シネマ１』から『シネマ４５』の中からそのタイトルにふさわしい映画を抽出し、テーマ毎に分類したものだ。その本数は計７２本になったから、自分でもビックリ。私の知る限り類書はなく、弁護士兼映画評論家である私の特徴を十分に引き出せた本だと自負している。是非多くの皆様に手にとって読んでもらいたい。
　なお、本書の表紙については、「表紙撮影の舞台裏（３３）（３４))」をしっかり読み、その狙いを味わってもらいたい。また、本書に収録した１３本については、友人の北岡利浩さんが描いたイラストを載せているので、これも本文とともにしっかり味わってもらいたい。

２０２０（令和２）年２月２６日

弁護士・映画評論家　坂　和　章　平

目　次

5

≪第2編　ナチス支配下のヨーロッパ各地は？≫
―服従？それとも抵抗？国は？個人は？―

≪第３編　ユダヤ人への迫害は？≫
—ホロコーストの悲劇を見つめる—

9

第2章　こんな後日談、こんな逸話（実話？）も！　　　288

≪第５編　ナチスを裁く法廷は？≫
ー戦後のドイツのあり方を考えるー

第1章　アイヒマン裁判とは？悪の凡庸とは？　　　319

序章
ヒトラーってどんな人？

1）２０２０年のNHK大河ドラマ『麒麟がくる』の主人公は明智光秀。「本能寺の変」で主君の織田信長を討った武将だから評判が悪いのは仕方ないが、ホントにそうなの？沢尻エリカの薬物問題という逆風にもかかわらず高視聴率でスタートした同作は、いかに「明智光秀ってどんな人？」を描くのだろうか？

2）明智光秀も「謎の多い人物」だったが、ヒトラーもそれは同じ。「独裁者ヒトラー」の恐ろしさは『チャップリンの独裁者』(40 年) で見事に描かれたが、ナチスドイツが議会制民主主義と選挙の洗礼の中から台頭してきたのはレッキとした事実。また、その過程で『毛沢東語録』と同じように、ヒトラーの著書『我が闘争』が大きな役割を果たしたのも歴史的事実だ。源義経は一種の発達障害を持った男で、ADHD患者だった。２０１９年５月９日放映のBSプレミアム「偉人達の健康診断『源義経　バランス感覚は身を助ける』」はそんな診断を下していた。ADHDはいわゆる脳機能の発達障害で、落ち着きがない、キレやすい、他人の感情を理解できない等の症状が出るそうだ。そんな仮説に立てば、天才型だが独断専行型の義経が、バランス重視型の兄・頼朝の反感を買い、殺されてしまったのもうなずける。すると、ひょっとして天才？それとも狂気？そんな紙一重の人生を送り、世界中を戦渦の悲劇に巻き込んだ男・ヒトラーも、義経と同じADHD？

3）伍長として第１次世界大戦に従事した若き日のヒトラーが大戦終了後、画家？それとも政治家？の選択に迷ったことが『アドルフの画集』(02 年) に描かれていた。もしあの時彼の個展が開かれていれば？クレオパトラの鼻がもし・・・？という「歴史上のイフ」は無意味だが、「ヒトラーってどんな人？」を考えるネタとして、それは興味深い。しかして、序章では次の３本をしっかり読んで、「ヒトラーってどんな人？」について考えたい。

◎目　　次◎

Data

監督・製作・脚本：チャールズ・チャップリン

出演：チャールズ・チャップリン／ポーレット・ゴダード／ヘンリー・ダニエル／ジャック・オーキー／レジナルド・ガーディナー

SHOW-HEYシネマルーム

★★★

チャップリンの独裁者

1940年／アメリカ映画
配給：東和／124分

2019（令和元）年12月10日鑑賞	DVD鑑賞

■□■ショートコメント■□■

◆本作を最初にいつ観たか？それは全く覚えていない。本作を何度観たか？それも覚えていないが、とにかく何度も観ている。しかして、チャールズ・チャップリンが扮した独裁者ヒンケルが、世界制覇を夢見ながら嬉々として子供のように大きな風船の地球儀と戯れている姿は、私の目にくっきりと焼き付いている。また、クライマックスとなる最後の演説シーンで、「ハンナ、聞こえるかい」と呼びかけたうえで、6分間にわたって人類愛を訴えた演説は、正確な言葉こそ覚えていないものの、ハッキリと耳に残っている。

◆チャールズ・チャップリンは1889年4月16日にロンドンで生まれたが、アドルフ・ヒトラーは、その同じ年の同じ月の20日にオーストリアで生まれている。5歳からロンドンの舞台に立っていたチャップリンは21歳でアメリカに渡り、サイレント時代の「喜劇の王様」として映画界に君臨していた。だぶだぶズボンにドタ靴、山高帽にステッキというトランプ（浮浪者）スタイルとパントマイムの演技で大人気を得たチャップリンは、トーキーが登場した後も頑なにそのスタイルを守っていたが、『モダン・タイムス』（36年製作）ではじめてワンシーンだけトーキーで撮った。そして、本作ではじめて本格的なトーキー映画を撮ったが、それは何よりもラストの演説シーンのためだ。

◆チャップリンが本作の製作に着手したのは1939年の春。彼が50歳になった年だ。同年9月、ヒトラー率いるナチスドイツがポーランドへの侵攻を開始すると、チャップリンはその直後から本作の撮影を開始し、翌1940年にニューヨークで本作を初公開。その大きな反響を聞いたルーズベルト大統領はチャップリンをホワイトハウスに招待したが、ひょっとしてそれが、それまでアメリカがとっていた「孤立主義」の路線を変更させるきっかけになったのかも・・・？

◆チャップリンが本作を製作するについては、ドイツ大使館から「横やり」が入ったらしい。それはそうだろう。ヒトラーはヒトラーではなくヒンケルとされ、侵略国はドイツではなくトメニア国とされていたが、当時の人間なら誰の目にも、こりゃヒトラーをそしてドイツを揶揄した不届きな映画！そう映ったはずだ。ユダヤ人の床屋との二役を演じたチャップリン扮する独裁者ヒンケルが、大衆に向かって演説する姿は熱狂的だが、大学時代にドイツ語を少しかじった私には、ヒンケルが語るトメニア語はチンプンカンプン。だって、そこでまくしたてられたトメニア語はもともと意味不明の言葉なのだから。したがって、そんなワケのわからない演説に熱狂し、拍手喝采していたトメニア国の群衆たちは、まさに「狂気の群衆」だし、その時代はまさに「狂気の時代」と言わざるを得ない。

◆ナチスドイツのポーランドへの侵攻が１９３９年９月１日なら、大日本帝国による真珠湾攻撃は１９４１年１２月８日（日本時間）。つまり、ヒトラー率いるドイツ、ムッソリーニ率いるイタリアと「三国同盟」を結んでいた当時の日本は、今のような民主主義国家ではなく、天皇制の下で軍事拡張路線を突き進む危険な国だったのだ。したがって、そんな日本で本作が公開されることはなく、本作が日本で公開された（できた）のは、終戦から１５年を経た１９６０年だった。１９６０年と言えば、言わずとしれた「６０年安保闘争」の年。そんな年に公開された本作のクライマックスでの、「兵士諸君、君たちは野獣のような奴らの犠牲になってはいけない・・・。彼らは機械のような頭と心をもつ機械人間なのです。」「兵士諸君、自由のために戦いなさい・・・。さあ、民主主義の名の下に私たちはその力を使いましょう。」の演説は、ユダヤ人の床屋でもなく、独裁者ヒンケルでもない、チャールズ・チャップリン自身の心の叫びなのだ。そんなメッセージを当時の日本人はいかに受け止めたのだろうか？

◆１９４５年の敗戦から７５年。そして、１９６０年の本作公開から６０年。そんな２０２０年の今、『ヒトラーもの、ホロコーストもの、ナチス映画大全集－戦後７５年を迎えて－』を出版するにあたっては、何よりも本作の問題提起をしっかりかみしめたい。

２０１９（令和元）年１２月１９日記

Data

編集：エルウィン・ライザー
日本語ナレーション：小山田宗徳

★★★★★

我が闘争

1960 年／スウェーデン映画
配給：是空／117 分

2010（平成 22）年 11 月 3 日鑑賞　　シネ・リーブル梅田

👀みどころ

　これは何が何でも観なければ！そんな思いで５０年前の記録映画を鑑賞。タイトルだけで何の映画かわかる人は今や少ないだろうが、こりゃ必見！
　ヒトラーによるユダヤ人迫害の実態は広く知られているが、１９２０〜３０年代にナチスがなぜ台頭したの？それについては知らない人が多いのでは？
　「失われた２０年」が続き、政治的混迷から「日本沈没」まで予測される現状下、あなたはこの映画から何を学ぶ？

────＊──＊──＊──＊──＊──＊──＊──＊──＊──＊──

■□■これぞ「記録映画」の最高峰！■□■

　『我が闘争』という本のタイトルはよく知っていたが、その本を読んだことはなかった。そんな中、１９６０年にスウェーデンで公開され、１９６１年２月に日本で初公開された本作を、約５０年後の今はじめて鑑賞。「すべてホンモノ」の写真やフィルムによって編集された１１７分の映像は、圧倒的な迫力で目の前に迫ってくる。
　ヒトラーを主人公にした映画の最高峰はチャップリンの『独裁者』（４０年）だが、ここ１０年内に私が観たものだけでも、『ヒトラー〜最期の１２日間〜』（０４年）（『シネマルーム８』２９２頁参照）、『アドルフの画集』（０２年）（『シネマルーム４』２７６頁参照）、『ヒトラーの贋札（にせさつ）』（０６年）（『シネマルーム１８』２６頁参照）、『ワルキューレ』（０８年）（『シネマルーム２２』１１５頁参照）、『イングロリアス・バスターズ』（０９年）（『シネマルーム２３』１７頁参照）などがある。また、ユダヤ人の悲劇を描いた名作として印象強いのが『ライフ・イズ・ビューティフル』（９８年）（『シネマルーム１』４８頁参照）や『聖なる嘘つき　その名はジェイコブ』（９９年）（『シネマルーム１』５０頁

参照）などだ。芸術（＝つくりもの）としての映画という観点からはこれらの作品の方が圧倒的に感動的だが、本作はあくまで記録映画だから、物語的な面白さを求めてはダメ。あくまで事実を事実として直視しなければ。そんな観点から観れば、本作はまさに記録映画としての最高峰！

■□■１９２０～３０年代のドイツの内政に注目！■□■

　ユダヤ人の大量虐殺をはじめとするナチス・ドイツの残虐性はよく知られているが、日本人が意外に知らないのは、第一次世界大戦に敗北した当時のドイツの悲惨さと、その時代を生きた若き日のヒトラーの不遇時代。『アドルフの画集』では、青年時代のヒトラー像が興味深く描かれていた。

　「ベルサイユ条約」によって約束させられた高額な賠償金の前に屈辱的な立場におかれた１９２０年代のドイツの最大テーマは、国の内政をいかに転換するかということ。そんな時代状況の中、名もなき伍長だったヒトラーのナチス党が、なぜ急速に力をつけていったの？そんな１９２０年代から３０年代にかけてのドイツ国内の政治の動きと、ナチス党が政権を握るまでの動きは、「失われた２０年」を経てなお低迷が続く現在の日本の政治状況と照らしても、きわめて興味深い。「日独伊」三国同盟の締結については日本国内でも賛否両論があったことはよく知られているが、そんな勉強とともに、本作が見せてくれるこの時代をじっくり勉強したい。

■□■ヒトラーの演説力に注目！■□■

　ヒトラーの幼年時代と青年時代は写真を使って描かれているが、天才か狂気かは別として、こんな境遇下でヒトラーの性格が形づくられたことはまちがいない。その分析は心理学の領域だが、本作を観て私があらためて感心するのは、ヒトラーの類まれなる演説力。

　「自己陶酔型」「教祖型」であることはまちがいないが、日本の政治家の演説能力のレベルの低さに見馴れている私は、これだけ真正面からナマの演説を聞くとやはりビックリ。

　こりゃ、誰でもその演説に陶酔し、すぐにナチス党に入りたくなるのは当たり前？そう思えてくる。

■□■領土拡大の野心は、ひょっとして昔も今も？■□■

　ヒトラーの領土的野心の出発点はドイツとオーストリアの併合だが、それに対してイギリスやフランスなど第一次世界大戦の戦勝国がいかに油断していたかもあの時代の大きな特徴。そんな安易さが、ヒトラーによる対イギリス、対ソ連とのいわば「めくらまし外交」を生んだわけだ。オーストリア併合に続いてチェコスロバキアを併合し、そして１９３９年９月１日のポーランドへの侵攻。

　これによって遂に第二次世界大戦に突入することになったわけだが、このようなヒトラ

一の領土的野心は、同じ時代に日本が中国東北地方に示した領土的野心と基本的に同じ？そしてまた、現在の中国が尖閣諸島に対して、そしてロシアが北方四島に対してとっている行動と基本的に同じ？つい、そんなことを考えてしまったが、さて？

■□■ヒトラーはなぜソ連侵攻を？私にはそれが不可解■□■

　ナチス・ドイツの東方侵攻はポーランドから始まり、北方侵攻はデンマークやスウェーデンへ。そして、西方侵攻はベルギー、オランダ、フランスと続いたから、残るはイギリスのみ。ナチス・ドイツの空軍をあずかるゲーリング元帥は「イギリスを屈服させることは可能」と断言したが、チャーチル首相率いるイギリス国民の抵抗が力強かったため、制海権も制空権も奪うことはできなかった。そんなイライラの中、ヒトラーは１９４１年ソ連への侵攻を決断し実行したが、私にはそれが不可解だ。

　もちろん、ヒトラーはナポレオンのロシア遠征の「失敗」の教訓を学んでいたはず。また、対ソ連とは「独ソ不可侵条約」を結んでいるのだから、ソ連がドイツを攻めてくることがないのは明らか。それなら、東方はソ連の手前で止めておき、西方すなわちイギリスの攻略に全力を注入した方が良かったのでは？チャーチルはアメリカのルーズベルト大統領の援助を盛んに求めていたから、両国が手を結ぶ前にイギリス攻略に力を集中していれば、ナチス・ドイツの力はもっと続いたのでは？日本は本当は中国東北地方つまり満州国を守ることだけで精一杯だったが、いわゆる「ＡＢＣＤライン」によって石油を止められるなどの圧力を受けたため、やむなく石油を求めて南方作戦を開始したという側面があるが、ドイツにはそういう事情はなかったはず。そう理解している私には、ナチス・ドイツがなぜソ連へ侵攻したのか？それが不可解だ。

■□■歴史を学ぶことは、今の生き方を学ぶこと■□■

　日本の中学・高校で教える歴史は年代暗記型が多いから、面白くないのは当たり前。また日本史の勉強は縄文・弥生時代から始まり、大化の改新、平城・平安と時代を追って進めていくから、坂本龍馬が登場する明治維新の時代には学年末となり、明治・大正・昭和の歴史を学ぶことはほとんどないのが実情らしい。

　したがって、日本がなぜ中国大陸へ侵攻したのかはもちろん、なぜ日本がナチス・ドイツと三国同盟を結んだのかを中学・高校で学ぶ機会はほとんどないはず。そのうえ、大学に入れば歴史の勉強とはおさらばで、キャンパス生活をエンジョイするだけ。そして、３年生からはリクルートスーツを着て就職活動。これでは歴史から何も学んでいないことになるが、それではダメ。大学を卒業した後どこの会社に就職するかは、これからの生き方を決めるうえでの大切な要素だが、それ以上に大切なことは自分の生き方を学ぶこと。そして、それにはこんな映画から歴史を学ぶことが不可欠だ。そんなことをしっかり認識してもらいたい。　　　　　　　　　　２０１０（平成２２）年１１月４日記

18

Data

監督・脚本：メノ・メイエス
出演：ジョン・キューザック／ノ
ア・テイラー／リーリー・ソ
ビエスキー／モリー・パーカ
ー

SHOW-HEY シネマルーム

★★★

アドルフの画集

2002年／ハンガリー、カナダ、イギリス合作映画
配給：東芝エンタテインメント／104分

2004（平成16）年2月2日鑑賞	東宝試写室

👁👁みどころ

　アドルフとは、その名を知らない人はいない、あのアドルフ・ヒットラーの
こと。伍長として第一次世界大戦に従事したヒットラーは、大戦終了後、
画家かそれとも政治家か、二つの途があった。あの時、ヒットラーの才能を見
抜いたユダヤ人画商マックスの手によって、ヒットラーの個展が開かれていれ
ば・・・。世界の歴史は大きく変わっていたのかも・・・。

——＊——＊——＊——＊——＊——＊——＊——＊——＊——＊

■□■アドルフとは何者か？■□■

　モーツァルトを知っていても、アマデウスを知っている人が少ないように、ヒットラー
を知っていてもアドルフを知っている人は少ないはずだ。またナチスドイツの「総統」で
あり、ユダヤ人を迫害したヒットラーを知っていても、その青年時代、第一次世界大戦に
ドイツ軍兵士として参加し、西部戦線に配属されて勇敢に戦い、第一級鉄十字勲章を授与
されたことを知っている人も少ないはずだ。

　ヒットラーを風刺的に描いたあまりにも有名な映画はチャップリンの『独裁者』（40年）
だが、これを見れば、狂気に狂い、一人で恍惚として世界制覇を夢見るアドルフ・ヒット
ラーの人物像が実によくわかる。もちろんそれ以外にもヒットラーとナチスドイツによる
ユダヤ人迫害を描いた映画には、『シンドラーのリスト』（93年）、『ライフ・イズ・ビュー
ティフル』（98年）、『聖なる嘘つき　その名はジェイコブ』（99年）など、多くの名作があ
る。しかしこの『アドルフの画集』という映画は、これまでとはまったく違う視点からア
ドルフ・ヒットラーを描いたものだ。それはすなわち、若き日の「画家」としてのアドル
フだ。

■□■知られざる、「画家」としてのヒットラー■□■

　画家志望だったヒット
ラーは、１９７０年つまり
彼が１８歳の時、ウィーン
造形芸術アカデミーの入
学にチャレンジしたが失
敗。翌年の再挑戦も失敗し、
挫折した。ヒットラーはこ
の時、画家よりも建築家に
向いていると言い渡され
たが、建築家を目指すため
の工業大学の入試も、資格
要件を満たさなかったた
め、実現しなかった。ヒッ

トラーはウィーン造形美術学校の入試失敗後、下宿から「蒸発」し、絵葉書を売って生活
費に充てるような生活を送ったということだ。

■□■第一次世界大戦とヒットラー■□■

　第一次世界大戦は１９１４年８月に始まり、１９１８年１１月ドイツの敗戦で終了した。
ヒットラーは２４歳の時、オーストリア国籍のままドイツ帝国陸軍に志願して西部戦線に
配属され、大戦中、勇敢に戦った。そして１９１８年８月一般兵としては珍しく、第一級
鉄十字勲章を授与されたが、４年間の兵役の中、昇進は伍長にとどまった。そして１９１
９年６月に調印されたのが、ドイツに対して①過酷な賠償と②領土の割譲そして③軍備の
制限を課した屈辱的なベルサイユ条約だった。多くのドイツ人がこの条約に不満と反発を
示したが、ヒットラーの反発はことの他強く、この「反発心」が後のナチス台頭の要因に
なったと指摘されている。

■□■政治家としてのヒットラー■□■

　第一次世界大戦の敗戦と屈辱的なベルサイユ条約の調印は、ドイツ国内に不穏な雰囲気
をもたらした。兵役中、共産主義の浸透を防止するため兵士たちを煽動（プロパガンダ）
する任務を担っていたヒットラーは、持ち前の「雄弁術」を駆使して、次第に頭角を現し
た。彼の属する政党はドイツ労働者党。これは１９２０年に国家社会主義ドイツ労働者党
に名称を変更した。すなわちナチス党の誕生だ。

　そしてヒットラーは、何と翌１９２１年その党首となった。その後のナチスの挫折と復

活そしてその脅威的な台頭の物語はここでは省略するが、この映画でのヒットラーの演説ぶりは、すごい。例えば竹中平蔵金融・経済財政政策担当大臣が理路整然と金融問題を解説していく姿とは全く異質で、必ずしも十分な内容を含んだ演説ではないが、しかし論点と自己主張を一つにしぼって単純化し、それをオーバーな身ぶりと絶叫的な喋りで聴衆のハートに訴えかけていくというヒットラーの演説スタイルは、当時としては珍しいものであり、広く大衆の心を捉えたことは間違いない。この映画では、こんな若き日のヒットラーをノア・テイラーが見事に演じている。

■□■ユダヤ人の画商マックス・ロスマン■□■

　この映画には、ユダヤ人の裕福な家族で育ち、大戦に従事し、そこで右手を失ったマックス・ロスマン（ジョン・キューザック）という人物が登場する。彼は大戦後、鉄工所の跡地に画廊を開き、画商として十分な成功を収めていた。そんなロスマンが偶然知り合ったのが復員兵である若きヒットラー。ロスマンは自己を見失っているヒットラーを励まして創作活動を続けることを説得するが、ヒットラーは他方で政治への関心を断ち切れずにいた。

　また、ヒットラーに演説させ、生活費を保障するという陸軍将校の勧めによって、ヒットラーは「演説台」に立つことも。そこで語るヒットラーの言葉は、「反ユダヤ主義」・・・。そんな中、2人の間に芽生えていた友情と信頼は・・・？この映画の実質的な主人公ともいえる、このユダヤ人画商ロスマンは実在の人物ではないが、ヒットラーの周囲に彼のようなユダヤ人画商が存在していたことは間違いないらしい。

■□■もし個展が開かれていれば・・・■□■

　ヒットラーは、政治と絵画との間で迷い闘っていた。ロスマンが望むような絵を次々と創作することができずに苦しむヒットラー・・・。2人の絵や芸術に対する理解は全く異質のものなのか・・・？そんな中、偶然ヒットラーの部屋の中で見たヒットラーの描いたデッサンの魅力にロスマンは目を奪われた。そこで彼は成功するとの確信を持って、ヒットラーのための個展を開くことを約束したロスマン。彼はヒットラーに対して待ち合わせの時間と場所を指示した。もしこの約束どおり、ヒットラーのための個展が開かれていれば・・・？ヒットラーは画家としての自信をつけ、その途で成功していたのかも・・・。そしてもし本当にそうなっていれば、世界の歴史は大きく変わっていたのかも・・・？そんなことを考えさせられるちょっと異色の映画だった。

2004（平成16）年2月3日記

表紙撮影の舞台裏（33）―今回は専門家に依頼！

１）45冊にものぼる『シネマ本』の表紙には毎回私の顔が大きく写っている。これは、同書が私の個性を売りにしているためだ。そこで今回困ったのは、表紙をどうするかということ。まさか誰もがよく知っているヒトラーの顔と私の顔を並べるわけにもいかない。また、アウシュビッツ強制収容所を訪れて写真撮影していればそれを使えるが、私にはそんな経験はない。そこで頼ったのが、2015年6月に北京電影学院で行った"実験電影"学院賞の企画全般と当日の通訳等すべての応対をしてくれた劉 茜懿（リュウ・チェンイ）さんだ。

２）劉さんが2020年2月末にメールで送ってくれたのが本書の表紙を飾ったもので、これは『ジョジョ・ラビット』（19年）のデザインと色要素を参考にしたものだ。同作の色構成は、赤・黒・白の三色がメインで、ほんの少しだけ淡い黄色があった。その三色の由来はナチスドイツの国旗を構成する色で、映画のあらゆるシーンでビジュアル要素として組み込まれていた。しかして、本書の内容はナチス映画の総まとめであるため、本書の表紙にも、赤・黒・白を取り入れることによってナチス色を打ち出したわけだ。

３）表表紙の中段に描かれた「ヒトラーと少年のイラスト」は、当時の少年征兵ポスターを参考にしたもの。下段の「手の画像」は脅威の人間力で多く

の人間がナチスに染まった時代背景を象徴したものだ。他方、上段にはなぜ「花の画像」を入れたの？それは、ナチス感を強調することも重要だが、他方で終戦後に訪れた平和な現代を象徴するもの、という位置づけだ。

４）表紙写真のCGデザインは、東京芸術大学大学院油画科卒業、芸術学修士、映像アーティストのリュウ・ダンシューさんが担当してくれた。同氏は2015年に来日して以来、「天空の芸術祭」（長野/2019）などの国際芸術展に参加している他、「北京電影学院トリエンナーレ」（中国北京/2016）、「シェイピン・ザ・クオリティティブ」（アメリカミネソタ州/2015）など、世界に活躍の場を広げている。

５）イラストはマー・ソフィさんが担当。彼女は女子美術大学美術学科洋画専攻卒業。来日して以来、「第10回アジアの華展2018」（神奈川/2018）、連携プロジェクト「self・re・location1つの景色を、2つの場所で」（神奈川/2018）などの芸術展に参加している。他にもビジネス検定試験basic級、色彩検定試験UC級などの資格を取得し、自分の美学や表現力を磨きながらアートの世界に進出中。

６）今回はそんな各界の専門家に依頼して「無料」で立派な表紙を製作してもらえたので、その出来栄えをしっかり味わってもらいたい。

２０２０年３月１２日記

第1編　ヒトラーの栄光は？その最期は？
―ナチスドイツとヒトラーを考える―

第1章
ヒトラーの最期は？ヒトラーの暗殺は？

1）『日本のいちばん長い日』(67年)で観た、三船敏郎演じる阿南惟幾陸軍大臣の割腹自殺シーンは今でも目に焼き付いているが、ヒトラーが拳銃自殺するに至った「ヒトラーのいちばん長い日」はいつ、どんな形で？日本は１９４５年８月１５日に無条件降伏したから、長野県埴科郡松代町の地下要塞に準備していた「松代大本営」は不要となったうえ、同所での陸軍大臣らの自殺も不要となった。しかし、もし沖縄戦と同じように、本土決戦が行われていたら？そんなことを考えながら、ヒトラーの最期をしっかり確認したい。

2）他方、あれほどの独裁下でも、こんな、あんなの「ヒトラー暗殺計画」があったことにビックリ！篠田正浩監督の『梟の城』(99年)では、伊賀忍者・葛籠重蔵による豊臣秀吉の暗殺未遂の真相をたっぷり堪能できたが、さまざまなヒトラー暗殺未遂事件の真相は？それについては、下記2、3、4の映画でしっかり勉強したい。

23

Data

監督：オリヴァー・ヒルシュビーゲル

原作：ヨアヒム・フェスト『ヒトラー～最期の12日間～』、トラウドゥル・ユンゲ＆メリッサ・ミュラー『私はヒトラーの秘書だった』

出演：ブルーノ・ガンツ／アレクサンドラ・マリア・ララ／ウルリッヒ・マテス／コリンナ・ハルフォーフユリアーネ・ケーラー／ハイノ・フェルヒ

★★★★★

ヒトラー ～最期の12日間～

2004年／ドイツ映画

配給：ギャガ・コミュニケーションズ／155分

2005（平成17）年8月13日鑑賞　　心斎橋パラダイススクエア

👀👀みどころ

　戦後60年目の8・15を迎えた日本では、さまざまな特集が組まれ、「あの日」の総括に大わらわ・・・？そして9・11に設定された衆議院議員総選挙の投票日は、構造改革の行方と日本の進路を左右する天下分け目の「関ヶ原の戦い」となること明らか。そんな中、戦後59年間タブーとされていた「ヒトラーの映画」がドイツ語によるドイツ人俳優とドイツ人監督によって日本でも大公開！その評価や賛否は「東京裁判」をめぐる論争以上に複雑だが、ヒトラーの人間像の一部を知ることができることはたしか！何ごとも学習が大切だと私は思うのだが・・・？

—— * —— * —— * —— * —— * —— * —— * —— * —— * ——

■□■冒頭のおことわり■□■

　私はこの映画の評論を書くにあたって、インターネットでヒトラーに関する資料をたくさん調べて事実確認をしたところ、4月29日結婚、4月30日自殺が正しいという心証に達した。すなわち、私がインターネットで調べた限りでは、エヴァとの結婚は4月29日、正確には28日深夜から29日の早朝、市職員のヴァルター・ワーグナーの立ち会いで行ったもので、結婚証明書の日付は29日とされている。また、ヒトラーの自殺は翌4月30日とされている。ただし、その時刻は午後3時50分とするもののほか、諸説があるとのことだ。

　ところが、この映画のパンフレット中にあるヒトラーの人物紹介のページには、ヒトラーがエヴァと結婚したのは4月30日、自殺したのはその翌日と書いてある。他方、続く側近たちの紹介中のゲッベルスの紹介においては、ゲッベルスたちはヒトラー自殺の翌日

５月１日に自殺したと書いてある。これは明らかに矛盾しており、どちらかが誤っていることは明らかだ。

　また、この映画のタイトルとなっている「最期の１２日間」は、ヒトラーが総統官邸地下要塞にこもった４月２０日からヒトラー自殺の４月３０日までと考えると１日計算が合わないという疑問が湧いてくるのも当然。したがってこの映画は、ヒトラーが自殺した４月３０日までではなく、ゲッベルスたちが自殺した５月１日も含めて１２日間と言っているのだと私は思う。これは、後述の原作を読めば、もっとはっきりするのかも…？

　また、後述のパンフレット中の「ヒトラーと映画」の解説中には、イギリスの名優アレック・ギネスが主演した『アドルフ・ヒトラー／最後の１０日間』（７３年）も紹介されている。もちろん私はこの映画を観ていないが、映画製作の意図は同じはずであるところ、なぜその最期が１０日間と１２日間に分かれるのだろう…？

　そんな疑問を持ちつつ、以下は「４月２９日結婚、４月３０日自殺」説を前提として書くことを、冒頭におことわりしておきたい。

■□■原作と原題は？■□■

　この映画の原作は、ヨアヒム・フェストの『ヒトラー〜最期の１２日間〜』と、トラウドゥル・ユンゲ＆メリッサ・ミュラーの『私はヒトラーの秘書だった』の２冊。したがってこの映画は、この原作のタイトルどおり、１９４５年４月２０日から５月１日までの「ヒトラーの最期の１２日間」をヒトラーの女性秘書、ユンゲ（アレクサンドラ・マリア・ララ）の目を通して描くもの。

　もっとも、原題は「Der Untergang」で、これは没落・破滅を意味するとのことだから、かなり邦題とはニュアンスが異なるものになっているが…。

■□■戦後６０年目の８・１５は？■□■

　私がこの『ヒトラー〜最期の１２日間〜』を観たのは８月１３日だが、その映画評論を完成させたのは戦後６０年目の終戦記念日たる今日８月１５日。今日の新聞各紙は「戦後６０年特集」のオンパレード。なかでも靖国参拝問題はテンコ盛りだが、小泉総理は公約としていた８・１５靖国参拝を実施せず、この問題は「先送り」となった。

　その記念すべき戦後６０年目の８・１５という日に、「ドイツでの戦後６０年」（正確には、ドイツでは２００４年公開だから、戦後５９年）を考えさせてくれたのが、この『ヒトラー〜最期の１２日間〜』。２時間３５分という長編だが、全然飽きることなく、スクリーンに見入ってしまうこと請け合いの話題作だ。

■□■「ヒトラーのいちばん長い日」と「日本のいちばん長い日」■□■

　この映画のパンフレットにある川本三郎氏の解説「ヒトラーのいちばん長い日」は非常

に面白い。まさにヒトラーが自殺するまで過ごした総統官邸地下要塞での１２日間は、ヒトラーにとって「いちばん長い日」だったはず。

他方、日本では１９４５年８月１５日が、１９６７年の三船敏郎主演の東宝映画のタイトルどおり『日本のいちばん長い日』だったが、来るべき日本のいちばん長い日は２００５年の９月１１日。奇しくも戦後の世界秩序を大転換させることになった２００１年の９・１１同時多発テロと同じ９月１１日は日本の構造改革の行方と日本の進路を決定づける衆議院議員総選挙の投票日だ。

去る８月８日の参議院本会議での郵政民営化法案の否決によって決定された、来たる９月１１日の衆議院議員総選挙に向けて、今や日本列島は「刺客」「国替え」「弾圧」「踏み絵」等々の物騒な言葉が飛び交う「熱い夏」となっている。小泉総理の参議院での法案否決＝衆議院解散の決意を甘くみた自民党内の郵政法案反対派の劣勢は目を覆うばかり。郵政民営化をテコとした「自民党ぶっ壊し作業」はいよいよ本格化したが、これが「織田信長」的変革であることは誰の目にも明らかだ。

他方、党内に岡田党首をはじめ多くの小さな政府＝郵政民営化＝構造改革論者がいるにもかかわらず、タナからボタもち式の政権交代の可能性に民主党が走ったのは実に不可解。そのため、本来の自民党と民主党をガラガラポンした上での改革派と守旧派への政界再編最終章の完成が遅れることになるのは残念だ。こんな複雑な状況下で迎える９・１１は、「関ヶ原の戦い」以来の天下分け目の大決戦であり、「日本のいちばん長い日」となることは確実。万一この日の投票率が過半数割れなら、もはや「この国に明日はない」と私は断言したい。

■□■ドイツのタブーとパンドラの箱■□■

戦後長い間、ドイツ国家やドイツ国民にとって、ナチズムやヒトラーと真正面から向かい合い、その「是非」や「功罪」を論ずることはタブーであったはず。それらは１００％完全に否定されるべきものであり、ナチズム台頭の不可避性やヒトラーという人物の価値を論ずるなどということ自体がもってのほかとされ、タブーとされていたわけだが、ある意味ではそれも当然…。

しかしパンフレットによれば、この映画を製作・脚本したベルント・アイヒンガーは、「私はドイツ語を使い、ドイツ人俳優とドイツ人監督でこの映画を撮影したかった」とのことだ。そして、その努力の結果つくられたのがこの『ヒトラー〜最期の１２日間〜』だが、パンフレットの中の北小路隆志氏の解説「ヒトラーと映画」の中で紹介されているように、ヒトラー映画は全世界的にみても意外に少ないもの。

私がよく知っているのは『チャップリンの独裁者』（４０年）だが、最近観た『アドルフの画集』（０２年）はドイツのタブーにチャレンジした好作品だった。それはともかく、北小路隆志氏はこの映画を評して、「ドイツ映画界において半世紀以上にもわたって厳重に封

印されてきたパンドラの箱がついにこじ開けられた」と表現しているが、さて…?

■□■日本のタブーとパンドラの箱■□■

他方、日本のタブーは、平和憲法絶対の思想の下で形成されてきたノー天気な平和主義にもとづく自衛隊（軍隊）論争。

そんな日本の戦後６０年のタブーを破り、パンドラの箱をこじ開けた映画が、『ヒトラー～最期の１２日間～』の公開と同時期の７月３０日に公開された『亡国のイージス』だ。これによって平和憲法の下で６０年間安全と平和を享受し、経済繁栄を謳歌してきた日本におけるタブーは完全に破られたと考えるべきだろう。そして、乗っ取られたイージス艦いそかぜの艦橋上で中井貴一演ずる北朝鮮の工作員がつぶやく「よく見ろ日本人、これが戦争だ！」というセリフは、今年の流行語大賞に推薦したいほどの名文句だと私は考えている。

■□■ヒトラーの側近たちとその離合■□■

ヒトラーの側近として最も有名なのは次の３人。
①国家元帥のヘルマン・ゲーリング
②宣伝大臣のヨーゼフ・ゲッベルス（ウルリッヒ・マテス）
③全ドイツ警察長官のハインリヒ・ヒムラー

私はこの映画を観てはじめてゲーリングとヒムラーはヒトラーを裏切ったことがわかったし、逆にゲッベルスはヒトラー自殺の翌日、なんと６人の子供たちを毒殺したうえ、妻と２人で自殺してヒトラーに殉じたことがわかった。当然ながら、側近たちの選択もいろいろというわけだ。

また、興味深く学んだのは、第１に唯一の私服組の側近であり、ベルリン改造計画である「ゲルマニア建設」の総責任者となったアルベルト・シュペーア（ハイノ・フェルヒ）。日本にはまず存在しなかったスケールの大きい都市計画のプロ中のプロだ。

そしてもう１人は、ヒトラーが「最も忠実な党員」と称して自殺後死体の焼却を依頼する若き官房長官のマルティン・ボルマン。

これらの側近たちの動きは「日本のいちばん長い日」である１９４５年８月１５日後の天皇陛下の側近たちの行動と対比しても、きわめて興味深いものだ。

■□■五木寛之の小説にみるゲーリング像■□■

私が弁護士登録直後の若き弁護士時代に読んだ五木寛之の『戒厳令の夜』は、スペインの大画家パブロ・ロペスの幻のコレクションをめぐって、ナチス占領下のフランスのフランコ政権内戦下のスペイン、そして戒厳令下におかれたチリなどを舞台に展開される一大ロマン小説だが、その土台を流れる秘話がヒトラーとその側近のゲーリング。

空軍大臣であったゲーリングは情熱的な美術愛好家であり、ロペスの幻のコレクションには彼の関与が・・・？今でもドイツのメルセデス・ベンツ車の優秀さは世界一だが、『戒厳令の夜』には猛烈なスピードマニアであったヒトラーが、自分で「グロッサー」と呼ばれるマンモス・ベンツを飛ばして、ベルヒテスガーデンの別荘へ高速ドライブしたというお話や、宣伝相のゲッベルスはヒトラーの運転する車には、怖がって乗ろうとしなかったが、空相ゲーリング元帥はさすがに度胸がすわっていた。彼は深夜の山道のタイヤから煙を吐くほどのハードなドライブにも平然として、ヒトラーが無茶な運転をすればするほど皮肉な微笑を浮かべていた、とのお話が描かれている（『戒厳令の夜・上』新潮文庫、330・331頁）。

■□■小泉総理の側近たちは・・・？■□■

現在展開されている衆議院議員総選挙に向けての自民党の内部抗争は前代未聞のすさまじいもの。亀井静香氏が「ヒトラー的」とか「ヒトラーでもやらなかった無茶苦茶な選択」と、小泉総理を非難しているので、ここでひやかし半分に、小泉総理の側近たちとその離合を思いつくままに少し考えてみたい。

まず第1に蜜月状態の夫婦関係（？）から骨肉相はむ憎しみへと転化したのが、小泉 VS 田中真紀子。次に、郵政民営化法案に反対したために、今や自民党公認の道を閉ざされた後、未練たらしく「昔は○○だった、△△だった」と述べているのは、東京10区の小林興起氏や東京12区の八代英太氏。そして比例区東北の荒井広幸氏など。亀井静香氏の怨み節はもはや聞きあきた感があるが…。

他方、小泉総理の側近中の側近のナンバー1が安倍晋三氏だし、森派の重鎮、中川秀直氏も同じ。官房長官として最長記録を達成した福田康夫氏は、今はなりをひそめているが、果たしてこの後は？

政治の世界は権力抗争だからかつての「角福戦争」に代表されるように、「昨日の敵は今日の友」は当たり前。したがって側近といえどもそれが永久に続くものでないことは当然。織田信長が側近中の側近であった明智光秀に討たれたように、いつ小泉総理が殺されるか…？政治の世界では一寸先はヤミ。

■□■56歳を考える・・・？■□■

ヒトラーが総統官邸地下要塞にこもったのは1945年の4月20日。そして側近たちと愛人のエヴァ・ブラウン（ユリアーネ・ケーラー）や秘書のユンゲたちに囲まれて誕生日を迎えたのもこの4月20日。そしていよいよその最期を覚悟し、エヴァと質素な形ばかりの結婚式を挙げたのが4月29日。そしてエヴァとともに自殺したのが翌4月30日。

私がこの映画を観てはじめて知ったのは、この地下要塞内で祝った誕生日は56歳の誕生日だったということ。この映画で観る限り、この時期のヒトラーはパーキンソン氏病が

進行していたらしく、後ろに回した左手はずっと震えているうえ、その丸めた（曲がった）背中をみても、かなり哀れで衰弱した老人そのもの。そのうえ、かつてならした迫力ある演説と同じように、声は張りあげることができても、そのしゃべっている内容は現実離れ、というより妄想そのもので、側近たちをあぜんとさせるもの。

　私も今年1月56歳になったが、こんな哀れな老人にならないよう日々努力しなければ…？

■□■ドイツでは大ヒットだが、日本では・・・？■□■

　この映画はドイツで大ヒットし、ドイツアカデミー賞最優秀男優賞・最優秀製作賞・観客賞等を受賞し、さらに、2004年アメリカアカデミー賞外国語映画賞にもノミネートされたとのこと。しかし、日本では…？

　私は、年輩者を中心に私と同じような問題意識で、この映画に興味を示す人が多いはずだと期待していたのだが、意外に客足はのびていない様子。私が観た8月13日土曜日の6時25分からの上映も、観客は年輩者がほとんどで50名前後と客席はガラガラ。これは何とも残念な状況…。

■□■同時に観たい対極の映画・・・■□■

　この映画では最初と最後にユンゲの告白が語られているが、600万人もの同胞を虐殺されたユダヤ人にとっては、そんな一介の「弁解」によって納得できる問題でないことは明らか。したがって、ヒトラーの最期の12日間が史実に沿って、ドイツ人監督の解釈とドイツ人俳優の演技によってスクリーン上に描かれること自体を許せないと感じるのは当然のこと。しかし、前述のように、戦後60年を経た今、いつまでも「タブー」をひきずっていたのではダメなのは明らか。

　その意味で私が乱暴ながら薦めたいのは、この『ヒトラー〜最期の12日間〜』と同時に、涙なくして観ることができないユダヤ人の虐殺をテーマとした映画として『ライフ・イズ・ビューティフル』（98年）や『聖なる嘘つき　その名はジェイコブ』（99年）などを観ること。「同時に観たからどうなんだ？」と真正面から問われるとそれに対する明確な回答があるわけではないが、私の感覚としては、それがもっとも人間的な理解の仕方であるように思えるのだが…？

2005（平成17）年8月15日記

Data

監督・製作：ブライアン・シンガー
出演：トム・クルーズ／ケネス・ブ
ラナー／ビル・ナイ／テレン
ス・スタンプ／トム・ウィル
キンソン／エディ・イザード
／クリスチャン・ベルケル／
カリス・ファン・ハウテン／
トーマス・クレッチマン／ジ
ェイミー・パーカー／デヴィ
ッド・バンバー

ワルキューレ

2008年／アメリカ映画
配給：東宝東和／120分

2009（平成21）年2月6日鑑賞　　東宝東和試写室

👀みどころ

ヒトラー暗殺とワルキューレ作戦の融合！それは、かつてホリエモンこと堀江
貴文が唱えた、「通信と放送の融合」と同じように鋭いアイデアだが・・・。
題材は最高！緊張感溢れるストーリー展開もグッド！しかし、いかんせん英語
では・・・？他方、計画どおり爆弾は爆発したのに、なぜヒトラーは軽傷のみ？
それは、ドイツ人は自爆テロや神風特攻隊の精神と無縁のため？そんなこと
を、つい考えてしまったが・・・。

————＊——＊——＊——＊——＊——＊——＊——＊——＊——＊——

■□■その事件は、１９４４年７月２０日に！■□■

　日本人なら誰でも１９３２年の５・１５事件や１９３６年の２・２６事件を知っている
が、１９４４年７月２０日のヒトラー暗殺未遂事件とワルキューレ作戦発動を知っている
人は少ないはず。他方、音楽好き、オペラ好きの人なら、リヒャルト・ワーグナー作曲の
『ニーベルングの指輪』４部作の１つである『ワルキューレの騎行』を誰でも知っている。
そして、フランシス・フォード・コッポラ監督の『地獄の黙示録』（７９年）で使われたこ
の曲は、ワーグナーの『ワルキューレの騎行』を知らない人でもきっと耳にしたことがあ
るはず。だってこれは１度聴いたら誰の耳にも残る、力強くかつカッコいい曲だから。し
かして、そんな有名な曲の名前をつけた「ワルキューレ作戦」って、一体ナニ？

　これは、ヒトラーの死亡や反乱など国内有事の場合、すべての武装勢力を国内予備軍の
指揮下に置き、戒厳令を布告して、政府の全官庁、放送局、交通・通信等をすべて掌握す
るという計画。『ヒトラー～最期の１２日間～』（０４年）で描かれたように、ヒトラーが
自殺したのは１９４５年４月３０日。その９カ月前にそんなワルキューレ作戦がホントに

発令されたことがあったとは！

　歴史好きを自認している私だが、まだまだ知らないことがいっぱい。さあ、こんな映画からあなたは何を学ぶ？

■□■題材はベストだが、トム・クルーズでは？■□■

　歴史好きの私には、『ヒトラー〜最期の１２日間〜』や『ヒトラーの贋札』（０６年）と同じように、１９４４年７月２０日のヒトラー暗殺未遂事件やワルキューレ作戦には興味津々。今までドイツにこれを描いた映画がないとすれば、それが不思議なくらいだ。したがって、題材はベストだが、トム・クルーズでは？また、ブライアン・シンガー監督では？もっともこれは、トム・クルーズが俳優やプロデューサーとしてダメだと言っているわけではないから、決してそんな誤解をされないように。

　ヒトラー暗殺計画の実行犯であり、もし暗殺とその後のワルキューレ作戦が成功すれば国防相次官に就任する予定だったシュタウフェンベルク大佐を演じるトム・クルーズのこの映画における演技はちょっとカッコ良すぎるきらいはあるが、ほぼパーフェクト。しかし、いくら名優でもいかんともしがたいことは、彼はアメリカ人であってドイツ人ではないということだ。トム・クルーズをはじめとする多くの米英の俳優が英語をしゃべりながらヒトラー暗殺計画を練り、実行する姿には、学生時代に少しはドイツ語をかじった私には大きな違和感が。

　さらにこの映画の監督は、『Ｘ−ＭＥＮ』（００年）や『スーパーマン　リターンズ』（０６年）等でハリウッド大作を商業的に大成功させたアメリカ人のブライアン・シンガー監督。この映画の迫力あるスリリングな展開は、さすがブライアン・シンガー監督の演出と感心するものの、やはりブライアン・シンガー監督の演出にも違和感が。そのうえ、ヒトラーを演ずるデヴィッド・バンバーもイギリス人。もちろん、顔と風貌は実在のヒトラーに似せているからしゃべらなければ何の問題もないのだが、事件の終息を決定づけたヒトラーのラジオ放送が英語というのはいくら何でも・・・。これではドイツ人はもちろん、日本人の私でも違和感を持つのは当然では？そのため、作品としては星５つだが、マイナス１点として星４つ・・・。

■□■暗殺とワルキューレ作戦の融合は、すごいアイデア！■□■

　この映画では最初に、トレスコウ陸軍少将（ケネス・ブラナー）らによるヒトラー暗殺計画実行の姿が緊張感の中で描かれる。ヒトラーが乗った飛行機の中に、おみやげとして持たせた高級ウイスキーに仕込んだ雷管装置付きの爆弾をうまく持ち込ませたのだから、後は予定時間での爆発を待つばかり。ところが残念ながらその爆弾は爆発しなかった。それはナゼ？それは、「荷物室の凍えるほどの寒さによって、化学反応が起こらなかったため」と言われているらしい。

プレスシートやネット情報によれば、ヒトラーの暗殺計画と暗殺未遂事件はたくさんあり、トレスコウ少将の例はその１つ。この映画が描く１９４４年７月２０日の暗殺未遂が最終の暗殺未遂事件となったわけだが、シュタウフェンベルク大佐のアイデアが、それまでのヒトラー暗殺計画と根本的に違うところは、暗殺とワルキューレ作戦を融合させたこと。つまり、それまでの暗殺計画はヒトラー暗殺がすべてで、暗殺後の処方箋は何も描かれていなかったのに対し、シュタウフェンベルク大佐は暗殺後のことまで構想し、ナチスドイツが策定しているワルキューレ作戦を逆利用するというアイデアを思いついたわけだ。こりゃすごい。

　ホリエモンこと堀江貴文のかつての盟友宮内亮治は２００９年１月２５日上告を取り下げたため有罪が確定したが、堀江貴文は今なお上告して無罪を争っている。そんな堀江貴文が唱えたのが「通信と放送の融合」。その実現のためにニッポン放送の買収まで手を伸ばしたわけだ。堀江貴文の逮捕とその凋落によって、通信と放送の融合という斬新なアイデアがポシャってしまったのは残念だが、シュタウフェンベルク大佐が唱えたヒトラー暗殺とワルキューレ作戦との融合も、いわばそれと同じような斬新なアイデアだったはず。しかし、その結末は・・・？

■□■岡本太陽氏の「４５点」をどう評価？■□■

　私が評論を書くについて時々参考にしているのが岡本太陽氏の「米映画批評」だが、この映画に対する彼の批評はかなり辛口、そしてその評価は４５点と非常に低い。その最大の理由は、「主演のトム・クルーズは黒い眼帯を付け、ドイツ軍の軍服に身を包んでいる以外は、よく見るトム・クルーズが演じる役と変わらない。ドイツ人を演じていてもやはりアメリカンなのだ」ということだから、これは私が持った違和感と全く同じ。

　しかしその他の、①「本作は『Ｘ－ＭＥＮ』や『スーパーマン　リターンズ』の様にただ大作映画という印象のみ受けてしまう」、②「この映画は全部が嘘っぽく見えてしまっており、そのせいで物語に入り込む事がむずかしい」という批評には、私は納得できない。もちろん、ヒトラー暗殺が失敗に終わるという結末はわかっているから、その分スリルがないといえばそう。しかし、そう言ってしまえば、ボリビアの軍事政権の打倒を目指してボリビアに乗り込んだチェ・ゲバラが結局失敗して処刑されることがわかっている『チェ　３９歳　別れの手紙』（０８年）でも、スリルあるストーリー展開は期待できなくなってしまうことになるから、それはナンセンス。

　もっとも、①シュタウフェンベルクの妻ニーナは刺身のツマ程度の役割だから、わざわざ『ブラックブック』（０６年）で熱演したカリス・ファン・ハウテンを起用しなくても良かったと感じる、②「将校たちが身につけている服やブーツ、スタジオセットまで華やかな感じがリアルさを提供していない」という意見は私もほぼ同じ。米英の俳優がドイツ人将校を演ずるからことさら気を配ったのかもしれないが、衣装や美術がドイツ的になれば

なるほど、英語によるセリフに違和感が生じるという自己矛盾は、この映画が持つ根本的欠陥と言わざるをえない。しかし、岡本太陽氏の４５点という採点は、あまりにも厳しすぎるのでは・・・？

■□■暗殺チームの連携は？■□■

　ヒトラー暗殺計画を行うには、極秘性が絶対条件。したがって、その観点からは１人の単独プレイがベストだが、１人では情報の入手、武器の手配、ヒトラーへの接近等々、暗殺の実行は困難。そこでどうしても暗殺チームを結成せざるをえないが、その人数が多くなると極秘性の保持のみならず、チームの連携プレイも難しくなってくる。しかしこの映画を観ていると、陸軍参謀総長のベック（テレンス・スタンプ）や国内予備軍副司令官のオルブリヒト将軍（ビル・ナイ）、そしてオルブリヒト将軍の副官であるクヴィルンハイム大佐（クリスチャン・ベルケル）などたくさんの軍の幹部が暗殺チームに参加していることに、まずビックリ。

　そんな暗殺チームの幹部たちは、新たにチームに加わったシュタウフェンベルク大佐によるヒトラー暗殺とワルキューレ作戦の融合というアイデアの斬新さとスケールの大きさに驚いたが、そこにはクリアすべき課題もいろいろあった。それはあなた自身が緊張感を持ちながら自分の目で確認してほしいが、これだけ規模の大きい作戦を多くの人間が首尾よく決行するには、よほどのチームワークが必要だ。もちろん予行演習をすることは不可能だから、ぶっつけ本番、命を懸けた一発勝負となる。作戦は大きく分けて２つ。１つは、暗殺の実行部隊を担うシュタウフェンベルク大佐と副官のヘフテン中尉（ジェイミー・パーカー）。もう１つは、暗殺成功の報告を受けた後、ワルキューレ作戦を発令しベルリンを掌握するオルブリヒト将軍たちの部隊（司令部）だ。

　いくら綿密な計画を立てても、現実にはさまざまなハプニングが起きることがあるから、問題はそんな場合の臨機応変の判断力と行動力。ちなみに、決行日の７月２０日、当日になって会議場所が変更されたうえ、開始時刻も３０分くりあげられたが、さてその対応は？さらに、１９４１年１２月８日の真珠湾奇襲作戦の成功を打電する「トラ・トラ・トラ」（われ奇襲に成功せり）に相当する、シュタウフェンベルク大佐からの「ヒトラー暗殺に成功せり」の報告は計画どおりにオルブリヒト将軍に届くの？もし、これらの点でチームワークに不協和音が生じたら・・・？

　そんな「チームの連携」という観点からも、しっかりシュタウフェンベルク大佐とオルブリヒト将軍たちの動きを観察したい。

■□■日本との違い　その１－軍幹部の中に反体制派が■□■

　自民党最大派閥、森喜朗最高顧問率いる町村派の内紛劇は、２００９年２月５日の２時間を超える激論の末、町村信孝前官房長官を会長とし、中川秀直元幹事長を代表世話人の

まま留任させることで決着したが、これは私の予想では町村派の分裂の始まり。それはともかく、日本では歴史的に見て、国の将来を真剣に考える軍の青年将校たちが軍の上層部や政府首脳に対して抱く不平不満はあっても、町村派や自民党の内紛劇ほど激しくはなかったはず・・・？

　１９３０年代以降軍国主義を急速に強めていった日本（大日本帝国）では、天皇制や軍部に対して真正面から反対するのは日本共産党だけだった。それに比べると、ナチスヒトラー政権下のドイツに、この映画で見るような反体制派が軍部の中にこんなにたくさんいたことにビックリ。日本でも一部反体制派の軍人はいただろうが、それはせいぜい尉官や佐官クラスで、将官クラスはいなかったはず。近時、北朝鮮では金正日の後継者問題が焦点になっているが、ナチスヒトラー下の軍部でもこんなにたくさんの反体制派がいたのだから、金正日体制下での北朝鮮軍の中には、想像以上に多くの反体制派がいるのかも・・・？

■□■日本との違い　その２－日本なら誰を暗殺？■□■

　明治憲法下では天皇が統帥権をはじめとするすべての権力を一手に掌握していたが、「天皇制打倒！」を唱えたのは日本共産党だけ。５・１５事件や２・２６事件で決起した青年将校たちも、腐敗した政治家や軍幹部には怒っても、決して天皇陛下に対して怒りを向けることがなかったのが日本の特徴。また、「一人一殺」を唱えた日蓮宗の僧侶である井上日召が率いた血盟団による１９３２年の連続テロ事件（血盟団事件）のターゲットは、政党政治家、財閥重鎮、特権階級などであり、「天皇陛下を中心とした国家革新」が彼らの理想だった。

　それに対して、ドイツではヒトラーがすべての権力を一手に掌握していたから、反ヒトラーの人たちのターゲットがヒトラーに向かったのは当然。そのため、ヒトラー暗殺計画が４０件もあり、現実に何度も実行されたわけだ。しかし、日本では？日本では天皇陛下暗殺を狙った組織的な事件は全くなく、５・１５事件、２・２６事件は「天皇陛下の意思を実現するべき政府首脳がサボっているのはけしからん」という思想にもとづく政府首脳の暗殺計画だった。そんな点が、三国同盟を結び、共通の敵である米・英・蘭などと戦った日本とドイツの違い・・・？

■□■自爆テロとは？神風特攻隊とは？■□■

　オバマ新大統領の基本戦略の１つが、イラクからの早期撤退とアフガンへの兵力増強。それによって、中東の平和と民主化が実現できれば万々歳だが、イスラム教の教えにもとづく（？）自爆テロの根絶はまだまだ先・・・？ブッシュ大統領の重大な決意によってアフガニスタンを平定し、イラクのフセイン政権を打倒したにもかかわらず、自爆テロが収まらないのは一体ナゼ？イラクの軍備をいくら増強しても自爆テロの防止が困難なことは、『リダクテッド　真実の価値』（０７年）をみても明らかだ。

他方、今の日本は世界一の平和を満喫しているが、太平洋戦争中の日本は神風特攻隊で、アメリカ（人）を震撼させた神の国。太平洋戦争末期に一躍有名になった日本の神風特攻隊は、武士道精神とのケッタイな融合をもとに人間の命の価値を無視する下の下の策だが、それなりのアピール力があったことはたしか。しかし、アメリカの強力な防御網のもとに、局面の転換力を持つに至らなかったのは、当時の物量状況を見れば仕方のないところ。もし、イスラム教の自爆テロの精神や日本の神風特攻隊の精神を、１９４４年当時の反ヒトラーのドイツ人将校たちが持っていれば・・・？

■□■なぜ、ヒトラーは軽傷で終わったの？■□■

　１９４４年７月２０日のシュタウフェンベルク大佐によるヒトラー暗殺計画が結果的に失敗に終わったのは、神の偶然のなせるワザ・・・？つまり、シュタウフェンベルク大佐がカバンの中に仕込んだプラスチック爆弾はたしかに会議場で爆発したのだが、ラッキーにもヒトラーは打撲と火傷、鼓膜を損傷するという軽傷で終わったわけだ。その原因はネット情報によれば、①当日気温が高かったため、地下会議場で行われる予定の作戦会議が地上の木造建築の会議室で行われ、窓も開け放され、仕掛けた爆弾の威力を削ぐ結果となった、②会議の開始が直前になって３０分早まったため、用意していた２個の爆弾のうち１個しかセットできなかったためらしい。

■□■ドイツ人は、自爆テロや特攻精神と無縁？■□■

　それはそれでわかるのだが、もっと突き詰めて考えれば、そんな中途半端な結果に終わったのは、シュタウフェンベルク大佐が爆弾を仕掛けた後速やかに現場を退去し、副官のヘフテンと共にベルリンに戻る計画だったため。別の言い方をすれば、爆発確認後シュタウフェンベルク大佐が現場を離れず、ヒトラーの死亡確認を至上命題として現場に残っていれば、あの爆発にもかかわらずヒトラーが幸運にも生き残っていることを確認したシュタウフェンベルク大佐は、その場でヒトラーを射殺することができたはず。さらに突き詰めて言えば、７月２０日に総統大本営「ヴォルフスシャンツェ」で開かれた作戦会議にシュタウフェンベルク大佐が予備軍幕僚として出席することができたのであれば、その会議の場で隙をみてヒトラーを射殺することだって可能だったはず。

　しかしそういう行動をとれないのは、ドイツ人は自爆テロや神風特攻隊の精神とは無縁で、アメリカ人と同じように危険な任務を全うした後、いかに無事に帰還するかという点にウエイトを置いて考えているためだ。コトの良し悪しは別として、目的のためには手段を選ばずという価値観、あるいはイスラム教の自爆テロや日本の神風特攻隊のような思想でシュタウフェンベルク大佐がヒトラー暗殺を目指していれば、あんな恵まれた条件下では、その実現は９９．９％可能だったのでは・・・？

２００９（平成２１）年２月７日記

もしこの暗殺が成功していたら?

「ワルキューレ」

（TOHOシネマズ梅田ほかで公開中）

リンカーンもケネディも、坂本龍馬も井伊直弼も暗殺されたが、荊軻による秦の始皇帝暗殺は未遂。一九四四年七月二十日に決行されたクラウス大佐らによるワルキューレ（W）作戦も、爆弾の炸裂で多数のドイツ軍将校が重傷を負ったのに、ヒトラーは奇跡的に軽傷で済んだから未遂。歴史に「if」はありえないが、もし爆弾が二個セットされていれば? もし爆弾入りの鞄が移動されていなければ?

ヒトラーが心酔していたワーグナーの楽劇『ワルキューレ』の名をとった軍の極秘計画は、数百万の連合軍捕虜たちの反乱を想定、それを鎮圧するため前年十月に立案されたもの。万一の時は国内予備軍が戒厳令を敷き、政府の全権を掌握する内容だ。そんなW作戦をニセ命令で逆手に取り、暗殺後の新ドイツ政府樹立を目指した大佐の構想の卓抜さと壮大さはお見事!

ベック元陸軍参謀総長、トレスコウ陸軍少将、オルブリヒト予備軍副司令官など、反ヒトラー組織の人材は豊富。ベックはヒトラー暗殺後樹立される新政府の元首、大佐は国防次官の予定だ。

大佐が爆弾入りの鞄を置くのは、ムッソリーニとの会談が予定される総統大本営「狼の巣」会議室。爆発までの時間は十分間。さあ爆発の成否にドイツの運命が。W作戦発動権を持つのは日和見派の予備軍司令官フロム。大佐から「爆発成功!」の電話を受けたベルリン待機組は、いかに彼を説得? またW作戦発動の決断とその後の展開は?

黒の眼帯とナチス将校姿のトム・クルーズは凛々しいが、米国人俳優たちの英語によるヒトラー暗殺謀議とその実行に違和感があるうえ、W作戦の失敗は歴史上既知の事実。しかし、本作から彼らの決意と暗殺実行の緊迫感を体感し、W作戦の意義を学びたい。

もし、現場に周到な通信手段が用意されていたら? また、大佐が自爆テロも辞せずの特攻精神の持ち主だったら? 歴史の事実に「if」はいくつも。

大阪日日新聞 2009（平成21）年3月21日

Data

監督・脚本・製作：クエンティン・
　　タランティーノ
出演：ブラッド・ピット／メラニ
　　　ー・ロラン／ダイアン・クル
　　　ーガー／クリストフ・ヴァル
　　　ツ／イーライ・ロス／ティ
　　　ル・シュヴァイガー／ジャッ
　　　キー・イド／マルティン・ヴ
　　　トケ／シルヴェスター・グロ
　　　ート／ダニエル・ブリュール
　　　／ミヒャエル・ファスベンダ
　　　ー／マイク・マイヤーズ

SHOW-HEY シネマルーム

★★★★★

イングロリアス・バスターズ

2009 年／アメリカ映画
配給：東宝東和／152 分

2009（平成 21）年 10 月 20 日鑑賞　　東宝東和試写室

🐸👀みどころ

　ヒトラーをテーマとした最高傑作はチャップリンの『独裁者』（４０年）だ
が、タランティーノ監督の本作はそれとは違う意味での大傑作。こりゃ面白
い！主役のブラッド・ピット以上に、ユダヤ・ハンターの異名をとるナチス将
校の存在感が圧巻。そして、２人の美女の役割にも注目！映画のフィルムの可
燃性は？そんな専門知識を学びつつ、異色のエンタメ巨編を堪能したい。

———＊———＊———＊———＊———＊———＊———＊———＊———＊———

■□■メチャ面白い！こりゃタランティーノ監督の最高傑作！■□■

　ヒトラーやナチス・ドイツを描いた名作は多く、最近の話題作は『ワルキューレ』（０８
年）。またホロコーストを描いた名作も多く、近時の『ミーシャ／ホロコーストと白い狼』
（０７年）や『縞模様のパジャマの少年』（０８年）は涙を誘うものだった。私の独断と偏
見によれば、ヒトラーをテーマとした最高傑作はチャップリンの『独裁者』（４０年）だが、
クエンティン・タランティーノ監督の最新作『イングロリアス・バスターズ』はそれとは
全く違う視点からの大傑作。

　本作は２００９年８月２１日から２３日の全米公開３日間で『キル・ビルＶｏｌ．１』（０
３年）、『キル・ビルＶｏｌ．２』（０４年）のオープニング記録を塗り替える３７６０万ド
ル（約３５億６０００万円）で初登場１位を記録したらしい。また『キネマ旬報』１１月
上旬号によると、「興行区分では秋に入った９月１２日に売り上げ１億ドルを突破」したと
書かれている。大阪では９月８日から数回の試写会が始まっていたのに、なかなか時間的
都合がつかなかったところ、そんなタランティーノ監督の最新作を本日はじめて鑑賞。メ
チャ面白い！こりゃタランティーノ監督の最高傑作！

■□■見どころ満載　その１　ランダ大佐に注目！■□■

邦題の『イングロリアス・バスターズ』は原題『ＩＮＧＬＯＵＲＩＯＵＳ ＢＡＳＴＥＲＤＳ』をそのままカタカナ表記しただけだが、これを理解できる日本人はＨｏｗ ｍａｎｙ？日本人の平均的英語能力では、これを「名誉なき野郎ども」と訳せる人は少ないのでは？それはともかく、そんなタイトルがつけられたのは、アメリカの特殊部隊イングロリアス・バスターズを率いるブラッド・ピット演じるアルド・レイン中尉が本作の主役とされているからだ。しかし私の目には、ユダヤ・ハンターと称されるナチス・ドイツのランダ大佐（クリストフ・ヴァルツ）の圧倒的存在感が印象的。２時間３２分の本作は第１章から第４章までひとつずつのストーリーを完結させながら、最終の第５章であっと驚く怒濤の結末へと導いていくが、ランダ大佐とアルド中尉は出番においてもほとんど同じ。つまり第１章の主役はアルド中尉で、第２章の主役はランダ大佐。そして第５章でも、ランダ大佐とアルド中尉はほぼ同等に張り合う形で対決することに。

本年８月３日から裁判員裁判が始まったため、近時は弁護士や検察官の弁論能力、プレゼン能力が注目されているが、第１章におけるランダ大佐のたくみな話術は、依頼者の本心を探り出さなければならない弁護士はもとより、被疑者から自白を引き出す能力が求められる検察官にとっても大いに勉強になるはず。本作は見どころ満載だが、そんな意味で私はまずランダ大佐に注目。

■□■見どころ満載　その２　この女優に注目！■□■

本作はタランティーノ監督らしく（？）、人間の頭の皮をはぐシーンや、バットで撲殺するシーンなど残忍なシーンも目立つが、女優をきれいに見せるのに長けた（？）タランティーノ監督らしく、本作では２人の美人女優が大きな存在感を見せる。その１人は第１章のラストに、ショシャナとしてきたない格好でほんの少しだけ登場し、第３章以降は若き映画館主ミミューとして登場するメラニー・ロラン。

ヒトラー総統（マルティン・ヴトケ）が映画を活用したこと、また宣伝相のゲッベルス（シルヴェスター・グロート）がその先頭に立ったことはよく知られている。そのゲッベルスの指揮下で製作されたのが、２５０人の連合軍を殺したナチス・ドイツの英雄ツォラー（ダニエル・ブリュール）主演の映画『国民の誇り』だが、さてこれをどんな形で上映？そのプレミア上映にヒトラー自身が参加するかどうかはともかく、ゲッベルス以下のナチス幹部が参加することはまちがいない。しかして、第３～５章ではミミューに近づく若き兵士ツォラーの希望によって、ミミューの劇場でプレミア上映が行われる姿が描かれる。第１章でランダ大佐によって家族全員を殺されたショシャナが、今はミミューと称して生き延びているが、ナチスへの復讐の鬼になっていたのは当然。そして皮肉にもそんなミミューの映画館で『国民の誇り』が上映され、多数のナチスの幹部が参加する。こりゃ千載一遇のナチス撃滅のチャンス。ミミューがそう捉えたのは当然だ。しかして、第３～５章までミミューがキーウーマンとしての役割を果たすから、この美少女に注目。

■□■見どころ満載　その３　あの女優にも注目！■□■

本作にはもう１人注目女優が登場！それはドイツ人の人気女優ブリジット・フォン・ハマーシュマルクを演ずるダイアン・クルーガーだ。ナチスの中には必ずしもヒトラーに忠誠を誓う者だけではなく、反ナチス、打倒ヒトラーを狙う分子がいたことは『ワルキューレ』でも明らかだが、まさかドイツ人の人気女優が英国の二重スパイになっているとは？

アメリカの特殊部隊「イングロリアス・バスターズ」が本作のタイトルだが、第４章には『国民の誇り』のプレミア上映の情報を受けたイギリス軍が、ナチスもろとも映画館を爆破するという極秘計画実行の姿が描かれる。その中心人物がイギリスから派遣される元映画評論家のアーチー・ヒコックス中尉（ミヒャエル・ファスベンダー）であり、ドイツでヒコックス中尉と合流する二重スパイの女優ハマーシュマルク。第４章のメイン舞台は田舎のバー。普段はナチスのいないそのバーでヒコックス中尉やハマーシュマルクは打ち合わせをする予定だったが、その日に限ってあいにく子供が生まれたドイツ兵とそれを祝う仲間たちが騒いでいたり、ナチス将校が一人飲んだりしていたから状況は最悪。

そんな第４章の壮絶な展開は観てのお楽しみだが、そこでのポイントはシンデレラの残したガラスの靴ならぬ、ハマーシュマルクの残した片足だけのハイヒール。現場を訪れたランダ大佐は決してハイヒールマニアではないだろうが、この残された魅力的なハイヒールから一体どんな推理を？

■□■スパイと見抜くには？■□■

日本人は一般的に語学が苦手だが、ヨーロッパ人はそうでもない。それは島国の日本に対しヨーロッパは地続きであるうえ、過去２０００年以上にわたって戦争をくり返してきた結果、民族間の交流が盛んなため？ちなみに『マイ・フェア・レディ』（６４年）に登場した音声学者ヒギンズ教授は下層の人々の訛りを聞き分ける他、オウムの声まで聞き分けることができるほど？それはともかく、第２次世界大戦当時ドイツ、フランス、オランダ、イタリア等にイギリスを加えた対立国間でスパイが暗躍していたのは当然だが、彼らが絶対に備えておかなければならない能力の１つが語学。アルド中尉のように暴力で任務を遂行する人間は通訳がいれば十分だが、イギリス人がナチス・ドイツ軍に化けるにはキレイなドイツ語をしゃべることが不可欠。ちなみにユダヤ人のショシャナが映画館主となっているのはドイツ占領下にあるフランスだから、叔父、叔母から劇場を譲り受けたと説明しているミミューだって、キレイなフランス語をしゃべることが大前提。

私はここでなぜそんなことを書いているの？それは、誰がスパイだと見抜くのは極めて知的な作業だが、そこでは語学が大きなウェイトを占めていることを言いたいため。ちなみに１８６７（慶応３）年に近江屋で坂本龍馬と中岡慎太郎を襲い暗殺した人物は未だに特定されていないが、「こなくそ」という伊予の方言を吐いたため、伊予出身の新撰組隊士原田だという節も有力？二重スパイの人気女優はドイツ人だからドイツ語をしゃべるの

は当たり前だが、イギリス人のヒコックス中尉がいくらドイツ映画に詳しくドイツ語に堪能でも、ネイティブでなければどこかに変な訛りが？他方、近時中国人との交流が深まっている私が面白いと思ったのは、数字を指折り数える時の指の折り方が日本人と中国人とでは全然違うこと。もしあなたが日本人の指の折り方がユニバーサル・スタンダードだと思ったら、それは大まちがいだ。すると、スパイだと見抜くためには、そんなちょっとした動作も？

■□■フィルムの可燃性は？■□■

『映画検定　公式テキストブック』（２００６年・キネマ旬報社刊）によれば、「フィルムに映像を記録し、そのフィルムにライトを当てて映像をスクリーンに投影するという今日の映画と同じシステムが完成」したのは１８９５年だが、フィルムの欠点は可燃性が高いこと。フィルムの可燃性は、紙の数倍らしい。イタリア、フランス映画の傑作『ニュー・シネマ・パラダイス』（８９年）はシチリアの小さな村にある映画館パラダイス座が舞台だったが、その映画館が燃えていく姿はそのことを端的に示したものだった。

映画が始まれば観客はみんな劇場の中に入ってしまうから、出入り口にカギをかけてしまえば、３５０席の劇場は広大な密室になる。そこで大量のフィルムを燃やして火事にすれば、劇場内の人間は焼け死ぬだけ・・・。家族全員を殺されたユダヤ人の美少女ミミューとミミューの片腕となっている黒人映写技師のマルセル（ジャッキー・イド）が立案したのはそんな恐ろしい計画だったが、それは可燃性が高いというフィルムの特性を最大限活かしたもの。さて、そんな用意周到な彼らの計画の首尾は？

■□■真剣な中にもユーモアが■□■

第４章の結末から第５章にかけては『イングロリアス・バスターズ』というタイトルにふさわしく再度アルド中尉が登場し大きな役割を果たすが、全体的に真剣な人間の営みの中、アルド中尉の雰囲気だけは少しユーモアが漂っている。フィルムの可燃性を利用したミミューとマルセルの計画は完璧なようにみえたが、不思議なのはどうやってすべての出入り口をロックして劇場内を密室状態にするのかということ。つまり、常識的には本編上映中もホールや廊下には多数の兵士が銃を持って警備しているのでは？ところが第５章を観ていると、そんな兵士がいないためマルセルは易々と出入り口をロック。こりゃ少しおかしいのでは？また第５章では、そんなミミューとマルセルの計画とは全く別に、女優のハマーシュマルクとイタリア人の招待客に化けたアルド中尉らが観客として劇場内に入っていくシーンが登場する。あの当時は現在の空港のようなチェック体制がなかったにせよ、いくら何でも足に爆弾を巻いてチェックを通過するという計画は目茶苦茶では？わざわざ足の中の爆弾を観客に見せてくれるタランティーノ監督の演出はコミカルで、真剣勝負の中にも少しユーモアが。

さあ、そんな二重のワナが仕掛けられた状況下での『国民の誇り』の上映は如何に？

■□■あっと驚く結末は？さらなるドンデン返しは？■□■

　本作では主役のアルド中尉以上に"ユダヤ・ハンター"のランダ大佐の存在感が目立つが、それはハマーシュマルクとアルド中尉のずさんで無謀な劇場侵入計画があっさりランダ大佐によって見抜かれた後、さらに増幅していく。『ワルキューレ』を観れば、ナチス幹部の良識派（？）は早期のドイツ軍の敗北を希望していたことがわかるが、ランダ大佐はヒトラーに心底心酔しているゲッベルスと同じ？それとも？

　ハマーシュマルクの右足を自分の膝の上に出させ、その美しい足に片方だけのハイヒールを履かせるシーンは緊張感がいっぱい。もしハイヒールがピッタリ足に合ったら、その後は？こうなれば、いくらアルド中尉がナイフの名手でも逮捕・拘束されてしまうのは当然だ。ところが、既に劇場の中に入っている２人の相棒に対するランダ大佐の処置は？そして拘束したアルド中尉に対してランダ大佐が持ち掛けたあっと驚く提案とは？本作は章ごとに集中できるすばらしい構成になっているが、怒濤の展開をみせる第５章はさらに集中力が増していくはず。あっと驚く結末と、さらなるドンデン返しを楽しもう。

２００９（平成２１）年１０月２２日記

弁護士　坂和章平の

LAW DE SHOW

105

「イングロリアス・バスターズ」

（２０日、ＴＯＨＯシネマズ梅田ほかで公開）

"名誉なき野郎ども"のタイトルに偽りなし！

　ヒトラー映画の最高峰はチャプリンの「独裁者」（１９４０年）。最近の話題作が『ワルキューレ』（２００８年）だが、邦訳すると「名誉なき野郎ども」と称した捕虜の頭皮をはぐ残忍なシーンと共に、虐殺した下品な題名は、ナチスのランダ大佐、別訳すると「ユダヤ・ハンター」と呼ばれる権力を笠に着たナチスのランダ大佐。

　「ドイツ兵を殺す」のとしてヒトラー暗殺に暗躍するドイツ人女優の姿を見抜くには頭脳以上のスパイ性に敏感。スパイ題名と化した居酒屋に片方だけ残されたハイヒールン中尉をしのぐ存在感を示すのが、別役のブラッド・ピット扮する米国兵レイ羅場と化した居酒屋に片方だけ残されたハイヒールの持ち主は誰？

　ユダヤ人美少女ショシャナや、英国の二重スパイ家族全員を殺された恨み長じて劇場主に納まった。彼にはクセントに敏感。スパイは陰険だが実に巧妙。裁判員裁判下の弁論術を学語学の堪能さが肝心と痛感するはず。他方、レイの舞台となった伊シチリア島の映画館パラダイス名作「ニュー・シネマ・パラダイス」（89年）の舞台となった伊シチリア島の映画館パラダイスＡ中尉の一見コメディータッチな実力中尉のやり方は？あっと驚く結末ときっとあなたの想定外。さらなるドンデン返しは

　判員裁判下の弁論術を学び、実に巧妙。ム最大の欠点は強い可燃合格者なら「映画フィル権力を笠に着たナチス・を得る。

　ランティーノ監督風だが、１〜５章に分けた構成は緻密で説得力十分だ。ニューシネマ旬報社選定映画検定合格者なら「映画フィルム最大の欠点は強い可燃性」とご存じのはず。「キルVOL１」「キル・ビルVOL２ラブ・ストーリー」（03年）「キル・ビルVOL１」以上の米国での大ヒットも当然だろう。２

　５０人の敵を独りで狙撃した祖国の英雄を主役に作ったプロパガンダ映画「国民の誇り」を、ナチスの宣伝相ゲッベルスは戦意高揚のためショシャナの劇場でプレミア上映することに。列席したヒトラーたちは知らぬが一計を。大量のフィルムに火をつけたらそこは確実に地獄絵図。そんな企みが進行中とは知らぬヒトラーの安否は？

　劇場を閉鎖し、列席の英雄の皮肉な片思いの結末は？あっと驚く結末と更なるドンデン返しはきっとあなたの想定外。語学が苦手な日本人と違い西欧諸国は言葉のア

大阪日日新聞　２００９（平成２１）年１１月１４日

SHOW-HEY シネマルーム

★★★★

ヒトラー暗殺、１３分の誤算

2015年／ドイツ映画
配給：ギャガ／114分

2015（平成27）年8月14日鑑賞　　GAGA試写室

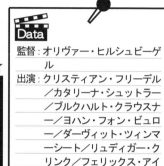

Data

監督：オリヴァー・ヒルシュビーゲ
ル
出演：クリスティアン・フリーデル
／カタリーナ・シュットラー
／ブルクハルト・クラウスナ
ー／ヨハン・フォン・ビュロ
ー／ダーヴィト・ツィンマ
ーシート／リュディガー・ク
リンク／フェリックス・アイ
トナー／コルネリア・コンド
ゲン／マーティン・マリア・
アーブラム

👀 みどころ

　『ワルキューレ』（０８年）に続いて、ヒトラー暗殺ものの名作が登場。前者はナチスの軍人による組織的なものだったが、こちらは何と平凡な家具職人による単独犯！知らなかったなあ・・・。

　歴史上の「ＩＦ・・・」は多いが、さて邦題に言う「１３分の誤算」とは？そして、なによりもヒトラーが最も恐れた暗殺者の人物像とは？

　『ヒトラー〜最後の１２日間〜』（０４年）とは全く違う視点で犯人像に迫ったオリヴァー・ヒルシュビーゲル監督の手腕に脱帽。

――＊――＊――＊――＊――＊――＊――＊――＊――＊――

■□■有名なヒトラーの暗殺未遂事件は―ワルキューレ事件■□■

　ヒトラーと誕生日が数日違うだけのチャールズ・チャップリンは、『チャップリンの独裁者』（４０年）で痛烈なヒトラー批判をしたが、もちろん「ヒトラー暗殺計画」には一切無関係。インターネット情報によれば、ヒトラーの暗殺計画と暗殺未遂事件はたくさんあるが、歴史上有名な「ヒトラー暗殺計画」は、トム・クルーズ主演の『ワルキューレ』（０８年）（『シネマルーム２２』１１５頁参照）で描かれた「ワルキューレ作戦」。

　これは、ナチスの軍人でありながら「反体制派」の１人として暗殺計画の実行犯となったシュタウフェンベルク大佐を中心とする組織的かつ緻密な計画で、１９４４年７月２０日に実行された。そして、プラスチック爆弾は確かにヒトラーが臨席する会議の席で爆発したものの、結果的にヒトラーは軽傷で終わったため、シュタウフェンベルク大佐らの計画は失敗に終わった。その詳細とスリリングな展開、さらに日本の軍部とナチスの軍隊との相違点等については、『シネマルーム２２』の１１５頁を参照してもらいたい。

■□■もう１つの暗殺未遂事件は、単独犯！■□■

　ワルキューレ事件はナチス内部の「反体制派」の軍人たちが組織的に計画を練り上げて実行したものだが、本作が描くもう１つのヒトラー暗殺未遂事件である「ビュルガーブロイケラーの爆破事件」は緻密に練り上げられた計画であった点は同じだが、何と単独犯！

　１９２３年１１月８日に、ミュンヘンにある大きなビアホール・ビュルガーブロイケラーで、いわゆる「ミュンヘン一揆」が起きたことは有名な歴史上の事実。これに失敗した若き日のヒトラーは逮捕され刑務所に収容されたが、その刑務所内での勉強がその後の「ナチズム思想」を固めることになったのも有名なお話だ。１９３３年にナチス党の総統としてナチス政権を樹立したヒトラーは、そんな「ミュンヘン一揆」を記念して、毎年１１月８日にこのビュルガーブロイケラーで記念集会をもち、そこで演説をするのが恒例となった。そこに目をつけた３６歳の平凡な家具職人であるゲオルク・エルザー（クリスティアン・フリーデル）が思いついたヒトラーの暗殺計画は、１９３９年１１月８日に開催されるビュルガーブロイケラーでの記念集会で講演するヒトラーをターゲットにして、爆発装置をビアホールの柱の中に仕掛けるというものだった。

　ホントに１人の男の力だけで、なぜそんな計画を立て、実行することができたの？彼はどんな思想を持ち、どんな価値判断の上で緻密に練り上げたヒトラー暗殺計画を実行したの？その政治的背景や宗教的背景は？さらに、本作の邦題のタイトルとなっている「１３分の誤算」とは一体ナニ？ヒトラーを描く映画はたくさんあるが、そんなたくさんの興味をもって観れば、本作は一瞬たりともスクリーンから目を離すこともなくなるはずだ。

■□■この監督とこの脚本、この俳優に注目！■□■

　私はこの原稿を終戦記念日の８月１５日に書いている。戦後７０年の節目となった２０１５年の夏は『日本のいちばん長い日』（１５年）をはじめとする「戦争映画」がたくさん公開されているが、ドイツでは「ヒトラー映画」がたくさん作られている。『ワルキューレ』はドイツ、アメリカの合作で、主役のトム・クルーズが英語

『ヒトラー暗殺、１３分の誤算』発売中　価格：1,143 円（税抜）
発売・販売元：ギャガ
©2015 LUCKY BIRD PICTURES GMBH, DELPHI MEDIEN GMBH, PHILIPP
FILMPRODUCTION GMBH & CO. KG

で喋る違和感をどうしても拭えなかったが、アカデミー外国語映画賞にノミネートされた『ヒトラー～最期の12日間～』（04年）はすばらしい映画だった（『シネマルーム8』292頁参照）。また、私はTVでしか観ていないが、マルク・ローテムント監督の『白バラの祈り　ゾフィー・ゾル、最期の日々』（05年）もすばらしい映画だった。しかして、本作の監督は、その『ヒトラー～最期の12日間～』を監督したオリヴァー・ヒルシュビーゲル。そして、本作の脚本は、その『白バラの祈り　ゾフィー・ゾル、最期の日々』の脚本のフレッド・ブライナースドーファーだから、まずはそれに注目！

　さらに、ヒトラー映画ではないが、ドイツのミヒャエル・ハネケ監督の『白いリボン』（09年）は私が「パルム・ドール賞受賞も当然！」と書いたすばらしい映画だった（『シネマルーム26』200頁参照）。そして、同作で31歳の教師役を演じたのが、本作でゲオルク・エルザー役を演じたクリスティアン・フリーデルだから、それにも注目！本作のプレスシートでは「ヒトラーが最も恐れた暗殺者は、平凡な家具職人だった」「この“平凡な男”、暗殺者か救世主か、それとも―。」と書かれているが、クリスティアン・フリーデルが演じる36歳の男ゲオルク・エルザーは本当に平凡な男・・・？

■□■この男の正体は？それが本作最大のポイント！■□■

　日本の元総理大臣で、韓国の初代統監だった伊藤博文を1909年10月26日にハルビンで暗殺した安重根は今では韓国の英雄として祀られているし、私も歴史上の人物として彼の名前をよく知っていた。しかし、単独でヒトラーの暗殺を綿密に計画し、「13分の誤算」さえなければ見事にそれを成功させていたはずの男ゲオルクについて、私は寡聞にして何も知らなかった。プレスシートにおける「PRODUCTION NO

『ヒトラー暗殺、13分の誤算』発売中
価格：1,143円（税抜）発売・販売元：ギャガ
©2015 LUCKY BIRD PICTURES GMBH, DELPHI MEDIEN GMBH,
PHILIPP FILMPRODUCTION GMBH & CO. KG

TES」によると、ドイツでもゲオルクは「はみ出し者」「爆弾を組み立てた不平分子だと見なされていた」ため、ゲオルクのことはあまり知られていないらしい。これほどの人物がほとんど世に知られていないことに驚いた本作のプロデューサーであるオリバー・シュンドラーが、エルザーの人生を映画化させることが自らの使命だと考え、本作の企画が動き始めたわけだ。

　去る8月12日、中国の天津で、地震にすればM2.9規模に相当する大規模な化学工場の爆発事故が発生し、50名以上の死者、700名の負傷者が出たと発表された。私は、

テレビに映る映像を観れば、絶対にこの程度の被害ではないと思っていたところ案の定、中国政府はその後8月17日には死者114名、負傷者698名と発表している。しかし、かつての日本の「大本営発表」と同じく、さてそれをどこまで信用していいのやら・・・。ゲオルクが仕掛けた爆弾の威力はそれには及ばないものの、それでも集会の参加者7名が死亡、63名が負傷するというすごい爆発だった。

　そんなシーンをスクリーン上に映し出せば、それはそれで生々しい映像になるが、本作ではあえてそんな映像は見せず、爆発の様子は観客の想像に委ねている。また、冒頭のシークエンスでこの爆発事件の犯人としてゲオルクが逮捕されてしまうので、本作は爆発事件の犯人は誰か？というミステリー性は薄い。したがって、そんな観客の期待は裏切られることになる。しかして、本作が描くのは約1ヶ月間にわたって綿密に爆弾を仕込んだ熟練した技術と、練りに練った計画性でヒトラーの暗殺に臨んだゲオルクの人物像。この男の正体はナニか、ということだ。

■□■尋問の目的は？尋問担当者は？トップの指示は？■□■

　ゲオルクがスイスとの国境のコンスタンツで逮捕されたのはちょっとした偶然からだったが、この男が1939年11月8日午後9時20分に記念演説の会場となったビュルガーブロイケラーで起きた爆発事件の犯人らしいことが判明したから大変。たまたま、当日はヒトラーが予定を少し繰り上げて会場を後にしたため、ヒトラー自身には何の被害もなかったが、7名の死者と63名の負傷者を出したのだから、その爆発の規模の大きさがわかろうというものだ。ゲオルクの出身地であるヴュルテンベルク地方の静かな田舎町ケーニヒスブロンでは、既にゲオルクの身内が逮捕されベルリンに送られたが、その中にはゲオルクの元婚約者のエルザ（カタリーナ・シュットラー）の姿もあった。

『ヒトラー暗殺、13分の誤算』発売中　価格：1,143円（税抜）発売・販売元：ギャガ
©2015 LUCKY BIRD PICTURES GMBH, DELPHI MEDIEN GMBH, PHILIPP FILMPRODUCTION GMBH & CO. KG

ゲオルクの尋問にあたるのは刑事警察局長のアルトゥール・ネーベ（ブルクハルト・クラウスナー）と、秘密警察ゲシュタポ局長のハインリヒ・ミュラー（ヨハン・フォン・ビューロー）の2人。彼らの尋問の主たる目的は、ゲオルクの背後関係を暴くことだ。これだけ計画性のある暗殺未遂事件を田舎の家具職人に過ぎないゲオルクが単独で実行できるはずがない。共産党員の友人もたくさんいるゲオルクは、何らかの政治的立場からヒトラーの暗殺を？すると、それを命じたバックは一体誰？それとも、ひょっとして彼はイギリスのスパイ？

ゲオルクは当初名前も語らない「完全黙秘」の姿勢を見せていたが、拷問だけではムリとみたネーベとミュラーの知恵によって、ゲオルクの態度いかんではエルザに危害が及ぶかもしれない姿勢を見せると、意外にもろくゲオルクは屈服。以降スラスラと犯行の手口と、そこに至る準備状況を供述したが、それはすべて単独犯であることを前提としたものだったから、ネーベとミュラーはイライラ・・・。

■□■単独犯ではダメ？尋問風景に注目！■□■

ゲオルクの説明はそれなりに説得力があるため、特にネーベはややもすればその話に納得する方向に傾いたが、それではナチスの上層部はダメ。「何が何でも背後関係を自白させろ」と厳しく命令が下されたが、そう言われても・・・。爆弾の起爆装置を現実に作らせ、それを学者に検証させてみても、ゲオルクの単独犯の可能性が強まるばかりだ。本作中盤に詳しく描かれるそんな尋問風景は非常に興味深いので、それに注目。

ちなみに、本作では次第にゲオルクの単独犯説に傾注していったネーベがナチス上層部からの命令に苦悩する様子が描かれるが、このネーベは対ソ戦ではユダヤ人殲滅部隊の指揮官となったが、その後、反ヒトラー抵抗運動に参加したらしい。その結果、ネーベは1945年3月21日、「反逆者」として縛り首になってしまったそうで、本作でも最後にそのシーンが登場する。ゲオルクの尋問の中で、この刑事警察局長ネーベの心が揺れ動くサマも、本作の見どころの1つとして注目したい。

■□■この男の強さは、梶上等兵とも共通・・・？■□■

五味川純平の原作を映画化した小林正樹監督の『人間の條件』（59～61年）全6部作のヒーロー・梶上等兵の人物像をめぐっては、彼は普通の人間（サラリーマン）という意見と、彼は英雄という意見に分かれた（『シネマルーム8』313頁参照）。それと同じように、本作に見るゲオルクについても、彼は普通の家具職人という意見と、彼はヒーローという意見に分かれるはずだ。

梶上等兵とゲオルクの両者に共通するのは、何よりも自由を愛していること。したがって、その自由を束縛されることを嫌うし、何よりも権力者が権力や暴力をもってそれを抑圧することに対する拒否反応が強い。普通の人間も、もちろん自由を抑圧されることはイ

ヤだが、反抗すれば権力によって捕らえられ、虐待されることがわかると、誰かが何らかの行動をとり、変えてくれるだろうと勝手に希望的観測をし、日和見主義的になるものだ。その結果、反抗を諦め結局権力に追従することになってしまうわけだ。

　そんな視点で考えると、本作に見るゲオルクのヒトラーに対する反発心と、逮捕された後の拷問に耐えるゲオルクの強さの源泉は、あくまで自由を愛するという個人的な志向性にあると考えられる。つまり、決して仲間や組織、そしてイデオロギーに依拠しているのではないわけだ。ゲオルクのそんな個人の志向性を優先する姿勢は、今は他人の妻になっているエルザとの間で展開される「不倫の恋」にも見られるので、そんな「自由な生き方」とも対比しながら、ゲオルクの強さの源泉とは何かということについてしっかり考えたい。

■□■さまざまな時の権力者の暗殺計画をどう評価？■□■

　時の権力者の暗殺計画は、世界の歴史上たくさんある。日本の戦国時代には暗殺を恐れた武田信玄の「影武者」なる者が登場したことは、黒澤明監督の『影武者』（８０年）を観ればよくわかる。山本薩夫監督が村山知義の『忍びの者』（６２年）を原作として映画化した『忍びの者』（６２年）でも、また、篠田正浩監督が司馬遼太郎の『梟の城』（５９年）を

『ヒトラー暗殺、13分の誤算』発売中
価格：1,143円（税抜）発売・販売元：ギャガ
©2015 LUCKY BIRD PICTURES GMBH, DELPHI MEDIEN GMBH, PHILIPP FILMPRODUCTION GMBH & CO. KG

原作として映画化した『梟の城』（９９年）でも、時の権力者・豊臣秀吉を暗殺するため伏見城に忍び込んだ石川五右衛門や葛籠重蔵の生きザマと、その行動原理が描かれていた。確かに、この石川五右衛門も葛籠重蔵も個人の志向性が強かったが、この２人はあくまでその道のプロ。したがって、本作に観るゲオルクのような一般市民（家具職人）が、たった１人だけでここまで見事な暗殺計画を立て、実行したケースは世界の歴史上稀だろう。

　他方、伊藤博文を暗殺した安重根については、２０１４年１月に中国黒竜江省ハルビン市に安重根義士記念館が開館しているが、さらに２０１４年８月に中国と韓国の間で結ばれた覚書によって、２０１５年には板門店のある軍事境界線を隔てて北朝鮮と接する京畿道坡州市の臨津閣平和公園に安重根の銅像が設置される予定になっている。しかして、ドイツにおけるゲオルクの取り扱いは如何？

■□■これはテロ？それとも英雄的行為？その判断基準は？■□■

　それについては、プレスシートにある鳥飼行博氏（東海大学教養学部教授、経済学博士）の「ゲオルク・エルザーのヒトラー暗殺計画」によると、まず、「戦後、東西にドイツが分裂した冷戦の時代、エルザーは、西ドイツでは共産主義者の偏屈なドイツ人とみなされた。東ドイツではドイツを解放したのはソ連赤軍であり、エルザーは無視された。冷戦が解消され、ドイツの再統一がなる１９９０年以降、エルザーをイデオロギーから離れて見直すことができるようになった」そうだ。ところが、「エルザー復権署名運動は１９９３年に始まり、『ゲオルク・エルザー広場』がミュンヘンに登場したのは１９９７年、市民単独の行動の讃える『ゲオルク・エルザー賞』が設けられたのは２００１年」、そして、「ドイツのメルケル首相も２０１４年、エルザーが自ら戦争を阻止しようとした人物であることを評価したが、これは事件から７５年たってのことである。」と書かれている。

　暗殺のターゲットとされたヒトラーが誰よりも「嫌われ者」であるため、その暗殺自体を肯定する風潮があるのはわかるが、それは議論のやり方自体に問題がある。核兵器について、「良い核兵器」と「悪い核兵器」の区別ができないのと同じように、悪い奴を殺す「良い暗殺」と、良い人（たとえば、ケネディ大統領のような）を殺す「悪い暗殺」という区別ができるわけではない。幕末の混乱期の中、京都では土佐藩の武市半平太の指導のもとに、「人斬り以蔵」こと岡田以蔵が大活躍していたが、その是非論については『人斬り』（６９年）などを観てしっかり考える必要がある。しかして、もしあなたが裁判官なら、単独でヒトラーの暗殺を計画し実行しながら、「１３分の誤算」によって未遂に終わったゲオルクに対して、どんな判決を？

　単独犯だと主張し続けるゲオルクをヒトラーは直ちに処刑せず、収容所に閉じ込めたままとし、いよいよナチスドイツの敗北が明白となった１９４５年４月９日にゲオルクを銃殺したそうだが、それは一体なぜ？また、処刑後もドイツ政府が彼の存在を隠し続けていたのは一体なぜ？そんなこともあわせて考えながら、これはテロ？それとも英雄的行為？それについてじっくり考えたい。

　２０１５（平成２７）年８月１９日記

『ヒトラー暗殺、１３分の誤算』発売中
価格：１，１４３円（税抜）発売・販売元：ギャガ
©2015 LUCKY BIRD PICTURES GMBH, DELPHI MEDIEN GMBH, PHILIPP FILMPRODUCTION GMBH & CO. KG

第２章
ハイドリヒとゲッベルスの役割は？

　１）安倍晋三総理の総理大臣在任日数は２０１９年１１月２０日で２８８７日となり、それまで戦後最長だった佐藤栄作の２７９８日も、戦前最長だった桂太郎の２８８６日も抜き、戦前戦後を通じて憲政史上最長になった。その側近中の側近として仕えているのが菅義偉官房長官だ。そんな安倍総理が信頼するNo.2の菅義偉に匹敵する、ヒトラーの最側近は誰？また、No.2、No.3は誰？

　２）ヒトラーに忠誠を誓い、反ユダヤ主義を貫いた極悪非道の「三悪人」について、私は、①ヨーゼフ・ゲッペルス、②ハインリヒ・ヒムラー、③アドルフ・アイヒマン、と考えていた。しかし、それは間違いで、トップのヒトラー、No.2のヒムラーに続く、「ナチス第三の男」は「金髪の野獣」と呼ばれた男・ラインハルト・ハイドリヒらしい。ヒトラーの暗殺計画は再三失敗し、未遂に終わったが、「ナチス第三の男」の暗殺は？そしてまた、その報復は？

　３）本書第５編ではアドルフ・アイヒマンの「裁判モノ」映画を多数掲載したが、アイヒマンは小役人にすぎず、長い間宣伝相を務めたヨーゼフ・ゲッペルスの役割が大きかったことが明白。また、ヒトラーの演説力は際立っていたが、ゲッペルスのそれも相当なものだったらしい。それは当時のアーカイブ映像を見ればよくわかるので、そんなゲッペルスをよく知るためには、下記３の映画をしっかりと。

◉目　次◉

SHOW-HEY シネマルーム

★★★★

ハインドリヒを撃て！
「ナチの野獣」暗殺作戦

2016年／チェコ・イギリス・フランス映画
配給：アンプラグド／120分

2017（平成29）年7月14日鑑賞　｜　テアトル梅田

Data

監督：ショーン・エリス
出演：キリアン・マーフィ／ジェイミー・ドーナン／シャルロット・ルボン／アンナ・ガイスレロヴァー／ハリー・ロイド／トビー・ジョーンズ／マルチン・ドロチンスキー／アレナ・ミフロヴァー／ビル・ミルナー

👀 みどころ

　近時多くの「ヒトラーもの」が公開され、「アイヒマンもの」も多いが、「ハイドリヒもの」は珍しい。また、フランス、オランダ、ポーランドを舞台とした「ナチスもの」は多いが、「チェコもの」「プラハもの」も珍しい。

　当時ボヘミア・モラヴィア保護領だったチェコの提督代理として赴任した「ナチスのナンバー３」ハイドリヒの暗殺は大仕事。韓国映画『暗殺』（16年）は多少マンガチックなところもあったが、本作は終始緊迫間でいっぱいだ。

　銃の故障のため暗殺は失敗！一瞬そう思ったが、さて・・・？しかし、結果オーライになれば、その報復は・・・？現場の悲劇と、彼らの犠牲によるチェコ亡命政府の地位の向上。そんな現実を、本作でしっかり勉強したい。

―――＊―――＊―――＊―――＊―――＊―――＊―――＊―――＊―――＊―――

■□■公開相次ぐ「ヒトラーもの」だが、この男は初登場！？■□■

　本作は去る7月11日に観た『ヒトラーへの285枚の葉書』（16年）に続く「ヒトラーもの」だが、「金髪の野獣」と称されたラインハルト・ハイドリヒとは一体何者？数多い「ヒットラーもの」映画の中でも、近時は『ハンナ・アーレント』（12年）（『シネマルーム32』215頁参照）以降、『アイヒマン・ショー　歴史を映した男たち』（15年）（『シネマルーム38』150頁参照）の「アイヒマンもの」が目立っている。

　『シネマルーム32』216頁では、ナチス・ドイツを率いたアドルフ・ヒトラーに忠誠を誓い、反ユダヤ主義を貫いた極悪非道の「三悪人」として、①ヨーゼフ・ケッペルス、②ハインリヒ・ヒムラー、③アドルフ・アイヒマンを挙げた。しかし本作によると、ヒトラー、ヒムラーに次ぐ「ナチス第3の男」は、「金髪の野獣」と呼ばれた男ラインハルト・

ハイドリヒらしい。最近公開が相次ぐ「ヒトラーもの」だが、この男は初登場！？

■□■ナチス・ドイツの侵攻はあちこちに！■□■

　近々公開されるクリストファー・ノーラン監督の『ダンケルク』（１７年）では、ドイツの陸、海、空軍からダンケルクに追い詰められたフランス軍のイギリスへの脱出作戦が描かれている。この脱出作戦の成功にもかかわらず、１９４０年６月にナチス・ドイツに占領されたフランスでは、ペタン元帥を首相とするヴィシー（傀儡）政権が登場し、親ナチス政策をとったこと、そして、ある意味で人権の国フランスの「恥部」とも言える「ヴェル・ディブ事件」が１９４２年に起きたことを『黄色い星の子供たち』（１０年）で学ぶことができた（『シネマルーム２７』１１８頁参照）。また、ナチス・ドイツに占領されたオランダにおけるレジスタンスたちの活動は、『ブラックブック』（０６年）で学ぶことができた（『シネマルーム１４』１４０頁参照）。

　逆に、ナチス・ドイツの支配が及んだデンマークでは、ナチス・ドイツの敗北後、デンマークに残されたドイツの少年兵たちが強制的に地雷除去作業に従事させられたことを、『ヒトラーの忘れもの』（１５年）で学ぶことができた（『シネマルーム３９』８８頁参照）。また、ナチス・ドイツとソ連の勢力がぶつかり合ったポーランドでは、７月２日に観た『残像』（１６年）が遺作となったポーランドの巨匠アンジェイ・ワイダ監督の『カティンの森』（０７年）（『シネマルーム２４』４４頁参照）で「カティンの森虐殺事件の悲劇」を学ぶことができた。

■□■プラハを舞台とした「ヒトラーもの」ははじめて！？■□■

　このように、ナチス・ドイツの侵略は各方面に及んでいたが、１９４７年当時、「ボヘミア・モラヴィア保護領」と呼ばれていたチェコスロバキアのチェコ部分はナチス・ドイツに占領され、チェコスロバキアの亡命政府はイギリスに樹立されていたらしい。この「ボヘミア・モラヴィア保護領」の総督として赴任してきたのが、ナチ親衛隊（ＳＳ）の大将にして秘密警察などのナチ弾圧組織を束ねた男ラインハルト・ハイドリヒだ。なるほど、なるほど・・・。

　プレスレシートにある増田好純氏（ドイツ現代史研究者・早稲田大学）の①「ハイドリヒに挑んだ男たち―大義と情動のはざまで」、②「ハイドリヒとは何者か」を読めばボヘミア・モラヴィア保護領の成立事情とその中で戦ったレジスタンスの大変さがよくわかるので、これは必読だ。韓国映画『暗殺』（１５年）は、日本の占領統治時代の韓国を舞台に、初代の朝鮮総督として京城（現在のソウル）に乗り込んできた寺内正毅の暗殺を狙う物語だった（『シネマルーム３８』１７６頁参照）が、本作は邦題の通り、そんな男ハイドリヒの暗殺を狙う物語だ。私の持論の１つは映画は勉強。しかして、あなたは本作からいかなる勉強を・・・？

もっとも、ハイドリヒ暗殺の物語は既にフリッツ・ラング監督の『死刑執行人もまた死す』（４３年）やルイス・ギルバート監督の『暁の７人』（７５年）でも描かれていたらしい。私は自分の無知を告白するとともに、その分しっかり本作を勉強したい。

■□■誰が味方で誰が敵？こいつは本物？それとも・・・？■□■

　本作の時代は１９４１年冬。ちなみに、この年の１２月８日に日本はアメリカの真珠湾に奇襲攻撃を仕掛け、日米戦争が始まっている。そして、舞台はボヘミア・モラヴィア保護領のチェコだ。

　イギリス政府とチェコ亡命政府からハイドリヒ暗殺の指令を受けて、パラシュ

ートで森の中に降り立ったのはヨゼフ（キリアン・マーフィ）とヤン（ジェイミー・ドーナン）。彼らの最初の任務は、現地のレジスタンス組織と接触し、その支援を受けること。しかし、総督としてボヘミア・モラヴィア保護領を統治しているハイドリヒは、既に莫大な報奨金を出すことによってほとんどの抵抗組織を潰していたから、ヨゼフとヤンの２人は、接触する男たちをすべて信用することができず、誰が敵で誰が味方かを見分けることが不可欠だった。また、仲間と一緒にハイドリヒを暗殺する「エンスラポイド作戦」を開始しても、その作戦への賛否をめぐる意見対立があれば、いつ誰が裏切るかもしれないから、こいつは本物？それとも・・・？の判断が不可欠だ。

　本作導入部では、①動物病院の獣医、②現地の抵抗組織「インドラ」の幹部であるヴァネック（マルチン・ドロチンスキー）とハイスキー（トビー・ジョーンズ）、③２人の隠れ家となるモラヴェツ家の主人、妻マリー・モラヴェツ（アレナ・ミフロヴァー）、バイオリニストの一人息子アタ・モラヴェツ（ビル・ミルナー）、④モラヴェツ家にお手伝いとして来ている可憐な娘マリー・コヴァルニコヴァー（シャルロット・ルボン）等が登場するが、ヨゼフとヤンにとって誰が味方で、誰が敵？そしてまた、こいつは本物？それとも・・・？

■□■女は道具？それもやむなし！他方で真実の愛も！■□■

敵と味方、本物とニセ物の判断を誤れば、ヨゼフとヤンも「エンスラポイド作戦」の実行前に捕えられてしまうことになる。そんな緊迫感の中で、ヨゼフはマリーに「同じような年頃の女性はいないか」と尋ねたが、それは一体何のため？それは明らかにその女を道具に使うためだ。翌日、マリーの紹介で現れたのはレンカ（アンナ・ガイスレロヴァー）という美しい女性だったが、これは美人すぎるのが少し難。だってあえてアベックで行動して目立たないようにするべく女を道具としたのに、こんな美人では逆にドイツ兵の注目を集めてしまうから、これではヤブ蛇・・・？

　緊迫した動きの中でも、本作はそんな面白いエピソード（？）が描かれるが、正直言って、私にはヨゼフの女を道具として利用する気持ち（戦術）は理解できるが、マリーと恋に落ち、アタの誕生日パーティーで婚約発表までするヤンの気持ちは理解できない。余分なことに気を遣わず（？）、任務に集中した方が自分も気が楽なのでは・・・？

　ちなみに、司馬遼太郎の『坂の上の雲』では、主人公の１人である秋山真之は、宮内省御用掛、稲生真履の三女である季子と結婚はしたものの色恋ざたにはほど遠かったが、海軍兵学校同期の親友・広瀬武夫は、駐在武官としてロシアに駐在中、美しいロシア娘・アリアズナ・アナトーリエヴナ・コワリスカヤと恋に落ち、国際結婚問題にまで発展したが、それによる気苦労も大きかったはずだ。それはともかく、本作では、こんな緊迫した状況下で生まれる真実の愛の姿にも注目したい。

■□■決行！それとも中止？命令はシンプルでなくちゃ！■□■

　野球でもベンチからの指示は、勝負なら勝負、敬遠なら敬遠とシンプルでなければダメ。バッターの様子を見ながら、勝負か敬遠かお前がしっかり決めて投げろ、などというピッチャーへの指示はナンセンスだ。それと同じように連絡網が不十分な状況下でハイドリヒ「転勤」の噂が出る中、エンスラポイド作戦を決行するの？それとも中止するの？本作を見ていると、イギリス政府とチョコスロバキア亡命政府からの指示は２通りに分かれていたから、こりゃナンセンス。これでは現場が混乱するのも当然だ。しかも、「インドラ」の幹部であるヴァネックはもともとハイドリヒ暗殺作戦を決行すれば、その報復でチョコの

レジスタンス組織は壊滅させられると考えて作戦に反対していたから、作戦中止の手紙が届くとそれに同調し、作戦決行の手紙に正当性を認めなかったのは当然。

そんな混乱下、ヨゼフが「ハイドリヒ転勤前の明日に作戦を断固決行！」という強い意志を示したため、全体の意見は「決行に決定！」。しかし、そこでヤンは極度の緊張感のため過呼吸症状を引き起こす始末だったから、こりゃホントに大丈夫？もっとも、ハイドリヒ暗殺作戦の実行計画は単純なものだったから、スクリーン上でその展開を見ていると、まさに計画通り。ここで、ヨゼフの拳銃から弾丸が発射されれば暗殺は大成功！ところが、何とヨゼフの拳銃の故障のため弾丸が出なかったから、アレレ・・・？そこでヤンがハイ

(C) 2016 Project Anth LLC All Rights Reserved

ドリヒめがけて投げた手榴弾によってハイドリヒの車は大破したが、さてハイドリヒの生死は・・・？

そんな状況下、ヨゼフとヤンは仲間とともに現場から逃走したが、直ちにプラハに非常事態宣言が出され、街は完全に封鎖されてしまったから、ヨゼフとヤンをはじめレジスタンス仲間たちの運命は・・・？

■□■民間人の悲劇をどう考える？■□■

本作は、韓国映画『暗殺』と同じように、①暗殺側の人間である実行犯のヨゼフとヤン②それを支援する抵抗組織インドラの幹部であるヴァネックとハイスキー③報奨金には目もくれず危険も省みないで、抵抗組織を秘かに支援する民間人のモラヴィツ一家、に焦点を当てた物語。そのため、ヨゼフとヤンたちの襲撃によって結果的に死亡したハイドリヒの人物像については本作では何も描かれず、彼の姿はニュース映像と襲撃された時にピストルで反撃する姿だけだ。

ハイドリヒは若くしてナチ親衛隊のトップであるヒムラーの片腕として能力を発揮していたが、そんな彼がボヘミア・モラヴィア保護領の総督代理に起用されたのは彼の「保護領政策」が高く評価されたためだ。しかして、それはどのようなもの？それは、日本が韓国を併合し、寺内正毅を朝鮮総督として京城に派遣したのと同じようなものだし、抵抗組織をつぶすために報奨金制度を採用したのも日本と同じだ。本作後半ではその報奨金制度がいかによく機能していたかを示すエピソードも登場するのでそれにも注目！

ナチス・ドイツにとって、ボヘミア・モラヴィア保護領の提督代理たるヒムラーが白昼堂々と襲撃されたのは大事件。その犯人は草の根をわけても逮捕しなければ・・・。そう

考えたのは当然。その結果、ヨゼフたちを匿ったと疑われた小さな村は村ごと焼かれてしまったし、現実にヨゼフとヤンを匿っていたモラヴィツ家にも今、捜索の手が・・・。さらに、ヨゼフと接触していた女性レンカにも捜査の手が・・・。

本作ラストに向けては、暗殺実行集団だけではなく、そんな民間人たちに対する弾圧のサマが描かれるので、それに注目！これは、暗殺計画に反対していたヴァネックが予言していたとおりの悲劇だが、さてヒムラー暗殺を命令した側のイギリスにあるチェコ亡命政府の幹部たちは、この悲劇をどのように受け止めたの・・・？

■□■教会の立て籠もりは絶望的。しかし、それでも・・・■□■

ジョン・ウェインが主演した『アラモ』（６０年）では、「アラモの砦」に立て籠もった男たちの任務は迫ってくるメキシコの大軍を１日でも長く引き止めることだった。したがって、この時点では「玉砕」という言葉はなかっただろうが、最初から全員死亡（戦死）することは覚悟の上だった。それと同じように、ヨゼフとヤンはパラシュート部隊の隊員と共にレジスタンスに協力している教会の地下に逃げ込んだが、その発見は時間の問題。本作では、モラヴィツ家の一人息子アタ・モラヴェツへの拷問や報奨金目当ての男の裏切りのため、教会はナチス・ドイツの兵に包囲されることに。その結果、本作ラストのクライマックスはこの教会での攻防戦（銃撃戦）になるのでそれに注目！

本作を観ていると、ヨゼフやヤンたちの抵抗の頑強さが目立つが、これは映画なればこその話で、本当はこんなに華々しく銃弾をぶっ放して多くのドイツ兵を殺傷することはできなかったはず。だって、彼らが持っている銃器や弾丸数は限られていたはずだし、ドイツ兵だってスクリーン上で見るようなバカげた突入はしてこなかったはずだ。本作でも、ドイツ軍は途中から「水攻め作戦」を採用したが、日本でも豊臣秀吉が何度も採用した「水攻め」や「食料攻め」を使えば、ドイツ軍は犠牲を払わずとも教会の中に立て籠もっているヨゼフやヤンたちを容易に退治することができたはずだ。それでは映画として面白くないから、本作のクライマックスは映画用の演出だと理解しつつ、彼らの死の覚悟を決めた奮闘ぶりとその最後のサマをしっかり確認したい。２０１７（平成２９）年７月２４日記

『ハイドリヒを撃て！「ナチの野獣」暗殺作戦』
価格：DVD￥3,800+税
発売元：アンプラグド
販売元：ポニーキャニオン
(C) 2016 Project Anth LLC All Rights Reserved

Data

監督：セドリック・ヒメネス
原作：ローラン・ビネ『ＨＨｈＨ　プラハ、1942 年』（東京創元社刊）
出演：ジェイソン・クラーク／ロザムンド・パイク／ジャック・オコンネル／ジャック・レイナー／ミア・ワシコウスカ／スティーヴン・グレアム／ジル・ルルーシュ／トム・ライト／エンツォ・チレンティ／ジェフ・ベル

SHOW-HEY シネマルーム

★★★★

ナチス第三の男

2017 年／フランス・イギリス・ベルギー合作
配給：アスミック・エース／120 分

| 2019（平成31）年1月26日鑑賞 | TOHO西宮シネマズOS |

👀 みどころ

　原題の『ＴＨＥ　ＭＡＮ　ＷＩＴＨ　ＴＨＥ　ＩＲＯＮ　ＨＥＡＲＴ』とは誰？邦題の『ナチス第三の男』とは誰？それは、「ユダヤ人問題の最終的解決計画」を立案し実行した男、ラインハルト・ハイドリヒだ。その暗殺計画が『エンスラポイド作戦』で、その実行は１９４１年５月２７日だが、その結末は？

　本作後半は基本的に『ハイドリヒを撃て！「ナチの野獣」暗殺作戦』（16 年）と同じで、"二番煎じ"的だが、それでも迫力満点で涙を誘う物語になっている。そして、前半が原題、邦題どおり、ハイドリヒに焦点を当てた物語だが、さて"一粒で二度おいしい"？それとも"どっちつかず"？さらに、ロザムンド・パイク演じる妻リナの存在感バッチリだが、それも一粒で二度おいしい？それとも・・・？

　私的には、中国共産党の習近平総書記と対比するためにも、もっとナチ党内の権力闘争の描写に力を注いでほしいと思ったが、さて・・・。

──＊──＊──＊──＊──＊──＊──＊──＊──＊──

■□■原題も邦題も、焦点はハイドリヒその人！■□■

　近時「チャーチル」に焦点をあてた映画が続けて２作も公開されたが、本作の原題の『ＴＨＥ　ＭＡＮ　ＷＩＴＨ　ＴＨＥ　ＩＲＯＮ　ＨＥＡＲＴ』とは誰のこと？また、邦題の『ナチス第三の男』とは誰のこと？それは、ラインハルト・ハイドリヒだ。金髪、碧眼、長身という典型的な"北欧人種"の容姿を持った彼が、原題のように"鉄の心を持った男"と呼ばれたのは一体なぜ？

　そしてまた、何よりも"ユダヤ人の最終的処理計画"の提案者で推進者であったハイド

リヒが、ナチス宣伝相のヨーゼフ・ゲッベルスや国家元帥のヘルマン・ゲーリング等を抜いてヒトラー、ヒムラーに次ぐ「ナチス第三の男」と呼ばれたのは一体なぜ？

　本作を観ればきっと、彼がなぜ「鉄の心を持った男」と呼ばれ、また「ナチス第三の男」と呼ばれたのかがわかるはずだ。

■□■原作は『HHhH プラハ、１９４２年』。その焦点は？■□■

　フランス人のセドリック・ヒメネス監督が本作を企画したのは、ドイツ人作家ローラン・ビネの小説『HHhH　プラハ、１９４２年』に魅せられたためらしい。もちろん私はこれを読んでいないが、タイトルからすれば、これはきっと１９３９年３月以降、ドイツの保護領とされていたチェコスロバキアの首都プラハで１９４２年５月２７日に起きた「エンスラポイド作戦（ハイドリヒ暗殺作戦）」に焦点を当てて書かれた小説。

　この「エンスラポイド作戦」は、直近では『ハイドリヒを撃て！「ナチの野獣」暗殺作戦』（16年）で描かれた有名な暗殺事件だ（『シネマ40』190頁）。そこでは、イギリスに亡命していたチェコスロバキアの軍人がパラシュートでチェコ領内に潜入し、レジスタンスの協力を得てハイドリヒ暗殺計画を断行する姿が描かれていた。ハイドリヒ暗殺は唯一ナチス高官の暗殺に成功したケースで、それ自体は大成功だったが、その報復はすさまじいものだったから、その帳尻は？

　原作はそのタイトルからしても、きっとそのハイドリヒ暗殺をリアルに描いているはずだ。しかし、本作の原題と邦題が前記のようにされていると、その両者のバランスは・・・？

■□■この手の映画では女性は刺身のツマだが、本作は？■□■

　歴史上の人物（男）や事件に焦点をあてた映画では、女優は"刺身のツマ"になる傾向が強い。しかし、『ウィンストン・チャーチル　ヒトラーから世界を救った男』（17年）（『シネマ41』26頁）と『チャーチル　ノルマンディーの決断』（17年）（『シネマ42』115頁）という２つの"チャーチルもの"では、チャーチルの人間性やその演説に焦点をあてていたものの、チャーチルの妻クレメンタインの存在感も相当なものだったから、近時の女性の地位の向上を感じさせてくれるものだった。

　しかして、本作のハイドリヒ役にその容姿が如何にもアーリア人種的な（？）俳優ジェイソン・クラークを起用したのはベストな選択だが、本作ではその妻リナ・ハイドリヒ役に『ゴーン・ガール』（14年）（『シネマ35』159頁）でアカデミー賞主演女優賞にノミネートされた女優ロザムンド・パイクが起用されていることに注目！そうすると、本作では女優はきっと刺身のツマ的役割ではないはずだ。さらに本作では、もう１人私の大好きな女優ミア・ワシコウスカも起用されている。彼女が一体どんな役かはしっかり確認してもらいたいが、ミア・ワシコウスカも出演するとすれば、これも刺身のツマ的役割ではなさそうだ。

さあ、原題『THE MAN WITH THE IRON HEART』、邦題『ナチス第三の男』の本作で、この２人の女優は如何なる役割を？

■□■ "一粒で２度おいしい"？それとも "どっちつかず"？ ■□■

本作はちょうど１２０分だから平均的な時間だが、きっちり前半をハイドリヒの人間性に、後半をハイドリヒ暗殺計画の実行に焦点をあてて描いている。そのため、本作は、"一粒で２度おいしい"といえる作品になっており、パンフレットにある高崎俊夫（編集者、映画批評家）のコラム「実験的手法の原作から生まれた、作家的野心を感じさせる秀作」では。次のように書かれている。

> 『ナチス第三の男』が、これまでの類似作品と大きく異なるのは、前半ではハイドリヒという冷酷極まりない大立者をクローズアップして、深く寄り添うように描き、後半では一転、狙撃者であるチェコ人のヤン・クビシュ（ジャック・オコンネル）とスロヴァキア人のヨゼフ・ガブチーク（ジャック・レイナー）という二人の青年に視点を移すというユニークな〈語り口〉を採っていることである。それは、一見、あたかも一本の映画の中に二つの異なる作品が混在しているような、不思議な印象を与えるのである。」

たしかにそうとも言えるが、それは逆に言えば、"どっちつかず"とも・・・？

本作導入部は、あるダンスパーティの席で、海軍士官学校を経てキールのバルト海海軍基地に通信将校として勤務していたハイドリヒ（ジェイソン・クラーク）が、貴族階級の娘リナ・フォン・オステン（ロザムンド・パイク）と出会い、彼女をダンスに誘うシークエンスから始まる。その後、みるみるうちに２人の親密度は深まっていくが、そこで面白いのは、ハイドリヒは真面目な（だけの？）海軍軍人であるのに対し、リナは確信的なナチ党（国家社会主義ドイツ労働者党）の支持者であることを明確に示し、思想的な一致があるか否かを結婚のポイントにしていること。これは、没落貴族であったため異常なほど立身出世欲の強いリナが、結婚する夫の力によってその夢を実現しようとしていたことを明確に物語るものだが、そんなリナの個性を本作でしっかり見せるため、セドリック・ヒメネス監督はリナ役にリナザムンド・パイクを起用したわけだ。

そのため、前半のハイドリヒの立身出世物語（？）の中にはリナの影響力が随所に見られることになる。しかし、このようにリナの役割を大きく描いたことによって、ハイドリヒ自身のナチ親衛隊内部での権力闘争の実態やユダヤ人の最終解決計画策定に向けてどんな研究を行っていたのか等々、ハイドリヒ本人についての掘り下げが弱くなってしまうから、一長一短がある。つまり、ハイドリヒの人間性を描くについて、妻リナの個性や活躍にウェイトを置いたのは、一粒で２度おいしい？それとも、どっちつかず？

■□■ "女の失敗"で不名誉除隊！それで人生は終わり？ ■□■

近時は、功なり名を遂げてからの"不倫スキャンダル"で人生を棒に振ってしまう人も多いが、若い時の"女の失敗"は何歳くらいまでOKなの？ちなみに、２月１日から公開されるヒュー・ジャックマン主演の『フロントランナー』（18年）では、ジョン・F・ケネディの再来と言われ、１９８８年のアメリカ合衆国大統領選挙の最有力候補（フロントランナー）だったゲイリー・ハートは、たった１つの女性スキャンダル報道で政治生命を抹消されたらしい。

　ヒトラーが絶賛したアーリア人種（ドイツ民族）はセックス面での能力も高いようで、純粋なアーリア人であるハイドリヒの若い頃の女性関係はかなり奔放だったらしい。そのため、本作導入部では、ある意味では愛情いっぱいの、ある意味では計算高いハイドリヒとリナの恋愛から結婚に至る姿が描かれるが、その途中でハイドリヒの女性スキャンダルが露見。その女性の父親で海軍上層部にコネクションがある男からの訴えによってハイドリヒは軍法会議にかけられ、そこで「男なら誰もあんなクソ女と結婚しない」というハイドリヒの弁明にもかかわらず、ハイドリヒは不名誉除隊とされてしまったから、アレレ・・・。

　これで俺の人生は終わり？ハイドリヒはそう思ったようだから、その後のハイドリヒの怒りのぶちまけ方は本作導入部のハイライト（？）になる。しかし、それをうまく御し、「今回の女性問題は許すが、今後一切それを口にするな」と誓約させて結婚に踏み切るリナとその両親は、ある意味で凄い。今はどん底だが、ハイドリヒには未来があると見込んだわけだが、さてその見立ては・・・？

■□■この入党が転機！党内の権力闘争をいかに？■□■

　下手すると、あの"女の失敗"で終わってしまったかもしれないハイドリヒの人生の転機は、ナチス党への入党だ。ハイドリヒの力量は、ナチ党に入ってまだ２ヶ月という段階でナチ党親衛隊（ＳＳ）の指導者ハインリヒ・ヒムラーと直接面会した場面で発揮されたらしい。つまり、新たな「情報部」創設の意向を持っていたヒムラーに対するハイドリヒの提言は実に正鵠を得たもので、一瞬にしてヒムラーをして「この男は切れ者」と確信させてしまったわけだ。その後の彼は、自分自身の出世欲に目覚めたうえ、共産主義者とユダヤ人の撲滅というナチ党から与えられた任務が自分の価値観とピッタリ一致したこともあって、ナチ党員として目覚ましい出世を続けることに。

　もちろん、党内での出世競争と権力闘争に打ち勝つためには、あらゆる権謀術策が必要。そこで、彼が自ら運営する娼館「サロン・キティ」に盗聴器を仕掛け、セックススキャンダルをネタに上官たちを次々と恫喝し、屈服させていく姿は興味深い。ＳＳ保安部（ＳＤ）の責任者となり、ゲシュタポ（秘密国家警察）を手中に収めたうえ、警察機構とＳＤを国家保安本部（ＲＳＨＡ）に統合し、その責任者となったハイドリヒなら、相手がたとえ正規軍の司令官であろうと"弱み"さえ握れば負けるはずはないわけだ。ちなみに、中国共産党内部では近時、習近平主席の「ハエも虎も叩く」という言葉が流行し、現実に「政敵」だ

った薄熙来や周永興、徐才厚らを次々に血祭りにあげたが、レベルこそ違え、１９３０年代後半のナチ党内では、ハイドリヒによるその手の党内権力闘争が繰り広げられたわけだ。

　私的にはそんな姿をもっと詳しく描いてほしかったが、前述の「どっちつかず」の扱いによって、その点は少し消化不良・・・？しかし、そんなハイドリヒの姿を見ていると、若い頃のちょっとした"女の失敗"なんて！

■□■後半も迫力満点で涙を誘うが、"二番煎じ"感も・・・。■□■

　原題でも邦題でも本作のタイトル通り、前半の主人公になったハイドリヒだが、１９４１年９月、３７歳にして彼がヒトラーによって事実上チェコの「総督」に任じられた後の"ハイドリヒ特有"のチェコ統治のあり方は、本作ではほんのさわりしか描かれていない。それにかわって、前述したように、本作後半は基本的に『ハイドリヒを撃て！「ナチの野獣」暗殺作戦』と同じ物語が俳優陣を変えて展開していく。　ハイドリヒの暗殺計画である「エンスラポイド作戦」がイギリスで立案されたのは１９４１年１０月１日。ちなみに、英国特殊作戦執行部（Special Operations Executive、SOE）では、ハイドリヒは「ナチス第三の男」ではなく、「ドイツ占領下ヨーロッパにおいてヒトラーに次いで恐らく二番目に危険な人物」と書かれていたそうだ。

　それはともかく、本作後半の、①ヨゼフ・ガブチーク（ジャック・レイナー）とヤン・クビシュ（ジャック・オコンネル）ら計７人の暗殺部隊をパラシュートによってチェコ領内に送り込むシークエンス、②レジスタンスたちの協力を得ながら暗殺計画を進めていくシークエンス、③そして、１９４１年５月２７日の暗殺断行のシークエンスは、『ハイドリヒを撃て！「ナチの野獣」暗殺作戦』と同じだ。また、暗殺（未遂）後の教会内での立てこもりは『ハイドリヒを撃て！「ナチの野獣」暗殺作戦』でも涙を誘った物語だが、歴史上の事実を勝手に動かすわけにはいかないため「エンスラポイド作戦」を描いた本作後半が『ハイドリヒを撃て！「ナチの野獣」暗殺作戦』の"二番煎じ"のようになるのは仕方ない。しかし、あまりに似通っているのは如何なもの・・・？

　まあ、それでも「エンスラポイド作戦」そのものが衝撃的であるため、本作後半のスリルも相当なもので、涙を誘うものになっている。したがって、本作後半の鑑賞もしっかりと！

２０１９（平成３１）年１月３１日記

Data

監督：クリスティアン・クレーネス
／フロリアン・ヴァイゲンザ
マー／オーラフ・S・ミュラ
ー／ローラント・シュロット
ホーファー
原作：『ゲッベルスと私』（書籍版／
紀伊國屋書店出版部）
製作：ブラックボックス・フィルム
＆メディアプロダクション
出演：ブルンヒルデ・ポムゼル

■□■ショートコメント■□■

◆先日、私は毛沢東には5人の秘書がいたこと、そのうちの1人である謝静宜が「毛沢東身辺工作瑣憶」を出版したことを知った。しかして、本作は1942年から終戦までの3年間、ナチスの宣伝大臣ヨーゼフ・ゲッベルスの秘書として働き、近代におけるもっとも冷酷な戦争犯罪者の側にいた女性・ブルンヒルデ・ポムゼルの103歳の時のインタビューを中心に製作されたドキュメンタリー映画だ。

　その30時間に及ぶ独白インタビューにアーカイヴ映像を加えて構成された本作は、4人の監督によって演出されているが、その出来は？また、その衝撃度は？

◆ナチス映画、ヒトラー映画の中で、私が最も衝撃を受けたのは『ハンナ・アーレント』（12年）（『シネマ32』215頁）と『否定と肯定』（16年）の2本。とりわけ、『ハンナ・アーレント』の中で、哲学者のハンナ・アーレントが定義した「悪の凡庸」の説得力にはビックリしたものだ。

　そして、それを知ってしまうと、本作でポムゼルが語っていることはすべて「悪の凡庸」の延長線上にある話ばかり・・・？もっとも、そう考え、そう納得してしまうと、ポムゼルが語ることの衝撃度が薄れてしまうのだが・・・。

◆本作でポムゼルのインタビューと並んで注目すべきは、本作に見る未公開かつオリジナルな状態のアーカイヴ映像だ。その1つ1つを見れば（聞けば）、ヒトラーの演説映像はおなじみだが、宣伝大臣ゲッベルスの演説も相当なものだということがよくわかる。また、全体としてそれらを見れば、時代や場所こそ違っても、人間のやることはみんな同じだということが、あらためて実感できる。

　アメリカのトランプ大統領の登場以来始まった「フェイクニュース」騒動はもちろん、直近のトランプ大統領によるイラン核合意の一方的破棄、米朝会談の実施、日中韓首脳会談の実施、ソ連でのプーチン大統領の4選、マレーシア初の政権交代と92歳のマハティール氏の再登場、等々を巡って、各当事者、各陣営が発信するニュース映像の狙いは、まさに本作にみるアーカイヴ映像と全く同じなのだ。すると、その中で今私たちも、それぞれ「悪の凡庸」を重ねているの・・・？　　　　2018（平成30）年5月14日記

第３章
ヒトラーの栄光は？ヒトラーへの抵抗は？
こんな実話も！あんな寓話も！

１）戦雲迫りくる中、１９４０年の東京オリンピックは中止されたが、１９３６年のベルリン五輪は開催。当時のヒトラーの栄光は？

２）ヒトラーをめぐっては、下記の２～８のような知られざる、こんな実話も！あんな寓話も！とりわけ、第９２回アカデミー賞で作品賞、脚色賞、助演女優賞、美術賞、衣装デザイン賞、編集賞の６部門にノミネートされ、脚色賞を受賞した下記８は必見！

○ 目 次 ○

Data

監督／スティーヴン・ホプキンス
出演／ステファン・ジェームス／ジェイソン・サダイキス／イーライ・ゴリー／シャニース・バンタン／カリス・ファン・ハウテン／ジェレミー・アイアンズ／ウィリアム・ハート／デヴィッド・クロス／バーナビー・メッチェラート／シャミア・アンダーソン／グリン・ターマン

SHOW-HEY シネマルーム

★★★★

栄光のランナー　１９３６ベルリン

2015年・アメリカ、ドイツ、カナダ映画
配給／東北新社、STAR CHANNEL MOVIES・134分

| 2016（平成28）年9月22日鑑賞 | シネ・リーブル梅田 |

👀 みどころ

　１９３６年開催のベルリンオリンピックは、映画『民族の祭典　オリンピア第一部』（３８年）と『美の祭典　オリンピア第二部』（３８年）でも有名だが、ナチス讃歌と露骨な人種差別政策の中、各国はそれに参加すべき？それともボイコットすべき？

　３つの世界記録の保持者が４年に１度の晴れ舞台に参加したいのはヤマヤマだが、「政治とスポーツは別」。そんなキレイ事だけで割り切れるの？しかして、黒人選手ジェシー・オーエンスの決断は？

　市川崑監督の『東京オリンピック』（６４年）と今年のリオデジャネイロオリンピックを参考にしながら本作を観賞し、来たるべき２０２０年の東京オリンピックへの想いを巡らせたい。しかし、キナ臭いにおいが漂っている昨今、３年後に迫ったその開催はホントに大丈夫・・・？

―――＊―――＊―――＊―――＊―――＊―――＊―――＊―――＊―――＊

■□■東京オリンピック開催は大丈夫？■□■

　２０１６年８月５日から８月２１日まで開催されたブラジルのリオデジャネイロオリンピックで、日本は予想以上の成績を収めたが、来るべき２０２０年の東京オリンピックに向けての体制づくりは大丈夫？７月３１日の東京都知事選挙で小池百合子氏が新たな知事に選ばれた後に発覚した東京都江東区の豊洲市場問題、すなわち、盛り土によって土壌汚染問題を解決するとしていたにもかかわらず、地下に巨大な空間がつくられていた問題はとてつもない広がりをもちそうだ。その影響によって、築地から豊洲を通って開通するはずの東京オリンピック向けの新しい道路の建設が遅れると、いかなる影響が・・・？

他方、北朝鮮の核開発問題は近時の相次ぐミサイル実験と核実験によって深刻度を増している が、今や国連はもとより、中国もそれに対して打つ手がない状態になりつつある。 こんなリスキーな状態があと３年も続けば、近い将来きっと何か悪いことが・・・。

　ちなみに、１９３６年にはドイツでベルリンオリンピックが華々しく開催された。しかし、その３年前である１９３３年にはヒトラー率いるナチス党による一党独裁体制が実現し、同じ年には日本とドイツが国際連盟を脱退した。さらに１９３５年にはナチス・ドイツは「再軍備宣言」をしたから、世界各国はベルリンオリンピックのボイコットを真剣に検討せざるをえなくなった。しかし、もちろん「政治とスポーツは別」。建て前はあくまでそうだが、さて現実は？本音は？そんな８０年前の状況と２０１６年の今の世界情勢とりわけ北朝鮮を巡る動向を対比してみると、３年後の東京オリンピック開催はホントに大丈夫？

■□■「オリンピック映画」といえば・・・■□■

　オリンピック映画といえば、日本人なら誰でも市川崑監督の『東京オリンピック』（６４年）を思い出す。しかし、それより前のオリンピック映画の代表は、何といっても１９３６年のベルリンオリンピックを記録した『民族の祭典　オリンピア第一部』（３８年）と『美の祭典　オリンピア第二部』（３８年）だ。両者はその編集や構成においてナチスの勢力を誇示しているため、記録映画の枠を超えていると批判されるが、さて？

　私はその映画の一部をニュース等で断片的に知っているだけで、全体を通して観ていないから何とも言えない。しかし、本作にも登場する、両作の女流監督であるレニ・リーフェンシュタール（カリス・ファン・ハウテン）はたしかにヒトラーのお気に入りらしいが、記録映画のつくり方については全権限を自分に集中させることにこだわり、それを実現させているからえらい。ちなみに、２００８年の北京オリンピックの開会式をプロデュースしたのは張藝謀（チャン・イーモウ）監督だが、彼だって中国共産党から中国の国威発揚に大いに役立つような演出を厳命されていたはずだ。ちなみに、あなたはあの開会式のド派手さをどう評価？

　他方、『東京オリンピック』は政治色は全然ないが、ウィキペディアによれば、そもそも筋書きなどはないはずのオリンピックのために、まず緻密な脚本を書き、これをもとに壮大なドラマである『東京オリンピック』を撮るという制作手法をとったらしい。また、日本を代表するカメラマンとして世界的にも名を知られた宮川一夫が主導した撮影にも、アスリートの心情の表現を重視した演出や、超望遠レンズをはじめとする複数のカメラを使った多角的な描写などを駆使し、従来の「記録映画」とは全く性質の異なる極めて芸術性の高い作品に仕上げたらしい。そのため、レニ・リーフェンシュタール監督の『民族の祭典　オリンピア第一部』、『美の祭典　オリンピア第二部』と同じように「芸術か記録か」という大論争を引き起こしている。ちなみに、完成披露試写の２日前（１９６５年３月８

日）に行なわれた関係者のみの
試写会で同作を観たオリンピッ
ク担当大臣の河野一郎は、「俺に
はちっともわからん」「記録性を
まったく無視したひどい映画」
とコメントし、「記録性を重視し
た映画をもう一本作る」とも述
べたそうだ。そんなさまざまな
波紋を広げながらも、膨大な予
算をかけて製作された同作は興
行的には大成功し、その観客動
員数は事実上日本映画史上最多
と言われているらしい。

　本作の鑑賞については、ベルリンオリンピックで４つの金メダルを獲得した本作の主人
公 ジェシー・オーエンス（ステファン・ジェームス）の走り方や記録だけではなく、そん
な記録映画づくりの視点からもさまざまな問題点に注目したい。

■□■名選手は名コーチあればこそ！本作でもそれを痛感！■□■

　東京オリンピックでは、当時の日紡貝塚の女子バレーボールチームを率いて、「東洋の魔
女」の名を世界にとどろかせた「鬼の大松」こと大松博文監督の徹底したスパルタ式トレー
ニングが有名。また、リオオリンピックでは、女子シンクロナイズドスイミングで中国
チームから日本チームに復帰した井村雅代コーチが、厳しい指導でデュエットとチームの
両種目で日本初の銅メダルをもたらした。

　他方、個人競技のボクシングでは、『ロッキー』シリーズで「イタリアの種馬」ことロッ
キーを指導するのは、小さなジムの経営者ミッキー。『あしたのジョー』でジョーこと矢吹
丈を指導するのは、丹下拳闘クラブの丹下段平。また、亀田興毅・大毅・和毅の三兄弟の
コーチ役は父親の亀田史郎氏だ。しかして、本作で貧しい家庭に生まれながらも中学時代
から陸上選手として類稀な才能を発揮し、家族の期待を一身に背負ってオハイオ州立大学
に進学したアフリカ系アメリカ人（アメリカ黒人）、ジェシー・オーエンス（ステファン・
ジェームス）を指導するコーチは誰？

　それは、大学内でのオーエンスの走りを見て、その才能を見い出したコーチのラリー・
スナイダー（ジェイソン・サダイキス）だ。今のようなスポーツ選手の特別待遇入学など
ない当時、オーエンスのような貧乏学生にはアルバイトが不可欠だったが、バイトと学業
さらに陸上の３つをこなしていくのは至難のワザだ。五木寛之の小説『青春の門』（６９年）
でも筑豊から早稲田大学に入学しボクシング部に入った伊吹信介は講師の石井忠雄コーチ

の元でボクシングの指導を受けたが、それはコーチの家への住み込みを伴う、コーチと一体となった生活だった。さすがにオハイオ州立大学では選手とコーチの間にそんな公私混同（？）はなかったが、スナイダーがオーエンスに課する膨大な練習量をこなすために、ほとんど仕事をしなくてもアルバイト代を得られるようにするなどの便宜をはかったそうだから、さすがだ。このように、選手とコーチが互いに理解を深め、強い絆で結ばれる中でのハードな練習によって、オーエンスは次第にスター選手へと上りつめていくことに。なるほど、本作でも名選手は名コーチあればこそ、と痛感！

■□■参加すべき？それともボイコットすべき？その決断は？■□■

　本作導入部では、選手オーエンスとコーチ・スナイダーの一心同体となった練習の成果によって、オーエンスが大学陸上競技大会の一つビッグテン選手権において、４５分間で世界新記録３つとタイ記録１つを樹立するという快挙を成し遂げるストーリーが描かれる。

　これはスクリーンを観ているだけで単純にすごいなと思える展開だが、他方、人種差別の色彩を強める１９３６年のベルリンオリンピックに参加すべきか、それともボイコットすべきかを巡る、アメリカオリンピック委員会の委員長エレミア・マホニー（ウィリアム・ハート）と、のちにＩＯＣ会長となるアベリー・ブランデージ（ジェレミー・アイアンズ）との対決は、手に汗を握る展開となる。この原稿を書いている９月２７日には全米で民主党の大統領候補ヒラリー・クリントンと共和党の大統領候補ドナルド・トランプとのテレビ討論会が行われ、１億人が視聴するそうだが、ベルリンオリンピックに参加すべきかそれともボイコットすべきかを巡っては、きっとそれと同じくらいの激論が繰り返されたのだろう。

　歴史上の事実としては参加になったことはわかっているが、それを巡る当時のアメリカの人たちの激論ぶりは興味深い。しかして、アメリカ合衆国の国としてのベルリンオリンピックへの参加が決まれば、代表に選出された選手たちは粛々とその決定にしたがって参加すればいいだけ。私はそれが当然と考えていたが・・・。

■□■オーエンスはボイコットすべき？しかしそれでは・・・■□■

　本作が単にオーエンスの成功物語やオーエンスの記録映画になっていないのは、ベルリンオリンピックへの参加を巡るオーエンス自身の苦悩がしっかり描かれているからだ。アメリカの参加がアメリカオリンピック委員会の民主的な投票によって決まったにもかかわらず、黒人地位向上協会のハリー・Ｅ・デイヴィス会長（グリン・ターマン）は直接オーエンスに対して、ナチスの人種差別政策への抗議のため「有力な黒人選手であるオーエンスは出場しないでくれ」と申し入れてきたから、オーエンスは大変だ。苦悩の末、オーエンスはボイコットを決め、それをスナイダーに伝えたから、２人は激しい議論に。しかし、いくら白人のスナイダーが説得してもボイコットの決断は黒人のオーエンスが下したもの

だから議論が噛み合わないのは仕方がない。これでは、せっかくここまで頑張ってきた努力はすべて水の泡。また、せっかく出した3種目の世界新記録も宝の持ち腐れになってしまいそうだ。そんなオーエンスに対して大きな影響を与えたのは、大学のライバルでオーエンスが恋人のルース・ソロモン（シャニース・バンタン）と愛人（？）を巡ってトラブっていた時、漁夫の利を得るかのようにオーエンスに勝利していた ユーロス・ピーコック（シャミア・アンダーソン）。怪我でオリンピックへの望みを絶たれているピーコックはオーエンスに対して、「ヒトラーの鼻を明かすんだ」「オリンピック出場こそが人種政策への抗議になるんだ」と訴え、両親や今は妻になっているルースもそれを支持したが、さてオーエンスの決断は・・・？

　いったん不参加を決断し、それをスナイダーにも表明しておきながら、ピーコックのアドバイスによってそれを１８０度転換するのもいかがなもの？そんな気もするが、黒人オーエンスとしては人種差別政策に反対したものの、選手オーエンスとしては走っている１０秒間の充実に価値を見出したのはある意味当然だ。オーエンスのこんな決断と同じでなくても、オリンピックに出場する選手たちはそれぞれ自分なりの様々な決断をせざるを得ないはずだ。ちなみに、リオオリンピックで4連覇を逃し銀メダルにとどまった女子レスリングの吉田沙保里選手はコーチ兼選手として活動を続け、できれば２０２０年の東京オリンピックに選手として出場したいとの決断を下したが、それって少し中途半端で甘いのでは・・・。

■□■意外にセコいゲッベルス宣伝相！■□■

　舛添要一元東京都知事の海外への豪遊出張問題をめぐっては、日本語の「セコい」が国際共通語に昇格した（？）が、ベルリンオリンピックでオーエンスが早々と１００m走、２００m走で新記録を樹立し、「ヒトラーのオリンピック」から「オーエンスのオリンピック」の様相を呈していくことに危機感をつのらせ、セコい対応をしたのがヨーゼフ・ゲッベルス宣伝相（バーナビー・メッチェラート）だ。その第1は、金メダリストに対するヒトラーの会見をオーエンスに対してだけ中止したことだ。何とセコい・・・。

　走り幅跳びに見る、ドイツ人の金メダリスト候補カール・ルッツ・ロング（デヴィッド・クロス）とオーエンスとの攻防は人間味あふれるすばらしいものだから、それはスクリーン上でしっかり味わってもらいたいが、ゲッベルスは記録映画製作に取り組んでいるレニ・リーフェンシュタール監督に対してオーエンスを撮るなと命令したから、これもセコい。これがセコい対応の第2だ。さらにロングとの闘いをオーエンスが世界新記録で制すると、次は４００mリレーに出場するアメリカチームのユダヤ人選手2人の出場をとりやめるよう圧力をかけたから、これもセコい。これが第3のセコい対応だ。アメリカチームは出場できなくなったユダヤ人選手の代わりにオーエンスを選んだが、バトンの渡し方も知らないオーエンスにとってその重圧は相当なもの。ところが第1走者として４００mリ

レーに出場したオーエンスの走りは・・・？結局ゲッベルスのセコい対応はいずれも裏目となり、かえってオーエンスの偉業を際立たせることになったから皮肉なものだ。もっとも、本作ではゲッベルスのセコさに対して、女性映画監督レニ・リーフェンシュタールのカッコ良さが際立っているから、それには賛否両論があるかも・・・。

■□■オリンピックとカネ・汚職の汚れた構造は？■□■

　今年5月には、ＪＯＣ（日本オリンピック委員会）と東京五輪招致委員会がコンサル会社に2億2千万円を支払い、東京五輪の開催を「黒いカネ」で買った、という疑惑が浮上した。そこでフランスの警察当局は捜査本部を設置し捜査に乗り出したが、コトの真相は今なお不明だ。このようにオリンピックとカネ・汚職という「汚れた構造」は今も昔も変わらないらしい。つまり、本作では後にＩＯＣ会長となるブランデージとゲッベルス宣伝相との癒着がチラリ、チラリと描かれるのでそれにも注目したい。

　ブランデージはベルリンオリンピックへの参加について「政治とスポーツの分離」を唱えて「参加すべき」と主張していたが、それは100％本音だったの？それとも、ベルリンオリンピックへの参加を通じて自己の利権の拡大を狙っていたの？そこらあたりは微妙で、判断は個々人に委ねられているが、ナチスが唱えた「民族の祭典」、「美の祭典」がキレイ事なら、「政治とスポーツの分離」や「アマチュア精神の発揚はカネとは無関係」もキレイ事・・・？清濁合わせ飲むことが大切だと言ってしまうとまた問題だが、そこらあたりのさじ加減が難しい。オーエンスは単に選手としてトラック上で全力を尽くせばいいだけだが、それを取り巻くコーチや監督そしてオリンピック委員会等の組織の幹部たちは大変だ。

　2020年の東京オリンピックでは、森喜朗会長を頂点とする日本の東京オリンピック・パラリンピック競技大会組織委員会に、オリンピックとカネ・汚職を巡る「汚れた構造」が露呈しないことを切に望みたい。2016（平成28）年9月29日記

STAR CHANNEL MOVIES

この男、世界最速。
ヒトラーにさえ、止められない

『栄光のランナー ／1936ベルリン』
DVD4,104円（税込）/3,800円（税抜）
発売元：TC エンタテインメント
販売元：TC エンタテインメント
© 2016 Trinity Race GmbH+ / Jesse Race Productions Quebec Inc. All Rights Reserved.

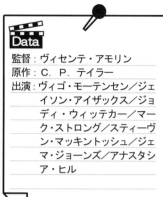

Data
監督：ヴィセンテ・アモリン
原作：C．P．テイラー
出演：ヴィゴ・モーテンセン／ジェ
　　　イソン・アイザックス／ジョ
　　　ディ・ウィッテカー／マー
　　　ク・ストロング／スティーヴ
　　　ン・マッキントッシュ／ジェ
　　　マ・ジョーンズ／アナスタシ
　　　ア・ヒル

★★★★

善き人

2008 年・イギリス、ドイツ映画
配給／ブロードメディア・スタジオ・96 分

2011（平成 23）年 12 月 16 日鑑賞 ｜ 角川映画試写室

みどころ

　時代の流れに逆らうのは難しいから、「小市民」にとっては時の権力者に気に入られるのも、ある意味ありがた迷惑？主観的には「善き人」であっても、客観的には・・・？

　さらに、何でも知ってやろうの精神は大切だが、やはり世の中には、知らない方がいいことも・・・。

―― * ―― * ―― * ―― * ―― * ―― * ―― * ―― * ―― * ――

■□■時の権力者に好かれるのも、良し悪し？■□■

　去る１１月９日に観た『デビルズ・ダブル―ある影武者の物語―』（１１年）は、サダム・フセインの長男ウダイ・フセインにそっくりだとして気に入られたため、ウダイの「影武者」になることを強要された男の実話をドラマティックに描いた。しかし、普通の市民としての生活を望む人間にとっては、そんな風に「時の権力者」に気に入られるのはありがた迷惑？

　不治の病に侵された妻を夫が安楽死させるというストーリーを描いた小説が、ヒットラー率いるナチス党の検閲委員長であるボウラー（マーク・ストロング）に気に入られたため、同様の「人道的な死」をテーマにした論文を書いてくれという申し出を受けたベルリン大学で教鞭をとる文学教授ジョン・ハルダー（ヴィゴ・モーテンセン）は困惑気味。しかし、介護が必要な母親（ジェマ・ジョーンズ）とエキセントリックな妻ヘレン（アナスタシア・ヒル）、そして２人の子供たちの生活を守るためには、それを断る術などないのは当然？そう考えると、時の権力者に好かれるのも良し悪し？

■□■ジョンはホントに「善い人」？その「女性観」は？■□■

　さらに今、彼はボウラーに紹介されたナチス親衛隊少佐のフレディ（スティーヴン・マッキントッシュ）から強引にナチス党への入党を勧められていた。すんなりそれに従えば、長年の親友であるユダヤ人精神分析医のモーリス（ジェイソン・アイザックス）からバカにされることが目に見えているから、ジョンはさらに困惑中。しかし、ナチスによるユダヤ人への迫害が日増しに強まる中、そんな理由で入党を拒否することなど論外だ。しかしてある日、学部長昇進のニュースをモーリスに伝えると同時に、ナチス党に入党したことがモーリスにバレるとモーリスからは軽蔑の目が・・・。

　本作序盤では、決断力に多少の問題はあるものの、『善き人』というタイトルどおりの人格をしっかりと見せつけてくれるジョンだが、さて、後半以降の展開は？さらに、ジョンは家庭内のもめごとに誠実に対応する一方、ちゃっかり元教え子のアン（ジョディ・ウィッテカー）との交際を深めていた。そして、母をブランデンブルグの実家に帰し、妻ヘレンと別居した後は、アンと共に暮らし始めたから、その「女性観」においては、彼はあまり「善き人」と言えないかも・・・。

■□■生き方の軸は？これくらいの協力は・・・■□■

　ナチス・ヒットラーの時代に、ドイツ人がユダヤ人との友情をキープしていくことなど不可能であることは明らかだが、スクリーン上でそんな姿をモロに目にするのは悲しいものだ。ナチス・ドイツがポーランドへの侵攻を開始したのは１９３９年９月１日だが、その約１年前の１９３８年１０月にはジョンの小説を基にした映画が作られていた他、ジョンはナチス親衛隊大尉の肩書きを持つまでに出世していた。しかし、これもジョンにとっては、ありがた迷惑？そんな前半のストーリー展開の中での１つの焦点は、遂に国外脱出を決意したモーリスからの「パリ行きの切符を買ってくれ」との頼みをめぐるジョンの行動だ。

　誰でも危険を冒したくないのは当然だが、アンとの再婚は周りの反対を排除してもきっちり決断しているのに、この切符購入の件で描かれる彼の迷走ぶり（？）は少し情けない。その結果、モーリスから「俺はユダヤ人、お前は親衛隊。それだけだ」と冷たく言い放たれても何の反論もできないジョンの姿を見ていると、ジョンの人生の軸はナニ？ついそう思ってしまったが・・・。

■□■頑張るにも、やはりタイミングが！■□■

　ヴィシー政権下のフランスで１９４２年６月６日に起きたヴェル・ディブ事件は、『黄色い星の子供たち』（１０年）（『シネマルーム２７』１１８頁参照）と『サラの鍵』（１０年）で急に有名になったが、オランダの隠れ家で２年間生活し続けた「アンネ・フランク」の

日記は昔から有名。しかして本作では、パリ駐在のドイツ人書記官がユダヤ人に暗殺されるという事件が発生した後、ベルリンのまちでは反ユダヤ人の暴動が発生。そんな中、ジョンが親衛隊大尉の肩書きを利用してモーリスを救出し、国外脱出させようと努力する姿が描かれる。その姿を見ていると、それまでの中途半端な努力とは違い、明らかに自らリスクを負担してでもモーリスを国外脱出させようとする意欲が見える。

しかし、今は正式にジョンの妻となった「純正アーリア人種」のアンに協力を求めたのは、いかがなもの？さらに、今これだけ頑張るのなら、なぜもう少し前に頑張らなかったの？つい、そう言いたくなってしまう。やはり頑張るにも、タイミングが大切だ。

■□■世の中には、知らない方がいいことも・・・■□■

『サラの鍵』は、ヴェル・ディブ事件の中で起きたある家族の行方を調べていくうちに、自分の人生と絡めて苦悩する女性ジャーナリストの姿を描いたが、そこでは徹底的に知ることを求めるジャーナリスト魂が必ずしもいい結果を招くばかりでもないということが強く印象に残った。それは、ものすごく重厚な人間ドラマだった『灼熱の魂』（１０年）も同様で、奇妙な遺言を残して死亡した母親のルーツをたどる中東への旅が、こんなすごい過去をほじくり出すことになろうとは・・・。

１９４２年４月親衛隊の幹部としてユダヤ人強制収容所の情報収集を命じられたジョンは、党の誇る最新鋭の設備を私的に利用して（？）モーリスの消息を調べたが、そもそもこの動きはナニ？ひょっとして、それは罪の意識？それはともかく、最新鋭の設備を使ってデータを集めたのだからきっとモーリスの安否がわかるはず。そう考えたジョンが、視察に訪れた強制収容所でそれを確認すると、現場ではそんなデータは何の役にも立たないことが明らかに。そりゃそうだろう。いくらデータがしっかりしていても、現場では次々とユダヤ人が死んでいくのだから、データなどはクソの役にも立たないわけだ。そう考えると、ジョンが強制収容所の中でたまたまモーリスの姿を発見するという設定は多少違和感を覚えるが、それはラストに向けたさらなるストーリーづくりのためにはやむをえないもの？

小市民的な生活を望んでいただけのジョンが自分の意思に反してナチス党の幹部に出世したのは大きな時代の流れだから仕方ないが、それならそれを徹底させるのも１つの生き方。しかし「善き人」であるジョンの生き方には、その点で大きなブレがあることは明らかだ。やはり世の中には、知らない方がいいこともあるのかも？

２０１１（平成２３）年１２月２２日記

Data
監督：ローランド・ズゾ・リヒター
出演：フェリシタス・ヴォール／ジョン・ライト／ベンヤミン・サドラー／ハイナー・ラウターバッハ／カタリーナ・マイネッケ／ズザンネ・ボルマン／マリー・ボイマー／カイ・ヴィージンガー／ポール・レディ／クリスチャン・ロドスカ／ピップ・トレンス／ジョン・キーオ

SHOW-HEY シネマルーム

★★★★

ドレスデン、運命の日

2006 年／ドイツ映画
配給：アルバトロス・フィルム／150 分

| 2007（平成 19）年 4 月 3 日鑑賞 | 東宝試写室 |

❤❤ みどころ

　共に第二次世界大戦の敗戦国でありながら、東京大空襲の約 1 カ月前に起こったドレスデン大空襲を日本人はほとんど知らないはず・・・。戦後 62 年を経た今、ドイツ人監督が巨額の費用と厳密な時代考証を経て、再現させたその姿は迫力いっぱい・・・。東京と異なり、石でできたあの美しい都市が、1 日にして壊滅していく様子は衝撃的！ドイツ人看護婦とイギリス空軍パイロットとの恋というドラマティックな演出と、爆撃によって引き裂かれた家族たちの悲劇をじっくり味わいながら、あらためて平和の大切さを考えてみたいものだ・・・。

————＊————＊————＊————＊————＊————＊————＊————＊————＊————＊————

■□■ドイツでも戦争映画の名作が次々と・・・■□■

　日本では昨年大ヒットした『男たちの大和／ YAMATO』(05 年) に続いて、今年は 5 月 12 日から石原慎太郎製作総指揮・脚本の『俺は、君のためにこそ死ににいく』(06 年) が公開されるため、「あの戦争」と特攻隊を描いた映画について若い人たちがどのような反響を示すかが注目されている。それと同じように (？)、ドイツでも近時『ヒトラー～最期の 12 日間～』(04 年) という話題作がつくられたし、東西ドイツの壁の崩壊と統一をテーマとした『グッバイ、レーニン！』(03 年) や『善き人のためのソナタ』(06 年) がつくられた。

　そして今回は、「ドレスデンの悲劇」を描いた大作が登場した。英米空軍によるドレスデンの大空襲は、1945 年 2 月 13～14 日にかけてのこと。もちろん、日本には広島と長崎の原爆の悲劇があるから、これを風化させることなく全世界に発信していかなければならず、近時も黒木和雄監督の『父と暮せば』(04 年) などの名作が登場している。そしてそれとは別に日本にも、1945 年 3 月 10 日の東京大空襲の悲劇を描いた工藤夕貴主演の『戦争と青春』(91 年) や『あした元気にな～れ！～半分のさつまいも～』(05 年) 等がある。したがって、こんな映画を契機として、日独の空襲の悲劇を対比してみることも大きな意義があるはずだ。

■□■ 正確な時代考証にこだわりを・・・■□■

この映画は、ドレスデン空襲によって引き裂かれた家族と恋人たちの姿を描くフィクションだが、同時にドイツ人監督のローランド・ズゾ・リヒターは、それとドレスデン空襲という歴史的事実を可能な限り正確に観客に伝えたいという強いこだわりを全面におし出している。そのためこの映画には、時代考証の担当者として3人の歴史家が参加し、歴史的・軍事的な背景は事実と正確に合致しており、双方公平に表現しているとのこと。

映画の前半、ドイツ人看護婦アンナ（フェリシタス・ヴォール）とイギリス空軍パイロットのロバート（ジョン・ライト）とのラブストーリーの合間に見るドレスデンのまちは壮大で美しく、ナチス・ドイツの降伏がすぐ間近に迫っているとは到底思えないもの。

これは、英米空軍によるドイツ空襲の重点が当初ドイツの西側の都市におかれたことにより、ドイツ最東部に位置するドレスデンは後回しになっていたため。ところが、そんなドレスデンのまちが映画後半は主役となる。

■□■ ドレスデンのまちは・・・？■□■

プレスシートによると、この映画は製作費1000万ユーロというドイツ映画としては破格の規模の大作で、ドレスデンのまちの巨大セットを建造したということだが、一体このセットの建造とその破壊にどれほどの費用をかけたのだろうか…？CGを多用した映像テクニックに頼らない迫力と時代考証のこだわりには、さすがドイツ人監督とビックリするはず。また、東京大空襲（1945年3月10日）や大阪大空襲（1945年3月13〜14日）とドレスデン空襲が決定的に異なるのは、木と紙の建物と石の建物との違い。そのことが、この映画を観れば実によくわかる。それは、日本人だけしか実感できない感覚だろうから、その点も十分意識しながら観てもらいたいもの…。

また、私がプレスシートを読んでビックリしたのは、ドレスデンのまちの総面積が320Kmで人口が47万6千人だということ。ちなみにこれは、大阪市の総面積の221.11Kmの約1.5倍であるのに対し、人工は大阪市の263万人（2007年1月1日現在）の約5分の1。少子高齢化と人口減少が心配されている今の日本で、さてこれをどのように解釈すればいいのだろうか…？

■□■ イギリス兵との恋はやはりちょっとムリ筋・・・？■□■

SHOW‐HEY シネサークルの会報「わらじ通信」創刊号で、私が1〜3月期の「THIS IS BEST！」に挙げた映画『ブラックブック』（06年）におけるユダヤ人女性とナチス・ドイツ将校との恋のように、ヨーロッパ映画では敵国同士の男女が心惹かれあい、愛し合うことがたまにあるが、『ドレスデン、運命の日』もその一例。すなわち、ドレスデン空襲の中でハイライトを迎えるこの映画における男女の恋は、大学教授である父カール（ハイナー・ラウターバッハ）が病院長を務める病院で看護婦として懸命に働いているアンナと、イギリス空軍パイロットのロバートとのラブストーリー。

乗っていた爆撃機がドイツ戦闘機によって撃墜され、非常脱出用パラシュートで地上に

降り立ち、敵地の中でただ１人逃げ歩き、今アンナの勤務する病院の地下に隠れ潜んでいるのがロバート。そんな２人が知り合い、なぜ惹かれあい、そして遂には婚約者だった医師のアレクサンダー（ベンヤミン・サドラー）と別れてまでロバートと一緒に…ということになったのか…？　それがこの映画の描く「戦火の中のラブロマンス」だが、私の目には、イギリス兵との恋はやはりちょっとムリ筋…？

■□■アレクサンダーも立派な医者だが・・・■□■

　ナチス・ドイツの敗北が迫っていても、看護婦として懸命に働いているアンナは、そんな実感をもつヒマがないかのように仕事に精を出していた。そして、婚約者アレクサンダーとの仲も順調のようだから、ある意味アンナは幸せいっぱい…？　したがって、観客席から観ていると、むしろアンナの方がアレクサンダーとの結婚に積極的な感じで、愛の詩を朗読させてプロポーズさせるアンナの天衣無縫な明るさを見ていると、戦争末期とはとても思えないほど…。

　しかし、そんなアレクサンダーとの恋も、ロバートの登場によってアンナの心に微妙な揺れが…。　この映画のストーリー展開の中、アンナの父親のカールと同様、アレクサンダーの生きザマや医師としての姿勢なども少しずつ明確にされていくから、是非それに注目を…。私が観る限り、このアレクサンダーは小さい時からの努力を重ねてやっと現在の職業と地位を手に入れ、美しい病院長の娘との幸せな婚約に臨もうとしているのだから幸せそのものだが、やはり人間的魅力はロバートの方が上…？

■□■最高のベッドシーンの再現・・・？■□■

　ジュード・ロウの出世作となった『スターリングラード』(01 年)はすばらしい映画だったが、その中でも、膠着状態を続けるスターリングラードの市街戦の中、精神的にも極限状態になっている２人が雑魚寝状態の中で展開したベッドシーンは最高だった（『シネマルーム１』９頁参照）。そして、『ドレスデン、運命の日』ではそれを再現…？

　地下室の一角に潜んでいたロバートがゲシュタポの目を避けて病室のベッドの中にもぐり込むのを、機転をきかせて助けたのもアンナだったが、一体それはなぜ…？また、ドイツ語をしゃべっていてもそのクセからロバートがイギリス兵だと見抜きながら、婚約者のアレクサンダーとは違うやさしさと包容力を示す彼に強く惹かれていったのはなぜ…？そのうえ、逃亡兵を匿った女性がゲシュタポに銃殺されるのを目撃してショックを受けたアンナが、その夜秘かにロバートのベッドの前に立ったのはなぜ…？寝静まった病室の一角にあるベッドの上でくり広げられる２人のベッドシーンは、まさに「これぞ秘めゴト」の極致であり、思わず固唾を呑んで見守ってしまう最高のベッドシーン…。

■□■父親のカールは悪い・・・？■□■

　この映画はある意味ドレスデンのまちが主役だが、その主役を活かすためにはアンナやロバートたちが織りなす人間ドラマが重要。さらに、アンナとロバートのラブロマンスとその純粋性・理想性を際立たせるためには、それと対置される現実を見据えて生きる人間

ドラマが必要。そう考えた（？）ローランド・ズゾ・リヒター監督は、アンナの父親カールをそんなちょっとズルイ現実主義者に…？

映画の冒頭、空襲警報が鳴る中、逃げずに気丈に手術を続けるアレクサンダー医師とそれを補助するアンナの姿が映し出されるが、そこで暗示的に示されるのがモルヒネの不足。ところがなぜか、地下に潜むロバートが見たのは、１人地下に下りてきたカールがロッカーの中に大量のモルヒネを隠している姿 …。また、官と民の癒着は世の習いだから、ナチス幹部と病院長の結託によりさまざまな策謀がめぐらされていたとしても、現実問題としてそれはあり得ること…？

しかして、今カールが考えているのは、空襲の危険、ドレスデン陥落の危険が迫っている中、ナチス幹部の力を利用しての国外脱出。すると、そのためには…？ そんな風に考え、着々と計画を実行してきたカールは決してワルではないが、ズルイことはたしか。しかしそれは、カールに言わせると、あくまでアンナたち家族の幸せのため…。

■□■ユダヤ人問題も少し・・・■□■

ナチス・ドイツ敗北直前のユダヤ人迫害の物語は、『ライフ・イズ・ビューティフル』（98年）や『聖なる嘘つき その名はジェイコブ』（99年）でタップリと描かれているが、この『ドレスデン、運命の日』にも、ドレスデンから強制収容所へと送られるユダヤ人の姿が少し描かれている。そんなサブストーリーの中で重要な役割を果たすのは、アンナがロバートと逃げていくのを助けようとする、アンナの親友の女性マリア（マリー・ボイマー）とその恋人のジーモン（カイ・ヴィージンガー）。

英空軍を主力とした合計796機の爆撃機によるドレスデン空襲は、１日にしてあれほど美しかったドレスデンのまちを壊滅させたが、その被害はドイツ人もユダヤ人もそしてイギリス兵のロバートも分け隔てることがなかったのは当然。

そんな大爆撃の中、アンナたち家族の安否とともに、マリアとジーモンの安否は……？

■□■聖母教会再建の思いは・・・？■□■

映画後半、圧倒的迫力で迫るドレスデン爆撃が終わり、さらにその後の人間ドラマも終わった後、スクリーン上には再建された聖母教会の美しい姿が登場する。これは、1994年から瓦礫を可能な限り元の場所に戻すという大変な作業で再建が進められたものだ。

日本はスクラップ＆ビルド方式が多いが、歴史や歴史的建造物にこだわるヨーロッパの人々は、失われたものを再建するケースが多い。そういう意味では、「世界最大のパズル」と呼ばれたこの聖母教会の再建はその典型。

ナレーションの中で語られる聖母教会再建の思いは、ドレスデン市民やドイツ国民には共通するものだろうが、残念ながら日本人にはそれは少しわかりにくいもの…？

したがって、戦後62年を経た今、こんな映画を通じて、日独両国民があらためてあの戦争を真剣に考えたうえで、現在の平和のありがたさを確認する必要があるのでは……？

２００７（平成19）年４月４日記

Data

監督・脚本：ロベルト・シュヴェンケ

出演：マックス・フーバッヒャー／
ミラン・ペシェル／フレデリ
ック・ラウ／ベルント・ヘル
シャー／ワルデマー・コブス
／アレクサンダー・フェーリ
ング／ブリッタ・ハンメルシ
ュタイン

★★★★

ちいさな独裁者

2017 年／ドイツ、フランス、ポーランド映画
配給：シンカ、アルバトロス・フィルム、STAR CHANNEL MOVIES／119 分

2019（平成31）年 2 月 16 日鑑賞	シネ・リーブル梅田

👀 みどころ

　『チャップリンの独裁者』（40 年）は歴史的名作だが、独裁者に大きい、小さいがあるの？ヒトラーはドイツ全体の独裁者からヨーロッパ全体の"大きな独裁者"を目指したが、本作は？

　大日本帝国陸軍では脱走兵など例外中の例外だが、ドイツ国防軍では？部隊にはぐれた兵と脱走兵の区別は？脱走兵を収容する"収容所"の機能とは？

　今年も 2 月 24 日にはアカデミー賞が発表されるが、脱走兵がナチス将校の軍服を着た後の大尉役になり切ったヘロルトの演技やヘロルト親衛隊の隊長としての演技は、アカデミー賞主演男優賞もの！これならホントの独裁者にもなれそうだ。

　明智光秀は 3 日天下で終わったが、ヘロルト独裁はいつまで？そして、みじめな脱走兵から"小さな独裁者"まで見事に変身したヘロルトの末路は？

　「彼らは私たちで、私たちは彼らだ。過去は現在なのだ。」というロベルト・シュヴェンケ監督の問題提起を、しっかり受けとめたい。

――＊――＊――＊――＊――＊――＊――＊――＊――＊――＊

■□■あれは作り話。しかし、これは大部分がホントの話！■□■

　誰もが認める、かつての名作中の名作に、チャールズ・チャップリンが監督し主演した『チャップリンの独裁者』（40 年）がある。これは、第一次世界大戦に従軍し、負傷して記憶を喪失したユダヤ人の床屋が、何年かぶりで街に帰って来たところ、独裁者のヒンケルと間違えられる物語で、彼の最期のすばらしい演説がいつまでも心に残る名作だった。しかし、そんなストーリーの同作は当然ながらホンモノのヒトラーの独裁に反対するチャップリンの脚本に基づく作り話！それに対し、原題は『Der Hauptmann』、英題は『The Captain』ながら、邦題を『ちいさな独裁者』とした本作は、、大部分がホントの話だ。ヴ

ィリー・ヘロルト上等兵（マックス・フーバッヒャー）は脱走兵ながら、たまたま道端に
うち捨てられていた車両からナチス将校の軍服を発見し、その軍服を身につけたところで、
突如大変身！ヘロルト大尉になり切る中で、次第に「小さな独裁者」になっていく物語だ。
　"独裁者"の前に、"ちいさな"という形容詞がつけられたのは、2つの意味がある。その
1つは、ヒトラーはドイツ全体をナチス党の支配下に置き、ドイツ全体の独裁者になった
のに対し、ヘロルトは独裁者になったものの、彼が組織し権力をふるった「ヘロルト親
衛隊」は最大でも80名前後の小さな組織に過ぎなかったため。もう1つは、ヘロルトが
小柄で身長が低かったから、その外見的な意味のためだ。タイトルだけ聞くと、『チャップ
リンの独裁者』の方がホントの話で、『ちいさな独裁者』の方が作り話のように思えるが、
実は逆。それを踏まえた上で、この際、是非両作の対比を！

■□■迫力ある冒頭シーンは半分ホント！半分作り話！■□■

　本作は、汚れた顔をくしゃくしゃにしながら必死に走るヘロルト上等兵の姿から始まる。
彼はなぜそんなに必死で走っているの？それは、車に乗ったユンカー大尉（アレクサンダ
ー・フェーリング）率いる部隊が、銃を撃ちながらヘロルトを追いかけているためだ。人
間の足ではいくら必死に走っても、追いかけてくる車に負けるのは当然だが、山道に入れ
ば話は別。また、たまたまうまく身を隠せる場所を見つけることができれば、ひょっとし
て追跡部隊を捲くことができるかも・・・。しかし、この追跡劇はわざと逃がしたうえで、
猟犬が獲物を追うように脱走兵狩りを楽しんでいるものだということがわかると、それを
逃げおおすのは所詮無理。このように、本作冒頭では迫力ある脱走と追跡のシークエンス
を楽しむことができるが、実はこれは作り話だ。
　つまり、実話ではヘロルトは脱走兵ではなく、単に部隊からはぐれただけらしい。もっ
とも、ヘロルトが部隊からはぐれたのはドイツ敗北の数週間前のことで、1945年4月
3日にドイツの無人地帯を一人でさまよい歩いている中で打ち捨てられていた軍の車両を
見つけたのはホントの話らしい。また、その車の中にあった将校のトランクに勲章や将校
の位を示す記章が入っており、鉄十字章も含まれていたのがホントの話なら、ヘロルトが
その軍服を着て大尉になりすましたのもホントの話らしい。なお、本作ではヘロルトの身
長が低かったため、その将校の軍服がピッタリ合わなかったことがその後の面白いストー
リー形成の要素になっているが、それはホントの話か作り話かはもうどうでもいいだろう。
このように本作はホントの話と作り話がまぜこぜになっているが、映画ではそれはどうで
もいいこと。面白ければそれでオーケーだ。

■□■どこまでヘロルト大尉になり切れる？■□■

　大尉の軍服を着てすっかりナチス将校になりきり、演説の真似ごと（？）をしていたヘ
ロルトの前に、突然1人の脱走兵と思われるフライターク上等兵（ミラン・ペシェル）が
現れたから、ヘロルトはビックリ。ところが、ヘロルトが声を出す前に立派な将校姿のヘ
ロルトを見たフライタークの方から、敬礼をした上で、「部隊からはぐれました。お供させ

てください。」と申し出たから、さあヘロルトはどうするの？

　『帰ってきたヒトラー』（15 年）の導入部では、タイムスリップして現代に降臨してきたヒトラーが、「ヒトラーのそっくりさん」となり、「ヒトラーのそっくりさんが現代のドイツを闊歩する」と題したテレビ番組で大活躍をした（『シネマ38』155 頁）が、本作ではフライタークからホンモノの大尉に間違えられたことに自信を得たヘロルトが、その後すっかりヘロルト大尉になり切る命懸けの演技を見せることになるので、それに注目！「ヒトラーのそっくりさん」はヒトラーその人だからそっくりなのは当然だが、前述した『チャップリンの独裁者』では独裁者ヒンケルに間違えられたそっくりさんはユダヤ人の床屋だったから、それがバレればアウト！そんな危険な状況は、本作のヘロルトも同様だが、さあヘロルト上等兵は以降どこまでヘロルト大尉になり切れるの・・・？

■□■役者やのう！何ともお見事な"演技"に敬服！■□■

　年間約２００本の映画を観て、その評論を書く生活を続けていると、俳優という仕事がいかに大変かと、それがいかに面白いかの両方がわかってくる。そこでの坂和流の最大の誉め言葉は「役者やのう！」だが、私は『チャップリンの独裁者』におけるチャールズ・チャップリンの名演技と同じように、本作中盤でヘロルト大尉になり切り、インチキ大尉を演じきった俳優マックス・フーバッヒャーに「役者やのう！」の賛辞を捧げたい。

　フライターク上等兵は、向こうの方から勝手に軍服だけでヘロルトをホンモノのナチス将校と信じてくれたから、フライタークを運転手として従わせることは容易だった。また、小さな村の酒場で腹ごしらえをする中で、店主の求めに応じて略奪者を射殺するのも、将校の軍服を着ていれば容易だった。しかし、その翌日立ち寄った農家では、粗暴な兵士キピンスキー（フレデリック・ラウ）とそのゴロツキ仲間がどんちゃん騒ぎを繰り広げていたから大変。そこで、ヘロルトは「私は後方の動勢を調べている。」と架空の任務をでっち上げたが、海千山千の脱走兵らしいキピンスキーがそれを信じたのか否かは不明だ。むしろ、ヘロルトの身長に軍服の長さが合っていないことを見抜いたキピンスキーは、「こいつはインチキ将校だ」と気付いたのでは・・・？

　しかし、そこで大事なことは互いに真実を述べ合うことではなく、互いの身の安全を図ること。頭の回転の速いキピンスキーは「この際、この大尉殿に従った方が安全だ」と判断したらしい。また、急速にプロの俳優にもなれそうなほどの演技力を身につけてきたヘロルトが「ウソでもこのまま大尉役を演じ続けた方が安全だ」と判断したのも賢明だ。その結果、ヘロルトはキピンスキーたちの軍隊手帳に"ヘロルト親衛隊"という新しい配属先を記した上、その後も次々と部下を増やしながら移動を続けることに。しかし、ヘロルト親衛隊にこの先何が待っているのかは全く不明。運を天に任せて移動していると、次に出会ったのは、間の悪いことに脱走兵を取り締まる憲兵隊だ。ヘロルト親衛隊がインチキなことは誰よりもヘロルト自身が知っていることだが、ここはハッタリでごまかす他なし。そうハラをくくったヘロルト大尉の、アカデミー賞主演男優賞にも相当する（？）何とも

見事なハッタリの演技を堪能したい。さらに、その演技力は、逃げ惑うヘロルトを猟犬のように追い回した、あのユンカー大尉と将校姿で対峙した時にも発揮される。ユンカーは「どこかで見た顔だが・・・」と不審そうな目で考え込んだが、さあ、そこでのヘロルト大尉の切り返しかたは・・・？

■□■収容所に驚き！脱走兵の多さに驚き！あなたなら？■□■

　本作前半は、ヘロルト上等兵がヘロルト大尉になり切る演技がハイライトだが、後半のハイライトは、荒野にぽつんと建つ粗末な"収容所"を舞台とする権力闘争と"簡易裁判（即決裁判）"による何ともむごたらしい大量処刑のストーリーになる。本作でまず私が驚いたのは、ドイツ国防軍の中にこれほど多くの"脱走兵"がいること。戦争の中で部隊とはぐれた兵士が生まれるのはやむを得ないが、それが次々と脱走兵になることはかつての日本陸軍では考えられないことだ。それは、仲代達矢主演の『人間の条件』6部作や、勝新太郎の『兵隊ヤクザ』シリーズ、さらには岡本喜八監督、佐藤允主演の『独立愚連隊』シリーズ等を見ればよくわかる。日本陸軍で脱走が成立したのは、山本薩夫監督の『戦争と人間』第2部と第3部で、吉永小百合が演じた伍代順子の恋人だった山本圭扮する標耕平くらいのもの（？）だ。

　日本陸軍では「脱走は銃殺」と定められていたことや、世界一厳しい軍律があったことの意味を、ドイツ国防軍の脱走兵の多さを見て再確認！また、本作に見る"収容所"が、そんなドイツ国防軍の脱走兵や不服従、不品行を咎められた兵士を収容する施設だというのも驚きだ。さらに、私にとって興味深いのは、彼らは軍法のみに則って即"銃殺"とされるのではなく、司法の裁きを受けなければならないということだ。その点、やはりヨーロッパ流の"法の支配"という考え方はすごい。そんな法的原理に忠実なのがハンゼン収容所長（ワルデマー・コブス）だが、警備隊長のシュッテ（ベルント・ヘルシャー）は、収容所が囚人たちであふれかえっている現状の中でもそんなクソ面倒臭い法的手続に固執するハンゼンに苛立っていた。そのため、彼は司法手続によらない現場での"簡易裁判（即決裁判）"を訴えていた。この訴えは何度もハンゼン所長から却下されていたが、新たに収容所に到着したヘロルト親衛隊のヘロルト大尉はシュッテに賛同し、ハンゼンと直談判。見事な交渉術でゲシュタポから"全権委任"を取り付けたからすごい。すごいのはその交渉術のみならず、囚人処刑の効率的な実行力だった。即決裁判にしても、一人ずつ死刑判決を下し、一人ずつ銃殺していくのがルールだが、さてヘロルト大尉による即決裁判と刑の執行方法とは？スクリーン上に見る虐殺シーンだけでも相当なものだが、ホントのホントはもっと残虐なものだったらしい。

　しかし、自分も脱走兵のはずのヘロルトが、なぜ同じ境遇の多くの脱走兵＝囚人たちに対してこんな残虐な仕打ちを・・・？ロベルト・シュヴェンケ監督は本作で「彼らは私たちだ。私たちは彼らだ。過去は現在なのだ。」という鋭い問題提起をしているが、もしあなたがヘロルト大尉だったら・・・？

79

■□■明智光秀は３日天下！ヘロルト独裁はいつまで？■□■

　ヘロルト上等兵が将校の軍服を身につけたのは、１９４５年４月３日。数十名の規模になったヘロルト親衛隊が収容所に到着したのは、４月１１日。そして、翌１２日の夜が更ける頃には、即決裁判によって約９０名の兵士（囚人）が処刑されたそうだ。そんな状況下で登場するのは、連合軍による収容所の爆撃シーン。考えてみれば、ナチスドイツは敗戦直前に至っているのだから、これは当然のことだ。

　これにて、ヘロルト親衛隊もやむを得ず解散！そう思っていると、何の何の、ヘロルトはしぶとい。その後、ヘロルト大尉は生き残った"部下"を引き連れて１台のトラックを巡回する即決裁判所に仕立て上げ、ヘロルト親衛隊の権威を武器に、ある町で次々と犯罪をでっち上げて容疑者を逮捕、処刑していく荒ワザと無法ぶりを発揮する。そんなヘロルト達だから、町の中では酒も女も手当たり次第だ。

　さあ、そんなヘロルト独裁はいつまで続くの？ちなみに、織田信長を本能寺で討ち取った明智光秀の天下は３日で終わってしまったが、さてヘロルト独裁はいつまで・・・？

■□■独裁者の末路は？本作では少し消化不良気味！■□■

　ヒトラーモノの名作は多いが、独裁者ヒトラーの末路は『ヒトラー最後の１２日間』(04年)（『シネマ8』292頁）を観ればよくわかる。本作では、ある町で"即決裁判"を武器に狼藉のかぎりを尽くしていたヘロルト親衛隊も、ついにドイツ軍事警察の手によって逮捕されることになる。それが、４月２８日のことだから、ヘロルト独裁が続いたのは結局１ヶ月足らずだ。ここで私がわからないのは、ゲシュタポは有名だが、本作中盤に登場したドイツの憲兵隊やラストに登場するドイツ軍事警察のこと。これらの部署の連携はどうなっているの？どうやらヒトラー独裁が貫かれていたナチスドイツでも、今の日本と同じように"縦割り行政"の弊害があったらしい。

　それはともかく、ドイツ軍事警察に逮捕されたヘロルトにも、弁護人付きの裁判が保証されていたから、これにもビックリ。パンフレットにある「ヴィリー・ヘロルトの人生」によれば、「ヘロルトが拘束されている間に赤軍がベルリンに到達してヒトラーは自殺。」したらしい。本作のスクリーン上でも、弁護人は「ヘロルトのやったことはけしからんことだが、彼の能力は大したもので、大いに役に立つ」という趣旨の弁論をぶっていたが、同解説には続いて、「ヘロルトは自らの行為を認め、裁判によって釈放された。」と書かれていたからビックリ！ひょっとして、ヘロルトはヒトラー亡き後、その後を継いでナチスを建て直したの？そんなワケがないのは、歴史をみれば明らかだが、同解説によれば、「ヘロルトの物語はイギリスの軍事法廷で明かされることになった。」そうだから、アレレ・・・。

　もっとも、本作はその点を全く描かず、それなりの字幕で処理しているが、それは一体なぜ？私にはこれはちょっと消化不良！私としては、ヘロルト親衛隊を率いて１ヶ月も権勢を振るい続けたこの独裁者の末路を、もう少し丁寧に見せてほしかったが・・・。

２０１９（平成31）年２月２２日記

Data

監督・脚本：ステファン・ルツォヴ
　ィッキー
出演：カール・マルコヴィクス／ア
　ウグスト・ディール／デーヴ
　ィト・シュトリーゾフ／アウ
　グスト・ツィルナー／レン・
　クトヤヴィスキ／セバスチ
　ャン・アーツェンドウスキ／
　マリー・ボイマー／ドロレ
　ス・チャップリン

★★★★★

ヒトラーの贋札（にせさつ）

2006 年／ドイツ、オーストリア合作映画
配給：クロックワークス／96 分

2007（平成19）年11月28日鑑賞　　　東宝試写室

👀👀みどころ

　骨太のドイツ映画の名作がここに誕生！国家による史上最大の贋札事件「ベルンハルト作戦」のお勉強だけでもタメになるうえ、極限状態における人間ドラマを体感できるのだからすばらしい！船場吉兆をはじめ、すぐにバレる安っぽい偽装ばかりの日本だが、こんな映画から、しっかりと人間の生き方を学ばなければ・・・。

—— * —— * —— * —— * —— * —— * —— * —— * —— * ——

■□■映画は勉強だと痛感！■□■

　世の中には中高生や大学生が毎日映画館通いをしていると、「遊んでばかりいないで勉強しなさい」と怒る親がいるが、私に言わせれば、それは大まちがい！映画館通いをしているあなたの息子や娘は、映画を観ることによって実にさまざまなものを学んでいるはずだ。もっともそれは、観客全員ではなく、それなりの問題意識と感性をもっている人で、かつ鑑賞後まじめに勉強する人でなければダメ。私は中学時代から毎週のように映画館に通い３本立てを観ていたが、映画雑誌等による勉強の方もバッチリ。

　そんなまじめな勉強の癖が今も生きているが、この映画はそんな勉強のネタでいっぱい。つまり、「こんな話、俺は今まで知らなかったなあ」と思い知らされることばかり・・・。しかし、知らなかったということは恥でも何でもない。この映画を観て勉強し、知ることができれば、それは私にとっての大きな財産。

■□■「ベルンハルト作戦」とは・・・？■□■

　この映画は、ナチスドイツが実際に実施した国家による史上最大の贋札事件である「ベ

ルンハルト作戦」をストーリーの軸とし、その中で展開されるギリギリの人間模様をスリリングに描いたもの。そこでまず勉強しなければならないのは、その作戦を実施したナチス親衛隊（ＳＳ）の海外諜報部門第６局で偽造旅券や証明書類の偽造を担当していたベルンハルト・クリューガー少佐の名前を付せられた「ベルンハルト作戦」とは何かということ。もちろん私もはじめて勉強したことだから、知ったかぶりをしてここに「孫引き」しても仕方ないのは当然。プレスシートには、私も今回はじめて知った「紙幣研究家」という肩書の植村峻氏による「映画では描かれなかった『ベルンハルト作戦』」と題するコラムがあるから、まずはそれを読むかネットを検索して勉強してもらいたい。

■□■「コラムから学んだ３つのポイントは・・・？」■□■

　このコラムから学んだ私なりのポイントは次の３つ。すなわち、①贋札によって敵国の経済を混乱させるという戦略は、ナポレオン戦争やアメリカの独立戦争の時からあったこと。②イギリスのポンド札は比較的偽造しやすかったため、本格的にすごい量の贋札が製造されかつ行使されたこと。③これに対して米ドルは偽造が難しかったため、この映画の結末は実話とは全然異なっていること。

　ちなみに、日本陸軍による「中国法幣」の偽造や、太平洋戦争時のアメリカによる日本向けの「伝単」の精度はどの程度・・・？

■□■天国から地獄へ・・・■□■

　映画の冒頭、これは一体どういう意味なのか、ちょっとわかりにくいシークエンスが２つ続いていく。この映画の主人公はユダヤ系ロシア人のサロモン・ソロヴィッチ（サリー）（カール・マルコヴィクス）。彼は秀でた芸術的才能を利用してパスポートや紙幣などあらゆる偽造を行う贋作師だ。

　最初のシークエンスでは、モナコのモンテカルロにある一流ホテルに入った彼は、スーツケースから札束を取り出し、次々とそれを貸金庫へ。そしてカジノで派手に賭けるサリーの姿と、それに注目するカジノの令嬢（ドロレス・チャップリン）の姿が映し出される。当然のように２人はそのままベッドイン。その時彼女が発見したのは、サリーの腕に刻まれている囚人番号。ということは、この男は・・・？どうもこれは、終戦直後のことらしい。

　次のシークエンスはベルリンの夜のまち。そこでサリーは最後の仕事をして、また拠点を変更するつもりらしい。しかし、最後の依頼者の女性アグライア（マリー・ボイマー）はチョー美人。その美しさに惹かれたサリーは彼女とダンスを楽しんだ後、そのまま仕事場でベッドイン。これはどうも、１９３６年のことらしい。

　どうもそれがサリーを天国から地獄へ突き落とすことになったようだ。翌朝仕事場に踏み込んできたのは、犯罪捜査局の捜査官フリードリヒ・ヘルツォーク（デーヴィト・シュ

トリーゾフ）。これによって、逮捕されたサリーはある日、ザクセンハウゼン収容所へ移送されることに。他方、有名な贋作師サリーの逮捕によって、ヘルツォークは出世し親衛隊（ＳＳ）に入り、今や極秘任務を指揮する立場に・・・。

■□■収容所でも、現実派ＶＳ理念派の対決が■□■

　以上のイントロ（？）を経て、映画はいよいよ本題のベルンハルト作戦に。その極秘任務を指揮するのは、サリーを逮捕したヘルツォーク。ベルンハルト作戦の第１の目標は、完璧な贋ポンド紙幣を大量につくり出すこと。そのため、サリーたち技術者には清潔なベッドと温かい食事が与えられ、快適な職場と居住空間が保証されていた。しかし、ベルンハルト作戦を完遂することは祖国への裏切り。他方、その仕事を拒否することは自らの死を意味していたから、囚人たちのギリギリの選択は如何に・・・？

　もちろんサリーは「現実派」だから、生きていくためその任務を忠実にこなしていた。サリーと一緒の列車でザクセンハウゼンの収容所に送り込まれた美術学校生のコーリャ（セバスチャン・アーツェンドウスキ）もそれは同じ。ところが、いつの時代でもどんな状況下においても「理念派」がいるもの。その典型が、ユダヤ系スロバキア人の印刷技師であるアドルフ・ブルガー（アウグスト・ディール）。彼は贋ポンド紙幣の完成までは仕方なくベルンハルト作戦に協力していたが、次の目標である米ドル紙幣の贋札づくりには協力を拒否し、サボタージュを呼びかけることに。

　ここらあたりの心の葛藤がこの映画のハイライト。したがって、それは私の評論で味わうのではなく、スクリーンを実際に観ることによって味わってもらいたい。極限的状況に置かれた中でのギリギリの人間の選択はどうなるのかについて、いろいろと考えさせられるはずだ。

■□■敗色濃い中、ヘルツォークの選択は・・・？■□■

　収容所の中におけるストーリーのメインテーマはサリーとブルガーとの対立だが、もう１つ結核に冒されたコーリャをめぐる人間ドラマも展開されるので、それにも注目。

　そこで面白いのは、しっかり者のサリーはヘルツォークとの間で、コーリャの薬をもらうかわりにヘルツォークとその家族が国外へ脱出するためのパスポートを偽造してやるという取引を成立させること。しかし、ヘルツォークが秘かにそんな小細工をしたのは一体ナゼ・・・？そしてコーリャの命は・・・？

■□■収容所の解放と、その後の生き方は・・・？■□■

　西に侵攻してくる連合軍（＝ロシア軍）が徐々に近づいていることは、ナチス兵たちの慌ただしい動きでわかっていたが、今や砲弾の音が聞こえてくるまでに。さあ、そこで収容所の指揮官がいかなる命令を下したのかは、収容所の中から物語を組み立てているこの

映画では明らかではない。しかし、少なくとも「囚人たちを全員射殺せよ」という命令が でなかったことは確かなよう・・・。

しかして、サリーたち技術者たちが入っている贋札工場の扉が今打ち破られたが、そこ でサリーたちが見たものは・・・？これによってそれまでの生活が完全に終了したことだ けはたしかだが、サリーたち贋札工場の中で生き延びてきた人たちは、これからどのよう に生きていくのだろうか・・・？

■□■アドルフ・ブルガーは９０歳の生き証人！■□■

アドルフ・ブルガーの腕に黒く残っている「６４４０１」という５桁の番号は、強制収 容所で刻印された囚人番号。今なお腕に残るそんな刻印をもつアドルフ・ブルガーが、２ ００７年１１月来日し、東大駒場キャンパスでナチスの贋札づくりに加担していたことを 証言し、大学生との世代を超えた交流をしたことが、２００７年１２月９日付日本経済新 聞に掲載された。

この映画のプレスシートには、この映画の俳優たちが勢ぞろいした写真が載っているが、 何とその中心にいる小さな男性が今年９０歳になるというアドルフ・ブルガーその人だ。 アドルフ・ブルガーを演じたアウグスト・ディールは、１９７６年生まれの背が高くカッ コいい若者だが、ホンモノのアドルフ・ブルガーは背が低く小柄な老人。しかし、今年９ ０歳のその老人が語る生き証人としての言葉には、ものすごい重みがあったはず。

邦画復活を印象づけた２００６年は、『男たちの大和／ＹＡＭＡＴＯ』（０５年）のよう な大ヒット兼問題提起作があったが、２００７年の邦画は１０億円以上のヒット作がたく さん生まれているものの、そのほとんどが軽薄短小なものばかりで、『ヒトラーの贋札』の ような問題提起作は少ない。日本人がもう少し利口になり、真の国際人になるためには、 難解であってもこういう映画を観て勉強する必要があるのでは・・・？

■□■ドイツ映画の名作がまたひとつ・・・■□■

私の独断と偏見によれば、フランス映画はおしゃれで小粋な作品と小難しい作品が併存 している。これに対して、ドイツ映画はあるテーマを真正面からドンと見据えた骨太の作 品が多い。最近のそんなドイツ映画の名作が、『ヒトラー～最期の１２日間～』（０４年）、 『ブラックブック』（０６年）、『みえない雲』（０６年）、『ドレスデン、運命の日』（０６年）、 『４分間のピアニスト』（０６年）、『善き人のためのソナタ』（０６年）等々だが、ここに それに連なる名作が誕生！

プレスシートによると、ドイツ・アカデミー賞では、最優秀監督賞、主演男優賞、助演 男優賞、脚本賞など主要７部門にノミネートされたとのことだから、その朗報が待たれる ところ・・・。

２００７（平成１９）年１２月１２日記

またここに、ドイツ映画の名作が！

弁護士 坂和章平の
LAW DE SHOW

ヒトラーの贋札（にせさつ）

あすから敷島シネポップで公開

ナチスドイツによるユダヤ人への迫害は歴史的な悲劇だが、それが人間の本質を描く映画の格好のテーマとなることも事実。昨年十一月に来日したスロバキア生まれのユダヤ人アドルフ・ブルガー氏は、腕に「6401」の囚人番号が刻まれ、「拒めば射殺」という過酷な状況下での贋札作りの体験を東大で学生たちに語った。日本陸軍による中国法幣、アメリカ軍による伝単など国家的な贋札作

りは歴史的には常態だが、「ベルンハルト作戦」による英国ポンド紙幣の偽造は大規模で精巧なものだった

らしい。
選抜されたユダヤ人技術者たちに清潔なベッドと温かい食事が与えられたの

は、完璧な贋札作りを成功させるため。もし任務が達成できない場合のガス室送りは必至だった。贋ポンド

札の成功に続いて来ドル札の偽造に入った時、収容所内に起きたのが、協力を拒否しサボタージュすべきか

否かを争点とした現実派サリーと理念派ブルガーとの対立。極限状況下での二人の対決シーンはこの映画のハイライト。見事な人間心理の描写をじっくりと味わいたい。

他方、ドイツの敗戦を予見した指揮官が国外への脱出用の偽造パスポートをサリーに作成させるエピソードにはヘドが出そうだが、逆に人間味タップリで興味深い面も。

今、収容所にもはっきりとソ連軍の砲弾の音が聞こえてきた。収容所の解放は間近に？ すると、完成した贋米ドル札は一体どこに？ サリーの数奇な人生を軸に描かれる人間ドラマは絶品！ またここに、ドイツ映画の名作が誕生した！

Data

監督：ヴァンサン・ペレーズ
原作：ハンス・ファラダ「ベルリン
　　　に一人死す」（みすず書房
　　　刊）
出演：エマ・トンプソン／ブレンダ
　　　ン・グリーソン／ダニエル・
　　　ブリュール／ミカエル・パー
　　　シュブラント

SHOW-HEY シネマルーム

★★★★

ヒトラーへの２８５枚の葉書

2016年・ドイツ・フランス・イギリス映画
配給／アルバトロス・フィルム・103分

| 2017（平成29）年7月11日鑑賞 | シネ・リーブル梅田 |

❤ みどころ

　一人息子が戦場で死亡！日本なら「名誉の戦死」として悲しみを隠し、「天皇陛下万歳！」と叫ぶところだが、この両親は・・・？

　反ナチ思想の持ち主でもないのに、「総統は私の息子を殺した。あなたの息子も殺されるだろう」と書く抵抗を思いつき実行するのは大したものだが、止むにやまれずそんな行動をとった両親の心情とは？すごいのはそれが約２年間も、２８５枚も続けたことだが、その効用は・・？

　後半の逮捕劇があっけないのは意外だが、考えてみればそれも当然。その分だけ余韻が強く残ることに・・・。英語劇の違和感は少ないが、それでもやはり私は断然ドイツ語劇派・・・。

──＊──＊──＊──＊──＊──＊──＊──＊──

■□■また新たに、ナチスドイツ批判の視点が！■□■

　ナチスドイツやヒトラー、そしてアイヒマンらの犯罪性については、『シネマルーム３９』では、「ヒトラーもの」と題して、『手紙は憶えている』（15年）（83頁参照）、『ヒトラーの忘れもの』（15年）（88頁参照）、「アイヒマンもの」と題して、『アイヒマンを追え！ナチスがもっとも畏れた男』（15年）（94頁参照）、『アイヒマンの後継者　ミルグラム博士の恐るべき告発』（15年）（101頁参照）を掲載した。また、『シネマルーム３８』では、「あらためてヒトラーを考える」と題して、『アイヒマン・ショー　歴史を映した男たち』（15年）（150頁参照）、『帰ってきたヒトラー』（15年）（155頁参照）を掲載した。

　このように、戦後７０年以上経った今でも、第２次世界大戦下におけるナチスドイツの

恐怖政治を題材にした映画は絶え間なく作られているが、ここにまた、新たなナチスドイツ批判の視点が誕生した。

■□■原作の英訳本の大ヒットから映画化へ！■□■

本作は、原作の英訳本が大ヒットしたため映画化が決まったそうだ。本作の公式サイトには次のように書かれている。すなわち、

> 本作の原作は、ドイツ人作家ハンス・ファラダがゲシュタポの記録文書を基に、わずか4週間で書き上げたと言われる「ベルリンに一人死す」。実在したオットー＆エリーゼのハンペル夫妻をモデルにしたこの小説は、アウシュヴィッツ強制収容所からの生還者であるイタリアの著名作家プリーモ・レーヴィに「ドイツ国民による反ナチ抵抗運動を描いた最高傑作」と評され、1947年の初版発行から60年以上経た2009年に初めて英訳されたことで世界的なベストセラーとなった。

続けて、同サイトには次の通り書かれている。すなわち、

> この反戦小説に深い感銘を受け、自らメガホンを執って念願の映画化を実現させたのは、1990年代に『シラノ・ド・ベルジュラック』『インドシナ』『王妃マルゴ』といったフランス映画の歴史大作に相次いで出演し、美男スターとして一世を風靡したヴァンサン・ペレーズ。ペレーズ監督自身、父親がスペインの出身で祖父はフランコ将軍のファシスト政権と戦い処刑され、母親はドイツ系でナチスから逃れて国外へ脱出したという過去を持っている。本作では、息子の死をきっかけにナチの独裁政権に反旗を翻した平凡な夫婦が、ゲシュタポの捜査網をかいくぐりながら2年間にわたって孤独で絶望的な闘いを繰り広げていく姿を、静かな畏敬の念をこめて映し出す。

■□■なぜこんな邦題に？原題は？■□■

手紙や葉書をテーマにした映画や歌は多い。新藤兼人監督の『一枚のハガキ』（11年）はその1つだ（『シネマルーム27』91頁参照）。同作では出征兵士が妻に届けて欲しいと戦友に託したたった一枚の葉書がテーマだったが、本作は、『ヒトラーへの285枚の葉書』という邦題の通り、1人で書いた285通の葉書（ポストカード）がテーマ。

1984年3月の江崎グリコ社長の身代金要求誘拐事件以降、日本中を震撼させたいわゆる「グリコ・森永事件」では、江崎グリコに対して直接送られる身代金要求の脅迫状の他、新聞社や週刊誌に送りつけられるさまざまな挑戦状が大きな特徴だった。驚くべきことにその犯人は、1年半の間に、警察には挑戦状、企業と報道機関には脅迫状と挑戦状を計144通出している。それと同じように、本作では明らかに文体を偽造して書いた反ナチを訴える285通のカードが次々と街中に置かれたから、その書き主と置き主が誰かが大問題に。

このように本作では、どうしても葉書に焦点がいってしまうため、『ヒトラーへの２８５枚の葉書』という邦題にも納得だが、本作の英題は『Ａｌｏｎｅ　ｉｎ　Ｂｅｒｌｉｎ』。その意味はストーリーが深刻化するにしたがってハッキリと見えてくるから、本作ではこの英題の意味もしっかり考えたい。

■□■息子の戦死を知った両親の決断は？■□■

召集令状や戦死の通知が事務的になるのはやむを得ないと私は思うのだが、一人息子ハンスの戦死を伝える事務的な封書に納得できなかったのが、母親のアンナ・クヴァンゲル（エマ・トンプソン）と父親のオットー・クヴァンゲル（ブレンダン・グリーソン）。オットーはナチスの党員ではないが、軍需工場の職工長として真面目に働いている労働者で、「反ナチ思想」の持ち主ではない。しかし、戦死した息子に対するあまりに冷たい事務的なナチスドイツやその「総統」たるヒトラーの仕打ちを考えるうちに、次第に・・・。

『ヒトラーへの285枚の葉書』
発売：ニューセレクト
販売：アルバトロス・税抜価格：3,800円
© X FILME CREATIVE POOL GMBH / MASTER MOVIES
/ ALONE IN BERLIN LTD / PATHÉ PRODUCTION /
BUFFALO FILMS 2016

その結果、オットーは1枚のポストカードに「総統は私の息子を殺した。あなたの息子も殺されるだろう」と怒りのメッセージを書き、これを街中に置くことに・・・。しかし、こんな行為は、日本で去る7月11日に施行された「テロ等準備罪」を新設する「改正組織犯罪処罰法」に該当するのでは・・・？そして、今の日本でもそうなのだから、パリを占領したことによって戦勝気分に盛り上がっている1940年当時のドイツでは、ベルリンでこんなカードが見つかれば犯人は直ちに逮捕され、死刑になってしまうのでは・・・？

■□■ポストカードの効用は？２人の満足度は？■□■

反ナチのビラを撒き、逮捕され、処刑された事件は、『白バラの祈り　ゾフィー・ショル、最期の日々』（05年）で有名だが、それは大学生たちの組織的な反ナチの抵抗運動だった。それに対し、本作が描くオットーとアンナのポストカードは個人（夫婦）だけの抵抗。したがって、1度や2度はヒトラーへの腹立ちからそんな行動をとっても、それを継続するのは難しいのでは・・・？

一方ではそう思えるが、2人とも馬鹿ではなく確信犯だから、自分たちの行動がゲシュタポに露見すれば即逮捕され処分されることはわかっていたから、ポストカードに指紋を残さないことはもちろん、その置き先やその行動を目撃されないこと等の注意点はしっか

り守っていた。「グリコ森永事件」の犯人のように、新聞社や雑誌社へ愉快犯的に投稿することも、もちろんない。人間がある行動をとるについては、普通その行動の効用を考えるはずだが、2人の場合は自分たちの行動の効用を知ることは、それがマスコミ報道される可能性がない以上まず不可能。逆に、ポストカードの数＝犯行の数が増えるにしたがって、犯行が露見する危険も大きくなってくるのは当然だ。

　他方、1枚目のポストカードを回収した時から、その文面を見て、犯人像を戦争で一人息子を失った両親だと特定し、犯行回数が増えるにつれて置き場所や文書の特徴からさらに犯人像を絞り込んでいったのがゲシュタポ（秘密警察）のエッシェリヒ警部（ダニエル・ブリュール）だ。本作に見る、当時のゲシュタポとナチス政権との（力）関係は興味深いし、エッシェリヒ警部の本作に描かれる「思想性」も特筆ものだから、本作ではそれにも注目したい。結果的に約2年間にも及んだ2人の犯行をスクリーン上で見ながら私が注目したのは、ポストカードの効用は？2人の満足度は？ということだが、さて、それは・・・？

■□■逮捕は必然？もう少しうまく・・・？■□■

　本作は、オットーとアンナのポストカード置きによる抵抗がメインストーリーだが、オットーが住むアパートには当時のベルリンの世相を反映するかのように、①反体制的な判事、②ナチスから身を隠すユダヤ人、③筋金入りのナチス党員、④密告者、等の興味深い人物が住み、少しずつそのキャラを見せてくれるので、それにも注目！

　そこである意味、オットー以上にかわいそうな目に遭うのが、エッシェリヒ警部は絶対犯人ではないと確信しているにもかかわらず、ナチスの上層部からの、極端なことを言えば「誰でもいいから早く犯人を逮捕して処罰しろ」というハチャメチャな命令のために、警部が処罰してしまうことになる男だ。犯人が逮捕されれば、以降ポストカード置きはなくなるはずだが、エッシェリヒ警部が処罰したにもかかわらず、すぐ次の犯行が実行されるから、アレレ・・・？

　それはともかく、本作後半に登場する犯人逮捕劇は時間的にも短いうえあっけなさ感があり、多くの観客は少し拍子抜けしてしまうのでは・・・？あれほど緻密で用心深かったオットーは、なぜそんなチョンボをしたの・・・？そう思わざるをえない。そのため、オットーの逮捕は必然だと思うものの、本作の逮捕劇の描き方には少し疑問も。さらに、もう少しうまくやっていたら、ひょっとしてナチスの崩壊までオットーの逮捕はなかったのでは？そんな風に虫のいいことも思わないでもないが、それでは原作が誕生しなかっただろうし、本作も生まれなかったはず。しかし、それでも、もう少しうまく・・・？

■□■2人のベテラン俳優の演技に注目！■□■

　去る7月9日に観た『素敵な遺産相続』（17年）では、1934年生まれの女優シャーリー・マクレーンの元気印が光っていた。それに対し、本作では、静かに夫の決断と行動

を支え、見守り、時には危険もいとわず夫と共に行動する妻アンナ・クヴァンゲルを演じたエマ・トンプソンの存在感が光っている。また、同日に観た『しあわせな人生の選択』（１５年）では、末期ガンを宣告された男を演じたリカルド・ダリンと、カナダから来たその古い友人役を演じたハビエル・カマラの、互いに競うような静かで力強くかつ渋い演技が光っていた。それに対し本作では、オットーを演じたブレンダン・グリーソンの静かだが、断固とした決意に満ちた行動を示す演技が光っている。

　とりわけ、この２人のベテラン俳優の演技の見事さが目立つのは、２人の犯行が露見し逮捕されてから。オットーがエッシェリヒ警部に対して、「妻は関係ない」と弁解したり、それが通用しないとなると「妻だけは見逃してくれ」と懇願するのは、未練というもので少し見苦しいが、それはそれで夫婦間の愛情を示すものだから、やむをえない。それに対して、エッシェリヒ警部の綿密な捜査状況を目の当たりにしたオットーが、すぐに自分の立場を悟り、自己の罪を認めたのは潔い。もちろん、その後の２人の裁判、判決、死刑の執行は織り込み済みだが、本作では犯行が露見した後の２人の潔い態度に注目したい。

■□■英語劇の是非は？私はやっぱりドイツ語劇派だが・・・■□■

　そんな２人のベテラン俳優のきっちり計算し尽くされた緻密な演技を見て思ったのは、本来はドイツ語劇であるべき本作をヴァンサン・ペレーズ監督があえて英語劇とし、ブレンダン・グリーソンとダニエル・ブリュールの２人を主役に起用したことの意味だ。ブライアン・シンガー監督の『ワルキューレ』（０８年）がドイツ語でなく英語劇になったのは、主役のクラウス・フォン・シュタウフェンベルク大佐役にトム・クルーズを起用したためのやむを得ない選択（『シネマルーム２２』１１５頁参照）で、本当はドイツ語劇にしたかったはずだ。しかし、本作は原作の英語版が世界中で大ヒットしたため映画化が実現したものだから、観客へのサービスのため（？）にも英語劇にすべき・・・？その点について、公式サイトでヴァンサン・ペレーズ監督は、「これはヨーロッパの映画だから、僕らは英語で製作することに決めた。あとはふさわしい役者を見つければよかったんだ」と語っているが、さて、その是非は？私はやっぱりドイツ語劇派だが・・・。

　２０１７（平成２９）年７月１４日記

『ヒトラーへの285枚の葉書』
発売：ニューセレクト
販売：アルバトロス・税抜価格：3,800円
© X FILME CREATIVE POOL GMBH / MASTER MOVIES / ALONE IN BERLIN LTD / PATHÉ PRODUCTION / BUFFALO FILMS 2016

SHOW-HEY シネマルーム

★★★★

ヒトラーを欺いた黄色い星

2017 年／ドイツ映画
配給：アルバトロス・フィルム／111 分

| 2018（平成 30）年 8 月 2 日鑑賞 | テアトル梅田 |

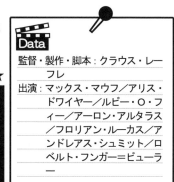

Data

監督・製作・脚本：クラウス・レーフレ
出演：マックス・マウフ／アリス・ドワイヤー／ルビー・O・フィー／アーロン・アルタラス／フロリアン・ルーカス／アンドレアス・シュミット／ロベルト・フンガー＝ビューラー

■□■ショートコメント■□■

◆ドイツでは「ヒトラーもの」の映画が毎年のように作られており、その最新は『ゲッベルスと私』（16 年）だった。同作はゲッベルスの秘書をしていたブルンヒルデ・ポムゼルが１０３歳のときにインタビューに答えたドキュメンタリー映画で、当時のニュース映像を含む様々な映像がインタビューの間に挿入されていた。それに対して、本作は男女４人の「ヒトラーを欺いた黄色い星」の実話を、２１世紀まで生き残った４人へのインタビューと、４人の若い俳優たちによるドラマで構成したものだ。

◆本作で、「ヒトラーを欺いた黄色い星」として登場するのは、公式ホームページによれば、次の４人の男女だ。

ツィオマ・シェーンハウス

（男性／1942 年に潜伏開始。当時 20 歳）

　ベルリンで暮らしていたツィオマは当局から移送命令を受けたが、集合場所で担当官に「工場に戻れと言われています」と咄嗟に嘘をつき、運よく収容所行きを免れた。両親と生き別れて独りぼっちになったツィオマは、出征を控えるドイツ人兵士に成りすまし、ベルリン市内の空室に寝泊まりすることに。危険な長居を避けて 20 軒ほどの空室を転々としたのち、親切な家主の女性にめぐり合い、身を落ち着かせることができた。

　やがて器用な手先を生かしてユダヤ人向けの身分証の偽造を行っていたツィオマは、ユダヤ人を支援する中年男カウフマンから大量の偽造依頼を受注。さらに友人のルートヴィヒからひと目につかない作業場を紹介され、多くのユダヤ人の命を救うことができるこの闇仕事に没頭し、幼い頃からの夢だったボートを購入できるほどの報酬を得ていった。しかし不注意によるトラブルで指名手配されてしまい、新たな潜伏先に向かうことに。

ルート・アルント
（女性／1942年に潜伏開始。当時20歳）

　ユダヤ人はダンスホール入場が禁止されていたため、友人宅でレコードをかけて踊りを楽しんでいたルートは、ユダヤ人弾圧の激化によって潜伏を考え始める。ルートとその家族を最初に匿ったのは、医師であるルートの父親を娘の恩人として敬うキリスト教徒のゲール夫人だった。

　いつ逮捕されるか絶え間ない不安のなか、ルートは友人のエレンとともに戦争未亡人を装って外出するようになる。やがて隠れ家を失ったふたりは凍てつく路頭をさまようが、ドイツ国防軍のヴェーレン大佐の邸宅でメイドの仕事を得た。連日、豪勢なパーティーを開くヴェーレン大佐は、ルートらがユダヤ人だと気づきながらも、なぜか掃除や子守の仕事を与えて守ってくれた。そしてベルリンへの空襲が激化するなか、家族のもとへ帰ろうとしたルートは、死体があちこちに散乱する市内中心部の惨状を目の当たりにする。

オイゲン・フリーデ
（男性／1943年に潜伏開始。当時16歳）

　母親の再婚相手がドイツ人だったため、オイゲンは家族の中で唯一、ユダヤ人と識別するための黄色い星のバッジを付けなくてはならなかった。両親と別れて潜伏するはめになったオイゲンは、共産主義者の一家に受け入れられ、その家の娘との淡い恋を経験する。しかし、その穏やかな日々は長く続かなかった。

　郊外の活動家ヴィンクラーの家に引き取られたオイゲンは、周囲に怪しまれないようヒトラー青少年団の制服を与えられた。そんなある日、テレージエンシュタットの収容所から脱出してきた男ヴェルナーがヴィンクラー宅に身を寄せてきて、ユダヤ人虐殺の恐ろしい実態を打ち明ける。「皆殺しだ。翌日には全員死んでいる。ガスで殺すんだ！」。オイゲンはヴィンクラーやヴェルナーによる反ナチスのビラ作りを手伝うことに。やがてヴィンクラーらは密告によって逮捕され、屋根裏部屋に身を潜めることになったオイゲンのもとにはゲシュタポの手入れが迫ってくる。

ハンニ・レヴィ
（女性／1943年に潜伏開始。当時17歳）

　両親を亡くし、知り合いのユダヤ人一家と同居していた孤児のハンニは、ひとり収容所行きを免れて着の身着のまま家を出た。母の友人であるキリスト教徒のベルガー夫人を頼ったハンニは、ハンネローレ・ヴィンクラーという偽名を使い、美容院で髪を金色に染めて別人となる。こうしてユダヤ人としての素性を隠すことに成功するが、隠れ家を失って孤独の恐怖に苛まれることに。

　そんなある日、ハンニは映画館で若い男性に声をかけられた。ハンニに好意を寄せるそ

の男性は戦地行きを間近に控えており、映画館の窓口係をしている母親の話し相手になってほしいと頼んでくる。「私はユダヤ人で、逃げ場がないんです」。男性の母親に意を決してそう伝えると、その女性はハンニを自宅に匿ってくれた。やがてふたりは本当の母子のような絆を育むが、戦争の終わりが近づくなか、ベルリンに侵攻したソ連兵が彼女たちの前に現れる。

◆そもそも「黄色い星」が何を意味するかについて知っている日本人は少ないはず。私がその言葉の意味をはじめて知ったのは『黄色い星の子供たち』(10年)(『シネマ27』118頁)を観たときだ。本作では、オイゲン・フリーデ(アーロン・アルタラス)について、その「黄色い星」を巡る物語が登場するので、それに注目！

　本作で私がはじめて知ってビックリしたのは、「7000人ものユダヤ人が戦時下のベルリンに潜伏し、1500人が終戦まで生き延びた」という衝撃的な史実。そして、本作は前述した4人の男女がいかにして生き残ったのかを描く映画だ。もっとも、それをインタビュー仕様とドラマ仕立てを併用して描くことの可否については賛否両論があり、私には違和感の方が強かったが、さて、あなたは？

◆本作を観ていると、一方では危険を犯してユダヤ人を匿ったドイツ人がたくさんいたことに驚かされる。その最たるものは、ドイツ国防軍のヴェーレン大佐。ナチスの高級将校がルートがユダヤ人だと知りながら、彼女に掃除や子守の仕事を与えて守ってくれたのは一体なぜ？一瞬ヘンな下心を持っていたためではないかと疑った私のゲス根性をしっかり恥じなければ・・・。

　他方、ユダヤ人なのにユダヤ人をゲシュタポに売る(密告する)ユダヤ人がいたことはショックだったが、他方で、あんな極限的な状況下でも反ナチスのビラ作りを始めるユダヤ人がいたことにビックリ。現在、自民党の総裁選を巡っては、竹下派が安倍晋三、石破茂のどちらにつくのかについて迷っているらしい。そんな時こそ政治家一人一人の矜持や生き方が試されることになるが、人間はやはり信念をもって生きていかなくちゃ・・・。

2018(平成30)年8月9日記

Data

監督・脚本：タイカ・ワイティティ
原作：クリスティン・ルーネンズ
出演：ローマン・グリフィン・デイ
ビス／トーマシン・マッケン
ジー／タイカ・ワイティティ
／サム・ロックウェル／レベ
ル・ウィルソン／スティーブ
ン・マーチャント／アルフィ
ー・アレン／スカーレット・
ヨハンソン／アーチー・イェ
ーツ

SHOW-HEY シネマルーム

★★★★★

ジョジョ・ラビット

2019 年／アメリカ映画
配給：ウォルト・ディズニー・ジャパン／109 分

2020（令和 2）年 1 月 19 日鑑賞　　TOHO シネマズ西宮 OS

👀👀みどころ

　「ナチスもの」「ヒトラーもの」の名作は多いが、ここまで徹底して１０歳の少年の目からナチス・ドイツを描くとは！タイカ・ワイティティ監督恐るべし。片渕須直監督の大ヒット作は、文字どおり「この世界の片隅」を丁寧に描いたが、本作は更に狭く、ある事情で「ジョジョ・ラビット」と呼ばれ、家の中に閉じこもっている少年と、「壁の住人」たるユダヤ人少女との「ユダヤ人講義」が中盤のメイン。そんな激動（？）の中、ヒトラーユーゲントに憧れ、ヒトラーそっくりの「架空の友人」から励ましを受けていた少年は、いかに変わっていくの？

　スカーレット・ヨハンソン扮するママの知性と勇気にも注目しながら、悲惨さの中に極上のユーモアをちりばめた「ナチスもの」を楽しみたい。アカデミー賞では、きっと『パラサイト　半地下の家族』（19 年）の好敵手になるだろう。

＊─＊─＊─＊─＊─＊─＊─＊─＊─＊─＊─＊─＊─＊─＊─＊

■□■脚本の妙はバランス！悲惨さの中に極上のユーモアが！■□■

　映画の出来の基本は脚本にあり！そう考え生涯面白い脚本書きを目指したのが２０１２年に１００歳で死亡した新藤兼人だ。しかして、脚本の妙は、悲惨さの中にもうまく笑いの要素を取り入れたバランスにある。そのことは第７２回カンヌ国際映画祭で最高賞のパルムドール賞を受賞し、第９２回アカデミー賞で作品賞他、計６部門にノミネートされたポン・ジュノ監督の『パラサイト　半地下の家族』（19 年）を見ればよくわかる。

　私は、「戦後７５年」の節目となる２０２０年の今年、『ヒトラーもの、ホロコーストもの、ナチス映画大全集 - 戦後７５年を迎えて - 』を出版するつもりだが、その序章では『チャップリンの独裁者』（40 年）を紹介して、「ヒトラー映画」の意義を強調している。そんな私にとって、１月１７日に公開された本作は必見！２０１９年９月１５日にトロント国際映画祭で観客賞を受賞したことによって、一躍賞レースのトップランナーになったのが本作で、アカデミー賞作品賞の他、ゴールデングローブ作品賞、主演男優賞にもノミネー

トされている。そして、新聞紙上では、「アカデミー賞大本命！」「最強のヒューマン・エンターテイメント！」の見出しが躍り、「ナチスドイツの時代に人々が見つけた本当の生きる喜びに、全世界が笑い、泣いた。」と紹介されている。

　「ヒトラーもの」も「ヒトラー暗殺もの」も、そして「ホロコーストもの」も「アウシュビッツもの」も、シリアスで悲劇的な映画が多いのは当然。あえて言えば、前者の代表が『ヒトラー　～最期の１２日間～』（04年）（『シネマ8』292頁）だし、後者の代表が『サウルの息子』（15年）（『シネマ37』152頁）だ。ちなみに、『アンネの日記』を読んで涙しない読者は世界中どこにもいないはずだ。しかし、映画はエンタメ。したがって、いかに「ヒトラーもの」でも「ホロコーストもの」でも、悲惨なだけでは映画としてはイマイチ。やはり、そこ（その脚本）に笑いの要素が必要だし、全体としても悲惨さとユーモアのバランスが大切だ。そんな視点で考えてみると、『チャップリンの独裁者』にも『ライフ・イズ・ビューティフル』（97年）（『シネマ1』48頁）にも、極上のユーモアが含まれていたことがよくわかる。しかして、その両作に並ぶ「極上のユーモアとともに戦時下の真実を描く傑作誕生！」と新聞紙上に見出しされている本作の「極上のユーモア」とは？

　本作の脚本を書き、監督したのは、これまで私が全く知らなかったタイカ・ワイティティだ。１９７５年生まれの彼は、何と本作でジョジョの空想上の友人、アドルフ・ヒトラー役で出演しているから、若き日のチャップリンを彷彿させるスクリーン上での躍動感あふれた彼の演技にも注目！なるほど、こんな友人を持てば、１０歳の男の子ジョジョがナチスの信奉者になっても当然かも・・・。

『ジョジョ・ラビット』　2020年1月17日から全国ロードショー
©2019 Twentieth Century Fox Film Corporation and TSG Entertainment Finance LLC

■□■タイトルの意味は？災い転じて・・・？■□■

　本作の主人公は１０歳の少年ジョジョ（ローマン・グリフィン・デイビス）。新聞でもチラシでも彼の顔が大きく映っているが、そのタイトルは一体ナニ？アカデミー賞で本作と

作品賞を争うことになるであろう『パラサイト　半地下の家族』は、タイトルだけで何となく作品のイメージが浮かび上がったが、ポン・ジュノ監督が「ネタバレ厳禁」としていたため、予測不能なストーリー展開とその結末はどこにも流出していないはず。

　それに対して本作は、チラシでも新聞紙評でもかなりのところまでネタバレされている。したがって、ジョジョの空想上の友人としてアドルフ・ヒトラーが登場するのが想定の範囲内なら、アンネの日記ばりに（?）、自宅の隠し扉の奥でユダヤ人の少女エルサ（トーマシン・マッケンジー）が隠れ住んでいたのも想定の範囲内になる。本作はその点で、「想定の範囲外」の出来事ばかりが続く『パラサイト　半地下の家族』とは大違いだが、逆に本作のタイトルはいくら考えてもその意味がわからない。しかし、心配はご無用。本作ではジョジョがはじめてナチス・ドイツの青少年集団ヒトラーユーゲントの合宿に参加するシークエンスの中で、なぜ彼が「ジョジョ・ラビット」と呼ばれるようになったのかが明らかにされるので、まずはそれを確認したい。

『ジョジョ・ラビット』2020年1月17日から全国ロードショー
©2019 Twentieth Century Fox Film Corporation and TSG Entertainment Finance LLC

　ジョジョは命令通りウサギを殺せなかったため、「ジョジョ・ラビット」と呼ばれ、「父親と同じ臆病者だ」と教官のクレンツェンドルフ大尉（サム・ロックウェル）やミス・ラーム（レベル・ウィルソン）からバカにされたのは大変だが、森の奥へ逃げ出し泣いていた彼の前にアドルフが現れ「ウサギは勇敢で、ずる賢くかつ強い」と激励されたことによって元気を取り戻したからえらい。しかし、その直後に張り切って参加した手榴弾の投てき訓練に失敗したジョジョは大ケガを負ってしまったから大変だ。そんな中、ジョジョのたった一人の家族で勇敢な母親のロージー（スカーレット・ヨハンソン）がユーゲントの事務局に抗議に行ったことによって、ジョジョはケガが完治するまではクレンツェンドルフ大尉の指導の下、身体に無理のない奉仕活動を行うことになったから、ある意味でラッキー。もっとも、親友のヨーキー（アーチー・イェーツ）と同じように、ヒトラーユーゲントの隊員として活躍できなくなったのは残念だが、さて、ジョジョの今後の活躍は如何に？果たして、ジョジョは大ケガとヒトラーユーゲントに参加できない現状を「災い転じて・・・」とすることができるのだろうか？

■□■ビートルズにビックリ！美少女の登場にもビックリ！■□■

　ビートルズが日本にやってきたのは１９６６年６月、私が高校３年生の時だ。彼らのヒット曲『抱きしめたい』は１９６３年１１月に発表した５枚目のシングル曲だが、何と本作のオープニングシーンでそれが大音量で流れてきたから、私はビックリ！イギリスは『ウィンストン・チャーチル　ヒトラーから世界を救った男』（17 年）（『シネマ 41』26 頁）、『チャーチル　ノルマンディーの決断』（17 年）（『シネマ 42』115 頁）等で見たように、フランスがナチスに占領された後、もっとも我慢強くナチス・ドイツと戦い、トコトン抵抗した国。それなのに、イギリスのリバプール出身のビートルズが、何とドイツ語で『抱きしめたい』を歌っていたから、私はさらにビックリ！

　他方、『パラサイト　半地下の家族』では、半地下住宅に住む４人家族が、高台にある４人家族の大邸宅にパラサイトする導入部のストーリーの後は、あっと驚く想定外の展開が次々と続いたが、本作でジョジョがあっと驚く想定外の展開は、大ケガのため外に出られず、家の中での孤独な生活を余儀なくされていた彼がある日、亡くなった姉のインゲの部屋で隠し扉を発見したうえ、その中にユダヤ人の少女エルサを発見したことだ。１０歳とはいえ、ヒトラーの信奉者であり、また、ヒトラーユーゲントの活動に参加できていないとはいえ、思想的には立派なヒトラーユーゲントの隊員であるジョジョなら、ユダヤ人を家の中に匿うことなど絶対にあってはならないことは十分に理解しているのは当然。それなのに、エルサはシャーシャーと「私はロージーに招かれてここに隠れている。」と弁明したから、アレレ。まさか、あの母親がそんなことを！？いや、そんなことはありえない。これは何としても通報しなければ・・・！ジョジョがそう考えていると察知した利発なエルサはそこですかさず、「通報すれば？あんたもお母さんも協力者だと言うわ。全員死刑よ。」と脅したから、さあ、ジョジョはどうするの？

　『ライフ・イズ・ビューティフル』では、父親とともに強制収容所に入れられた５歳の息子ジョズエが、父親グイドの「自分たちはゲームに参加しているんだ。」「隠れていると点がもらえる。そして１０００点集めたら、戦車がもらえるんだ。だから絶対見つかったらダメだよ！」とのウソを単純に信じたため、その後は涙いっぱい、ユーモアいっぱいのストーリーが進んでいった。それに対して、こんな予測不能な事態の中、１０歳の少年ジョジョがパニック状態に陥ったのは仕方ないが、そこでいろいろと考えた彼はエルサに「ユダヤ人の秘密を全部話す」という条件を呑めば住んでいいと持ち掛けたから偉い。その心は、エルサをリサーチすることによって、ユダヤ人を壊滅するための本を書こうと思いついたわけだ。なるほど、なるほど。

　ビートルズにビックリ！美少女の登場にもビックリ！だが、悲惨な境遇の中にいるにもかかわらず、本作中盤にジョジョとエルサの間で展開される“ユダヤ人講義”はユーモアいっぱい、寓話いっぱいの楽しいものだから、それをしっかり味わいたい。

■□■ ママの元気さと知性、そしてファッションと色彩に注目 ■□■

　クエンティン・タランティーノ監督の『イングロリアス・バスターズ』(09 年)では、ハリウッドを代表する俳優、ブラッド・ピットが反ナチの特殊部隊イングロリアス・バスターズを率いる将校としてヒトラー暗殺の実行犯を演じていた(『シネマ 23』17 頁)。それと同じように、『マリッジ・ストーリー』(19 年)で、タイトルとは正反対の「離婚物語」の中で揺れ動く妻の心理を見事に演じていた、ハリウッドを代表する女優スカーレット・ヨハンソンが、本作では、元気いっぱい、知性いっぱいのジョジョのママ、ロージー役を見事に演じている。しかも、東からはソ連軍が、西からは連合軍がベルリンの攻略を目指して迫っている中での、ロージーのファッションとその色彩はお見事だ。ストーリーの展開を見ている中、ロージーは戦地に行っている父親と同じように、ヒトラーの信奉者としてジョジョの尻を叩いているママだと思っていたが、実はこのママは反ナチ運動の闘士だったから、それにもビックリ！

　いくら身の回りに無頓着な男の子でも、１０歳にもなれば靴の紐くらいは自分で結べるのが普通だが、どうもジョジョはそれが苦手らしい。そのため、本作では、音楽やダンスが大好きなロージーが息子のジョジョとダンスをしようとするシーン等で、ジョジョの靴紐を直してやるシーンが目につくが、それって一体なぜ？本作中盤でのエルサの登場にはビックリだが、エルサがジョジョに説明したように、それがすべてロージーの計らいによ

『ジョジョ・ラビット』
2020 年 1 月 17 日から全国ロードショー
©2019 Twentieth Century Fox Film Corporation
and TSG Entertain ment Finance LLC

るものであったことがわかると、私はロージーの大胆さにビックリ！『アンネの日記』のアンネは、１９４２年から４４年までは何とか本棚の後ろの秘密の入口から入る部屋で暮らしたが、結局発見され「収容所」へ連行されてしまったが、さて、エルサは？

　本作中盤は、前述したジョジョとエルサとの間で展開される "ユダヤ人講義" が楽しいが、ある日、秘密警察(ゲシュタポ)のディエルツ大尉(スティーブン・マーチャント)が部下を引き連れて、突然ジョジョの家の家宅捜索に訪れると？これはロージーの反ナチ運動が知られたため？それとも、エルサの存在が何者かに通告されたため？

　本作はネタバレ厳禁とされていないので、ここで堂々と解説すれば、そんな緊迫した空気の中で、堂々と現れたエルサは、自分はジョジョの亡き姉インゲだと説明。ディエルツ大尉からの質問にもうまく回答し、その場は何とか切り抜けたのは幸い。観客はみんなそう思ったはずだが、そのやり取りに重大なミスがあったから大変。それは、インゲの誕生日を聞かれたエルサが、１９２９年５月１日と答えたこと。インゲの身分証明書には１９

２９年５月７日と書かれていたから、これはエルサのミスであることは明らかだ。しかるに、ディエルツ大尉は、なぜそれをその場で追及しなかったの？そんな心配をしていると、その数日後、家の外に出たジョジョの目の前には見慣れたママの靴が・・・。ところが、いつもきちんと結ばれているはずの、その靴の靴紐はきちんと結ばれていなかった。それは一体なぜ？そして、そこでジョジョが目の当たりにした悲劇とは？

■□■なぜ少年の目でナチスを？監督の出自は？原作は？■□■

　ヒトラーは１９４５年４月３０日に総統官邸地下要塞の中で拳銃自殺によって死亡したが、その最後は、『ヒトラー　～最期の１２日間～』で詳しく描かれている。もちろん、連合軍やソ連軍が総統官邸を襲うについては、激しいベルリンの市街戦を経たわけだが、「ヒトラーが自殺した」とのうわさ（？）が流れる中、本作ラストではジョジョが住んでいる街でも激しい市街戦が行われ、ジョジョはクレンツェンドルフ大尉や親友のヨーキーたちが、その戦闘に従事する姿を目撃することになる。しかし、そこで本作が面白いのは、『ヒトラー　～最期の１２日間～』は史実に基づき大人の目から「ヒトラー最期の日」を描いたのに対し、本作はあくまで１０歳の少年ジョジョの目からナチス・ドイツの最後を描いていることだ。ちなみに、私は本作ではスカーレット・ヨハンソン扮するロージーの知性や勇気のみならず、色彩豊かなファッションの面白さを指摘したが、それもジョジョの目を通して見たママなればこそだ。片渕須直監督の大ヒット作『この世界の片隅に』（16年）（『シネマ39』41頁）では、主人公の北條すずはもとより、その母親たちはみんな黒っぽいもんぺ姿だったのは当然で、本作のロージーのような色鮮やかなファッションはあり得なかった。しかし、タイカ・ワイティティ監督は、なぜそんな風に徹底して、ジョジョの目からナチス・ドイツを描いたの？

　本作の原作になったのは、世界２２か国で翻訳された国際的ベストセラーであるクリスティン・ルーネンズの『Caging Skies』。パンフレットにある Production Notes によれば、２００４年に出版された同作を、母親に薦められて読んだタイカ・ワイティティ監督は、「自分のスタイルを持ち込んで、この小説を映画化したいと思った。もっとファンタジーとユーモアを入れて、ドラマと風刺の群舞のような作品を創り出そうと考えた」そうだ。同監督の出自は少し複雑で、父親がニュージーランドの先住民族であるマオリ、母親がロシア系ユダヤ人。彼の祖父はロシア軍の兵士としてナチスと戦ってきたという個人史的な背景があるらしい。そのことは、宇野維正氏の「コメディアン、役者、脚本家、そして監督。ワイティティの多才さと繊細さが結実」と題するコラムで詳しく書かれているが、本作でここまで徹底してジョジョ少年の目からナチス・ドイツを描いた理由については、このような彼の出自が影響していることは明らかだ。しかして、本作導入部では、あれほどヒトラーユーゲントに憧れていた少年ジョジョの心境は、ナチス・ドイツ敗北の日を迎えようとしている今、どのように変化しているのだろうか？

■□■この奇跡は映画なればこそ！その醍醐味をタップリと！■□■

　本作は「ナチスドイツもの」で「ヒトラー最後の日」を描く映画にもかかわらず、本作にはまともな戦闘シーンは全く登場しない。そればかりか、本作ラストに登場する市街戦（？）では、クレンツェンドルフ大尉やフィンケル（アルフィー・アレン）はかなりおふざけのスタイルで戦闘に参加している。それは、ヨーキーも同様だ。また、本作では、ある日以降スクリーン上に登場しなくなってしまうロージーの明るく行動的だったイメージが強烈だが、その分、後半以降は、いかにも利発そうなエルサの存在感が増してくる。彼女の博識ぶりはユダヤ人特有のものかもしれないが、同時にひざまづいてリルケの詩と共にプロポーズされたという反ナチ活動家のフィアンセがいたことも大きく影響しているのだろう。ユダヤ人の優秀さは今更言うまでもないが、本作中盤のジョジョとエルサとの「ユダヤ人講義」では、ベートーベン、アインシュタイン、バッハ、ガーシュイン、ブラームス、ワグナー、モーツァルト、リルケ、ディートリッヒ等の名前が登場してくるので、それに注目！

　しかし、アンネと同じ「壁の住人」であったエルサに、決定的に不足しているのは情報。今ならスマホさえあればどんな情報でも入手可能だが、敗戦間近なドイツの「壁の住人」であるエルサには、市街戦でドイツが勝ったのか否かの情報さえないのが実情。したがっ

『ジョジョ・ラビット』
2020年1月17日から全国ロードショー
©2019 Twentieth Century Fox Film Corporation and TSG Entertainment Finance LLC

て、その戦闘が終わり、ジョジョの姿を見たエルサが、「どちらが勝ったの？」と質問したのは当然だが、それに対するジョジョの答えは意外にも？『ライフ・イズ・ビューティフル』では、5歳の息子についた「これはゲームだよ」とのウソが面白かったし、『聖なる嘘つき　その名はジェイコブ』（99年）では、「ロシア軍がすぐそこまで来ている」とのウソがストーリー全体を牽引していた（『シネマ1』50頁）が、本作ではなぜジョジョはエルサに対してすぐにバレるようなウソをついたの？もちろん、エルサがアンネと同じ運命にならずに生き延びたのは奇跡であり、映画なればこその設定。そして、映画なればこそ、そんな寓話のような設定が可能なわけだ。すると、本作最後にジョジョがエルサについた「小さなウソ」の意味は？そのことを噛みしめながら、ユーモアがいっぱい、寓話がいっぱい詰まった本作の醍醐味をタップリと楽しみたい。

　　　　　2020（令和2）年1月24日記

第4章
対ソ戦の行方は？Dデイの成否は？
Uボートは？エニグマは？

1）第1次世界大戦では、『西部戦線異状なし』（30年）をはじめとする西部戦線での悲惨な「塹壕戦」が有名。しかし、ヒトラー率いるナチスドイツの東へ西への快進撃から始まった第2次世界大戦は、東部では独ソ戦の行方が、西部ではDデイの成否が焦点になった。下記1は独ソ戦を描く映画の代表だが、下記2も興味深い。またDデイを描いた映画の代表は『史上最大の作戦』（62年）だが、下記3もB級映画ながらメチャ面白い。

2）他方、海の戦いでは、ドイツ海軍が誇るUボートの活躍が目立ったが、その裏にはエニグマの存在が！それらの面白さは、下記の4、5、6でタップリと。

◦目　次◦

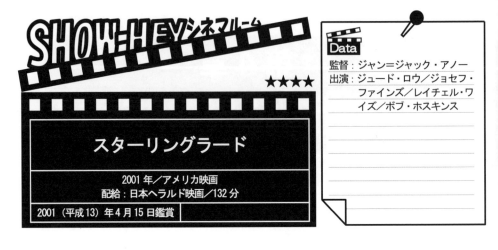

Data

監督：ジャン＝ジャック・アノー
出演：ジュード・ロウ／ジョセフ・
　　　ファインズ／レイチェル・ワ
　　　イズ／ボブ・ホスキンス

★★★★

スターリングラード

2001 年／アメリカ映画
配給：日本ヘラルド映画／132 分

2001（平成 13）年 4 月 15 日鑑賞

みどころ

派手な戦闘シーンもいいが、じっと身を伏せて待つ狙撃手の仕事もすごい。
予想以上の秀作。お薦め作品だ。

—— * —— * —— * —— * —— * —— * —— * —— * ——

■□■狙撃兵（スナイパー）■□■

　スターリングラードは、レーニンの後を継いだソ連の指導者（独裁者）、スターリンの名
を冠したソ連の都市。ここがナチスドイツに蹂躙されれば、ソ連とスターリンの権威は地
に堕ちるだろう・・・。このような、国家の意地を賭けた、スターリングラードをめぐる
独ソの攻防戦は、１９４２年に展開され、結果的に第２次世界大戦のターニングポイント
となった。

　冒頭、雪の中にじっと身をひそめて、狼が現れるのを待つ少年時代の主人公ヴァシリ。
羊飼いの家に生まれた彼は、祖父からライフル射撃を仕込まれ、メキメキと上達した。１
９４２年、スターリングラードは陥落寸前だった。物量と機動力を誇るナチスドイツに対
して、ソ連は「スターリングラードを死守せよ」との命令の下、乏しい武器の中、特攻的
な作戦を強行する。しかし、戦局は好転せず、作戦指導者たちの責任問題もチラホラ出は
じめた。主人公のヴァシリは、こんな状況下のスターリングラードに送られる。彼は戦地
へ赴く途中、列車の中で、美しい娘ターニャを見る。

　こんな環境の中、ソ連の政治士官、ダニロフは、新たな作戦を提案し、採用された。そ
れは特殊能力をもった狙撃兵（スナイパー）による、ドイツ軍将校の狙い撃ち作戦だ。天

才的狙撃手、ヴァシリは、その能力を発揮して、次々とドイツ将校を射殺。彼の活躍はダニロフの広報活動により、新聞・ラジオで報じられ、ヴァシリは次第に、国民的英雄にまつり上げられていく。もちろん、ダニロフも鼻高々だ。そしてターニャもスターリングラードで、女レジスタンスとして活動していた。

　ヴァシリの活躍をいつまでも許さないのがドイツ軍。ドイツ軍きっての狙撃の名手ケーニッヒ少佐が、ヴァシリ暗殺のため、スターリングラードに送りこまれ、ヴァシリの仲間は次々と、その標的とされてしまう。
　ヴァシリは、自信を失いながらも、ダニロフとターニャに励まされて、ケーニッヒとの対決にのぞんでいく。

■□■最高のベッドシーン■□■

　この映画の見どころは、冒頭に約１５分間続く、「プライベート・ライアン」をしのぐような、戦闘場面と言われている。もちろん、この戦闘シーンは迫力があり、独ソ戦、スターリングラード攻防戦のすさまじさを実感させてくれる。しかし、私の感想では、それ以上に素晴らしいのはヴァシリとターニャのラブシーン（ベッドシーン）。「ベッドシーン」と言っても、ホテルの中のそれではなく、連日、繰り返される戦いの合間、戦士の多くがざこ寝して、見張りが立っているという状況下で、毛布の中にくるまっての、不自由極まりない「Ｈ」である。動き回ることができない中での２人の抱擁と、声を出そうとするターニャ、その口を必死に手でおさえるヴァシリ。生命を削る戦闘の中、精神的にも極限状態となっている２人が、それでもこんな戦場のざこ寝状態の中で、男と女としての愛と肉体を確認し合うことができるのだ。この２人の手に汗を握る、緊張したベッドシーンは、歴史に残る名ベッドシーンだと思う。

■□■息づまる決闘■□■

　ターニャをめぐるヴァシリとダニロフの「男の確執」をはらみながら、ヴァシリとケーニッヒとの対決は次第にクライマックスへ。ヴァシリとケーニッヒの最後の対決は、西部劇や黒澤映画の名場面とも共通するもので、そのスチール１枚で、素晴らしい絵となる。
　２００１年に観た映画の中で、興奮したお勧め映画の１本である。

２００１（平成13）年9月記

Data
監督・脚本：アレクセイ・シドロフ
出演：アレクサンドル・ペトロフ／
　　　イリーナ・ストラシェンバウ
　　　ム／ヴィンツェンツ・キーフ
　　　ァー／ヴィクトル・ドブロヌ
　　　ラヴォフ／アントン・ボグダ
　　　ノフ／ユーリイ・ボリソフ

★★★★

T-34　レジェンド・オブ・ウォー

2018年／ロシア映画
配給：ツイン／113分

2019（令和元）年11月2日鑑賞　　梅田ブルグ7

👀👀 みどころ

　中国が『戦狼2　ウルフ・オブ・ウォー2』(17年) なら、ソ連はこれ！観客動員数と興行収入の規模は中国、韓国に劣るものの、愛国心や国威発揚意欲ではソ連も負けてはいない。しかして、観客の度肝を抜く最高峰の＜戦車アクション・エンターテインメント＞とは？

　大脱走の基本ストーリーでも、捕虜の男女間に咲く恋でも、かなりバカげた設定だが、面白くて説得力さえあれば映画はOK。そんなエンタメぶりを本作でじっくりと。ハリウッドの大スターを結集した『大脱走』(63年) では数名しか脱走に成功しなかったが、さて、T-34による4人の男と1人の美女の大脱走の成否は・・・？

―――＊―――＊―――＊―――＊―――＊―――＊―――＊―――＊―――＊

■□■全露NO．1メガヒット！その規模は？■□■

　中国映画の2017年大ヒット作にして、興行収入1000億円を上げ、中国・アジアの興行収入歴代トップになったのは、呉京（ウー・ジン）監督の『戦狼2　ウルフ・オブ・ウォー2』(『シネマ41』136頁、『シネマ44』43頁)。これは、アフリカの某国で起きた内戦で、「中国版ランボー」と呼ばれる主人公が、中国人民と祖国のため、大活躍するものだ。また、韓国では観客動員数1761万人の『バトル・オーシャン　海上決戦』(14年) が興行収入でも134億円でトップだったが、2019年の『エクストリーム・ジョブ　究極の職業 (原題：極限職業)』がそれを追い越した。その観客動員数は約1600万人で『バトル・オーシャン　海上決戦』より少ないが、映画館入場料引き上げによって、その興行収入は135億円でトップになった。

それに対して、「観客動員８００万人、興行収入４０億円超えの"全露"ＮＯ．１メガヒット」となったのが本作。本作のパンフレットにある「INTRODUCTION」では、「観客動員８００万人、興行収入４０億円超えの"全露"ＮＯ．１メガヒット！！」の文字が躍っている。その点についての紹介は次のとおりだ。

> 第６７回アカデミー賞®外国語映画賞受賞『太陽に灼かれて』の監督ニキータ・ミハルコフが製作し、本国ではロシア映画史上最高のオープニング成績を記録！最終興行収入は４０億円を超え、観客動員８００万人という驚異的な数字を叩き出し、２０１９年全"露"ＮＯ．１メガヒットとなる！もはや社会現象として世界各国からも注目を集める戦車アクション超大作『Ｔ－３４　レジェンド・オブ・ウォー』。

この数字（規模）を見ると、ロシアにおける映画の興行収入や観客動員数が、中国や韓国に比べていかに小さいかがよくわかる。ロシアと韓国の人口を比較しながら、その観客動員数を比べてみると？また、ロシアと中国の人口を比較しながら、その興行収入の額を比べてみると？本作を製作したニキータ・ミハルコフは、『太陽に灼かれて』(94 年)の他、『１２人の怒れる男』(07 年)（『シネマ 21』215 頁）でも有名な監督。しかし、いくらそんな有名監督が製作しても、ロシアでは所詮その規模・・・？

■□■本作のセールスポイントは？■□■

「INTRODUCTION」では、「遂に日本に上陸する、観客の度肝を抜く最高峰の戦車アクション・エンターテインメント」ぶりについて、次のとおり紹介している。

> 第二次世界大戦下、たった４人のソ連兵捕虜が６発の砲弾と１両の戦車"Ｔ－３４"を武器にナチスの軍勢に立ち向かう胸熱シチュエーション、戦場で立ちはだかる宿敵（ライバル）、そして収容所で出会ったヒロインとのドラマチックな恋の行方一。観客の度肝を抜く最高峰の＜戦車アクション・エンターテインメント＞が、遂に日本に上陸する！！

また、「INTRODUCTION」での本作のセールスポイントの第１は、「ロシア最先端のＶＦＸ技術を結集したダイナミックな映像革命！！」。その点については、次のとおり、紹介している。

> 片輪走行にドリフト旋回する戦車、着弾・炸裂する砲弾描写、そして爆炎・・・観客が目撃するのは、もはや映像革命と呼ぶに相応しい超絶ＶＦＸの数々。『バーフバリ　王の凱旋』のＶＦＸを手がけた＜Film Direction FX＞を筆頭にロシア最先端の映像技術を結集し圧倒的なアクションシーンを活写！いまだかつてないダイナミックかつアドレナリン全開の戦車戦を体感せよ。

本作のセールスポイントの第２は、「リアルを徹底的に追及した最高峰の戦車アクション！！」。その点については、次のとおり、紹介している。

> 登場するソ連軍の"Ｔ－３４"はすべて本物の車両を使用し、役者自らが操縦する本格

的な撮影を敢行。戦車内には小型カメラを複数台とりつけ、閉鎖的な戦車内と兵士たちを克明に映し出すことで観る者をリアルな戦場へと誘う。さらに、詳細な資料の元、美術、衣装とも徹底的に再現することを追求した。

　本作はそんな戦争映画だから、パンフレットには、大久保義信（月刊『軍事研究』編集部）の『『T－34　レジェンド・オブ・ウォー』の世界 〜歴史＆車両解説〜」と題する4ページに渡るコラムがあり、【独ソ戦】【T－34】【パンター】【傾斜装甲】【赤外線暗視装置】等について、異例の詳しい解説がされている。また、2ページにわたる「声優・上坂すみれインタビュー」があり、そこでは、ソ連・ロシア研究、ミリタリー、香港映画、ロリータ服等々、多岐にわたる趣味でも注目を集めている上坂すみれの博識ぶりが披露されている。

　本作を楽しむにはこれらの専門知識があった方がベターなので、これは必読！

■□■冒頭と導入部からド迫力の戦闘シーンが！■□■

　本作冒頭は、本作の主人公であるニコライ・イヴシュキン大尉（アレクサンドル・ペトロフ）が、いきなり雪中でナチス・ドイツの戦車に襲われるシーンから始まる。彼が1人の部下と共に乗るのは基地で炊事するための車両だが、後ろから追ってくる戦車の砲弾を見事にかわし、基地に逃げ込んだから立派なもの。まずは、この冒頭のシーンに見る、イヴシュキンの高い戦闘能力（？）を確認！

　続いて、ドイツ軍によって防衛線が破られ、厳しい戦況下にある基地の中で、彼が1台だけ残ったソ連軍戦車"T－34"の戦車長に任命されたのは、ある意味当然。そこで彼は、3人の部下と共にこの戦車に乗り込み、わずかに歩兵の助けを借りながら、イェーガー大佐（ヴィンツェンツ・キーファー）率いるナチス・ドイツのⅢ号戦車の中隊と戦うことに。実戦ははじめてという車長兼砲手のイヴシュキンに、①操縦手、②装填手、③無線手兼車体機銃手の役割を果たす3人の部下、ステパン・ヴァシリョノク（ヴィクトル・ドブロヌラヴォフ）、ヴォルチョク（アントン・ボグダノフ）、イオノフ（ユーリイ・ボリソフ）たちは当初不安を抱いたが、イヴシュキンの一糸乱れぬ統率力を見て、俄然一致団結。

　導入部では、イェーガー率いる圧倒的なドイツ戦車軍団を相手に、イヴシュキンが次々戦局を圧倒していく姿に注目！しかし、共に傷ついたイヴシュキンの戦車"T－34"とイェーガー大佐のⅢ号戦車が対峙する中、イヴシュキンは瀕死の重傷を負い、捕虜として収容所に送られることに。

　この戦いは1941年のことらしい。しかして、スクリーン上はそこから一転、3年後の1944年に移る。その舞台は、テューリンゲン州の強制収容所。そこには1人、ナチス将校の命令を無視し続け、拷問を受けているソ連軍の捕虜がいたが・・・。

■□■バカげた設定だが、それでも面白い。なるほど、その1■□■

映画はあくまで作りものでエンタメだから、現実にはあり得ないバカげた設定でも、面白ければ、そして説得力さえあればそれでOK。強制収容所でのイヴシュキン大尉とイェーガー大佐の3年ぶりの"ご対面"がバカげた設定なら、ヒムラー長官からSS装甲師団ヒトラーユーゲントを任され、より優秀な戦車兵を育てるため、捕虜の中にいる戦車兵を使ってヒトラーユーゲントの戦車兵を訓練するための演習を命じられたイェーガー大佐が、イヴシュキンの写真を発見し、「この男と戦わせれば最強のヒトラーユーゲントの戦車兵を育てることができる」と確信した、というのもバカげた設定だ。しかし、そんなバカげた設定によって、3年前にT-34に乗り込んでナチス・ドイツのⅢ号戦車と戦ったイヴシュキンたち4人が、再びナチス・ドイツ軍から提供されたT-34に再び乗り込み、訓練の場ではあっても、Ⅲ号戦車と戦うことになろうとは！

もちろん、これは演習だから、ヒトラーユーゲントの戦車は実弾を使用するのに対し、イヴシュキンたちは砲弾を持たず、ただ逃げ回るだけの役割。したがって、ハナから大きなハンディキャップを負わされたものだ。イヴシュキンたち4人に与えられた1週間内にやるべき任務は、ナチス・ドイツが回収したボロボロのソ連製戦車T-34の整備。そのためには、まず戦車内に転がっている焼けただれた4人の戦車兵の処分が必要だ。しかし、その作業中にイヴシュキンたちは戦車内に残っていた6発の実弾を発見。そこで、イヴシュキンはイェーガー大佐に対して、兵士たちの死体を丁重に埋葬したいと願い出てそれが許可されたが、一体イヴシュキンたちは何を企んでいるの？何らかの企みがあれば、イヴシュキンたちがT-34の整備に精を出し、演習場の地形の把握を含む戦略、戦術に全力を傾けるのは当然だ。

しかして、演習当日、整備を終え燃料をタップリ詰め込んだT-34は、イヴシュキンの指揮の下、どこをどう走り回るの？

■□■バカげた設定だが、それでも面白い。なるほど、その2■□■

強制収容所の中で、イヴシュキンは頑として自分の名前と階級を黙秘し続けたが、イェーガー大佐の登場によって2人が"ご対面"すると、イヴシュキンのそんな抵抗はもはや無意味に。しかし、イェーガー大佐の命令どおりに、ヒトラーユーゲントの戦車兵を訓練するため、T-34に乗って逃げ回るだけの演習をやるなんて言語道断。そんなことは絶対お断り！イヴシュキンがそう考えたのは当然だが、それを180度方向転換し全面協力することになったのは、演習に協力しなければ通訳をしている捕虜の女性アーニャ（イリーナ・ストラシェンバウム）を射殺すると脅されたためだ。

そもそも、通訳を捕虜にやらせる設定がバカげているうえ、それがアーニャのような美女という設定もバカげている。こんな美女ならドイツ兵が目をつけても当然だから、あらぬ妄想が膨らんでくるほどだが、自分の命を守ってくれるのと引き換えにイヴシュキンが危険な任務を背負ってくれたことに、アーニャが心から感謝したのは当然。したがって、

イェーガー大佐の命令に従うフリをしながら、ある極秘の計画を立てているイヴシュキンにアーニャが全面協力したのも当然だ。さらに、このまま収容所に戻りたくないアーニャが、女ながらもイヴシュキンたちと行動を共にしたいと申し出たのも当然だ。

　ストーリーがここまで進むと、その後に展開される演習の姿とその結果はある程度予想できるが、ひょっとしてその中にはイヴシュキンとアーニャの恋模様まであるの？いやいや、さすがにそこまでは・・・？そう思っていると・・・？

■□■ 『大脱走』は脱走失敗だったが、本作は？■□■

　ハリウッドのオールスターが共演した中でも、スティーブ・マックイーンの存在感がひときわ光っていたのが『大脱走』(63年)。しかし、その「大脱走」で無事捕虜収容所から脱走できたのはごく数名だけで、スティーブ・マックイーンを含む多くの男たちは脱走に失敗し、元の収容所に逆戻り。それが同作の結末だった。しかし、たった4人の捕虜が1両の戦車T－34でナチスの軍勢に立ち向かった最高峰の〈戦車アクション・エンターテインメント〉たる本作では、演習場からの「大脱出」の成功はもちろん、脱出中の森の中での男たちの水浴びやイヴシュキンとアーニャの恋物語（寝物語？）まで登場するので、それをしっかり楽しみたい。

　演習場からの「大脱走」に成功しても、所詮戦車で走行しながらの脱走だから、そのスピードには限界がある。また、戦車だから悪路でも走行できるとはいえ、山中で木をなぎ倒しながら走ればスピードは落ちるのは当然。したがって、イヴシュキンが指揮するT－34での大脱走を確認したイェーガー大佐は、緊急指揮所を設置し、そこに情報を集めながら幹線道路を封鎖すれば、T－34の捕捉は容易。誰もがそう考えるし、理屈はその通りだ。しかし、映画なら、ましてソ連国民を喜ばせるエンタメ作品なら何でもあり。もっとも、山の中で水浴びまで楽しみ眠りについているイヴシュキンたちを、飛行機に乗ったイェーガー大佐が発見したうえ、その包囲網を狭めたのは当然だから、そこからの脱出は至難のワザだ。

　しかして、本作ラストに登場するのは、その包囲網を突破し再度「大脱走」するクライマックスだから、それに注目！1941年の最後の1対1の対決ではイヴシュキンはイェーガー大佐に敗れたが、今回の1対1の対決は？本作では敵将イェーガー大佐のバカさ加減をあまり目立たせず、それなりの尊厳を保たせながら1対1の対決を盛り上げ、そして最後にはイヴシュキンのヒーロー性を際立たせているので、その演出の見事さに注目！ちなみに、『戦狼2　ウルフ・オブ・ウォー2』では、ラストに中華人民共和国のパスポートが登場したため、思わず観客総立ちで「中華人民共和国万歳！」と叫ぶ姿を想像したが、さて、本作上映直後のロシア国民800万人の反応は？

2019（令和元）年11月12日記

追記

『T-34 レジェンド・オブ・ウォー

ダイナミック完全版（18年）』

2020年2月19日鑑賞　シネ・リーブル梅田

◆本編を上映し、それなりの評判を呼んだ後、さらに時期を見てその完全版やディレクターズカット版を公開する例がまれにある。その代表例が次の3作だ。

①『バーフバリ　王の凱旋』（17年）（『シネマ41』141頁）

　『バーフバリ　王の凱旋　完全版【オリジナル・テルグ語版】』（17年）（『シネマ42』未掲載）

②『Uボート　最後の決断』（03年）（『シネマ7』60頁）

　『U・ボート（ディレクターズ・カット版）』（97年）（『シネマ16』304頁）

③『この世界の片隅に』（16年）（『シネマ39』41頁）

　『この世界の（さらにいくつもの）片隅に』（19年）（『シネマ46』頁未定）

◆しかして『T-34　レジェンド・オブ・ウォー』も、その『ダイナミック完全版』がシネ・リーブル梅田で1週間限定で公開されることに。これは「通常版」で描かれることのなかった計26分のシーンを追加したうえ、エピローグも加えて登場人物たちのその後を知ることができる内容となっているそうだ。「通常版」も結構楽しめるロシア発の戦争エンタメ巨編だったため、こりゃ必見！そう思って映画館へ。

◆『この世界の（さらにいくつもの）片隅に』では、パンフレットも新たに作り、どの部分が追加されたかを詳細に紹介していたが、本作はそこまでのサービスはない。したがって、どの部分が追加されたのかは明示されないが、それはスクリーンを観ていると概ね把握することができる。そのため、それを確認しつつ、「通常版」で満喫した楽しさを、再度ダイナミック完全版でもたっぷり味わうことができた。しかして、堂々と奪い取った「T-34」に乗っての逃避行の中で思いがけず咲いたあの恋は、終戦後どうなったのだろうか？

2020（令和2）年3月6日記

Data

監督：ジュリアス・エイヴァリー
製作：J．J．エイブラムス／リンジー・ウェバー
出演：ジョヴァン・アデポ／ワイアット・ラッセル／マティルド・オリヴィエ／ピルー・アスベック／ジョン・マガロ／ボキーム・ウッドバイン／イアン・デ・カーステッカー

オーヴァーロード

2018 年／アメリカ映画
配給：プレシディオ／110 分

2019（令和元）年 5 月 11 日鑑賞　　　TOHO シネマズ西宮 OS

👀 みどころ

　ナチスドイツの「Uボート」は連合国にとって大脅威だったが、もしヒトラーがゾンビのようなバッド・ロボット兵器を完成させていたら・・・？

　落下傘部隊（空挺部隊）の展開はハマればカッコいいが、敵地に潜入しての破壊工作は困難な任務。しかして、"Dデイ"成功のカギを握るこの空挺部隊の任務は？その達成は？

　本作は『プライベート・ライアン』（98 年）にも匹敵する、そんな戦争映画大作！そう思っていると、後半からは「カメ止め」現象を生んだ『カメラを止めるな！』（17 年）と同じような（？）、ゾンビの登場となるからビックリ！

　その"落差"に驚きつつ、「J．J．エイブラムスが贈るサバイバル・アクション大作！」をしっかり楽しみたい。

—— * —— * —— * —— * —— * —— * —— * —— * ——

■□■もし、ナチスドイツがこんな兵器を開発していたら？■□■

　ナチスドイツの「Uボート」と呼ばれた潜水艦は、第２次世界大戦の当初は連合国側の大きな脅威になった。また、敗戦直前における原爆開発や現在のミサイルに相当するロケット弾の開発も、アメリカに少し遅れただけだった。そんな風に新兵器の開発に熱心だったナチスドイツが、もし特殊な"血清"を完成させることによって、死者を蘇らせ、人間の能力に数倍するパワーをもった兵士を作り出していたら・・・？

　それを"ゾンビ"と呼ぶのか、"バッド・ロボット"と呼ぶのかは別として、そんな発想で作られたホラー映画とも言える本作は、当然B級映画・・・？

■□■いやいや、本作はレッキとした戦争映画大作！■□■

スティーヴン・スピルバーグ監督の『プライベート・ライアン』（98年）は、冒頭約２０分間のリアルで迫力ある戦闘シーンが"売り"だったが、それと同じくらい（？）に、本作冒頭に見る連合国側によるＤデイのノルマンディー上陸作戦に合わせたパラシュート部隊投下作戦のシーンは迫力満点。

本作冒頭、フランスのシエルブランという村に降り立つ米国第１０１空挺師団の任務は、連合軍の通信を妨害している教会のラジオ塔を破壊すること。これを合図として、連合軍は大規模な空爆を開始することになるから、そこではタイミングが大切。タイミングを失すれば連合国側の作戦に変調を生じさせてしまうから、責任重大だ。したがって、その兵士たちが軽口を叩いていたのは、ほんの少しだけ。地上からの集中砲火で飛行機が被弾し、目的地の少し手前での一斉降下を余儀なくされると、その後の兵士たちの運命は・・・？

そんな本作はゾンビ映画？Ｂ級映画？いやいや、これは『プライベート・ライアン』にも匹敵する、レッキとした戦争映画大作だ。

■□■戦争映画だが、美人の村娘に注目！■□■

日本海軍の落下傘部隊（空挺部隊）は、第２次世界大戦の蘭印作戦においてスマトラ島のパレンバンで敵前での奇襲落下傘降下を敢行し、「パレンバン空挺作戦」を成功させた。軍歌「空の神兵」では、その活躍ぶりを「藍より蒼き　大空に大空に　忽ち開く百千の　真白き薔薇の花模様　見よ落下傘空に降り　見よ落下傘空を征く」と歌われている。しかし、敵の対空砲火の中で、パラシュート降下する空挺部隊の兵士たちは大変だ。地上に降り立ったところを敵兵に発見されればたちまちアウトだし、降り立った後の部隊編成や武器の集結等ができなければ、本作でも教会のラジオ塔爆破という任務に取りかかることすら不可能だ。

現実に、降下後直ちに多くのドイツ兵に取り囲まれた指揮官の軍曹は「ついてねぇ！」と叫ぶことしかできなかった。新兵のエド・ボイス二等兵（ジョヴァン・アデポ）はそれを援護しようとしたが、それを制したのがフォード伍長（ワイアット・ラッセル）。そんなことをしても無駄死にする兵士が増えるだけ。そう冷静に分析している彼はさすが百戦錬磨のつわものだが、彼を中心に終結できた兵士は数名だけだった。幸い武器は大丈夫だったから、フォード伍長は任務決行を命令し、教会を目指して歩きはじめたが、そこで意外にも１人の村娘と遭遇することに・・・。

当然、この娘はフランス語しかしゃべれないはず・・・。しかし、フランス語をしゃべれる兵士の通訳で「危害は加えない」ことを彼女に納得すると、彼女に村と教会への案内を頼むことに。『プライベート・ライアン』は冒頭の戦闘シーンの後も本格的な戦争映画の道を歩んだが、本作は美しい村娘クロエ（マティルド・オリヴィエ）の登場によって、大

きく"脇道"にそれていくことに。

■□■教会の地下では何の実験を？■□■

　幼い弟と病気の伯母と共に暮らしているという美しい村娘クロエがなぜか英語をしゃべることができるというのはちょっと「出来すぎ」だが、ストーリーの進行を早めるためにはそれは好都合。しかも、クロエの両親はナチスの"ある実験"のために、教会に連れて行かれて殺されたそうだから、ナチスへの復讐心をしっかり持っているのもフォード伍長達にはピッタリだ。教会爆破の任務までの残り時間がわずかしかないフォード伍長は無理を承知で作戦決行を狙ったが、村を支配しているナチスの将校ワフナー（ピルー・アスベック）が、クロエの家の中に入ってくると、クロエの服を脱がしにかかったから、やむなくエド・ボイスはワフナーを叩きのめして、捕虜にしたが、そんな脇道にそれていると本来の任務決行が余計遅れてしまうのでは・・・？

　ここらあたりから、本作の空挺部隊の主人公が百戦錬磨のリーダーたるフォード伍長以上に、新米の黒人兵ながら合理的な判断でいつも臨機応変に対応しているボイス二等兵だということがわかってくる。そのため、教会内で密かに行われているナチスの"ある実験"を探りあてる役柄もボイスに割り当てられているから、教会の地下室にある秘密の実験施設を探り回るボイスの姿に注目！

　そこでは、ある"血清"の完成が間近らしい。その完成した血清を注射すると、たちまち死者は蘇り、人の数倍のパワーを持ったロボット兵器に生まれ変わるそうだが、さあ、ボイスはそれをどこまで目撃できるの？

■□■Ｂ級映画、ゾンビ映画の面白さをタップリと！■□■

　捕虜にしたワフナーから、教会を警備するナチス側の体制を聞き出すのがフォード伍長の仕事だ。そのための拷問の１つや２つは、彼にとって良心の呵責などなく、お手のもの！しかし、それを見ているボイス二等兵はそうはいかないから、変なところで仲間割れ（？）するのは困ったものだ。

　てなわけで、本作後半は、本格的戦争映画の王道から大きくそれてＢ級映画になっていくが、それを加速するのはゾンビ映画になっていくためだ。ワフナーの扱いを巡って仲間割れ（？）している間に、ソツないワフナーが逃走を図る混乱の中、１人の兵士がワフナーの銃弾を受けて死亡。そこで、とっさにボイスが思いついたのが、教会の地下から盗みとってきた１本の"血清"の活用だ。"ダメもと"覚悟で死亡した兵士にそれを注射してみると、何とその兵士は見事に死から蘇ったうえ、強力なパワーを発揮し始めたが、残念ながらそれはゾンビ人間だったから、アレレ・・・。２０１８年は『カメラを止めるな！』（『シネマ42』17頁）による「カメ止め」現象が日本列島を席巻し、ゾンビ映画の恐ろしさと面白さを堪能させてくれたが、さて、本作にみるゾンビ兵士の姿とは？

いやいや、これはホンの序の口だ。本作のクライマックスでは、ほとんど死にかけていたワフナーは自ら血清を注射して、パワー豊かな兵士として蘇るとともに、それに対抗するべくフォード伍長も自分の身体にそれを注射することになるから、それに注目！しかして、それはどんなシュチュエーションで？本作後半からクライマックスにかけては、そんなＢ級映画、ゾンビ映画の面白さをタップリ堪能したい。

■□■任務の達成は？生き残るのは？■□■

　任務の達成と主人公の生存を両立させるか否かは、どんな映画でも微妙なもの。ゲイリー・クーパーとイングリット・バーグマンが共演した『誰が為に鐘は鳴る』（43年）では、鉄橋の爆破という任務達成と恋人マリアの脱出と引き換えに、主人公ロバート・ジョーダンは命を失ったが、さて本作は？

　教会の電波塔を爆破するためには、時限装置と共に適切な場所に適切な量の爆弾を装填しなければならないから、それ自体が大変。そのうえ、そもそもどうやって教会内に入り込むの？それは、ボイスがたまたま死体の中に紛れ込んで教会内に入り込んだ"先例"が参考になったが、フォード伍長以下数名の兵士たちの本来の任務決行に向けての作戦とその結束ぶりは、さすが米国第１０１空挺部隊、お見事なものだ。しかし、血清によって蘇り、ものすごいパワーを身につけたワフナーがフォード伍長への復讐のために教会内に入ってきたり、教会の地下で実験台になっていたゾンビたちが、混乱の中で牢屋からゾロゾロと出てくると、その対応は？また、教会のラジオ塔爆破作戦と共に、実験台として連れ去られたクロエの幼い弟の救出作戦も含まれていたから、クライマックスでは美女クロエの奮闘ぶりにも注目したい。しかして、『誰が為に鐘は鳴る』における鉄橋の爆破と同じような、教会のラジオ塔爆破という本来の任務達成は？他方、その責任者として困難な任務にチームを率いたフォード伍長の運命は？さらに、実質的に後半からは本作の主人公になったボイス二等兵の運命は？

　２０１９（令和元）年５月１７日記

『オーヴァーロード』
ブルーレイ 1,667 円＋税／DVD 1,429 円＋税
ワーナー・ブラザース ホームエンターテイメント

Data

監督・脚本：トニー・ジグリオ
出演：ウィリアム・H・メイシー／
ティル・シュヴァイガー／ト
ーマス・クレッチマン／スコ
ット・カーン／ローレン・ホ
リー

★★★★★

Uボート　最後の決断

2003 年／アメリカ映画
配給：エスピーオー／98 分

2005（平成 17）年 2 月 20 日鑑賞　　OS劇場 C・A・P

👁👁みどころ

　1943 年、第 2 次世界大戦敗北の色濃くなったドイツ。そんな中、U-429 は
アメリカ潜水艦ソードフィッシュを沈め、その捕虜を艦内に。しかし、
ソードフィッシュでは伝染病の一種である髄膜炎が発症していた。目まぐる
しく展開していく戦況の中、U-429 の艦内では独・米双方の艦長・副艦長た
ち幹部が次々とギリギリの決断を迫られた。その「最後の決断」とは・・・？

———＊———＊———＊———＊———＊———＊———＊———＊———＊———＊

■□■「戦闘モノ」「人間モノ」プラス・・・？■□■

　潜水艦モノ映画に名作が多いのは、潜水艦同士あるいは潜水艦 VS 駆逐艦の戦い（一騎
討ち）がリアルに描きやすいこと、そして狭い潜水艦内における極限状態での一瞬一瞬の
艦長をはじめとする乗組員たちの決断と行動に人間味が現れるためだ。『眼下の敵』(57 年)
や『U・ボート』(81 年) はその典型だったし、来る 3 月 5 日公開の日本映画久々の潜水
艦モノ『ローレライ』もその点は同じ。

　他方、ドイツ軍が開発した暗号システムである最大の軍事機密「エニグマ」を直接テー
マとした映画が『エニグマ』(01 年) だったし、Uボートからの「エニグマ」暗号機の争
奪戦を描いたのが『U-571』(00 年) だった。また最近は原子力潜水艦が登場したが、こ
れは同時に原子炉の故障による放射能汚染の危険をもたらすことになった。その悲惨な状
況を描いたのが『K-19』(02 年) だが、狭い密閉空間である潜水艦内で伝染病が発生す
れば恐ろしいことになるのは当然。この『Uボート　最後の決断』は、潜水艦モノ本来の
「戦闘モノ」と「人間モノ」の他、伝染病感染の恐さをプラスした人間味あふれる感動作！

■□■アメリカ側登場人物■□■

　映画の冒頭登場するのはまず、勇んでアメリカ潜水艦ソードフィッシュの艦長に赴任し
ようとするランド・サリバン（スコット・カーン）。彼ははじめての艦長の任務に意気揚々
だが、ちょっと空回り気味…？ 演習、演習のくり返しに乗組員たちの不満も…。そして実

戦配置においては、咳き込んでまともな任務遂行も困難な体調の副艦長にも「配置に就け」と命令したが…。

これに対して、「絶対に帰ってくると誓って！」と迫る妻レイチェル・トラバース（ローレン・ホリー）に対して、これを約束し、濃厚な（？）別れを告げてソードフィッシュに乗り込んだのがチーフのネイト・トラバース（ウィリアム・H・メイシー）。「チーフ」の明確な階級はわからないが、士官ではなく、叩き上げのベテランだと思われる。過去潜水艦での実戦経験も豊富なようで、未経験の艦長に対して分をわきまえながら適切なアドバイスをしていたが…。この映画では、このネイトがランド艦長亡き後主要な役割を担うことに…。

■□■ドイツ側登場人物■□■

ソードフィッシュのランド艦長に対して、実戦経験豊かなUボートの強者がヨナス・ヘルト艦長（ティル・シュヴァイガー）。アメリカ駆逐艦との一騎討ちの後、ソードフィッシュから攻撃されたものの、見事にこれに対して反撃！ 喜び勇んでいたランド艦長を一瞬のうちに奈落の底に突き落とした。戦いの場面が終わると、急にU-429の艦内には捕虜となった裸のネイトらソードフィッシュの乗組員が…。その中にはケガをしたうえ、伝染病の一種である髄膜炎に罹患しながらもネイトによって救助されたランド艦長の姿も。

潜水艦においては、副艦長は部下に艦長の命令を伝える他、艦長に適切なアドバイスをする重要な立場。クレマー副艦長（トーマス・クレッチマン）の階級はわからないが、ヨナス艦長との「信頼関係」をみていると1つ下かひょっとして同じ…？ 自分の考えが表に出るタイプではないが、着実にヨナス艦長を支える名副艦長だ。彼はソードフィッシュの捕虜をU-429の艦内に収容することについてははっきりと反対だった様子。もっとも艦長の決断だと明示されると当然それに従い、不満を示す部下たちに対し艦長の命令を徹底するよう努力したのはさすが。さらに、アメリカ駆逐艦との戦いで傷ついたうえ、補給地点で味方と出会えない立場となった時、艦長が示した「最後の決断」についても明白に反対だった。しかし、艦長がパニック状態となった部下たちに襲われ死亡した後は、更なる難しい決断をしなければならないことに……。果たしてその決断とは？

■□■Uボートのターニング・ポイントは1943年5月■□■

パンフレットには大橋一雄氏（軍事史研究家）による「"U-429"の歴史的背景」という興味深い解説がある。それによると、連合軍の輸送船団をターゲットとして莫大な戦果を上げていたドイツのUボート部隊（潜水艦隊）にとっては、この映画の舞台となった1943年5月がターニング・ポイントになったとのこと。つまり、イギリス海軍がアメリカ軍と共同して強化したUボート対策の成果が実り、駆逐艦と航空機によって次々と沈められていったわけだ。1943年5月には、何と1カ月だけでその数が41隻に上ったとのこと。私の息子が最近購入した『Uボートの研究』という文庫本があるが、この本をパラパラとめくっていると実に貴重なデータや解説がある。興味のある方は是非ここまで研究してみれば…？

■□■ヨナス艦長の「最後の決断」とは？■□■

　この映画には、戦闘場面での具体的な潜水艦の操縦や攻撃防御のための具体的命令は当然のこととして、捕虜の処置や伝染性をもった髄膜炎という病気への対応等、決断しなければならない課題が次々と起ってくる。その決断を下すのはU-429のヨナス艦長だが、そのしんどさは、小さな法律事務所を経営し、それなりに日々決断を下している弁護士の私としてもよくわかる。大きくても小さくても、トップに立つ者の決断は難しく大変な作業なのだ。

　捕虜たちの「反乱」によってアメリカ駆逐艦をやっつけそこなったU-429は、一転して執拗な駆逐艦の追跡を受け、海底に潜航したままじっと我慢…。しかし艦内の酸素がなくなれば、一か八かの浮上あるのみ。それも艦長の決断だ。

　何とかこれを切り抜けて、傷ついた潜水艦の補修と補給のため補給地点に向かったものの、敗戦の色濃くなったドイツ本国はその約束を履行できなかった。このままでは戦えない、そして病気が蔓延すれば乗組員もアメリカの捕虜も全員死亡することは明らか。そこで、ヨナス艦長が下した「最後の決断」とは…？

■□■クレマー副艦長の「最後の決断」とは？■□■

　ヨナス艦長の決断に従って、U-429はドイツ人とアメリカ人乗組員の「共同作業」によって、アメリカ合衆国に向かうことに……。これがこの映画の核となるユニークな筋立てだが、現実問題としてはちょっと無理のあるストーリー…？　したがって、その途中で「降伏」に拒絶反応を示す部下たちがヨナス艦長に造反する行為に出たのもむしろ当然…？そして、発見したアメリカ駆逐艦と降伏のための交信をしていたU-429は、何と裏切り者として別のUボートから発射された魚雷攻撃にさらされることに…。何とかこれをかわしたものの、このままでは同僚のUボートから撃沈されることは明らか。果たしてこれに反撃することは許されるのか？　しかも、U-429に残った魚雷は1発のみ。ヨナス艦長亡き後、そんな極限状態でクレマー副艦長が下した「最後の決断」とは？

■□■やっぱり潜水艦モノは面白い！■□■

　『ローレライ』の評論でも「潜水艦モノに外れなし」と書いたが、最近この言葉は至るところにあふれている。そして、この映画もこの格言（？）がピッタリとあてはまるもので、そりゃ面白い！　潜水艦モノについてもう1つ私が格言をつくれば、それは、「潜水艦モノをつくるにゃ女はいらぬ、彼我の主役2人でいい」というもの。この映画では、「戦争モノ」より「人間モノ」により重点をおいたこととアメリカ映画であることの結果、チーフがトータル的な主役となり、彼だけは妻との別れと再会といういかにもアメリカ映画的な「特典」（？）が加わっている。しかし、私に言わせればこれは余分。つまり、女性の登場人物は実質ゼロでよかったのではないだろうか…？『U・ボート』（81年）の本当にスリリングかつ涙を誘わずにはいられない、本当の厳しさや悲しさと対比すれば、女性の登場や最後のツメの点に多少甘いところがあるものの、「これは面白い！」という潜水艦モノの1本が新たに加わったことはまちがいない。　　　２００５（平成１７）年２月２１日記

Data

監督・脚本：ウォルフガング・ペー
ターゼン
原作：ロータル＝ギュンター・ブー
フハイム
出演：ユルゲン・プロホノフ／ヘル
ベルト・グレーネマイヤー／
クラウス・ヴェンネマン／フ
ーベルトゥス・ベンクシュ／
マルティン・ゼメルロッゲ／
ベルント・ダウバー／アーウ
ィン・レダー／マルティン・
マイ／ハインツ・ヘーニッヒ

★★★★★

U・ボート
（ディレクターズ・カット版）

1997年／ドイツ映画
配給：日本ヘラルド映画／208分

2007（平成19）年9月15日鑑賞　　ホクテンザ2

👀みどころ

　ビデオで何回も観たあの名作、しかもディレクターズ・カット版を、大スクリーンで観ることができたのは、ホクテンザのグッド企画のおかげ！獲物を魚雷で仕留める快感と引きかえに、U・ボートには劣悪な艦内環境と爆雷の恐怖が・・・。ひげぼうぼう状態で、2度、3度とくり返される死闘の中、人間の心理や生理は一体どうなるの・・・？クライマックスの危険を乗り切った後、突然訪れる悲しい結末にはきっと涙が・・・。こんな潜水艦モノの最高傑作を、多くの人々とりわけ平和ボケし、忍耐力が弱くなってしまった日本の若者たちに観てもらいたいものだが・・・。

―――＊―――＊―――＊―――＊―――＊―――＊―――＊―――＊

■□■ホクテンザのグッド企画に感謝！！■□■

　ウォルフガング・ペーターゼン監督の『U・ボート』（1981年、2時間15分）をテレビではじめて観たのは今から10年前くらいだが、その後何度もくり返しそのビデオを観たのは、何よりもその迫力と面白さのせい。その『U・ボート』のディレクターズ・カット版（1997年、3時間29分）が日本で劇場公開されたのは1999年のことだが、それを私がテレビで観たのは数年前。そして、S新聞社に勤める戦争映画大好き人間のS氏と知り合い、彼から昨年借りたのが『U・ボートTVシリーズ完全版』で、これは全6話、5時間13分。元々はテレビ放送用に制作されたもので、劇場公開版やディレクターズ・カット版の元になっている文字どおりの完全版だ。

　こんな『U・ボート』の大ファンだった私は、ホクテンザが『U・ボート』ディレクターズ・カット版を上映すると知ってビックリ！　一体なぜこの時期に、こんな名画をホクテ

ンザが、と疑問に思ったが、何はともあれ観に行かなければ…。息子と娘にも知らせたが、東京暮らしの息子はムリだし、受験勉強中の娘も今はムリ。妻と公開直後に早速観に行った事務員の女性の報告によれば、その時の客の入りは結構良かったとのこと。ところが私が1週間遅れて土曜日の6時40分からの分を観た時は客席はガラガラ。しかし、例によって、酒とつまみを持ち込み半分寝ているオッチャンたちを横目に、はじめて大きなスクリーンで観る『U・ボート』の勇姿に私は大感激！場末の映画館ながら、時々こんなグッドな企画をしてくれるホクテンザに感謝！

■□■どんな視点からこの映画を・・・■□■

『U・ボート』を観る視点は人によっていろいろあるはず。私なりにその視点をまとめれば、第1は、厳しい状況下における艦長（ユルゲン・プロホノフ）をはじめ、興味あるたくさんの登場人物たちの心理観察。第2は、第2次世界大戦においてU・ボートが果たした役割と、出撃したU・ボートの戦いの実態観察。その本格的研究はこの1本の映画だけでは不十分だが、少なくとも1941年という、既にU・ボート側に厳しくなった軍事情勢下におけるその実態は、この映画で十分明らかになるはず。そして第3は、獲物となる船団を発見した時の魚雷攻撃の快感と、その見返りとして避けられない駆逐艦からの爆雷攻撃というシリアスな実態観察。この第3の視点に絞った名作が『眼下の敵』（57年）だったが、それに勝るとも劣らない、海の上と下での神経戦は圧巻！

そんな3つの視点でこの映画を観れば、あなたの興味は一層増すうえ、鑑賞後さらに資料を集めて勉強すれば、あなたのU・ボートに関する知識は一人前…。

■□■興味ある人物像　その1―艦長■□■

この映画を不朽の名作としているのは、何といっても艦長の存在感とその魅力。艦長の軍人としての能力はさまざまの戦闘シーンにおける作戦の立て方や苦境の中での決断力において存分に発揮され、それが艦長の第1の見どころ。

第2の見どころは、現場の状況を知らず（あるいは知らないふりをして）、美辞麗句を並べ大言壮語することによって士気を鼓舞しようとしているお偉方＝軍上層部に対する冷ややかな目を堂々と見せること。これはやはり、合理主義、個人主義という民主主義の歴史のあるドイツ人（？）なればこそできることで、帝国軍人ではなかなかこうはいかないのでは…？ ちなみに、『ローレライ』（０５年）における役所広司扮する絹見艦長は、１艦のみの単独行動で、「第3の原爆投下を阻止せよ！」という命令の実行が不可能に近いことを知りつつ、黙ってそんなバカげた命令を下す上層部の命令に従って出撃したが、これが典型的な帝国軍人…？

第3に、艦長が人間的な苦悩の姿を見せるのは、激しい爆雷攻撃の中、精神が錯乱し持ち場を離れた機関兵曹長ヨハン（アーウィン・レダー）に対する処置。本来なら当然軍法会議ものだが、そこで艦長が下した決断は…？ こんな艦長の興味深い人物像を、3時間29分という長丁場の中、じっくりと観察したいものだ。

ちなみに、極限状態の中で最善を尽くし続けなければならないのが、何よりも大切なトップの条件であることは明らか。そうすると、去る９月１２日突然辞職した安倍晋三首相は、総理総裁に選ばれる前に『U・ボート』を観ていなかったに違いない…？

■□■興味深い人物像　その2―ヴェルナー少尉■□■

映画の導入部で主役級として登場するのが、戦いぶりを取材するため U・ボートに同乗することになった海軍報道班員のヴェルナー少尉（ヘルベルト・グレーネマイヤー）。艦長も実在する U・ボートのエースをモデルにしているが、このヴェルナー少尉こそこの映画の原作者ロータル＝ギュンター・ブーフハイム本人。艦に乗りこむまでの意気揚々とした姿は特筆モノだし、乗りこんだ後のお客さま待遇まではよかったが、戦いが過酷となり、艦の命運が１発の爆雷によって決められる状況が続く中、彼はどのように変わっていくのだろうか…？ それが、この映画全編を通じてのサブテーマ。

なお、艦長の人間的な目によって U・ボートが最後の危険な賭けに臨むについて、海軍報道班のヴェルナー少尉を艦から降ろすという決断が下されたが、それに対する彼の対応は…？ ちなみに、このヴェルナー少尉が原作者ということは、彼はあの激戦を生き抜いたということだが、艦長以下他の士官や下士官そして兵たちは…？

■□■興味深い人物像　その3―ウルマン少尉■□■

イギリスは海を隔てているが、ヨーロッパ大陸の中で戦争をしているドイツ、フランス、イタリア、オランダ、スペインなどはもともと国同士の交流が盛んだったから、ドイツ軍人がフランス人女性と恋におちることは日常茶飯事…？ 平和な時はそれで何の問題もないが、国の都合によって戦争が始まると、敵国人同士になってしまう本人たちは大変。まして、恋人の女性に子供が生まれるとなると、その子はドイツ人、それともフランス人…？

そんな悩みを抱えながらＵ・ボートに乗りこんでいるのが、ヴェルナー少尉の向かいの寝台を割り当てられているウルマン少尉（マルティン・マイ）。艦内勤務の合間にせっせと手紙を書いているが、それを投函する郵便ポストはもちろん海の上にはない。そんなウルマン少尉の恋模様は、殺伐としたこの映画の中、唯一の清涼剤だが…？

■□■興味深い人物像　その４―ＩＴ担当の生命線はヒンリッヒ■□■

この映画のリアル性を最も明確に見せるのが、海の中に潜って駆逐艦からの爆雷攻撃を必死で避けるについて、生命線となるソナーによる聴音の様子。これは潜水艦映画に共通する映像だが、『Ｕ・ボート』ではこれを受けもつヒンリッヒ（ハインツ・ヘーニッヒ）の聴音の姿が再三登場するとともに、手に汗を握る攻防の様子が時間を気にしないで（？）描かれていくため、そのシリアスさが際立っている。彼は通信担当も兼ねているが、これは電波を受信したり発信したりするだけだから、わりと簡単。しかし、ソナーによる敵艦の状況の捕捉は技術だけではなく、経験とカンがモノを言う大切な仕事だから大変。そんな彼は、ジブラルタル海峡を横切ろうとした時、突然空の上から襲ってきた飛行機の銃弾によって大ケガをした一等航海士（ベルント・ダウバー）を治療する衛生兵の役割も…。

■□■興味深い人物像　その他いろいろ・・・■□■

以上、艦長以下４名について興味ある人物像を紹介したが、１人１人これをやっているときりがないので、以下省略。しかし、①多くの出撃を艦長と共にしてきたベテラン機関長（クラウス・ヴェンネマン）、②頭の固いドイツ軍人の典型のような先任士官（副長）（フーベルトゥス・ベンクシュ）、③機関長と同様、長年艦長と出撃を共にしてきた一等航海士、④Ｕ・ボートの心臓部である機関の現場を預かり、“幽霊”とあだ名される機関兵曹長のヨハン等々、Ｕ・ボートに乗りこんでいる個性的な人物像について、以上書いてきたような目で１人１人しっかり観察してもらいたいものだ。

■□■Ｕ・ボートの能力と補給は・・・？■□■

現在の原子力潜水艦は原理的には無補給でいくらでも連続して潜航できる能力を誇っているが、人間が乗っている以上そうもいかないのは当然。ところで、この映画に登場するＵ・ボートはＵ９６で、第２次世界大戦期に最も多い６５９隻が建造されたⅦＣ型と呼ばれる中型Ｕ・ボートらしい。日本海軍では、イ号潜水艦は排水量１０００トン以上、ロ号潜水艦は５００トン以上１０００トン未満が基準だが、ⅦＣ型の排水量は７６９トンで魚雷発射管５門を備えていたとのこと。Ｕ・ボートをはじめ当時の潜水艦はディーゼル機関で動くものだが、その航続距離には一定の限界があるため、当然補給が不可欠。

９月１０日の安倍首相の所信表明演説の後、イラク特措法にもとづく給油艦による補給の是非をめぐる国会論戦が展開される予定だったが、９月１２日の安倍首相の突然の辞職

によって、目下国会は空転中。9月23日に新しい総裁、総理が選出されても、11月1日の期限切れまでの立法化は到底ムリだから、派遣されている給油艦はいったん引き上げざるをえないことになりそう…。しかしU・ボートでも、現在の軍艦でも、補給の大切さは全く同じ。すると、艦長が進もうとしている次の補給地は…?

□■ジブラルタル海峡突破の意味は・・・?■□■

第2次世界大戦中活躍したU・ボートの補給先（寄港先）は大西洋側だけではなく、占領地フランスの地中海側にもあったはずだが、私にはその詳しいことはわからない。したがって、某帰港地での補給が終った後、急遽ジブラルタル海峡を突破せよとの命令が下され、艦長以下が愕然とする姿がイマイチ理解できないのは残念。しかし、連合軍の支配下にあり、「処女のあそこのように狭い」ジブラルタル海峡をU・ボート1隻だけで突破することが至難の業であることは容易に理解できる。

この映画後半のハイライトは、そんなジブラルタル海峡突破のシーン。用意周到に練りあげた作戦だったが、突然の飛行機の来襲は予想外…? 駆逐艦の登場により執拗な爆雷攻撃にさらされたU・ボートの運命は…? この映画後半は、その息づまるような駆逐艦との対決と、海底に沈んだU・ボート内でのわずかの可能性に賭けた乗組員たちの献身的な生き抜くための努力の姿が描かれるから、そこに注目！

■□■ハイライトは悲しいラストシーン■□■

奇跡のジブラルタル海峡突破作戦を成しとげたU・ボートは、遂に今母港への寄港を果たし、艦長以下乗組員は大歓声によって迎えられることに。これだけ長期にわたる出撃によって輝かしい成果を挙げた艦長らに対して、しばしの休養が与えられるのは当然。これによって、艦長もヴェルナー少尉もウルマン少尉もこれまでの苦労が報われるはず。誰もがそう思いながらU・ボートの寄港を迎えるシーンを期待して観ていたのでは…?

ところが、既にドイツの戦局は大きく悪化していたようで、突然警報が鳴ったかと思うと上空には数機のイギリス機が。こうなると、港に浮かぶ小さなU・ボートなどは赤子のようなもの。そこに展開される修羅場と悲劇的な結末は…? そして、あれほどの成果を挙げたU・ボートと艦長以下の戦士たちの運命は…?

この映画のハイライトはこのラストシーンにあることが、これを観てはじめてわかるのでは…?

2007（平成19）年9月20日記

SHOW-HEY シネマルーム

★★★★★

Data
監督：マイケル・アプテッド
脚本：トム・ストッパード
出演：ダグレイ・スコット／ケイ
　　　ト・ウィンスレット／サフロ
　　　ン・バロウズ／ニコライ・コ
　　　スター・ワルドウ

エニグマ

2001 年／イギリス映画
配給：松竹／119 分

2003（平成 15）年 6 月 1 日鑑賞

👀 みどころ

　ドイツ軍が誇る暗号システムである「エニグマ」のコードが突然変更された。これを解読できなければ、大西洋を横断する大輸送船団はドイツのUボート軍団の餌食だ。暗号解読と歴史上に隠された大事件の秘密をめぐって繰り広げられる知能戦は圧巻。第１級のおすすめ作品だ。

―――＊―――＊―――＊―――＊―――＊―――＊―――＊―――＊―――＊―――

■□■エニグマとは？情報の大切さ■□■

　エニグマとは、「ドイツ軍が開発した暗号システム」のこと。最近問題となった「SARS」騒動の中で、中国の情報管理の甘さ、隠蔽体質が問題とされたように、「情報」の大切さは、今や全世界共通の認識となっている。

　とりわけ戦争中は情報が大切だ。というよりも、情報によって個々の戦闘や全体の戦局の行方が左右されることになる。日本人なら、１９４１年の「真珠湾攻撃」の成功や１９４２年のミッドウェイ海戦の失敗などを考えれば明らかだ。

　ドイツが誇る暗号システム「エニグマ」の解読をめぐる戦い（知的ゲーム）は、第２次世界大戦の行方を左右した大きな要素だった。

　ちなみに、映画『Ｕ５７１』（２０００年）は、ドイツ軍のUボートから「エニグマ」暗号機を、ドイツ軍に察知されないままで奪取する戦いをスリリングに描いた傑作だ。

■□■ベストセラー小説をミック・ジャガーが初プロデュース■□■

　この映画の原作は、１９９５年にイギリスで出版されたロバート・ハリス著の『暗号機エニグマへの挑戦』。出版後、すぐにベストセラーとなり、２３カ国で、翻訳、出版されたとのことだ。そしてこの映画『エニグマ』をプロデュースしたのは、ミック・ジャガー。１９６４年にデビューしたロックグループ、「ローリング・ストーンズ」のヴォーカリスト

として超有名だ。

■□■複雑だが、すばらしく緊張感あるストーリー■□■

　この映画の本筋は、突如「エニグマの暗号コードが変更された」ことから始まる。しかも、時期が最悪。この変更コードの解読ができなければ、大量の輸送物資を積み込んで大西洋を航行する大輸送船団が、ドイツのUボート軍団の餌食にされることは確実だった。そこで、急遽、ブレッチリー・パークにあるイギリスの暗号解読本部へ主人公トム・ジェリコ（ダグレイ・スコット）が呼び戻された。トムは、一度「エニグマ」の暗号解読に成功した天才数学者だ。本部はトムの協力を得て、懸命に「エニグマ」の変更コードの解読に挑む。これが本筋のストーリーだが、これに絡まる伏線が面白い。

　その第1は、トムの恋人クレア・ロミリー（サフロン・バロウズ）の存在とその役割。クレアは暗号解読本部で働いている職員だが、クレアに声をかけられて「親密な関係」になったトムが、仕事を忘れて、恋に狂ってしまうほどの飛び切りの美女。謎の多い役割で、大きな秘密を握っているこのクレアという美女の存在とその役割が、物語を面白くさせている。

　第2は、１９９２年、ソ連のゴルバチョフによって明らかにされた歴史上の事実としての「カチンの森の大虐殺」。１９４３年４月、ロシアのスモレンクスの西にあるカチンの森に約４０００体のポーランド将校の死体が発見された。これは、ドイツ軍の発表によると、１９３９年にソ連の共産軍に捕えられたポーランド人将校たちが、翌１９４０年春NKVD（ソビエト秘密警察）によって大虐殺されたということだ。もちろん、ソ連は、これをナチスドイツによる、「デッチ上げ」だと否定して反論。１５年間にわたって、その論争が展開されたとのことだ。「連合国」側も、第２次世界大戦中は、連合国軍であったソ連との「友好関係」のため、そして大戦終了後は、米ソ冷戦構造に無用の刺激を与えないため、この問題についての追及を避け、曖昧なままにされていたとのことだ。「エニグマ」によって打電されていた、この「カチンの森の大虐殺」に関する暗号を、トムと共に解読するのがヘスター・ウォレス（ケイト・ウィンスレット）だ。

■□■もうひとつの歴史上の事実■□■

　もうひとつの歴史上の事実は、ブレッチリー・パークにおける暗号解読本部（チーム）の存在自体が長い間秘密にされていたことだ。すなわち、ブレッチリー・パークはロンドンの北９７キロにありヴィクトリア朝時代の建物をその本部としていたとのことだが、戦争終結後も「機密法」が実施されていたため、１９７０年代前半までは暗号解読本部での仕事は一般市民に知られることはなかった。またその機密規則は非常に厳しかったため、５０年経った時点でも、当時暗号解読本部で働いていた人々は、その仕事の内容を決して口にしなかったとのことだ。

　したがって、暗号解読本部の存在も「カチンの森の大虐殺」と同じように、１９９０年代に入ってから、明らかにされた歴史上の事実だ。

■□■イギリス人俳優によるイギリス映画■□■

　この映画は、２００１年のイギリス映画。出演者もイギリス人ばかり。主演のダグレイ・スコットは、『Ｍ：１－２』（２０００年）でトム・クルーズの敵役として出演したが、それほど有名な俳優ではないし、美女クレアを演じたサフロン・バロウズも認識度は低い。唯１人有名な女優は、ヘスターを演じたケイト・ウィンスレット。『タイタニック』（１９９７年）で一躍世界中に有名になったあの大女優だ。

　ヘスターはクレアと一緒に１軒家を借りて同居している同僚。クレアが二晩も帰ってこないとトムに話しかけたことから、ヘスターの活躍が始まるが、当初は美女クレアの影に隠れた存在。化粧気もなく、メガネをかけた、どちらかというと、さえないネーちゃん。ところが、ヘスターは、クロスワード大会で男を打ち負かせただけの智恵があるうえ、１人で資料室に忍び込んでデータを集めてくるという度胸も持っていた。命がけの共同作業の連続の中で、トムとヘスターの２人は急接近。その中でヘスターの魅力が次第に輝きはじめ、トムもやっとそれに気付くという流れだ。

　美女クレアの出演場面は少なく、その魅力だけを見せて、謎の部分を示せばよい役柄だが、ヘスターは準主役としてホンモノの演技力が要求される重要な役割。さすがにケイト・ウィンスレットはそれを見事に演じている。しかし、『タイタニック』では、若さと共にそのグラマーぶりが魅力だったが、この作品では、さすがにちょっと「太り気味」？天下の名女優なんだから、もう少し何とかして。そう願うのは、スケベおやじのわがまま？

■□■総評─脚本の良さが決め手■□■

　私は、こういう映画が大好き。第２次世界大戦という時代の中、「エニグマ」の暗号解読に挑戦し、それに生命をかける人物像そのものに興味を惹かれるうえ、歴史上の事実もいろいろと学ぶことができるからだ。そして、そこには、もちろん男女の絡みも必要・・・。

　この映画は、暗号解読という難しい問題をテーマとしながら、Ｕボート軍団に狙われた輸送船団救出のため、暗号解読に生命をかける緊迫感と隠された歴史上の事実へのアプローチを描いたすばらしいもの。１時間５９分という時間があっという間に過ぎてしまった。このように手際よくまとめられたのは、原作の良さもさることながら脚本のすばらしさに負うところが大きい。

　この映画の脚本は、『恋におちたシェイクスピア』（１９９８年）で、アカデミー脚本賞、ゴールデン・グローブ賞、ベルリン映画祭銀熊賞、イヴニング・スタンダード賞、アメリカ・ライターズ・ギルド賞など、数多くの賞を受賞したトム・ストッパードの脚本だ。

　とにかく、第１級のおすすめ作品。是非多くの人たちに観てもらいたい。

２００３（平成１５）年６月２日記

第2編　ナチス支配下のヨーロッパ各地は？

―服従？それとも抵抗？国は？個人は？―

第1章
フランスでは？

いち早くナチスドイツに屈したフランスは、「親ナチ」のヴィシー政権が生まれたが、そこでは下記1〜8のようなさまざまなドラマが！

○目　次○

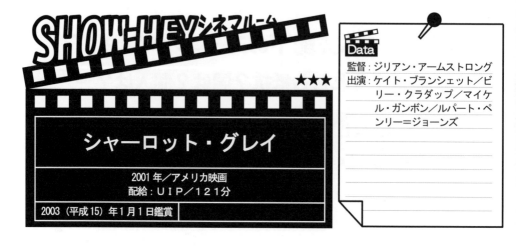

SHOW-HEY シネマルーム

Data

監督：ジリアン・アームストロング
出演：ケイト・ブランシェット／ビ
　　　リー・クラダップ／マイケ
　　　ル・ガンボン／ルパート・ペ
　　　ンリー＝ジョーンズ

★★★

シャーロット・グレイ

2001年／アメリカ映画
配給：UIP／121分

2003（平成15）年1月1日鑑賞

■□■ショートコメント■□■

〈ケイト・ブランシェットに注目！〉

　『エリザベス』（1999年）で主役を演じて一躍トップ女優になったケイト・ブランシェット主演の感動モノ。

　フランス留学の体験をもつシャーロット・グレイ（ケイト・ブランシェット）はフランス語が堪能。そのためイギリス人でありながらナチス・ドイツの占領下にあったフランスに潜入し、レジスタンス運動に身を投じる。もっともこれには空軍パイロットであり生死不明となっている恋人ピーターの行方を捜したいという別の動機もあったようだが・・・。

〈苛酷な任務と重圧が次々と！〉

　シャーロットはイギリスで看護婦をしていた"ふつうの女性"だから、いかに恋人に会いたいとはいえ、フランスに渡りレジスタンスの任務を遂行するのは大変。地元のレジスタンスのリーダーはユダヤ人の幼い兄弟を匿う父親の元に彼女を派遣したが、そこで数々の指令をこなしていくのは大変だ。その上、美人のシャーロットの身体を狙う男や役人が子供たちを引き渡すよう要求してきたから、彼女はそれにどう対応すればいいの？レジスタンスは当然危険な任務。3人に1人は帰って来れないほどだ。シャーロットは列車の爆破や幼いユダヤ人兄弟の身を守るために献身的な活動を展開するが・・・。

〈レジスタンス劇？それとも恋愛劇？〉

　イギリス人でふつうの看護婦のシャーロットが、当初フランスでレジスタンス活動を展開する意義をどこまで理解していたのかは疑問。それよりも、むしろ恋人のピーターに会うためにフランスに渡ったという側面が強かったのでは？

　しかして、本作はレジスタンス劇？それとも恋愛劇？たしかにカッコいい女性の生き方の一例を示しているが、男の私にはちょっと・・・。

2003（平成15）年1月6日記

Data

監督・脚本：ジョン・ダイガン
出演：シャーリーズ・セロン／ペネ
　　　ロペ・クルス／スチュアー
　　　ト・タウンゼント／トーマ
　　　ス・クレッチマン／デヴィッ
　　　ド・ラ・ハイエ／レイチェ
　　　ル・ルフブエ

SHOW-HEY シネマルーム

★★★★

トリコロールに燃えて
(HEAD IN THE CLOUDS)

2004年／アメリカ映画
配給：ギャガ、ヒューマックス／121分

2004（平成16）年11月1日鑑賞　　OS劇場

👀 みどころ

　あの『モンスター』でアカデミー最優秀主演女優賞を獲得したシャーリーズ・セロンが、本来の美しさを存分に見せつけた感動作！華やかなパリでの享楽的な生活 VS. スペイン内戦への参加、ナチス占領下のパリでのレジスタンス活動という対比の中で、貫き通した男女の愛が感動的に描かれるもの。しかし、日本人には少し難しすぎるかも・・・？ちなみにトリコロールとは・・・？

―――＊―――＊―――＊―――＊―――＊―――＊―――＊―――＊―――＊―――＊―――＊―

■□■トリコロールとフランス革命■□■

　1789年のフランス革命は近代世界史において最も重要な出来事のひとつ。フランス革命は、宝塚歌劇の『ベルばら』で一躍若者たちにも有名になった（？）が、劇団四季のミュージカル『レ・ミゼラブル』もその舞台となったのはフランス革命の時代。そしてまた、ナポレオンの物語においてもフランス革命は重要な時代背景。

　封建社会から近代社会への転換を象徴するスローガンとなったのは、自由・平等・博愛という3つの言葉。そして、この3つのキーワードを象徴するフランス国旗が三色旗であり、これをフランス語で「トリコロール」というわけだ。「Tri（トリ）」は「三」、「コロール（colore）」は「色」という意味だから、文字どおり「三色旗」のこと。

　さて、このことについて、読者の皆さんはどのくらいの知識を持っているのだろうか…？恥ずかしながら私は「トリ」がそういうフランス語だとは今まで知らなかったが…？

■□■スペイン内戦と『誰が為に鐘は鳴る』■□■

　この映画は、前半と後半でガラリと雰囲気が変わる。前半は1930年代の華やかなパリが舞台で、3人の主人公たちは、多少享楽的すぎるきらいはあるものの理想的な生活を展開し、すべての幸せを享受していた。しかしその時代はナチス台頭の直前であったため、その幸せは長くは続かなかった。1939年9月1日のナチス・ドイツによるポーランドへの侵

攻開始以降、ヨーロッパはナチスとの長い長い戦いに入ることになったが、その「前哨戦」となったのがスペイン内戦。これは、イタリアとドイツの支援を受けたフランコ将軍率いる反乱軍と共和党政府との内戦だが、そこにはヨーロッパ各地から多くの義勇兵が参加した。

そんなスペイン内戦は、1936年から1939年まで続いたが、その戦いに義勇兵としてアメリカから参加したロバート・ジョーダンと地元ゲリラ軍に救われこれと行動をともにしていた美しい娘マリアとの愛を感動的に描いたのが、ヘミングウェイの小説『誰がために鐘は鳴る』。そしてこれをゲイリー・クーパーとイングリッド・バーグマン主演で映画化したのが、1943年の感動作『誰が為に鐘は鳴る』。この映画の理解のためには、このスペイン内戦のお勉強が不可欠だ。

■□■とびきりの美女の再登場！■□■

シャーリーズ・セロンは、13キロ以上も体重を増やして挑んだ問題作『モンスター』において、見事、2004年アカデミー賞最優秀主演女優賞を獲得した。しかし本作品では、女ってこれほど化けるのか、と驚嘆させられるほど、たちまち元のとびっきりの美女に逆戻り！　もちろん本人だって、『モンスター』のままの姿ではイヤなことは当然！

そんなシャーリーズ・セロンが、この映画では何とも情熱的で不思議な魅力いっぱいの女主人公ギルダの役を演じ、美しい衣装を取っかえ引っかえして登場するほか、男も取っかえ引っかえ（？）しながら、美しいヌードシーンやベッドシーンも披露。こりゃ絶対観なければ…。

■□■もう1人はスペイン美女■□■

1930年代のパリを舞台にアーティストとして華やかな活動を展開していたギルダの助手兼モデル兼友人（愛人？）となるのが、スペイン人女性のミア。そしてこのミアを演ずるのが、スペイン人女優のペネロペ・クルス。『コレリ大尉のマンドリン』（01年）や『バニラ・スカイ』（01年）に登場した、ジュリア・ロバーツにちょっと似た感じの目や口の大きい、いかにもスペイン風の美女。このミアが、パリでのリッチで享楽的かつ十分満足できる3人の共同生活を捨ててまでスペイン内戦に参加したのは、やはり断ち切ることのできない祖国や家族への愛だ。

そんなミアは、前半では妖しげなセミヌード姿を披露しながら乱れた（？）生活を続けていたが、後半では一転して、困難なスペイン内戦の中で働く献身的な看護士というシリアスな役を見事に演じている。さらにミアは、ガイとギルダの間に入り、微妙な3人の間の人間関係を保つという、きわめて難しい役割。そんな不思議な役柄をペネロペ・クリスが自然にこなしているのは立派なもの。

■□■イングランド紳士は私生活でも・・・？■□■

前半では、大学1年生の初心な姿から享楽的な3人の共同生活を送る毎日まで、そして後半では、うって変わってスペイン内戦での義勇兵からナチス占領下のパリでのレジスタ

ンスの闘士まで、これもペネロペ・クリス同様に幅広くガイの姿を演じ分けているのは、1972年アイルランドのダブリン生まれのスチュアート・タウンゼント。背が低い（？）のが少し難点だが、ハンサムでイングランド紳士そのものという雰囲気は超一流。こんなスチュアート・タウンゼントは、『コール』（02年）でのシャーリーズ・セロンとの競演をきっかけにプライベートでも…。やはり美男美女は自然に結びつく運命なのかな…？

■□■敗戦国における女の生きザマ・・・？■□■

戦争は訴訟と同じで、途中で和睦（和解）が成立しない限り、必ず勝者と敗者が生まれることになる。これは洋の東西を問わず、また古代、中世、近代を問わず同じ。そして昔は、敗けた国の男は皆殺しにされたり、女はみんな奴隷にされたりしたもの。

劇団四季のミュージカル『アイーダ』は、古代エジプトのファラオ（王）の時代、敵国ヌビアに侵攻してこれを征服した若き将軍ラダメスが捕虜として連れ帰ったアイーダを主人公とするものであり、このアイーダが身分を隠したヌビアの王女だったというお話。

近代戦争では、敗戦国の女たちがみんな捕虜にされることはないものの、そりゃみんな大変な立場におかれ、悲惨なもの。ちなみに、第一次世界大戦でこっぴどい敗戦を被ったドイツが戦勝国に支払うべき莫大な賠償金に苦しむ中で、ヒットラーの国家社会主義（ナチズム）が台頭してきたのは有名なお話。それはともかく、今まで戦争に敗けたことのなかった神国ニッポンが太平洋戦争で敗けた後、占領軍として入ってきたアメリカ兵と日本女性がどのように向かい合ったか？それは、たとえば田村泰次郎原作の小説『肉体の門』やこれを映画化した『肉体の門』（48年・吉本興業・大泉）、（64年・日活）、（77年・日活）、（88年・東映）を観れば明らかだろう。

ドイツや日本と同じく、第二次世界大戦で敗戦国となったイタリアでのそんな女性の姿を描いた魅力的な作品が、『マレーナ』（00年）。イタリアに侵攻してきたドイツ軍将校とねんごろになって贅沢三昧にふけるモニカ・ベルッチ扮するマレーナを、同僚の女たちがみんな蔑視、敵視したのは当然。そのうらみ、つらみは、ドイツ軍が敗退しイタリアから逃げ帰る状況になれば…。それと同じことが、この映画ではパリにおいて、あの美貌のシャーリーズ・セロンの身の上にも…。

■□■ギルダの真の姿は・・・？■□■

この映画は、男1人（ガイ）と女2人（ギルダとミア）のトライアングルを軸に描かれたものだが、主人公はあくまでギルダで、そりゃ魅力的な女性。映画の冒頭、占い師に手相を見てもらう14歳のギルダの姿が登場するが、占い師の見立ては、「あなたの34歳以降の人生が見えない」という不吉なもの。このことがギルダの生き方にどのような影響を及ぼしたのかは知らないが、とにかくギルダの生き方は奔放そのもの。魅力的で前衛的といえばそうだが、ふしだらで欲望の赴くままといえば、そうなってしまうもの。

嵐の夜、大学に入学したばかりの男の子ガイの部屋にずぶ濡れの姿でいきなり入り込み、ちょっと話をしたところで、いきなりベッドインという行動は一見無茶苦茶だ。しかし、

ギルダにはギルダの計算とレッキとした人間観察眼があった。そしてこの最初の出会いが、その後の2人をずっと結びつけていくことに…。

■□■ギルダのさまざまな姿■□■

　ギルダには実にさまざまな姿がある。その第1は、女優、カメラマン、アーティストなどあらゆる方面に示す豊かな才能と、その才能を活かしていく天性のパトロン獲得能力（?）。これがギルダの魅力のひとつでもあることはたしかだが、ふられたり、ポイ捨て状態となったパトロンはたまったものではない。ギルダをめぐる男同士の葛藤がいつも展開されるのは当然のこと…?第2は、上流階級の娘として育てられ、そのメリットは享受しながらも、その父親を嫌い、その遺伝子を引き継いでいること自体を嫌悪している、いわばファザコン気味の女性だということ。そして第3は、私には本来的に彼女は情熱家で、愛する男を一途に想うタイプだと思われること。

　そんなこんなのさまざまな性格が入り混じっているため、単純な私などはもちろん、イングランド紳士のガイでさえも、翻弄され気味になるのは当然。いくら魅力的でも、こんな複雑な女と付き合うのは大変だと痛感…。

■□■奇妙な3人の共同生活には興味津々?■□■

　映画前半のハイライトのひとつは、気まぐれのようなアラビアへの長期旅行（?）からパリに戻ってきたギルダがガイと再会し、1936年のパリを舞台に、ギルダとガイそしてその中にミアを加えた1男2女がくり広げる奇妙な共同生活。仕事も名誉も備わり、お金も自由もすべてそろった享楽的で、ある意味では頽廃的な3人の共同生活。そこには当然ギルダとガイとの自由なセックス関係もあったが、ギルダはそれのみならず他の男性とも…? またギルダとミアとの間の女同士の微妙で妖しい関係は…?

　そんな共同生活の中、一度はガイからギルダに対して「結婚しよう」と言い出したものの、ギルダは「結婚はしない。子供はいらない」という明快な答え。ガイの男性としてのオーソドックスな価値観ではギルダの複雑な女心にもとづく価値観は到底計ることのできないものだった。こんな現実のものとは思えない奇妙な3人の共同生活の様子は、そりゃ興味津々…?

■□■なぜか観客はガラガラ・・・■□■

　私はこのいかにもロマンティックで感動的な物語をチラシや新聞で読み、何としても観ようと思って行ったのが11月1日の晩。つまり映画サービスデーとして大人1000円で入場できる月1日だけのラッキーな日だ。こんな日だから普段より観客は多いだろうと思っていたら、広いOS劇場の観客は何と10〜20名程度。しかもそのほとんどがひとりで来ている客で、若いアベックは2、3組だけ。一体これはどうしたことだ！前述したように、第二次世界大戦の時代のパリという舞台設定が難しいうえにトリコロールというタイトル自体が多くの日本の若者に浸透していないせいだろうと思うが、これではあのアカデミー賞女優のシャーリーズ・セロンがかわいそう…。　２００４（平成16）年11月2日記

Data

監督・脚本：ローズ・ボッシュ
出演：メラニー・ロラン／ジャン・
レノ／ガド・エルマレ／ラフ
ァエル・アゴゲ／ユーゴ・ル
ヴェルデ／オリヴィエ・シヴ
ィ／マチュー＆ロマン・ディ
ィ・コンチェート／レベッ
カ・マルデール／アンヌ・ブ
ロシェ／イザベル・ゲリナス
／ティエリー・フレモン／カ
トリーヌ・アレグレ／シルヴ
ィー・テスチュー

黄色い星の子供たち

2010年／フランス、ドイツ、ハンガリー映画
配給：アルバトロス・フィルム／125分

2011（平成23）年6月10日鑑賞　　GAGA試写室

★★★★★

👀👀みどころ

　フランスは「自由と人権の国」だが、１９４０年当時ヴィシー政権はナチス・ヒトラーに対していかなる対応を？邦題の「黄色い星」とはナニ？ヴェル・ディブ事件とはナニ？日本人は、まずそこから勉強しなければ・・・。

　『ライフ・イズ・ビューティフル』（97年）や『聖なる嘘つき　その名はジェイコブ』（99年）は作りモノの映画として涙を誘ったが、本作はあくまで史実にもとづくストーリー。したがってユーモア感は全くないが、こんな迫害にもかかわらず、パリ在住の２万４０００人のユダヤ人のうち１万人が生き残ったことを、キリシタン迫害の歴史と対比しながらしっかり考えてみたい。

―――＊―――＊―――＊―――＊―――＊―――＊―――＊―――＊

■□■ポーランド、イタリア等に続いてフランスでも・・・■□■

　ナチス・ヒトラーによるユダヤ人迫害を描いた名作は多いが、私が強く印象に残っているのが、①ユダヤ系イタリア人たちの「悲しい嘘」をテーマとして描いた『ライフ・イズ・ビューティフル』（97年）（『シネマルーム1』48頁参照）、②ポーランドにあるゲットーを舞台とし「情報」をテーマとして描いた『聖なる嘘つき　その名はジェイコブ』（99年）（『シネマルーム1』50頁参照）、③オランダにおけるナチス・ドイツに対するレジスタンス活動を描いた『ブラックブック』（06年）（『シネマルーム14』140頁参照）などだ。

　１９４０年６月の侵攻によってオランダと同じようにナチス・ドイツに占領されたフランスでは、ポール・レノー首相ら抗戦派に変わって、１９４０年６月には和平派であったペタン元帥が首相となり、７月１日には首都をヴィシーに移転した。本作にもあくまでナ

チス・ドイツに抵抗するシャルル・ド・ゴール将軍率いる「自由フランス」で活動する人物が登場するが、ペタンを首相とする新政権はあくまでナチス・ドイツとの協調を目指すものだったため、ヒトラーが押し進めるユダヤ人狩りにも協力することに。そんな時代状況の中、本作が描くヴェル・ディブ事件が起きたわけだが、さてその全貌とは？

■□■ヴェル・ディブ事件とは？やっぱり映画は勉強！■□■

　日本では１９６４年の東京オリンピックに向けて、国立代々木競技場などの立派な施設が次々と建設されたが、先進的な資本主義国であったフランスでは、１９４２年当時既にヴェル・ディブという立派な冬季競輪場が建設されていた。１９４２年当時パリに住むユダヤ人は２万４０００人。多くのユダヤ人がフランスに住み着いたのは、人権にシビアなフランスは「救いの国」だと信じていたからだ。

　邦題のタイトルになっている「黄色い星」とそのマークを見て、その意味のわかる日本人は少ないはず。これは、１９４２年６月６日にヴィシー政権下のフランスで、６歳以上のすべてのユダヤ人に対して黄色の星を胸に取り付けるよう命令されたものだ。パリに住むユダヤ人に対しては、ホテルやカフェ、図書館などの公共的施設に入る事を禁止するなどの規制がどんどん厳しくなっていたから、このように一見してユダヤ人であることがわかれば何かと便利。「黄色い星」とはそういう政策の表れだが、そこに至るまでには既にさまざまなユダヤ人に対する規制が実施され、二度にわたる大規模な検挙もなされていた。

　本作が描く、ある意味で人権の国フランスの「恥部」とも言える「ヴェル・ディブ事件」とは、１９４２年７月１６日、１７日に起きたユダヤ人の一斉検挙事件のことだが、歴史には詳しいと自負している私も実はこの歴史的事実を知らなかった。スクリーンに登場するヴェル・ディブは巨大な建造物で、さすが先進資本主義国フランスと感心させられるが、そこに収容されたユダヤ人は約８０００人。彼らはなぜこのヴェル・ディブに収容されたの？そして、この後に彼らを待ち受けている運命とは？

■□■いつの時代も、消防士は英雄？■□■

　３．１１東日本大震災への菅直人政権をはじめとする政治の対応は最低だが、世界から絶賛されたのが、パニックになっても不思議ではないあの状況下における被災者たちの我慢強さ。私に言わせればそれは同時に短所でもあるのだが、黙って並んで配給を待ち、１個のおにぎりを家族で分けて食べる風景が世界から絶賛されたのは当然。３．１１東日本大震災は、①地震、②津波、③原発被害の「三重苦」が特徴だが、水素爆発した福島第一原発３号機の使用済み核燃料プールへの放水のメドがついたのは、自衛隊や警視庁に続く３月１９日の東京消防庁のハイパーレスキュー隊による放水からだ。これによって、彼ら消防士たちは一躍日本国の英雄となった。

　それは、２００１年の９．１１アメリカ同時多発テロも同じで、現場にいち早く駆けつつ

けた消防士たちは華々しい活躍をみせた。もっともそのうちの３４３名は殉職したとのことで、そのことは、『ニューヨークの英雄たち／９・１１の消防士たち』（近代消防社）で詳しく語られている。しかして本作では、ホースの点検のためにヴェル・ディブにやってきた消防団の責任者が、何とも人道的かつ感動的な行動を示すのでそれに注目！そんな姿に思わず涙が・・・。

『黄色い星の子供たち』　発売／販売：アルバトロス　税込価格：3,990円
LA RAFLE (c) 2010 LEGENDE LEGENDE FILMS GAUMONT LEGENDE DES SIECLES TF1 FILMS PRODUCTION
FRANCE 3 CINEMA SMTS KS2 CINEMA ALVA FILMS EOS ENTERTAINMENT EUROFILM BIS

■□■あの美人女優とあの名優が素晴らしい演技を！■□■

　美人女優には目のない私の目に一目で焼きついたのが、クエンティン・タランティーノ監督の『イングロリアス・バスターズ』（０９年）（『シネマルーム２３』１７頁参照）で見たフランス人女優のメラニー・ロラン。彼女は『オーケストラ！』（０９年）（『シネマルーム２４』２１０頁参照）でもいい味を見せていた。そんな美人女優が本作では、赤十字から派遣されてヴェル・ディブに入った看護師アネット役で素晴らしい演技を！

　他方、ユダヤ人医師としてたった一人ヴェル・ディブ内で奮闘するダヴィッド・シェインバウム医師を演じるのが、『ニキータ』（９０年）、『レオン』（９４年）等のリュックベッソン監督作品で有名なジャン・レノ。劣悪な環境下にある８０００人ものユダヤ人の健康を一人の医師と数人の看護師で支えることが無理なことは最初からわかっているが、彼は

黙々と自分の職務に従事。アネットはフランス人ながら、ヴェル・ディブからロワレ県に
あるボーヌ収容所までシェインバウム医師らと共に移動したが、ユダヤ人であるシェイン
バウム医師にはさらなる移動先が。そして、苛酷な運命が・・・。

アネットはボーヌ収容所の劣悪な食糧事情に抗議すべくユダヤ人と同じ食事を続けたが、
それによって彼女は３週間に８kgも痩せてしまったから大変。そんなアネットの努力によ
って、何とか収容所内の子供たちにはマドレーヌが、大人たちには十分な食事が運びこま
れたが、所詮それは一時のこと。大人の男性たちと共に列車に乗り込まされたシェインバ
イム医師はその後スクリーン上に登場しなくなってしまうが、アネットは戦争が終結した
１９４５年に再度登場し、涙を誘う感動の再会をいろいろと果たすから、最後までこの美
人女優に注目！

■□■子供たちの反応は？■□■

大人はいつの時代でもそれぞれの立場や役割があるから、ナチス・ドイツによるユダヤ
人への迫害が強まってきても、基本的にはその状況に乗ったうえで、いかなる対策をとる
かという発想しかできない。そんなことが『ライフ・イズ・ビューティフル』を観ても、
本作を観てもよくわかる。『ライフ・イズ・ビューティフル』では、５歳の息子ジョズエは、
「これはゲームなんだ」という父親グイドの言葉を鵜呑みにしてその後ゲームに没頭した
が、本作に登場するもう少し年上の子供たちは？本作の主人公はユダヤ人の父親シュメル
・ヴァイスマン（ガド・エルマレ）と母親スラ・ヴァイスマン（ラファエル・アゴゲ）
の息子ジョー・ヴァイスマン（ユーゴ・ルヴェルデ）。ジョーは仲良しのシモン・ジグレー
ル（オリヴィエ・シヴィ）やシモンの幼い弟ノエ（マチュー＆ロマン・ディ・コンチェー
ト）たちと共に厳しい時代状況下でもたくましく生きていたが、年長者である長女は早く
パリから脱出しようと大胆な提案。ところが、穏健な（？）父親シュメルはそれを却下。
さて、その結果は？

本作では一斉検挙によってヴェル・ディブに収容されたユダヤ人たちが順次他の強制収
容所に移送されていく姿が描かれるが、自分たちがどこに移送され、どのような処遇を受
けるのかについて、ナチス・ドイツからの説明が全くないのは当然。少しずつ苛酷な状況
に変わっていく中で一人一人が自分に迫っている運命を知ることになるのだが、やはりそ
こで行動を起こすのは大人ではなく子供。それが、本作の主人公であるジョーをみている
とよくわかる。したがって本作では、ギリギリの局面下においてなお自分の力で生きよう
とするたくましい子供たちの姿に注目したい。

■□■やっぱり、フランスは「自由と人権の国」と感心！■□■

わが国では徳川幕府が１６１２年にキリシタン禁止令を出し、徹底的にキリシタンを弾
圧したから、これによって日本におけるキリシタンは全滅？去る５月２９日に見た指揮者

の佐渡裕が司会するＴＶ番組『題名のない音楽会』では、筝の名曲「六段」がグレゴリオ聖歌「クレド」をベースにしてつくられたキリシタン音楽であるという皆川達夫先生の大胆な仮説をテーマとして取り上げていた。すなわち、筝の名曲にはすべて歌がついているのに「六段」には歌がないが、それこそキリシタン弾圧の中でキリシタン音楽を後世に伝えるためのテクニック！という仮説だ。そんな仮説は「クレド」と「六段」の両方を聴いているとなるほどと思えたが、さてその真相は？

　私は２００７年１月２６日～２８日の広島・宮島・山口旅行で、明治維新後のキリシタン禁止令によって、長崎浦上から津和野藩に送られて幽閉されたキリシタンたち弾圧の姿をじっくりと見学し、大きなショックを受けた。とりわけ「三尺牢」の印象は強烈だった。このように津和野では、水ぜめ、火あぶり等の拷問によって改宗を迫ったが、さて徹底的にユダヤ人を弾圧したフランスでは？

　本作ではヴェル・ディブやボーヌの強制収容所におけるユダヤ人への虐待ぶりが描かれるが、他方で増えすぎたユダヤ人移民を撤廃しようとするペタン元帥や、警察の権威を認めてもらうのと引き換えに自分たちの手でユダヤ人検挙を行おうとするフランス警察の責任者たちの姿が描かれる。これを見ると一瞬、自由と人権の国フランスはインチキ、救いの国フランスもインチキと思ってしまうが、よくよく考えるとパリに居住する外国籍のユダヤ人は２万４０００人もいたのに、ヴェル・ディブ事件で検挙されたのは１万３０００人だから、１万人あまりのユダヤ人は検挙を免れ、戦後を生き延びたことになる。これは日本におけるキリシタンの弾圧と比べると、なんともすごいことだが、これを実現させたのはまさに多くのフランス人達のヒューマニズムや良心のおかげだ。

　ヴェル・ディブや強制収容所におけるアネット看護師の奮闘にも頭が下がるが、私がそれ以上にすごいと思ったのは、ナチス・ドイツによるユダヤ人狩りの圧力にもかかわらず、命懸けでユダヤ人の子供を養子にしたり、地下室や屋根裏部屋にかくまったフランス人がたくさんいたことだ。キリシタンを弾圧した日本ではキリシタンをかくまった日本人はほとんどいなかったことと対比すれば、まさに「自由と人権の国」フランスの面目躍如たるものがある。3.11東日本大震災の発生後もバカバカしい政局に明け暮れている日本と、いち早く原発廃止を国の方針として決定したドイツ、あるいはしょっちゅうデモばっかりやっているフランスやイギリスに比べると、日本国の危うさは明らかだ。やっぱり、フランスは自由と人権の国と感心！

２０１１（平成２３）年６月１５日記

Data

監督・脚本：ジル・パケ＝ブレネール

原作：タチアナ・ド・ロネ

出演：クリスティン・スコット・トーマス／メリュジーヌ・マヤンス／ニエル・アレストリュプ／フレデリック・ピエロ／エイダン・クイン／ミシェル・デュショーソワ／ドミニク・フロ／ジゼル・カサドシュ／ナターシャ・マシュケヴィッチ

★★★★★

サラの鍵

2010 年・フランス映画
配給／ギャガ・111 分

| 2011（平成 23）年 11 月 15 日鑑賞 | GAGA試写室 |

👀👀 みどころ

「フランスの恥部」ともいうべき、ヴェル・ディブ事件とは？『黄色い星の子供たち』（１０年）でそれを学んだ私は、強制収容所に入れられたサラの取材に自分の人生を重ねていく女性ジャーナリストの生きザマに深く感銘！

　もし「あの戦争」を、そして強制収容所からユダヤ人が生き延びていれば・・・。取材を通じて明らかにされるサラの人生について、島国ニッポンの私たちも関心を持たなければ・・・。

―――＊―――＊―――＊―――＊―――＊―――＊―――＊―――＊―――＊―――＊―――

■□■物語は「ヴェル・ディブ事件」から■□■

　あなたは、１９４２年７月１６日、１７日にフランスで起きたヴェル・ディブ事件を知ってる？今、夫のベルトラン・テザック（フレデリック・ピエロ）と１人娘のゾイ・テザック（カリーナ・ヒン）と共にフランスのパリで幸せに暮らしているアメリカ人女性記者ジュリア・ジャーモンド（クリスティン・スコット・トーマス）はこの事件のことをよく知っていたが、一緒に働くアメリカ人の若い記者ですら何も知らなかったから、あなたがこれを知らないのはやむをえない？私も６月１０日に『黄色い星の子供たち』（１０年）を観たことによってはじめてヴェル・ディブ事件を知ったが、「内向き志向」が強まる昨今の日本では、ＴＰＰ問題とは別に意識的にこういう勉強を強めていく必要があるのでは。

　『黄色い星の子供たち』はフランス人美人女優メラニー・ロラン扮する看護士の目を通じて巨大な屋内競輪場（ヴェルディブ）に集められたユダヤ人たちの姿を描いた（『シネマルーム２７』１１８頁参照）が、逮捕されて集められた１万３０００人ものユダヤ人たちが水もトイレもないこの建物の中で２日間も過ごすのは大変。父ミスター・スタルジンス

キ（アルベン・バジュラクタラジ）、母ミセス・スタルジンスキ（ナターシャ・マシュケヴィッチ）と共に観客席の一部に陣取った10歳の少女サラ・スタルジンスキ（メリュジーヌ・マヤンス）は、トイレに行くこともできないまま・・・。

■□■ジュリアのジャーナリスト魂の源泉はどこに？■□■

『黄色い星の子供たち』は歴史上の事実としてヴェル・ディブ事件を取り出し、強制収容所から脱走することによってあの時代を生き抜いた1人のユダヤ人少年と、それを支えた多くの善意のフランス人たちの姿を描いた。それに対してタチアナ・ド・ロネの原作を映画化した本作は、２００９年の今、雑誌の特集記事のためにヴェル・ディブ事件とサラ・スタルジンスキへの取材を開始したジュリアの目を通して、ヴェル・ディブ事件を契機としたフランス在住の多くのユダヤ人たちの悲惨さとサラの数奇な運命を描いていく。

ジュリアは今ヴェル・ディブ事件の担当となったが、それと軌を一にするかのように、夫の祖母マメ（ジゼル・カサドシュ）からパリのマレー地区にあるアパートを譲り受けたため、夫と共にその改装を楽しみにしていた。ところが調べていくと、マメがこのアパートを入手したのは１９４２年８月。つまり、ヴェル・ディブ事件の直後らしい。ここはユダヤ人がたくさん住んでいた地区だし、マメたちはなぜ戦争中に引越しを？

本作の原題は『Ｓａｒａｈ'ｓ　Ｋｅｙ』。そして、邦題も『サラの鍵』。なぜそんなタイトルが付けられているのかは、映画が始まればすぐにわかる。１９４２年７月１６日の早朝いきなり部屋をノックして闖入してきたフランス警察（ナチスではなく、フランス警察！）から２日分の荷物を持って集まるよう命令されたサラは危険を感じ、とっさに弟を納戸の中に隠してキーをかけた。恐がる弟には、いつものように「かくれんぼ」だからす

ぐに迎えに来ると約束して。ところが、両親と共にヴェルディブに収容されてしまったサラは今や不安でいっぱい。早く家に帰り、弟を納戸の中から出してやらなければ・・・。今ジュリアが改装しているアパートが、もしサラの弟がカギをかけられたままでかくまわれた納戸のある部屋だとしたら・・・。ニッポン国ではジャーナリストの取材魂の劣化も著しいが、そんな疑惑を持ってしまったジュリアのその後のジャーナリスト魂の展開は？

『サラの鍵』発売中　価格：1,143円（税抜）
発売・販売元：ギャガ
©2010 – Hugo Productions – Studio 37 – TF1
Droits Audiovisuel – France2 Cinema

■□■奇跡の源はやっぱり「性善説」・・・■□■

１万３０００人のユダヤ人たちがヴェルディブから各地の強制収容所に送られるについては、まず男と女子供に分けられ、次に幼い子供たちが母親から分けられていく姿は『黄

色い星の子供たち』で観た風景と同じ。また、『黄色い星の子供たち』では主人公の男の子たち３人が収容所から逃走したが、本作でもサラは自分が病気の時に介抱してくれた女の子と２人で一緒に脱走するからその風景も同じ。そして、ユダヤ人の子供たちの脱走に、善意のフランス人たちの手助けがあったことも共通している。それが本作では、鉄条網の隙間から逃げようとするサラたちをいったんはとがめた看守と、サラたちが救いを求めた村の中に住むある老夫婦の姿の中に描かれる。

看守は２人の脱走を一瞬見逃すだけだからまだ簡単だが、老夫婦の夫ジュール・デュフォール（ニエル・アレストリュブ）は死にかけのユダヤ少女のためにドイツ人医師を呼んでやったり、どうしてもパリに帰り弟を救い出さなければと訴えるサラの熱意に負け、偽装工作までしてパリに赴くのだからこちらは命がけ。結果的にはサラの迎えを納戸の中で待っていた弟の姿は悲惨なものだったが、これらのフランス人たちの行動はまさに性善説の表れ。サラが奇跡的にあの時代を生き延びることができたのは、やっぱり「性善説」。

■□■取材に没頭する中、夫婦仲は？■□■

『黄色い星の子供たち』は史実にもとづくストーリーとして次々と衝撃的な現実がスクリーン上に展開されたが、本作の「つくり方」はそれとは大きく異なり、ヴェル・ディブ事件とサラのその後の生きザマを仕事として追っていく中で、１人の女性としてのジュリアの生き方に焦点があてられる。ジュリアは、建築家で今は北京に進出しようとしている夫ベルトランと１人娘のゾイと共に仲良く暮らしていたが、この取材に没頭していく中で夫との対立が次々と。その第１は「サラの鍵」事件を知った以上、とてもマレー地区のアパートを改装してそこに住むことはできないとジュリアが言い始めたこと。

そして第２は、４５歳にして待望の第二子を妊娠したことをジュリアが大喜びしたにもかかわらず、ベルトランは「この年ではとても父親になどなれない」と父親になることを断固として拒否したことだ。夫の意外な対応にとまどったジュリアは、出産か中絶かについて明確な結論を出せないまま取材に突き進んだ。そして、ある日ホロコースト記念館を取材したところ、逮捕されたユダヤ人の膨大な情報がパソコンに入力してあると聞き、館長に対して自分のアパートの住所を告げると・・・。

もうこうなりゃ、とことん事実を突きとめるしかない。今やマメのアパートにサラたちユダヤ人一家が住んでいたこと、そして両親はアウシュヴィッツで死亡したことは明らかになったが、サラとその弟は？ジュリアの妊娠をめぐって少しギクシャクし始めた夫婦仲は、これ以上ジュリアがサラたちの取材に没頭したら、一体どうなるの？

■□■大人のサラを演ずるすごい美人女優に注目！■□■

本作は後半からラストにかけて急に登場人物が増え、ストーリー展開が複雑になってくるから要注意。『黄色い星の子供たち』は、あの戦争を生き抜いて無事終戦を迎えた主人公

の登場でクライマックスを迎えたが、もしサラもあの戦争を生き抜いていたら？ジュリアならずともそう考えるのは当然だが、終盤に向けてそんな中突然大人になった、しかもすごい美女に成長したサラ（シャーロット・ポートレル）がスクリーン上に登場してくるからそれに注目！サラが村の老夫婦にかくまわれ、そのまま無事終戦を迎えたとすれば、その後のサラの人生は？もし誰かと結婚して子供を産んでいるとしたら、サラやその子供たちは今どこに？サラは生きている！あの過酷な状況の中を老夫婦たちの善意のおかげで生きている！そう確信したジュリアは夫の反対を押し切って子供を産む決意を固めるとともに、サラを探す旅は更なる佳境に。

■□■あれから2年、舞台はアメリカに。そして、君の名は？■□■

　本作はクライマックスにかけて更に登場人物が増えるとともに、舞台がアメリカに移るからストーリーはさらに複雑になってくる。あれから2年後。ジュリアは今かわいい女の子を連れて1人アメリカに住んでいたが、まだサラ探しの旅は終わっていないようだ。しかして、今取材（？）しているのは、ジュリアがサラの息子だと確信している男性ウィリアム・レインズファード（エイダン・クイン）。しかし、ウィリアムにとって「あなたはサラ・スタルジンスキを知りませんか？」とか「あなたの母親はユダヤ人ではありませんか？」と聞かれることは不愉快極まりないもの。したがって、この「取材」が不成功に終わったのは当然だ。しかし、ウィリアムが今臨終の床に伏している父親リチャード・レインズファード（ジョージ・バート）を見舞いに行き、その話をすると意外にも・・・。自分の生き方と重ね合わせるかのように続いたサラを訪ねるジュリアの旅は、遂にここまで。

　本作のラストは、2歳になる娘と共にジュリアが再びウィリアムと会うシーン。ジュリアの登場によって思いもかけなかった過去を暴露され、さらに臨終の床にあった父親から意外な最後の言葉を聞かされたうえ、母親サラが残した貴重な日記を読むことになったウィリアムが心を大きく乱したことは当然だが、今その心は安定しているようだ。ウィリアムが女の子に対して「お名前は？」と聞くと、女の子の答えは・・・。そんな会話をきっかけにジュリアとウィリアムの会話は弾んだが、実は女の子が答えたのは、抱いていたぬいぐるみの犬の名前。そこであらためてジュリアに対して女の子の名前を聞くと、その名前は私が直感したとおり・・・？この感動的なラストを前に、私の目にはドッと涙が・・・。

２０１１（平成２３）年１１月１７日記

『サラの鍵』発売中　価格：1,143円（税抜）
発売・販売元＝ギャガ
©2010 - Hugo Productions - Studio 37 - TF1
Droits Audiovisuel - France2 Cinema

139

Data

監督・脚本：フォルカー・シュレンドルフ

出演：レオ＝ポール・サルマン／マルタン・ロワズィヨン／ヴィクトワール・デュボワ／マルク・バルベ／ジャン＝マルク・ルーロ／フィネガン・オールドフィールド／セバスチャン・アカール／ジャン＝ピエール・ダルッサン／リュック・フロリアン／アリエル・ドンバール

SHOW-HEY シネマルーム

★★★★★

シャトーブリアンからの手紙

2012 年・フランス・ドイツ合作映画
配給／ムヴィオラ・91 分

2014（平成 26）年 10 月 10 日鑑賞　　ビジュアルアーツ専門学校大阪試写室

👀 みどころ

　「ヴェル・ディブ事件」とは？「ナント事件」とは？「ドイツもフランスも我が祖国、両国の和解なくしてヨーロッパはない」を信条とする、ドイツの巨匠フォルカー・シュレンドルフが独仏合作でつくった本作から、ナチス・ドイツ占領下のフランスで起きた悲しい事件をしっかり学びたい。

　1人のドイツ人将校暗殺の報復には、フランス人150人の死を！いかにも、ヒトラーらしいそんな要求は、いかなる展開で政治犯を中心とした48人の銃殺に結び付いたの？「人質リスト」の作成は非人間的な作業だが、そこに見られる独仏の人間模様に注目しながら、悲しいクライマックスを涙の中で味わい、かつ「書くことの大切さ」を再認識したい。

—— * —— * —— * —— * —— * —— * —— * —— * —— * ——

■□■ヴェル・ディブ事件に続いてナント事件のお勉強を！■□■

　『黄色い星の子供たち』（10年）（『シネマルーム27』118頁参照）と『サラの鍵』（10年）（『シネマルーム28』52頁参照）では、「ヴェル・ディブ事件」を学ぶことができた。これは、1942年16〜17日に起きた、ユダヤ人の一斉検挙事件のこと。ヴェル・ディブは冬季競輪場として建設された巨大な建物だが、そこに収容されたのは、当時パリに住むユダヤ人2万4000人のうち8000人というからすごい。「黄色い星」とはナニ？そしてヴェル・ディブに収容されたユダヤ人たちの悲しい運命とは？それは、この2本の映画を観て勉強してもらいたいが、本作では、1941年10月に起きた、「ナント事件」を学ぶことができる。

　それに対して、「ナント事件」とは、ナチス・ドイツ占領下のフランスのナントでナチス・

ドイツ軍の将校ホッツが、白昼フランスの青年共産党員である２２歳の若者ジルベール・ブルストラン（フィネガン・オールドフィールド）とマルセルの２人によって、背中から撃たれて殺害されたことの報復として、シャトーブリアン収容所の人質２７人、ナントの人質１６人、パリの人質５人の計４８人が銃殺された事件だ。少し前に起きたナチス兵士殺害事件での報復はフランス人の人質３人だったが、将校が殺害されたと聞いて激怒した総統ヒトラーは、フランス人１５０人の処刑を要求したらしい。結果的に４８人で済んだのだから、まだマシだったかもしれないが、このように悲惨な、「暗殺と報復の連鎖」が、ナチス・ドイツ占領下のフランスでなぜ起きたの？

■□■本作の原型は、１７歳の少年ギィ・モケの史実■□■

去る９月９日に１万２０００ページにも上る、昭和天皇の「昭和天皇実録」が公表されたことを受けて、新聞各紙は大小さまざまな特集を組み、その紹介をしている。当初は「無色透明」の紹介が多かったが、近時は少しずつ、「平和を愛し、戦争を回避しようとした昭和天皇」という意識的な編纂になっているのではないか？という批判的な評論や『昭和天皇実録』公表で浮上する政治利用への疑問」（『週刊ダイヤモンド』２０１４年１０月４日号）等も出てきている。さて、今後の展開は？

『ブリキの太鼓』（７９年）でドイツ人監督として初のカンヌ国際映画祭パルムドールを受賞したフォルカー・シュレンドルフ監督も、今年は既に７５歳。『ハンナ・アーレント』（１２年）（『シネマルーム３２』２１５頁参照）の監督マルガレーテ・フォン・トロッタが彼の妻であることはよく知られているが、夫婦ともにドイツ史を見つめ続け、ドイツ映画界を今も牽引している巨匠で、彼の信条は「ドイツもフランスも我が祖国、両国の和解なくしてヨーロッパはない」ということらしい。そんな彼が本作の原型にしたのは、フランス人にとっての"ゾフィー・ショル"（『白バラの祈り』）と言われる、１７歳の少年ギィ・モケの、そのあまりに早すぎる死で知られる史実だ。

■□■「伝説の物語」から「史実の物語」へ■□■

本作のプレスシートに書かれているＩｎｔｒｏｄｕｃｔｉｏｎによれば、「若き日にフランスに留学した経験をもつシュレンドルフ監督はドイツの著名な作家・思想家であるエルンスト・ユンガーの回想録とノーベル文学賞作家であるハインリヒ・ベルの小説に着想を得て、この史実を脚本に書き上げた」そうだ。そしてそれは、「ギィ・モケのみを象徴とするのでなく、彼とともに命を絶たれた収容所のフランス人たち、ヒトラーの命令を回避しようとするドイツ軍人たち、銃殺を命じられたドイツ兵ら複数に焦点をあてている」。つまり、同監督は、「伝説化されたギィ・モケの物語から、真実の物語へ、史実の読み直しを試みたのだ」。

このエルンスト・ユンガーは本作にも、作家ながらナチス・ドイツ軍の軍司令部付き大

尉として従軍した人物として登場する。そして、彼はフランス占領行政の中枢たる軍政司令部のトップ、駐仏軍政司令官のオットー・フォン・シュテュルプナーゲル将軍（アンドレ・ユング）から、「報復のリスト」作成の過程について、「この一件を記録すること」の依頼を受けることになる。しかして、このエルンスト・ユンガーの書いた「パリ日記」こそが、その一件記録なのだ。

他方、今年もノーベル文学賞の有力候補とされていた村上春樹が受賞を逃し、フランスの作家パトリック・モディアノがその栄誉に輝いたが、１９７１年に発表した『夫人のいる群像』によって、１９７２年にノーベル文学賞を受賞したのが、ハインリヒ・ベル。そんな２人の著名作家の尽力を得て、フランス版「ゾフィー・ショル」と言われる１７歳の少年の「伝説の物語」が、本作が描くような「真実の物語」になったわけだ。

今や書店の売り場を占拠するほどの大人気となった村上春樹の小説を読むのも結構だが、本作の鑑賞を契機として、そんなドイツの軍人兼作家エルンスト・ユンガーやノーベル文学賞作家ハインリヒ・ベルについても少し勉強してみては・・・。

■□■占領下での人間模様は？フランス側その１■□■

ナチス占領下のフランスでは、１９４０年６月にペタン元帥が首相となり、７月１日には首都をヴィシーに移して、親独派のヴィシー政権が誕生した。これに対して、あくまでナチス・ドイツに抵抗したのが、シャルル・ド・ゴール将軍率いる「自由フランス」だ。『黄色い星の子供たち』では、ヴェル・ディブ事件でヒトラーが押し進めるユダヤ人狩りに協

力するペタン政権の姿が描かれたが、さてシャトーブリアン収容所にみる、独仏の人間模様は？

　第1に、フランス側の人物で最も切ないのは、シャトーブリアン郡副知事としてナント事件の処理にあたった、３５歳のフランス人ベルナール・ルコルヌ（セバスチャン・アカール）。シャトーブリアン郡庁舎で、この地域のドイツ司令官クリストゥカト（クリストファー・ブッフホルツ）から「報復のリスト」として２７名の人質のリスト作りを命じられたルコルヌは、一度は拒否したものの、"良いフランス人"を犠牲にする気かと迫られると、やむなく政治犯が多いショワゼル収容所から人質を選択することを受け入れることに。

■□■占領下での人間模様は？フランス側その２■□■

　次に切ないのが、ショワゼル収容所の所長ルシアン・トゥーヤ（ジャン＝マルク・ルーロ）。トゥーヤも一度は命令を拒否したが、結局は受け入れざるをえないことに。

　他方、同じフランス人でありながら、先頭にたってリスト作りを始めたのが、ジョルジュ・シャサーニュ（リュック・フロリアン）。彼は１９３９年の独ソ不可侵条約の際の共産党の対応に幻滅したとしてフランス共産党を離れた人物だが、いくらそうだとしてもそんな作業を積極的に進めている彼の心境は？

　さらに、本作には２７名の人質の手紙を預かった実在のモヨン神父（ジャン＝ピエール・ダルッサン）が登場する。政治犯たちは、さかんに外の情報を聞きたがったが、残念ながら彼にはそんな情報はゼロ。神父の彼にできることは、もし祈りを希望するならそれをしてやること、そして最後に書いた手紙を預かり遺族に届けると約束してやることだけだ。そんな彼の切ない気持ちは、クライマックスでいかに爆発するの・・・？

　本作のクライマックスに向けて、モヨン神父は、「報復のリスト」づくりに関わったルコルヌ副知事に対して、「君も加担していることになぜ気づかない？」と叱責し、銃殺は暗殺を、暗殺はさらなる銃殺を生み、報復の連鎖にしかならないと語る。さらに、お喋りをやめるよう促すドイツ軍人に対しても、「あなたは何に従う？命令の奴隷になるな。良心の声を聞きなさい」とたたみかけたが、さて現実は・・・？

■□■占領下での人間模様は？ドイツ側その１■□■

　ナチス・ドイツの将校が白昼暗殺されたとの知らせが、パリのドイツ軍司令部に届くや、駐仏ドイツ大使のアベッツは司令部に赴き、「総統は正午までに報復案を求めておられる。総統の望みはフランス人１５０人の処刑だ」と告げたが、前述したシュテルプナーゲル将軍とエルンスト・ユンガー大尉、そして駐仏ドイツ軍司令部参謀長シュパイデル大佐（ハラルド・シュロット）の３人は、何とかヒトラーの命令を阻止しようと試みた。しかし、彼らには、即刻５０人、さらに１日ごとに５０人ずつ、３階にわけての執行に先延ばしするのが精一杯だった。

いつの時代でも、どこの場所でも、この3人のドイツ側軍人のように、それぞれの持ち場、持ち場で最善の努力をしようとする人間がいるものだ。しかし、現実は？彼らの努力によって、「報復のリスト」への記載が４８人で済んだのかもしれないが、ドイツ側にいる軍人たちの人間模様も複雑だ。

■□■占領下での人間模様は？ドイツ側その２■□■

まず、エルンスト・ユンガー大尉はナチス・ドイツの軍人でありながらいかにも作家らしい繊細な面をスクリーン上で見せてくれるのでそれに注目！ピアノの伴奏で美しい声を聴かせてくれる女友達・カミーユ（アリエル・ドンバール）との語らいの中で、「ヒトラーの暗殺計画」をほのめかすような会話をするのは不謹慎きわまりないが、そこで「あなたも暗殺を？」と聞かれた際のエルンストの答えは、「私は観察者でありたい。自分が行うのは軍服の名誉を汚さないことと周囲の不幸を忘れないことだ」というものだ。さらに、「ユダヤ人の家族が逮捕されるのを見た。子供の泣き声が耐え難かった」と言うエルンストに対してカミーユは、「その軍服で救えなかったの？」と言い放ったが、このやりとりはどう見てもエルンスト大尉に分が悪く、カミーユの言い分の方が正当だ。

しかし、本作を観ていると、このエルンスト大尉にしても、オットー将軍にしても、ナチス・ドイツ幹部の反ナチ色の濃さにビックリ！ナチス・ドイツの軍人でありながら、ヒトラーの命令に盲目的に従うことだけは何とか避けようと努力している人間的な面がよくうかがえる。ナチス・ドイツにおいて、「ヒトラー暗殺計画」が何度も計画されたこと、そしてそれが現実にも実行された（が未遂に終わった）ことは歴史上の事実で、そこは日本帝国陸軍とは全く違うところだ。

■□■占領下での人間模様は？ドイツ側その３■□■

さらに、本作のクライマックスに向けて、ドイツ側は新しく配属されてきたばかりの、メガネをかけたいかにも頼りなさそうな兵隊ハインリヒ・オットー（ヤコブ・マッチェンツ）が登場する。赴任早々、「ソ連との闘いでは頭を使うことを教えられた」と言う彼は、上官から「ここでは頭を使うことは一切禁止！」とどなられたが、さてその意味をわかっているの？そんな彼の最初の任務が人質たちの銃殺だが、何と彼はここで「私にはできません」と申し出たからビックリ。

『人間の条件』全6部作（５９〜６１年）や、勝新太郎・田村高廣コンビの『兵隊やくざ』シリーズでは、日本陸軍の古参兵による二等兵いじめのシーンが１つの売りだった。『人間の条件』では第3部、第4部で田中邦衛がとことんいじめられ、結局自殺してしまう小原二等兵役を演じていたが、ハインリヒ・オットーのこんな行動を見ていると、ナチス・ドイツの方が人間性の面では日本陸軍よりだいぶまし・・・？

■□■収容された政治犯たちは？その1　若者たちは？■□■

　戦前の日本では「アカ」と言えば、それだけで何の疑問もなく反国家的危険分子とみな
されていたが、カール・マルクスの生まれたドイツでは共産党の活動はすごいものがあっ
た。また、１８４８年に発表された「共産党宣言」が爆発的に広がったヨーロッパでは、
共産党員や共産党シンパが多く、フランスでもその勢いはすごいものだった。中国共産党
による「一党独裁」を大原則とする中国（中華人民共和国）には、「中国共産党」の下部組
織（若者組織）として、共産主義青年団（共青団）がある。それと同じように、ドイツで
もフランスでも共産党（労働党、社会党など名前はいろいろだが）の下部組織（若者組織）
が存在していた。

　本作冒頭、若者たちがかけっこ競争をするシーンが登場するが、これはシャトーブリア
ンにあるショワゼル収容所における、ちょっとした息抜きとして実施されたもの。したが
って、そこで優勝した１７歳のギィ・モケ（レオ＝ポール・サルマン）の賞品も身体を洗
う石鹸という粗末なものだった。それに続いて、ギィとその友人のクロード・ラレ（マル
タン・ロワズィョン）が塀を隔てて収容されている１７歳の女性オデット・ネリス（ヴィ
クトワール・デュボワ）と愛の交換（？）をするシーンが描かれるが、ギィが指摘するよ
うに、ラレには既に奥さんがいるそうだから、ラレは思想的に早熟なら、女性関係でもか
なり早熟だ。それはともかく、ショワゼル収容所の政治犯棟にはギィやラレのような若者
も収監されていたわけだ。

　それは、ギィはパリに生まれ、共産党員だった父の影響を受け、リセ（高等中学校）の
生徒だったときにフランス共産主義青年同盟に入り、１９４０年１０月に、占領を批判す
るビラをまいて反共産特別警察に逮捕されるというバリバリの革命の闘士だったためだ。
また、ラレも１９３７年に共産主義学生同盟のメンバーとなり、１９４０年にはソルボン
ヌ大学の共産主義学生のリーダーの一人となり、１９４０年１１月１１日に凱旋門で行わ
れた反ナチスのデモに参加して逮捕されたという、若いながらも革命の闘士だったためだ。

■□■収容された政治犯たちは？その2　ベテランたちは？■□■

　『キリマンジャロの雪』（１１年）では、フランスの港町として有名なマルセイユを舞台
として、構造的不況の中、２０名のリストラをくじ引きで決めなければならない労働組合
委員長の苦悩の姿が描かれた（『シネマルーム２９』１０頁参照）が、これは、第２次世界
大戦後、１９６０年代の「労使協調型」の労働組合の姿だ。

　それに対して、第２次世界大戦前や大戦中の労働組合の闘いはあくまで階級闘争として
のそれだから、労働組合の職で大きなストライキを何度も指揮した経験を有するジャン＝
ピエール・タンボー（マルク・バルベ）は、まさに組合運動のベテランで共産党の闘士だ。
そして、彼はショワゼル収容所の政治犯棟に収容されている政治犯のリーダー格だが、そ

の他本作に描かれる多くのベテラン革命闘士たちの、華々しい活躍ぶりにも注目！

■□■27名の収容者たちの死にザマは？■□■

　本作終盤のクライマックスは、ショワゼル収容所でリストアップされた27人の人質たちが、9人ずつ3班に分かれて、銃殺されていくシークエンスとなる。そこでは、全員が目隠しを拒否。ベテラン政治犯たち一人一人がそれぞれ、人間としての尊厳をかけて銃弾の前に倒れていく最後の姿はそれだけで胸に迫ってくるし、見ごたえがある。タンボーは当然のように「インターナショナル」を歌い、「ドイツ共産党万歳！自由万歳！」と叫んで息絶えたが、その他のベテラン闘士たちの尊厳感あふれる死にザマに注目！

　他方、なぜかリストアップされてしまったギィとラレの2人の若者も、誇りを失わず銃弾の前に息絶えた。しかし、釈放が決まり妻が迎えにきているにもかかわらず、引き離されてしまったラレはとりわけ気の毒。銃殺の前に10分間だけ面会が許されたのはせめてもの情けだったが、いくら政治犯とはいえ、ナチス将校が1人暗殺されたことの報復として、釈放日にあった17歳の収容犯・ラレまで銃殺されたことを、どう考えればいいの？

■□■ギィの手紙をめぐる、大統領権限のあり方は？■□■

　本作のプレスシートには、渡辺和行氏（奈良女子大学文学部教授）の「レジスタンスの再神話化と脱神話化」と題する小難しい（？）「Ｂａｃｋｇｒｏｕｎｄ」がある。現在、産経新聞の加藤達也前ソウル支局長が書いたインターネット上のコラムが韓国の朴槿恵大統

領の名誉を毀損したとして、ソウル中央地検に在宅起訴されたことによって、朴槿恵大統領が何かと「お騒がせ」的存在になっているが、２００７年には大統領となったフランスのニコラ・サルコジが同じような「お騒がせ」的存在になったことがある。

彼は大統領当選後に、ギィが死の間際にしたためた手紙を愛国心の発露と評価して、命日の１０月２２日に全国の高校生に朗読させることを決定した。しかし、ギィが共産党の活動家であったことを伏せて手紙のみを朗読させるサルコジ大統領の手法に対して、記憶の政治的利用だという批判が巻き起こった。１９６７年にパリ１７区にある地下鉄の駅名がギィ・モケ駅となったように、過去には共産党がギィを殉職者として神話化してきたが、今度は共産党の政敵が、歴史的文脈を無視してギィの再神話化のために利用しようとしたとして問題にされたわけだ。

日本人はよほどフランスに詳しくなければ、そんな事情は知らないが、私がここで言いたいことは、銃殺される直前に１７歳の少年ギィが書いた手紙が、今なお多くのフランス人の心に残っているということだ。スクリーン上で見るかぎり、ギィはかけっこも好き、ボクシングも好き、そしてキレイな女の子も大好きという普通の少年だが、高等教育を受けていない。それにもかかわらず、詩を書くなど文章の才があったらしい。さらに書くだけではなく、彼がさまざまな詩についても詳しいことはオデットに対するさまざまな愛の告白（？）を聞いていても明らかだ。

■□■「書くことの大切さ」を本作で再認識！■□■

ギィと同じように、私も書くことが大好きだ。それは、書くことによって自分の考え方をまとめることができるうえ、自分以外の多くの人々に対して自分の考え方を伝え、残すことができるからだ。私の映画評論がギィが書いた「別れの手紙」のように何十年も後に語り継がれるとは思っていないが、ギィの手紙を含め、銃殺刑で倒れた２７名の人質全員がそれぞれ書き残した手紙には大きな意味がある。

他方、私は靖国神社の遊就館を２度見学したが、そこに入ると、あの時代に特攻機に乗って戦場へ旅立った若者たちが、それぞれに父母そして兄弟たちを思い、手紙（遺書）を残していったことがよくわかる。それを見ていると思わず涙があふれてしまうのは、人間として当然の心情だ。

本作のクライマックスはハリウッド映画のような派手さは全くなく、淡々と銃殺の儀式が描かれるだけだが、そこに「書く」という作業が入ることによって、人間の尊厳が大きくクローズアップされることになる。そんな悲しいクライマックスシーンを見ながら、是非「書くことの大切さ」を再認識してもらいたいものだ。

２０１４（平成２６）年１０月１４日記

Data

監督：フォルカー・シュレンドルフ
原案：シリル・ジェリー戯曲『DI
　　　PLOMATIE』
脚色・脚本・ダイアローグ：シリル・
　　　ジェリー、フォルカー・シュ
　　　レンドルフ
出演：アンドレ・デュソリエ／ニエ
　　　ル・アレストリュプ／ブルク
　　　ハルト・クラウスナー／ロー
　　　ベルト・シュタットローバー
　　　／シャルリー・ネルソン／ジ
　　　ャン＝マルク・ルロ

パリよ、永遠に

2014年・フランス、ドイツ映画
配給／東京テアトル・83分

2015（平成27）年3月14日鑑賞　　テアトル梅田

★★★★

みどころ

　江戸城の無血開城は勝・西郷会談のおかげだが、今日の美しい都パリがあるのはノルドリンクVSコルティッツ会談のおかげ。その特異さは、一方の当事者を、国家や軍の代表でも代理人でもない外交官が務めたことだが、その結末は・・・？

　口八丁、手八丁の説得も大事だが、交渉術の根底には真心が不可欠。舞台劇ならではの神経戦と、そこに見る凝縮されたセリフの面白さ・重みを堪能したい。

——＊——＊——＊——＊——＊——＊——＊——＊——＊

■□■息詰まる神経戦をテーマとした舞台劇が映画に！■□■

　ナチスドイツからパリの解放を描いた映画は、『シャーロット・グレイ』（０２年）（『シネマルーム2』２３１頁参照）や『トリコロールに燃えて』（０４年）（『シネマルーム6』２４３頁参照）等、たくさんある。『パリは燃えているか』（６６年）は『史上最大の作戦』（６２年）ほどの派手さはなかったが、カーク・ダグラス、グレン・フォード、ゲルト・フレーベらがオールスターで出演した同作は、高校時代の私の印象に強く残っている。

　そこにも登場していた、ル・ムーリスに駐在するナチスドイツのパリ防衛司令官ディートリヒ・フォン・コルティッツ将軍（ニエル・アレストリュプ）と、スウェーデン総領事の外交官ラウル・ノルドリンク（アンドレ・デュソリエ）との間でくり広げられた「パリ爆破計画」と「その中止」をめぐる息詰まる交渉を描いたのが本作。さらに本作は、シリル・ジェリーの舞台『DIPLOMATIE』を彼自身の脚本で映画化したものだ。邦画では、軍国色濃い昭和１５年のニッポンを舞台に、検閲をテーマとした三谷幸喜原作の舞

台を、検閲官を演じる役所広司と座付作家を演じる稲垣吾郎の２人の主人公で映画化した
『笑の大学』（０４年）があった（『シネマルーム6』２４９頁参照）が、本作でも舞台さ
ながらの息詰まる２人の「神経戦」が見モノだから、それに注目！

©2014 Film Oblige - Gaumont - Blueprint Film - Arte France Cinema

■□■フォルカー・シュレンドルフ監督の生涯のテーマは？■□■

　「戦後７０年」の節目となる２０１５年の今年は、日中の話し合い、日中融和の「参考」
として第２次世界大戦後のドイツとフランスの融和のお話がよく持ち出されている。しか
して、ナチス占領下のフランスとドイツの融和というテーマに一生を捧げているのが、ド
イツ生まれ、フランス育ちのフォルカー・シュレンドルフ監督だ。１９３９年生まれの彼
は、前作『シャトーブリアンからの手紙』（１２年）でも、「ナント事件」を契機とした、
人質の殺害命令に苦悩する人間模様を描いていた（『シネマルーム３３』２１９頁参照）が、
本作ではヒトラーに妻子を人質にとられた状態で「パリ爆破計画」を実行すべき立場にあ
る、コルティッツ将軍の苦悩をメインとして描いている。
　概して軍人は寡黙なものだが、外交官は弁護士と同じように口での説得が仕事。しかし、
そこに説得力を持たせるためには、論理や情が不可欠だし、たまには脅し、すかしのテク
ニックも・・・。弁護士の私にはノルドリンクが本作で見せる「説得力」は大いに参考に

149

なったが、他方、コルティッツ将軍の方はノルドリンクの計算通りに動かされている感が強い。コルティッツ将軍は本来、パリ防衛司令官という立場でのみ物事を決定しなければならないはずだが、ノルドリンクが個人的な「弱み」を見せるにつれて、コルティッツ将軍もパリ赴任前日に公布された「親族連座法（ジッペンハフト）」に苦悩していることを語り、少しずつ「軍人」から「1人の人間」の顔を見せていくことに・・・。

本作は83分と短いが、そこには舞台劇ならではの凝縮されたセリフの面白さと重みがあるうえ、それらのセリフはフォルカー・シュレンドルフ監督の生涯のテーマを反映したものだから、それをじっくりと味わいたい。

■□■勝・西郷会談とパリ会談の異同は？■□■

もし、1868年に江戸城に迫りくる官軍（＝薩長連合軍）と徳川幕府との間で戦争が起き、徳川方がいざという時の備えのために準備していた「焦土作戦」が実行されていれば、江戸は焼け野原になっていたはず。したがって、江戸城の無血開城を実現させた勝海舟と西郷隆盛との会談は、歴史上大きな意義があったわけだ。しかして、そこでの勝・西郷会談と、本作が描くコルティッツVSノルドリンク会談との異同は？

その最大のものは、ノルドリンクがフランスの国民や軍を代表する人間ではなく、単にパリで生れ育っただけのスウェーデン総領事という身分にすぎないこと。民事事件における弁護士の法的立場は依頼者との委任契約にもとづく代理人だが、本作におけるノルドリンクは誰かの代表者でないことが明らかなうえ、誰を代理しているのかも明らかでない。したがって、コルティッツ将軍は本来、そんな立場の人間を相手に交渉する義務自体がないわけだ。したがって、コルティッツVSノルドリンク会談は、当初「これ以上の話はない。出て行ってくれ」で終わりかけたのだが・・・。

勝・西郷会談では、勝海舟と西郷隆盛という二大リーダーの能力と個性が江戸城の無血開城を実現させた。また、第2次世界大戦後のフランスとドイツの融和については、フランスのシャルル・ド・ゴール大統領とドイツのコンラート・アデナウアー首相という国家を代表する人間のリーダーシップが際立っていた。それに比べると、コルティッツ将軍VSノルドリンク会談には、何の根拠もなかったが・・・。

■□■論点1　君が私ならどうする？その答えは？■□■

コルティッツVSノルドリンク会談が当初の「駆け引き」状態から「腹を割った」対話に移行した後の論点1は、コルティッツ将軍からの「命令に従えば家族は無事だ。だが、命令に背けば・・・。君が私ならどうする？」との問いに、ノルドリンクがどう答えるかということ。

1945年8月15日の昭和天皇による終戦のご聖断は日本国民のためを考えたもので、これは昭和天皇が国民を代表しているとの立場からの苦渋の決断だった。他方、民事事件

で代理人として仕事をしている弁護士は、自分の行為による法的効果はすべて依頼者に帰するから、代理人としての責任は重大だ。したがって、少なくとも私は常に「自分が依頼者の立場だったらどうするか？」を自問自答しながら行動しているつもりだ。ところが、コルティッツ将軍の問いに対して「わからない」としか答えられなかったから、アレレ・・・。

もっとも、喘息の症状が出たコルティッツ将軍をノルドリンクが救った後には、ノルドリンクはコルティッツ将軍に対して自信を持って「私は外交官だ。軍人じゃない。パリを破壊から救う切り札は1枚しかない。それは君だ」「私が君ならどうするか答えよう。君になるのは御免だよ」と答えたから、なるほど、それはそれで立派な答えだ。

■□■論点2　妻子の安全が最大のポイント？それとも？■□■

ナチスドイツからのフランスへの迫害は『黄色い星の子供たち』（10年）（『シネマルーム27』118頁参照）や『サラの鍵』（10年）（『シネマルーム28』52頁参照）等、たくさん映画化されているが、逃亡の成功例は少ないはず。したがって、いくらノルドリンクがコルティッツ将軍に対してスイスへの逃亡ルートがあると説明しても、そこに安全性の確証がなければ乗ることができないのは当然。なぜなら、妻子がもし逃亡に失敗すれば「逃げれば、ゲシュタポに追われる。捕まれば、死ぬより酷い事態にもなる」ことをコルティッツ将軍にはよくわかっているのだから。

ここで私が少し疑問に思ったのは、コルティッツ将軍は逃亡ルートの確証さえ得られれば、ノルドリンクの進言に従ってヒトラーの命令に違反してパリ爆破計画を中止するのか否かということ。それは軍人としてあるまじき行為だと私には思えたが、ドイツを発つ2週間前にヒトラーが既に正気を失っていると知ったコルティッツ将軍は、その時点でヒトラーの命令には従わないと決めたそうだから、なるほど、なるほど・・・。ところが、敵（ヒトラー）もさるもので、「親族連座法（ジッペンハフト）」はコルティッツ将軍が自分の命令に背かないようにするためだけに定めたらしい。したがって、これによってコルティッツ将軍は完全に行動を縛られたわけだが、もしノルドリンクが言う逃亡ルートがホントに安全なら・・・。

そこで、ノルドリンクがコルティッツ将軍に対して行った更なる説得は「私はこのルートで妻を逃がした。私の妻はユダヤ人だ」というものだったから、ビックリ。しかし、それってホントの話？それとも・・・？

■□■論点3　「想像力を働かせてみよう」の説得力は？■□■

人間はややもすれば現実に直面する問題だけを見ようとする動物。しかも、それを現在の視点からのみ見ようとする動物だ。そこで必要なものは、想像力。つまり、現実とは異なる世界を想像する力だ。老獪な外交官であるノルドリンクがコルティッツ将軍に対して試みた説得は、ノルドリンクの想像力を高めようとするもの。その具体的なセリフは、「し

ばし戦争を忘れて、5年後のパリを想像してみてくれ」というものだった。

　そんなシーンを観ながら私が思い出したのは、ジョン・グリシャム原作の「法廷モノ」の代表作の1つである『評決のとき』（96年）だ。同作は『十二人の怒れる男』（57年）と並ぶ陪審映画の代表作であるとともに、『アラバマ物語』（62年）と並ぶ黒人差別映画の代表作だ。若き弁護士ジェイクの最終弁論は法律論を一切カットし、「目を閉じて私の話を聞いて欲しい」と切り出すもの。「少女がレイプされた。悲惨な状況だ。よく頭の中に描いて欲しい・・・」とハートに語りかけるジェイクの言葉に陪審員は引き込まれ、一人ひとりその状況を想定する中、ジェイクは「そして・・・その少女は白人でした」と結んだ。さて、陪審員の評決は（『名作映画から学ぶ裁判員制度』49頁参照）？

　しかして、目をスクリーンに移すと、「美しきパリの日常の光景・・・。パリの存続は君次第だ」とノルドリンクから究極の選択を突きつけられる中、コルティッツ将軍が下した決断は・・・？

2015（平成27）年3月18日

Data

監督・脚本：エチエンヌ・コマール
出演：レダ・カテブ／セシル・ドゥ・
　　　フランス／ベアタ・パーリャ
　　　／ビンバム・メルシュタイン

★★★★

永遠のジャンゴ

2017 年／フランス映画
配給：ブロードメディア・スタジオ／117 分

2017（平成 29）年 11 月 29 日鑑賞　　テアトル梅田

👀👀みどころ

　ジプシー音楽といえばフラメンコ。そう思っていたが、ナチスドイツに占領されたフランスのパリでは、ギタリストのジャンゴが楽団を率いて、ロマ音楽とスイングジャズを融合させた、何とも魅力的な演奏を！そこでは、思わず立ち上がってステップを踏み始める観客が次々と・・・。

　平和な時代なら、小室哲哉の音楽を凌ぐ世界的大ヒットになったのだろうが、何せ時代は最悪！ナチス高官のファンがいても、それだけではとても、とても・・・。

　彼の政治性やスイスへの逃亡劇には不満点も多いが、ラストではじめて聞く「レクイエム」の荘厳でもの哀しい響きには思わず涙が。『アマデウス』（８４年）で聞いたモーツァルトの「レクイエム」と対比したが、さてあなたは・・・？

―――＊―――＊―――＊―――＊―――＊―――＊―――＊―――＊―――＊―

■□■ジャンゴの軽快な　ジプシースウィングに注目！■□■

　ロマ（ジプシー）の音楽がなぜ美しいのか？それは私にはわからないが、本作冒頭に見るように、キャンプで火を囲みながらロマたちが弾くギターやバイオリンの音色は美しい。その直後に理不尽にも彼らはみんな殺されてしまうから、なおさらその音楽は哀愁を誘う。

　それに対して、ナチス占領下のフランスのパリにある、もっとも華やかなミュージックホールでジプシー出身のギタリスト、ジャンゴ（レダ・カテブ）が数人の仲間と共に弾くジプシースウィングは、同じロマの音楽ながら軽快で楽しくリズミカル。そのため、誰でも自然にリズムをとり、踊り出しそうになってしまう。なるほど、これがロマ音楽とスウィングジャズを融合させて「ヨーロッパ初の偉大なジャズミュージシャン」と称され、後々

の世界中のミュージシャンたちに大きな影響を与えた天才ギタリスト、ジャンゴの音楽なのだ。

■□■天才ギタリストの政治カンは？■□■

本作の導人部を見ているとそのことはよくわかるが、「俺たちジプシーは戦争などしない。俺はミュージシャンで演奏するだけだ。」といくらタンカを切っても、ジャンゴのスタンスとは別に、ナチス占領下のパリではユダヤ人とロマ人への迫害は強化されていくことに。もっとも、ジャンゴの音楽はドイツの高官にも気に入られていたから、ジャンゴの愛人ルイーズ（セシル・ドゥ・フランス）を通じてベルリンのコンサートで演奏すれば、ジャンゴの楽団員や家族たちの生命、安全は保証されるし、多額のギャラさえもらえるらしい。政治情勢に能天気なジャンゴと違って、時の情勢に敏感なルイーズはジャンゴのために強引にベルリンでの演奏をすすめ、ルイーズを嫌うジャンゴの妻ナギーヌ（ベアタ・パーリャ）も同じ姿勢を示したが、さて当の本人は・・・？

「そんな演奏は真っ平ご免だ」と考えているジャンゴは、ある日、右手に包帯を巻き「ケガをしたから演奏はムリだ」と、とってつけたような説明をしたが、そんなことでナチスドイツの高官をごまかせるの？そして、危機を無事に乗り切れるの…？

■□■ナチス高官の前での演奏など真っ平！しかし・・・■□■

ナチスドイツによるユダヤ人やロマ人への弾圧も当初は緩やかだったから、早くから国外へ逃亡した人はホロコーストを逃れたらしい。しかして今、ジャンゴたちはルイーズの協力を得て、スイスへ逃亡するためスイスと国境を接するトノン・レ・バンの町に移動していたが、なかなか手はず通りにコトが進まないらしい。

そのためジャンゴは妻ナギーヌや母親ネグロス（ビンバム・メルシュタイン）、楽団員らとともにあるジプシーのキャンプで世話になっていたが、そこでの食い扶持を稼ぐため即席バンドを結成し、素性を隠して演奏することに。おいおい、そんなことをして大丈夫なの？そんな状況がパリやベルリンにバレたら、ジャンゴたちの所在が明らかになり、厳罰が下されるのでは・・・？

■□■晩餐会でのイヤイヤながらの演奏は？■□■

そんなジャンゴの元にやってきたのはルイーズ。スイスへの逃亡の手引きが遅々として進まないことにイライラしていたジャンゴはルイーズに対して不満をぶつけたが、それに対するルイーズの返事は「あなたは、いつだって自分中心ネ！」というキツイもの。そりゃそうだ。ルイーズは命を張ってナチス高官の間を渡り歩き、さまざまな策を弄して、ジャンゴたちの生き延びる道を探り続けていたのに、この言い方は・・・？

しかして、ここでもルイーズの命を張った計画は、近々催されるナチス高官が集う晩餐

会で、ジャンゴたちが演奏している間に負傷したイギリス兵を含めたジプシーたちを脱出させるというもの。ナチス式の制約がいっぱいつけられた演奏に不満があるものの、ジャンゴはこの際、それに従うしかなし。しかして、その演奏は当初は単なるバックミュージックにすぎなかったが、少しずつテンポが速まり、出席者が自然にリズムをとってくると、あちこちで立ち上がりダンスの輪が・・・。これをリードし、ナチス兵の警戒の目を緩めるべく、積極的にダンスのステップを踏んだのはルイーズだったが、会場が大盛り上がりになる中、遂に「音楽中止！」の命令が。その時は既に多くのジプシーたちの湖を渡る脱出行は成功していたが、さて、晩餐会に残ったジャンゴやルイーズたちの運命は・・・？

■□■アルプス越えのスイスへの脱出は？■□■

『サウンドオブミュージック』（６５年）に見たトラップ大佐一家のアルプス越えは成功したが、１９４３年という時代に、ジプシーたちが国境の山を越えて、スイスに脱出することがそう簡単にできるはずはない。私はそう思っていたが、本作ラストのシーンではあっけなく（？）ジャンゴの国境越えが成功してしまうのでアレレ・・・。

まあ本作は音楽映画で、ユダヤ人三兄弟のナチスへの抵抗を描いた『ディファイアンス』（０８年）（『シネマルーム２２』１０９頁参照）のような難しい「戦争モノ」ではないから、ここをサラリとすませたのは仕方なし・・・？しかし、その次に、いきなり１９４５年のナチスドイツ敗北後のシーンが登場したことにはビックリ！思わず、これはちょっと手を抜きすぎでは・・・？

■□■ジャンゴ作曲の「レクイエム」に涙■□■

そこで生き残ったジャンゴの指揮で演奏されるのが、ジャンゴ作曲の「レクイエム」だ。「レクイエム」といえば、何といってもモーツァルト作曲の「レクイエム」が有名で、『アマデウス』（８４年）ではその壮大な音楽がラストに登場し大いに感動を呼んだが、それは本作も同じだ。この曲は、スイスへの逃亡を計画している際に、偶然釣り場で知り合ったひとりの神父の勧めに従って、パイプオルガンを使ってジャンゴが作曲したものだが、現在その譜面はごく一部しか残っていないらしい。本作でそれが上演できたのは、音楽家・ウォーレン・エリスがその一部の楽譜にインスピレーションを得て、新たに作曲したためだが、さてその出来は・・・？

逃亡に向けたストーリーには荒さ（雑さ）が目立ったが、本作におけるジャンゴのギター演奏のすばらしさと、ジプシー音楽のエッセンスの表現は抜群。そして、ラストの「レクイエム」の演奏には思わず涙が・・・。

２０１７（平成２９）年１２月４日記

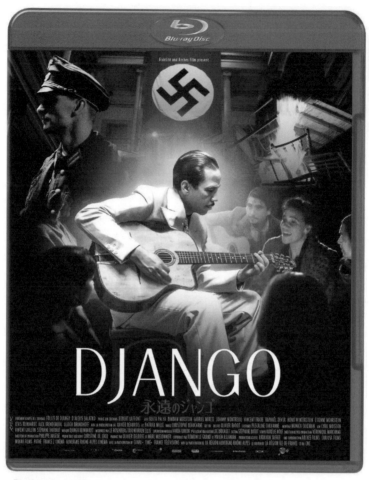

『永遠のジャンゴ』
Blu-ray／DVD　発売中
価格：Blu-ray　¥4,800＋税、DVD　¥3,900＋税
発売元：ブロードメディア・スタジオ
販売元：ハピネット
©2017 ARCHES FILMS - CURIOSA FILMS - MOANA FILMS - PATHE PRODUCTION - FRANCE 2
CINEMA - AUVERGNE-RHONE-ALPES CINEMA

Data

監督・脚本：エマニュエル・フィン
ケル

原作：マルグリット・デュラス『苦
悩』（河出書房新社刊）

出演：メラニー・ティエリー／ブノ
ワ・マジメル／バンジャマ
ン・ビオレ／シュラミ・アダ
ール／グレゴワール・ルプラ
ンス＝ランゲ／エマニュエ
ル・ブルデュー

SHOW-HEY シネマルーム

★★★★

あなたはまだ帰ってこない

2017年／フランス・ベルギー・スイス合作映画
配給：ハーク／126分

| 2019（平成31）年3月16日鑑賞 | テアトル梅田 |

👀 みどころ

　ナチスドイツ占領下のパリ。ゲシュタポに連行された夫を待つレジスタンス
の妻。本作はフランスの女流作家マルグリッド・デュラス自身の自叙伝的小説
『苦悩』の映画化だが、夫の情報を得るためなら、ゲシュタポの男とだって・・・。

　女優は魅力的だが、モノローグの多用は如何なもの・・・？私はそう思うし、
妻の"苦悩"にも納得・共感できないが、さてあなたは・・・？

　華僑の青年との性愛を描いた映画『愛人　ラマン』（92年）の原作をデュラ
スが書いたのは１９８４年、７０歳の時というからすごいし、これも自叙伝的
両説というから恐れ入る。ちなみに、私は渡辺淳一の性愛小説（？）が大好き
だが、デュラスははるかその先を・・・？

―――＊―――＊―――＊―――＊―――＊―――＊―――＊―――＊―――＊―――＊

■□■フランスの女流作家マルグリッド・デュラスに注目！■□■

　私は映画『愛人 ラマン』（92年）をよく知っていたが、その原作者がフランス人の女流
作家マルグリッド・デュラスだということを知らなかった。また，その原作は、何と彼女
が１９８４年、つまり彼女が７０歳の時に出版し、ゴンクール賞を受賞した小説『愛人 ラ
マン』だということも知らなかった。さらに、この小説は、１９１４年にフランス領イン
ドシナ現ベトナムのサイゴンに生まれ、１９３２年にフランスに帰国した後、本作のよう
な数奇な人生を生きた後に、自分自身がインドシナに住んでいたときに知り合った華僑の
青年とのはじめての性愛体験を描いた自叙伝的小説だということも知らなかった。

　しかして、本作は、そんなフランス人の女流作家マルグリッド・デュラスが『愛人 ラマ
ン』に続いて、翌１９８５年に、７１歳で出版した小説『苦悩』を映画化したものらしい。

すると、『苦悩』も、『愛人 ラマン』と同じように、生々しいマルグリッド・デュラスの自叙伝？本作ではまず、そんなフランス人女流作家マルグリッド・デュラスに注目！

　私は『失楽園』をはじめとする渡辺淳一の性愛小説（？）が大好きだが、７０歳で『愛人　ラマン』を出版したデュラスに比べれば、とてもとても・・・。さらに、デュラスはせっかく夫が帰ってきたにもかかわらず、終戦後の１９４６年に離婚し、本作にも登場する愛人のディオニスと結婚して一子をもうけたというからすごい。さらに、６６歳になったデュラスは３８歳も年下の若い愛人と海辺の別荘での暮らしを始めたそうだから、さらにすごい。いくら渡辺淳一が元気でも、そんなデュラスの元気さには到底及ばないだろう。

■□■ 『苦悩』も自叙伝！邦題とどちらが好き？■□■

　本作のパンフレットには、Revueとして①小沼純一の「マルグリッド・デュラス、その作品と人生と、そして愛と」、②村上香住子の「デュラスとヤン・アンドレア」、③小柳帝の「デュラス、あらゆる“待機”という苦悩」がある。これらは、マルグリッド・デュラスの文学を三者三様に分析し、本作の見所を抽出しているので、イントロダクションの解説と共に必読。

　しかして、上記③によれば、『苦悩』は五篇のテキストから成り、さらにその五篇はⅠとⅡに分かれるが、この映画はⅠ全体を構成する同名の「苦悩」と、Ⅱの最初に置かれた「ムッシュウＸ　仮称ピエール・ラビエ」を、時間の流れに沿って再構成したもの、らしい。また、「苦悩」は第二次世界大戦中のドイツ占領間のパリで、デュラスの最初の夫ロベール・アンテルムがレジスタンス運動に加担したかどで逮捕され、収容所に送られてから帰還す

るまでの、まさにデュラスにとっての「苦悩」の日々を綴った当時の日記をもとにしている（アンテルムの方の視点で書かれたのが『人類』である）らしい。なるほど、なるほど。

　もっとも、原題の『苦悩』と本作の邦題とされた『あなたはまだ帰ってこない』とは、ニュアンスがかなり違うようだが、あなたはどちらが好き？本作の作り方を観る限り、邦題も『苦悩』にした方が良かったのでは・・・？

■□■夫以外にも男が？そんな女の"苦悩"はより複雑に！■□■

　寺島しのぶが２０１０年のベルリン国際映画祭で最優秀女優賞（銀熊賞）を受賞した、若松孝二監督の『キャタピラー』（10 年）は、四肢を失い言葉を失って故郷に戻った軍神サマとそれを支え続ける銃後の妻の生きザマを鋭く描く問題作だったが、そこでは出征した兵士を妻が待つのは当然で、その間に妻が別の男と"いちゃつく"ことなどありえないとされていた（『シネマ 25』215 頁）。

　ところが、本作を観ていると、共にナチスドイツへのレジスタンス活動をしていた夫のアンテルム（エマニュエル・ブルデュー）が、ある日ゲシュタポに連れ去られた直後から、マルグリッド（メラニー・ティエリー）の苦悩が始まるが、マルグリッドの近くには常に愛人のディオニス（バンジャマン・ビオレ）がいるからアレレ・・・。さらに、夫を逮捕したというゲシュタポのラビエ（ブノワ・マジメル）が、一方ではマルグリッドの作家としての尊敬の念を隠そうとせず、戦争が終わったら、ドイツに芸術書を扱う本屋を開くのが夢だと語り、他方で、アンテルムの情報を小出しにしながらマルグリッドにちょっかいを出してくる風景が描かれる。そして、マルグリッドがやむを得ず（？）それに付き合っていると、いつの間にか・・・？

　ああ、やっぱりあの当時、徹底的に軍国主義教育をたたき込まれた日本人と、ナチスドイツに占領されてはいるものの、一方ではビシー（傀儡）政権を持ち、他方ではドゴールの亡命政権を持ってレジスタンス活動を続けているフランス人民とは全然違うことを痛感！さすが、人権の国フランス！？さすが自由の国フランス！？

■□■魅力的な女優だが、モノローグの多様は如何なもの！■□■

　当時、現役の女子大生だったか岡村孝子と加藤晴子のデュオ「あみん」の１９８２年のデビュー・シングル曲で大ヒットしたのが「待つわ」だった。そこでは、『キャタピラー』と同じように（？）、いかにも日本人的に、ひたすら「待つ」女心が歌われていた。しかし、自らもレジスタンス活動をしているマルグリッドは、連れ去られた夫アンテルムのことを"苦悩"しつつ、愛人のディオニスとの距離感を保ち、また謎の男ラビエとの"逢瀬"を心待ちにしているようだから、そんなフランス人の女心は私にはサッパリわからない。それを補ってくれるのが本作で多用されるマルグリッドのモノローグだが、これは如何なもの？マルグリッドを演じるメラニー・ティエリーは個性的な魅力に溢れているが、このモノロ

ーグの多用によるマルグリッドの心理の説明とその押しつけ（？）は、せっかくの本作の面白さを台無しにしてしまうのでは？

　ある日、ナチスの関係者が集まる高級カフェでテーブルを挟んで座ったラビエとマルグリッドの2人は、ワインを飲み交わしながらアンテルムに関する情報を語り、さらには連合軍が優位になっている戦況まで語っていたが、この雰囲気は何ともいえず微妙なものだ。ちなみに、第91回アカデミー賞作品賞は『グリーンブック』（18年）が受賞したが、私が「今年のベスト10の1本に入ることまちがいなしの超お薦め作だ。」と書いたのが、オランダのポール・バーホーベン監督の『ブラックブック』（06年）（『シネマ14』140頁）。これは、オランダのレジスタンスを描いた映画だが、そのラストでは、ナチスドイツに協

力した者（女）が戦犯として裁かれるシーンがショッキングな形で描かれていた。そうすると、本作のこんなシーンがフランスのレジスタンスに目撃されていれば、後日マルグリッドは「ナチスドイツの協力者！」として処刑されてしまうのでは？空襲警報が鳴る中、客は秩序を保ちながら防空壕に避難したが、残った店の中でラビエからある場所に誘われたマルグリッドはどうするの？また、カーテンで遮断された店の中で、2人の抱擁とキスはどこまで進むの？さらに、空襲警報が鳴る前にドイツ人たちに交じって楽しそうに2人がダンスする姿を苦々しそうに見ていたマルグリッドの愛人ディオニスの心境は？

　なるほど、逮捕された夫を待つ妻マルグリッドの"苦悩"もかなりのものだろうが、そんな"苦悩"と付き合いなが

(c)2017 LES FILMS DU POISSON - CINEFRANCE - FRANCE 3 CINEMA - VERSUS PRODUCTION - NEED PRODUCTIONS

(c)2017 LES FILMS DU POISSON - CINEFRANCE - FRANCE 3 CINEMA - VERSUS PRODUCTION - NEED PRODUCTIONS

自分の居場所や彼女との距離感を確認しなければならないディオニスもラビエも大変だ。しかし、繰り返せば、それらを表現するについて、マルグリッドのモノローグを多用する手法は如何なもの・・・？

■□■パリ解放！情勢は逆転！夫の安否は？■□■

(c)2017 LES FILMS DU POISSON - CINEFRANCE - FRANCE 3 CINEMA - VERSUS PRODUCTION - NEED PRODUCTIONS

本作のスタートは１９４４年６月。この時期、フランスはナチス占領下に置かれていたが、「史上最大の作戦」として名高い連合軍によるノルマンディへの上陸作戦の実施は同年６月６日だから、既にナチスドイツの敗色は決定的になっていた。そのため、夫を連行された妻マルグリッドと夫を連行したゲシュタポのラビエとの"力関係"が微妙なものになっていたが、マルグリッドやディオニスによる懸命な情報収集活動にもかかわらず、アンテルムの状況はようとして知れなかった。また、パリ市内でナチスの旗色が悪くなっていく中、あのカフェのダンス以降、ラビエからの連絡も途絶えてしまったから、ひょっとしてラビエは職務怠慢（公私混同？）がバレて左遷されてしまったのかも・・・？そんな中で、『史上最大の作戦』（62年）をはじめとするいろいろな映画で観た１９４４年８月の"パリ解放"になるから、マルグリッドは大喜びだ。また、その頃にはナチスドイツによって囚人とされた人々が次々とパリに戻り始めていたから、きっとアンテルムも近いうちに・・・。

他方、パリ解放に伴って、ナチスドイツの残虐行為の数々が明らかにされてくる中、捕虜の帰りを待ち続けていたマルグリッドのような女たちには、不安と恐怖が広がっていた。娘の帰還をずっと待っていながら、パリ解放の後に、娘が捕らえられた翌日には虐殺されていたことを知らされた母親の悲しみを知ると、マルグリッドの不安が広がっていったのは当然だ。今なお、アンテルムの情報が全く入ってこないのは、なぜ？やはり、どこかで人知れず殺されてしまったの・・・？マルグリッドは毎日のように開かないドアを見つめ、ドアが開くことを悪夢ともつかない想いで、ただ見つめるだけだったが・・・。

■□■夫は生きている！夫は帰ってくる！しかし・・・■□■

そんな状況下では、本作の邦題『あなたはまだ帰ってこない』が、いかにもピッタリだ。しかし、ある日ディオニスの情報網から「アンテルムは生きている！」との情報が。それ

を聞いたマルグリッドは歓喜の涙を流しながら大喜び！誰でもそう思うのが当然だが、実は原作ではそうではないし、本作もそういう展開にならないから、それに注目！もっとも、ディオニスからマルグリッドに伝えられた情報は、「アンテルムは生きている」に続いて「但し、アンテルムは大病で、命も危うい」というものだったから、これを聞いたマルグリッドの反応は？

　ちなみに、原作者のマルグリッド・デュラスは１９１４年生まれだから、パリ解放の時は３０歳。心待ちにしていた夫アンテルムは現実にパリに戻り、命もとりとめたそうだから、すべてが万々歳・・・？のはずだが、現実にはデュラスは１９４６年にアンテルムと離婚し、１９４７年にはディオニスの子供を出産したというから恐れ入る。したがって、本作では「夫が生きている！」「しかし、危篤状態だ」と知らされた時のマルグリッドの気持ちにしっかり密着したい。しかして、その点についてのマルグリッドの演技は・・・？また、マルグリッドのモノローグは・・・？

　ナチスドイツを率いたヒトラーの自殺は、『ヒトラー最後の１２日間』（04年）（『シネマ8』292頁）に描かれていたように、１９４５年４月３０日だから、日本人的感覚からすれば、その頃マルグリッドは、戻ってきたアンテルムと共に心安んじて暮らしていたとさ、となるところだが、何の何の！何とマルグリッドは１９８０年には３８歳も年下の青年ヤン・アンドレアと恋人関係になり、そこからさらに１９８４年の『愛人　ラマン』の発表に至るわけだから、すごい。そんなフランスの女流作家マルグリッド・デュラスが１９９６年３月３日に死去するまでの人生を俯瞰しながら、その若き日の一部としての本作をしっかり鑑賞したい。そう考えると、なおさら『あなたはまだ帰ってこない』という邦題は、少し単純すぎるのでは・・・？

２０１９（平成31）年３月２０日記

『あなたはまだ帰ってこない』
発売元：ハーク　販売元：ポニーキャニオン
価格：DVD¥3,800+税
(c)2017 LES FILMS DU POISSON - CINEFRANCE - FRANCE 3 CINEMA - VERSUS PRODUCTION - NEED PRODUCTIONS

第2章
ポーランドでは？

1）ポーランドの誇りは「ピアノの詩人」ショパンだが、実在のピアニスト・ウワディスワフ・シュピルマンは、ポーランドの首都ワルシャワに設置されたゲットーからどのようにして奇跡的に逃れたの？ その真相（？）は下記1の映画でしっかりと。

2）西は日増しに強大化するナチスドイツと接し、東は超大国ソ連と接しているポーランドは、もともと地政学的に大変。１９３９年９月１日に始まったナチスドイツの電撃作戦の前にそんな弱小国はひとたまりもなかったが、その直後には東からソ連軍が侵攻してきたから、事態はさらに深刻。そこで起きたのが「カティンの森事件」だが、その恐るべき悲劇は下記2の映画でしっかりと。

3）閉鎖直前のワルシャワの動物園からの「豚を飼いたい」との申し出がナチスドイツの利害と一致したのはラッキー。さらに、そんな動物園で飼育する豚の餌はゲットー内で生活しているユダヤ人たちの残飯を使えば一石二鳥。しかし、そんな企みでユダヤ人を匿って本当に大丈夫なの？そんなスリルと人間性の温かみは下記3の映画でしっかりと。

4）ミュージカル『オペラ座の怪人』でみた地下道は巨大だったが、ポーランドの下水道に張り巡らせた地下水道は？ソハの地下水道では一体ナニが？そんな疑問や興味は下記4の映画でしっかりと。

Data

監督：ロマン・ポランスキー
出演：エイドリアン・ブロディ／ト
　　　ーマス・クレッチマン

SHOW-HEY シネマルーム

★★★★★

戦場のピアニスト

2002 年／フランス・ドイツ・ポーランド・イギリス合作映画
配給：アミューズピクチャーズ／148 分

2003（平成 15）年 2 月 16 日鑑賞

👁👁 みどころ

　１９３９年９月のナチスドイツによるポーランド侵攻。ここから第２次世界大戦が始まり、ユダヤ人は徹底的に「排除」され、１９４２年には「ガス室送りの決定」までなされた。そんな中ポーランドの首都ワルシャワで、奇跡的に生き延びた一人のピアニストがいた。ポーランドを代表する実在のピアニストであるシュピルマンだ。ポーランドの誇りである「ピアノの詩人」ショパンの曲が美しく流れる中、悲しくも感動的な人間ドラマが展開される。

――＊―＊―＊―＊―＊―＊―＊―＊―＊―＊―

■□■ナチスドイツによるポーランド侵攻■□■

　１９３９年９月１日、ナチスドイツは宣戦布告のないままポーランドへ侵攻した。そして９月３日、英、仏は直ちにドイツに宣戦布告し、ここに第２次世界大戦が始まった。しかし１ヶ月足らずの間にポーランドは全面降伏を余儀なくされ、以降数年間にわたる苦難の時代が始まった。ポーランド侵攻のその日、ユダヤ人ピアニスト、ウワディクことウワディスワフ・シュピルマン（エイドリアン・ブロディ）は、ポーランドの首都ワルシャワのラジオ局でショパンを演奏していた。

■□■ポーランドの首都ワルシャワは・・・■□■

　ポーランドはユダヤ人に対して比較的寛容だった。そのためパレスチナの地を追われ、世界各地へ離散したユダヤ人のうち約３００万人がポーランドに留まったと言われている。しかし、ナチスドイツ侵攻後のワルシャワは、独ソ友好条約の下、西部をドイツが、東部をソ連がそれぞれ支配し、ワルシャワを含む中央部はドイツ人総督が「統治」することに

なった。

■□■ナチスによるユダヤ人政策■□■

　ナチスドイツがユダヤ人を徹底的に「排除」しようとしたことはあまりにも有名だ。高さ３ｍの壁が作られ、約５０万人のユダヤ人は、この「ゲットー」の中だけでの生活を強いられた。そしてありとあらゆる非人間的差別の中、ユダヤ人は次々と死んでいった。１９４２年１月、ナチスは「ユダヤ人問題の最終的解決」を決定した。これはゲットーの解体とユダヤ人の絶滅（ガス室送り）を決定した恐るべき内容であった。ナチスドイツ時代のユダヤ人の苦難やその中で懸命に明るく生きていこうとする姿を描いた作品は数多く、『シンドラーのリスト』（１９９３年）をはじめ、最近のものでは『ライフ・イズ・ビューティフル』（１９９８年）や『聖なる嘘つき—その名はジェイコブ』（１９９９年）等があるが、いずれもとにかく泣けて泣けて仕方がない名作だ。

■□■ピアニスト、シュピルマン■□■

　シュピルマンは実在の人物であり、ポーランドを代表する有名なピアニストだ。ユダヤ人の彼が、この激動の時代のワルシャワでゲットー生活を送ったこと、ゲットーからの脱出後、あのアンネフランクと同じように隠れ家の中にじっと身を潜めて隠れ続けたこと、そして数々の危機を乗り越え、戦後またピアニストとしての生涯を全うしたことは、ほとんど奇跡に近い出来事だ。そして忘れてならないことは、この奇跡の背後には後述のドイツ人将校をはじめとする多くの人たちの献身的な協力があったことだ。

■□■ショパンの『ノクターン』とベートーベンの『月光』■□■

　映画の冒頭、放送局で弾く最初の曲であり、また再開後の放送局で弾く最初の曲は、『レント・コン・グラン・エスプレッシオーネ』というタイトルのついているショパンのノクターン第２０番嬰ハ短調（遺作）だ。

　先日約３０年ぶりに約１０時間をかけて３本を通して観た、日活の超大作映画『戦争と人間』の中で、浅丘ルリ子がカッコよく弾いていたのがショパンのエチュードハ短調『革命』、そして映画『愛情物語』で使われた、ショパンの最も美しいノクターンがノクターン第２番変ホ長調９—２だ。この２つの曲ほど有名ではないものの、この第２０番嬰ハ短調も心にしみわたる美しい曲だ。

　他方、廃墟の建物の中に隠れていたシュピルマンが聞いたのは、ベートーベンのピアノソナタ『月光』。当然ドイツ人の誇りの曲だ。このようにショパンとベートーベンが対比されるのを見るのは初めてだが、すごく興味深い。

■□■物語の深みを増すドイツ人将校の登場■□■

　ソ連軍の反攻が迫り、ナチスドイツの敗退が明らかになる中、シュピルマンは廃墟の中でドイツ人将校ヴィルム・ホーゼンフェルト（トーマス・クレッチマン）に見つけられてしまった。そこで当然、「お前は何者だ？」、「職業は？」と尋問される。シュピルマンは「ピアニストだ」と答えた。するとホーゼンフェルトはシュピルマンをピアノのある部屋に案内し、「何か弾け」と命じた。

　１９３９年９月１日のナチスドイツによるポーランド侵攻から数年を経た今、シュピルマンが弾くショパンはホーゼンフェルトを感激させ、一人のピアニストの命を救うことになった。これもすべて実話だ。この人道主義者のドイツ人将校ホーゼンフェルト大尉は、シュピルマンの他にも数名のユダヤ系ポーランド人を救っていたが、ナチスの敗退により、ソ連軍の捕虜となり、スターリングラードの戦犯収容所で１９５２年に死亡したとのことだ。

■□■ラストのピアノ協奏曲■□■

　ナチスドイツは敗退し、ヨーロッパは解放された。これによりシュピルマンは放送局でのピアノ演奏を再開し、さらにその後ピアニストとして精力的な演奏活動を展開した。映画のラストシーンは、演奏会場でのシュピルマンの演奏だ。ピアノの鍵盤の上でシュピルマンの指が踊る。曲はショパンのアンダンテ・スピアナートと華麗なる大ポロネーズ変ホ長調作品２２（ピアノ協奏曲）。字幕が流れていく中、ずっと続くこの曲を静かに聴いていると、音楽の素晴らしさに酔うだけではなく、あのゲットーの中で別れ、殺されていった多くのユダヤ人たちのことを次々と思い出してしまう。何とも美しく、もの悲しく続くラストシーンだ。

■□■アカデミー賞の行方は・・・■□■

　この『戦場のピアニスト』は、２００２年５月第５５回カンヌ国際映画祭でパルムドール（最優秀作品賞）を受賞した。そして第７５回アカデミー賞では作品賞等７部門にノミネートされている。この最大の対抗馬が、私が２月１３日の試写会で観たミュージカル映画の『シカゴ』だ。『シカゴ』は、とことん陽気で楽しく、いかにもアメリカそのものという映画。これに対し『戦場のピアニスト』は、とことん人間的な映画で対照的な作品だ。私としては、少なくとも作品賞はこの『戦場のピアニスト』に期待しているが、果たして結果は・・・。

２００３（平成１５）年２月１７日記

Data

監督・脚本：アンジェイ・ワイダ
原作：アンジェイ・ムラルチク『カ
　ティンの森』(集英社文庫刊)
出演：マヤ・オスタシェフスカ／ア
　ルトゥル・ジミイェウスキ／
　ヴィクトリャ・ゴンシェフス
　カ／マヤ・コモロフスカ／ヴ
　ワディスワフ・コヴァルスキ
　／アンジェイ・ヒラ／ダヌ
　タ・ステンカ／ヤン・エング
　レルト／アグニェシュカ・グ
　リンスカ

SHOW-HEYシネマルーム

★★★★★

カティンの森

2007年／ポーランド映画
配給：アルバトロス・フィルム／122分

| 2009（平成21）年11月12日鑑賞 | GAGA試写室 |

👀👀みどころ

　映画は観て楽しむもの、明るく笑って明日への糧とすべきもの。そういう考え方もあるが、本作はそうではなく、学ぶためのものだ。あなたは、ポーランドの巨匠アンジェイ・ワイダ監督を知ってる？カティンの森での大虐殺を知ってる？戦後日本はアメリカに占領されたが、もし北海道や東北地方がソ連に占領されていたとしたら？

　そんな想像をめぐらせながら本作を鑑賞すれば、きっと戦慄を覚えるばず。そして、歴史を語り伝えることの大切さに心震えるはずだ。すごい映画が登場！こりゃ必見！

———＊———＊———＊———＊———＊———＊———＊———＊———

■□■すごい映画が登場！こりゃ必見！■□■

　『SHOW-HEYシネマルーム』は今年12月に『シネマ23』が出版されるが、そこでは第3章「こんな問題作に注目！」の中に、「あの虐殺を考える」と題するテーマで『セントアンナの奇跡』(08年) と『戦場でワルツを』(08年) を評論した。

　スパイク・リー監督のアメリカ、イタリア映画である『セントアンナの奇跡』はセントアンナの大虐殺を、アリ・フォルマン監督のイスラエル、ドイツ、フランス、アメリカ合作、イスラエル映画である『戦場でワルツを』はサブラ・シャティーラの虐殺をテーマとした問題作だが、さてカティンの森事件（カティン虐殺事件）とは？

■□■アンジェイ・ワイダ監督とは？■□■

　ポーランドには2009年9月11日に観た『アンナと過ごした4日間』(08年) のイェジー・スコリモフスキ監督や『戦場のピアニスト』(02年) のロマン・ポランスキー監

督が有名だが、本作で私はポーランド人監督のアンジェイ・ワイダ監督をはじめて知った。軍人だった彼の父親は本作が描いたカティン虐殺事件で他のポーランド人将校とともにソ連軍によって虐殺されたらしい。そして、母親も夫の帰還の望みが薄れていく中で死亡したとのことだ。

そんな原体験をもつ虐殺被害者の息子としては、カティンの森事件の真相究明はもちろん、映画監督としてその映画化を熱望したのは当然だろう。その映画化への道程の苦労はプレスシートの中に詳しく書かれているが、過去たくさんの作品を監督してきたアンジェイ・ワイダ監督にとって本作の完成は感無量のことだろう。彼は１９２６年生まれだから２００９年の今すでに８３歳だが、本作のような歴史の「語り部」としてまだまだ現役で頑張ってもらわなくっちゃ。

■□■印象的な冒頭シーンは、悲劇的な挟み撃ち■□■

太平洋戦争末期における沖縄戦の悲劇は『ひめゆりの塔』（８２年）、『ひめゆり』（０６年）などでよく知られている。米軍の圧倒的な攻撃によって組織的な抵抗力を失った日本軍と住民たちが南へ南へと逃げて行ったのは当然。もちろん南へ逃げて行っても助かる保証は何もないのだが、とにかく追ってくる敵から逃げる方向が定まっているというのはある意味ありがたいこと。本作の冒頭シーンをみていると、ついそんなことを考えてしまう。

ヒトラー率いるナチスドイツ軍のポーランド侵攻は１９３９年９月１日だが、本作の冒頭シーンは同年の９月１７日。舞台はポーランド東部ブク川の橋の上だ。ドイツ軍に西から追われて東に逃げていく人々とともに今東に向かっているのは、本作の主人公であるアンジェイ大尉（アルトゥル・ジミィェウスキ）の妻アンナ（マヤ・オスタシェフスカ）とその娘ヴェロニカ（ヴィクトリャ・ゴンシェフスカ）。この２人はクラクフという土地から夫の安否を心配して東へ向かっていたわけだが、これを発見したのは逆にソ連軍に追われて東から西に逃げて今ブク川の橋の上にやってきたルジャ大将夫人（ダヌタ・ステンカ）。ルジャは、東はすでにソ連軍に占領されたから東へ行くのは中止しなさいと懸命に呼びかけたが・・・。

■□■多様な悲劇のサマが重層的に■□■

本作のストーリーの基になったのは、ソ連軍の捕虜となったアンジェイ大尉が手帳に書き残していた日記。そしてストーリーの軸になるのは、一度はソ連軍の捕虜となったアンジェイ大尉と出会えたにもかかわらず、ソ連軍の軍用列車で東へ連行されることになったアンジェイ大尉の消息を気遣う妻アンナやアンジェイ大尉の母親（マヤ・コモロフスカ）たちの物語だ。しかし、何十回と構想が練り直された本作では、そのメインストーリー以外にも①コジェルスク収容所に抑留された大将とその妻ルジャの物語、②ヤギェロン大学の教授をしているアンジェイ大尉の父ヤン教授（ヴワディスワフ・コヴァルスキ）と、その大学の教授たちの物語、③カティンの森で犠牲となったピョトル中尉（パヴェウ・マワシンスキ）とその墓碑を作るために奔走する妹アグニェシュカ（マグダレナ・チェレツカ）の物語、などが重層的に積み上げられていく。

スクリーン上で展開されるそんな多様な悲劇のサマを見れば、憲法9条<戦争の放棄>を守れば戦争のない世の中ができ、世界平和が実現するなどとノー天気なことを言っていられないことがよくわかるはずだ。

■□■衝撃的なラスト３０分に注目■□■

前述のように、本作のストーリーの基はアンジェイ大尉の日記だが、これは『アンネの日記』ほど有名な日記ではない。また、一時はナチスドイツによる蛮行とされていたカティンの森事件は今ではソ連軍によるものだということが確立しているが、それは１９９０年にソ連政府がこの蛮行はソ連の内務人民委員部（後のKGB）による犯罪であることを認めた結果だ。そして、アンジェイ大尉の日記が本作のストーリーの基とされたのは、カティンの森の発掘調査によってアンジェイ大尉の日記が発見されたためだ。

しかしその日記に書かれていたのはある月のある日までであって、それ以降は全くの白紙。アンジェイ大尉は目撃したすべてを手帳に書き留めようと心に決め、実行していたはずなのにそれは一体なぜ？それは誰でもわかることだが、本作が描く衝撃的なラスト３０分の「これぞ虐殺」と思わず息を呑むシーンは、アンジェイ大尉の日記にもとづくものではなく、アンジェイ・ワイダ監督の想像力によるもの？

■□■もし日本がソ連に占領されていたら？■□■

日本は島国だから、はるか昔蒙古（元）に攻められた時くらいしか外敵の攻撃にさらされたことがない。１９世紀末南下政策をとったロシアに対しても、日本本土を戦争に巻き込むことなく１９０４～０５年の日露戦争によって勝利することができた。しかし、「先の大戦」すなわち太平洋戦争で敗北した日本がアメリカの占領ではなく、日ソ不可侵条約を破って１９４５年８月９日満州・樺太の北方から侵入してきたソ連軍によって占領されていたとしたら？歯舞、色丹、国後、択捉の北方４島の返還をめぐる日ソの交渉は今なお続いているが、もし北海道や東北地方さらに北陸地方までソ連に占領されていたとすれば、ドイツとソ連の両国に占領されたポーランド同様、日本も悲惨な状態になっていたはずだ。

虐殺の舞台となったカティンはソ連領だったが、１９４１年秋からは独ソ戦線が東に移動したためドイツに占領された。ところが１９４３年６月以降独ソ戦線が西に移動したため、同年９月にはカティンはソ連によって解放され、ソ連領となった。

他方、アンナや娘のヴェロニカたちが住むポーランドのクラクフのまちは１９３９年９月以降ドイツに占領されていたが、１９４５年１月１８日ソ連軍によって解放された。しかし、１９４５年にはポーランドという国自体がソ連の衛星国としてのポーランド人民共和国となってしまった。また、ポーランド人民共和国からポーランド共和国に「衣替え」した１９９０年には、やっとゴルバチョフソ連大統領がカティンの森虐殺事件を自国の犯行と認めてポーランドに謝罪したが、ことほど左様にポーランドという国はドイツとソ連

によって振り回され続けてきたわけだ。そして、ドイツとロシアによるポーランドに対するさまざまな政治的・軍事的影響は今なお続いている。

そう考えると、民主主義国アメリカに占領され、１９５１年のサンフランシスコ講和条約によって独立を回復した後、強固な日米同盟まで結ぶことができた日本は幸せ？

２００９（平成21）年11月18日記

弁護士 坂和章平のAsんでSHOW
LAW DE SHOW ⑩

「カティンの森」

（来年１月９日からシネ・リーブル梅田で公開予定）

ワイダ監督の魂の叫びをどう受け止める？

「戦場でワルツを」（2008年）はサブラ・シャティーラの虐殺を、「セントアンナの奇跡」（同年）はセントアンナの大虐殺をそれぞれ描いたが、カティンの森虐殺事件とは？　1939年9月のナチスドイツによる西からの侵攻直後に、東からソ連の侵攻にさらされたポーランドは悲惨。日本は米国に占領されたため戦後復興と経済成長

そして日米同盟を築いた日本は幸せだが、「もし北海道や東北が、ソ連に占領されていたら」の記載がある日を境に途切れたのはなぜ？

本作はポーランドの巨匠アンジェイ・ワイダ監督の父親への鎮魂歌。それこそ監督の父親がソ連の捕虜となった大尉と共に訪れてきた妻子と別れ、その行きがけの駄賃として東へ向かう軍用列車に乗せられたが、その後親や収容所に抑留された大尉や大学教授だった大尉の父

は「アンネの日記」と同じく貴重なものだが、そのソ連による「ドイツによる虐殺」と主張し続けると、遂に90年ゴルバチョフ大統領の責任を認めポーランドに謝罪した。こりゃ必見！平和ボケした日本人にこんな歴史をしっかり学び、ワイダ監督の魂の叫びをしっかり受け止めるべきだ。

たその追及は？　ソ連は戦後45年間一貫して「ドイツによる虐殺」と主張

主人公はポーランド軍の大尉。戦友たちと共にソ連の捕虜となった大尉は危険を顧みず訪れてきた妻子と別れ、その人だからだ。本作には大尉とその妻子の他、親や収容所に抑留された大尉の父、多種多様な人物が登場し、

な悲劇が描かれる。大国の間に挟まれて翻弄される国家とその国民の悲劇はあまりにも理不尽。本作を観れば「憲法９条さえ守れば、平和が訪れ日本国は安泰だ」とする議論の空虚さと不毛さは明らかだ。

カティンの森の「真相」が映画史上はじめて登場するラスト30分は衝撃的。ドイツ軍によってカティンの森に眠る数千人のポーランド人将校の死体発見は43年4月だが、その責任はどこに…。ま

大阪日日新聞　２００９（平成21）年12月12日

170

Data
監督：ニキ・カーロ
原作：ダイアン・アッカーマン『ユ
　　　ダヤ人を救った動物園　ヤ
　　　ンとアントニーナの物語』
　　　（亜紀書房）
出演：ジェシカ・チャスティン／ダ
　　　ニエル・ブリュール／ヨハ
　　　ン・ヘルデンブルグ／マイケ
　　　ル・マケルハットン

SHOW-HEYシネマルーム

★★★★

ユダヤ人を救った動物園
アントニーナが愛した命

2017年／アメリカ映画
配給：ファントム・フィルム／127分

2017（平成29）年12月23日鑑賞　｜　TOHOシネマズ西宮OS

みどころ

　『シンドラーのリスト』（93年）のオスカー・シンドラーはユダヤ人を自社で働かせることによって、『杉原千畝　スギハラチウネ』（15年）の杉原千畝は「命のビザ」を発給することによって、それぞれ多数のユダヤ人の命を救ったが、ポーランドのワルシャワには邦題通り「ユダヤ人を救った動物園」が！

　そこで命を救われたユダヤ人は約300人だが、そこでの緊張感を強いられた「日々の業務」を見ていると、この夫妻の決断と行動力に大きな拍手を送りたい。そして同時に、もし自分がその立場に置かれていたら・・・？それも、きちんと考えたい。

　さらに考えるべきは、ひょっとして今も同じような「開戦前夜」かも？ということ。ワルシャワの動物園はナチスドイツの侵攻に蹂躙されたが、もし朝鮮半島有事となれば、日本は・・・？

————＊————＊————＊————＊————＊————＊————＊————＊————

■□■イントロダクションは？■□■

　公式ホームページによれば、本作の「イントロダクション」は次の通りだ。

> ユダヤ人300名を動物園の地下に匿い
> その命を救った、勇気ある女性の感動の実話。
> 本当に大切なものを見つめる心、
> 命の輝きを描いた映画史に刻まれる、珠玉の名作が誕生。

■□■これが開戦前夜？この動物園の風景は？■□■

本作は、『ユダヤ人を救った動物園　アントニーナが愛した命』という邦題の通り、「ユダヤ人３００名を動物園に匿い、その命を救った勇気ある女性の感動の実話」。そして、ダイアン・アッカーマン原作による、＜ＢＡＳＥＤ　ＯＮ　Ａ　ＴＲＵＥ　ＳＴＯＲＹ＞を映画化したもの。近時「ナチスもの」「ホロコーストもの」の名作は多く、先日は『否定と肯定』（１６年）を観て大いに感動したばかり。今日はそれに続く「感動予想作」だが、『否定と肯定』のような知らないことばかりの映画でなく、最初からそのストーリーは想像できる映画。

ちなみに、ナチスドイツがいきなりポーランドへの侵攻を開始したのは１９３９年９月１日だが、その直前のポーランドの首都ワルシャワの状況は・・・？当時ワルシャワに、ヨーロッパ最大の規模を誇る動物園があったことは知らなかったが、冒頭毎朝の日課の通り、園内を自転車で巡り、動物たちに声をかけて回るアントニーナ（ジェシカ・チャスティン）の姿は幸せそう。夫のヤン（ヨハン・ヘルデンブルグ）も政治、外交、軍事面の不安は感じつつ日々の仕事に精を出していたが、「開戦前夜」って、こんなもの・・・？

ちなみに、米中戦争は先の話だろうが、北朝鮮の暴発はすぐ近くに迫っているはず。すると、今はある意味での「開戦前夜」だが、それが分析されるのは今から何年も何十年も先のこと・・・？

■□■「ゲットー」の中は？あの名作とは異なる視点から■□■

『聖なる嘘つき　その名はジェイコブ』（９９年）は、ナチスドイツの占領下にあったポーランドのある町の、ユダヤ人居住区、「ゲットー」での物語。そのテーマは、ソ連軍（解放軍）がわずか４００ｋｍ先の町まで侵攻しているというゲットーの住人たちにとって「生きる希望」に直結する貴重な情報だった。しかし、ゲットー内にそんな情報が流れていることを聞きつけた「ゲシュタポ」（秘密警察）たちは・・・？（『シネマルーム１』５０頁参照）

また、『戦場のピアニスト』（０２年）では、ワルシャワのラジオ局でショパンを演奏していたユダヤ人のピアニストが、ゲットーでの生活を余儀なくされながら、脱出後、隠れ家の中に身を潜めて隠れ続け、数々の危機を乗り越え、戦後またピアニストとして生涯を全うしたという奇跡的な物語が感動的に描かれていた（『シネマルーム２』６４頁参照）。これらの名作では、それぞれゲットー内部の様子がリアルに描かれていたが、さて本作に見るワルシャワに作られたゲットーの中は？

ゲットー内では、理不尽な少女のレイプ事件もあったはずだ。そんなニキ・カーロ監督の女性らしい視点から、ゲットー内に入ったヤンが、ドイツ兵に拉致される１人の少女を目撃するシーンも登場する。その少女がその後に受ける運命も含めて、さて、ゲットーの

中のユダヤ人たちの実態は？本作ではそれは直接描かれず、あくまでポーランド人で動物園の経営者であるヤンやアントニーナの視点からゲットー内の実態と、その中でのユダヤ人の生活が描かれる。したがって、本作では、『聖なる嘘つき　その名はジェイコブ』や『戦場のピアニスト』とは異なる視点と私たちの想像力を駆使することによって、しっかりゲットーの中を観察したい。

■□■動物たちの命は？動物園の存続は？ヤンたちの狙いは？■□■

　ナチスドイツ軍の侵攻によってヤンが経営する動物園が閉鎖されたのは当然だが、そこで第1に問題になるのは動物たちの命、第2にヤンたちの生活をどうするかだが、さて、＜ＢＡＳＥＤ　ＯＮ　Ａ　ＴＲＵＥ　ＳＴＯＲＹ＞である本作に見るその展開は？
　動物好きやその研究者はポーランドに限らず、ドイツにもいるもの。ヒトラー直属の将校で動物学者であるヘック（ダニエル・ブリュール）は、希少価値のある動物の繁殖実験のため動物園を存続させたいとの狙いを持っていたから、ヤンが動物園で豚を飼いたいと申し出ると、両者の利害が一致し、たちまちＯＫに。たしかに、広い動物園を閉鎖してしまうのはもったいない。そこがドイツ軍の食料になる豚の飼育場になるのなら、そりゃグッドアイデア。てなワケで、多数の動物たちの命は奪われてしまったものの、動物園自体は豚の飼育場として存続することが決まったから、ヤンとアントニーナはひと安心。他方、豚の餌はどうするの？それは、ゲットー内で生活するユダヤ人たちの残飯を使えば一石二鳥。なるほど、なるほど・・・。その結果、ヤンはヘックからゲットー内に入る通行証をもらい、「日々の業務」に従事したが、さて、そこに秘めたヤンとアントニーナの狙いは・・・？

■□■ヤンの仕事は？匿われたユダヤ人たちは？■□■

　『シンドラーのリスト』（９３年）のオスカー・シンドラーはユダヤ人を自社で働かせることによって、『杉原千畝　スギハラチウネ』（１５年）の杉原千畝は「命のビザ」を発給することによって、それぞれ多数のユダヤ人の命を救った。杉原千畝が「命のビザ」を発給したのは、合法か違法かギリギリの判断の中だったが、いざその「発給業務」を開始すれば、その後は加速度的にそれが早まったのは当然（『シネマルーム３６』１０頁参照）。それと同じように、今やヤンの日常業務は、車でゲットー内に入るたびに持ち帰る残飯の中に２、３人のユダヤ人を潜り込ませて動物園内に運び入れ、動物たちが殺されて空になった地下の檻の中に彼らを匿うことになっていたが、その量は？スピードは？なるほど、これはうまく考えたものだ。しかし、地下に匿ったユダヤ人たちの脱出ルートはどうするの？それはあなた自身の目で確認してもらいたいが、この日常作業は観客席から見ているだけでも大変。だって、昼間にはヤンの動物園や家の中に人の出入りがあるから、地下のユダヤ人たちは声を出すこともできず、夜になるとやっと家の中に入って休息する有様だったのだから。もちろん、そんな息の詰まる、危険いっぱいの生活でも、ゲットー内にい

るよりはマシ。そう考えていたヤンとアントニーナが日々の作業を続けているうちにその数はどんどん増え、最終的に救出したユダヤ人が約３００人になったわけだからすごい。しかし、こんなシステムが全くバレずにずっと続くの？そこが心配だが・・・？

■□■外でのヤンの日常業務も大変だが、内を守るのも大変！■□■

　動物園の施設をうまく活用しながらユダヤ人の救出を考えたヤンのアイデアは秀逸。しかし、そのアイデアに沿って動物園の地下に潜り込みながら、脱出を目指すユダヤ人たちも大変なら、ゲットーと動物園を車で往復し、その日常業務に従事するヤンも大変。さらに、動物園と家の中を守り続けるアントニーナも大変だ。地下のユダヤ人たちに危険を知らせたり、逆に安全になったことを告知するためアントニーナが考えたアイデアは、ピアノを弾くこと。映画の中では具体的に説明されないが、きっとどんな場合にはどんな曲と決めたのだろう。それによって一糸乱れぬ行動が取れれば問題ないが、天井板一枚、壁一枚を隔てただけの空間内だから、ユダヤ人たちの話し声はもちろん、怪しげな音が聞こえただけで、全員が危険にさらされるのは必至。しかし、子供が急に泣き出したり、大人だってくしゃみをすることもあるのでは・・・？そんな心配をしていると、案の定・・・。

　他方、冒頭のシーンで見る限り、動物園内を自転車で走り回っているアントニーナは、一人息子がいるもののかなり魅力的な女性。同じように動物好きなヘックにとって、彼女は当然好みのタイプだろう。すると、事実上ヘックの支配下にある動物園内で、アントニーナが毎日のように動物園の管理と希少動物の繁殖のためという名目で顔をつき合わせていると・・・？しかも、亭主のヤンは外での仕事が忙しいから、アントニーナを構うことができないとなると・・・？

　本作は女性監督の演出だけに、露骨にヘックの（性的）欲望を表に出さないが、アントニーナにはそんな危険がいっぱい。さあ、アントニーナはそれをいかに振り払うの？しかし、時には地下のユダヤ人たちが立てた音をごまかすため、アントニーナの方から抱擁を求めたり、場合によればキスを求めるような態度を示すことも・・・。しかし、そりゃちょっとヤバイ。アントニーナのそんな態度を、もしヤンが目撃すれば、ヤンの気持ちは・・・？

■□■戦況の展開は？ソ連軍は？強制収容所は？■□■

　今になれば、ポーランドに侵攻し、電撃作戦を開始したナチスドイツが、その後次第に劣勢になったことは誰でも知っている歴史的事実。しかし、侵攻されたワルシャワの住人たちやゲットーに収容されたユダヤ人たちにそれがわかるはずはない。つまり、彼らは情報から完全に遮断され、何の希望を持てない中で、日々の生活を送らざるを得なかったわけだ。しかし、その後の情勢の変化は？ナチスに抵抗するポーランド人民の内部蜂起は？ソ連軍の東からの反抗は？そして、ナチスドイツの撤退は？他方、次第に強まっていくゲットーから強制収容所へのユダヤ人の輸送状況は・・・？

本作は、時系列に沿ってそのことを少しずつ（程よく？）説明してくれるが、そこで私が納得できないのは、後半に至って、銃を持ったヤンがナチスに立ち向かっていること。これも本当に＜ＢＡＳＥＤ　ＯＮ　Ａ　ＴＲＵＥ　ＳＴＯＲＹ＞なの？また、スクリーン上では銃に撃たれて倒れてしまうヤンの姿が登場し、その後戦争終結に至るまで行方不明になっているから、ヤンの生存は絶望的・・・？

　本作後半はそんな展開になるが、そこで私がさらに納得できないのはアントニーナがヘックに見せる態度。ヤンが行方不明になったのは仕方ないし、アントニーナが何とかヤンの情報を得たいと願うのは当然。そして場合によれば、たとえそれが死亡確認情報でも無いよりはマシ。それが正直なアントニーナの気持ちだったことも理解できる。しかし、その情報を得るため、アントニーナが積極的にヘックの元を訪れるのは如何なもの・・・？ナチスの敗北が近づく中、ヘックもベルリンへの撤退の準備をしていたが、ただならぬアントニーナの訪問に対応する中、長い間隠されていたアントニーナたちの隠れた狙いを知ることになると・・・。

■□■ラストもホント？映画としては少し甘いのでは？■□■

　本作は中盤のスリリングな展開が最大の見せ場で、手に汗を握る緊張シーンが続いていく。しかし、ナチスドイツの敗色が濃くなる後半では、ヤンは既に死亡してしまったようだし、ヘックは撤退していくだけだから、動物園での業務もほぼ店じまい・・・。そんな展開になっていく。しかし、そこに登場する前述した私には少し納得できないアントニーナのヘックに対する行動のため、ある意味で無用な混乱が生じ、ヤンやアントニーナの一人息子の命も「あわや！」という危険にさらされることになる。私はその展開は「映画としては少し甘いのでは？」と思わざるを得ないので、その展開はあなた自身の目で確認してもらいたい。

　さらに、それに輪をかけたのが、終戦後動物園を再開したアントニーナのもとに、死んでいたはずのヤンが無事に戻ってくること。このハッピーエンドも本当に＜ＢＡＳＥＤ　ＯＮ　Ａ　ＴＲＵＥ　ＳＴＯＲＹ＞・・・？そして、これも映画としては少し甘いのでは・・・？

２０１７（平成２９）年１２月２８日記

Data

監督：アグニェシュカ・ホランド
原作：ロバート・マーシャル『ソハ
　　　の地下水道』(集英社文庫刊)
出演：ロベルト・ヴィェンツキェヴ
　　　ィチ／ベンノ・フユルマン／
　　　アグニェシュカ・グロホフス
　　　カ／ヘルバート・クナウプ／
　　　マリア・シュラーダー／キン
　　　ガ・プライス／ミカエル・ル
　　　ワウスキー

SHOW-HEY シネマルーム

★★★★★

ソハの地下水道

2011 年・ドイツ、ポーランド合作映画
配給／アルバトロス・フィルム、クロックワークス・145 分

2012（平成 24）年 8 月 8 日鑑賞　　　東映試写室

👀 みどころ

　時代はナチス・ドイツが支配する１９４３年。舞台はポーランド。下水道の
ことを知り尽くす下水修理工ソハの前に、ゲットーの地面を掘って地下に降り
てきたユダヤ人たちが・・・。これは当局に突き出すべき？それとも？
　この手の映画は毎年多いが、実話を素材としたアカデミー賞外国語映画賞ノ
ミネート作品はさすがに奥が深い。当初は欲得ずくであっても、人間には変化
する能力が！人間の善意や良心を説得力を持って謳いあげた名作に、あなたも
きっと心が洗われるはずだ。

―――＊―――＊―――＊―――＊―――＊―――＊―――＊―――＊―――＊

■□■年に数回は、この手の映画を観なくては！■□■

　日本では８月１５日の終戦記念日に向けて「あの戦争」を考える映画がつくられること
が少なくなったが、ドイツ、フランス、ポーランドでは「あの戦争」をテーマとした映画
は多い。また、ナチス・ドイツの問題点やユダヤ人へのホロコーストを描いた名作は途切
れない。そんな映画が大好きな私は、『シネマルーム27』では①『ペーパーバード　幸せ
は翼にのって』（１０年）（１１４頁参照）、②『黄色い星の子供たち』（１０年）（１１８頁
参照）、③『ミケランジェロの暗号』（１０年）（１２３頁参照）を、『シネマルーム28』
では④『サラの鍵』（１０年）（５２頁参照）と⑤『善き人』（０８年）（５６頁参照）を、
それ以降では⑥『屋根裏部屋のマリアたち』（１０年）、⑦『あの日　あの時　愛の記憶』（１
１年）を評論している。
　ナチス・ドイツによる迫害の中でユダヤ人をかくまった良心的なドイツ人、フランス人、
ポーランド人たちの物語はこれまでさまざまに描かれたが、ポーランドの地下水道の中に
ユダヤ人たちを１４カ月にわたってかくまったという実話があったとは何ともすごい。そ

れを実行したのはレオポルド・ソハというポーランド人だそうだが、ソハとは一体どんな人？『敬愛なるベートーヴェン』（０６年）（『シネマルーム12』２７７頁参照）でユニークなベートーベンの姿（？）とその師弟愛を温かく紡ぎ出したポーランドの女性監督アグニェシュカ・ホランドによる本作は、グディニャポーランド劇映画祭で作品賞、監督賞、主演男優賞、主演女優賞等々を受賞した他、アカデミー賞外国語映画賞にもノミネートされているらしい。こんな名作は必見！そして、年に数回は、この手の映画を観なくちゃ・・・。

■□■マンホールの下には迷路の大世界が！■□■

日本の下水道整備は第２次世界大戦後だが、ペストの大流行に苦しんだ中世ヨーロッパでは１４世紀のフランスに下水道ができた。また、１９世紀にコレラが大流行したイギリスでも、ロンドンに下水道ができた。しかして本作を観れば、第２次世界大戦当時のポーランドでもマンホールの下に入れば、そこに広大な地下水道の世界が広がっていることがよくわかる。

『ソハの地下水道』好評配信中
(C) 2011 SCHMIDTz KATZE FILMKOLLEKTIV GmbH, STUDIO FILMOWE ZEBRA AND HIDDEN FILMS INC.

上水道では水漏れを防止するため、水道管のさびや連結のチェックなどの定期点検が不可欠。下水が流れる地下水道ではそれほどきめ細かなケアはいらないかもしれないが、それでも定期的な点検が不可欠だ。しかし、汚水が流れネズミが動き回っている地下水道でそんな仕事に従事するのは誰だってイヤ。日本では公共下水道の管理は地方自治体の仕事だから「公務員」がそれをやっているはずだが、あの時代に下水修理工をやっていたポーランド人のレオポルド・ソハ（ロベルト・ヴィェンツキェヴィチ）はどんな身分の人？ソハは妻ヴァンダ・ソハ（キンガ・プライス）と一人娘ステフチャと生活している男だが、映画冒頭に描かれるのは、若い相棒のシュチェペクと共に民家に侵入してコソ泥行為をし、そこでせしめた品物を地下水道の中に隠すことに勤しんでいる姿。１９４３年当時ナチス・ドイツの支配下にあったポーランドのルヴフというまち（現在はウクライナのリヴィウ）にはユダヤ人ゲットーがあり、ユダヤ人はそこに隔離されていたが、ポーランド人はまだ安全。しかし、いくら家族の生活を守るためとはいえ、そんなことをして金を稼いでいるソハはろくな男じゃないはず。本作を鑑賞するについてはまず、私たちが未だかつて見たことのないソハの「職場」であるそんなマンホールの下にある迷路の大世界をタップリと展望したい。

■□■どっちが得？最初はそんな計算から・・・■□■

ドイツ人実業家・オスカー・シンドラーや日本人外交官・杉原千畝はナチス・ドイツの迫害から精一杯ユダヤ人を守った英雄的人道主義者として後世にその名を残しているが、ポーランド人のソハもそれに並ぶ功績が讃えられているらしい。しかし、地下への脱出口

を掘ってゲットーから地下へ降りていたユダヤ人たちを発見したソハが、これをウクライナ将校のボルトニック（ミカエル・ルワウスキー）に通報せず、地下水道の隠れ家を提供する見返りとして1日あたり500ズロチの報酬を要求したのは、どっちが得かを考えた結果。そんな男が、なぜオスカー・シンドラーや杉原千畝と並ぶ英雄に？

　本作はソハ自身も気づかない（はずの）、そんな人間の変化に焦点を当てたところがすばらしい。地下に降りてきたユダヤ人「ご一行」を見て、ソハが通報するのを思いとどまったのは、「教授」と呼ばれるイグナツィ・ヒゲル（ヘルバート・クナウプ）から口止め料としてスイス製の時計と金を提供されたためだし、1人500ズロチという数字も食料品提供等の「経費」を考えて割り出したものだから、さすがコソ泥稼業のソハは計算が高い。さらに隠れ家を提供できる人数を10～11名と絞り込んで、妥協しないところなどは、合理的といえば合理的、非人間的といえば非人間的だ。結局、ソハの世話になることになったのは、ヒゲルと妻パウリナ・ヒゲル（マリア・シュラーダー）、彼らの幼い子供クリシャとパヴェウ、ソハを敵視するムンデク・マルグリエス（ベンノ・フュルマン）とムンデクが思いを寄せる若い女性クララ・ケラー（アグニェシュカ・グロホフスカ）、愛人関係にあるヤネクとハヤ等々11名だが、彼らの運命やいかに・・・。

■□■いつまでこんなことを？支援中止の決断は？■□■

　本作は90％以上が地下水道の世界を描いているから、暗くて汚くそのうえいかにも臭そう。そんなスクリーンをじっと観ていると疲れてくるのが普通だが、実際は逆で、隅から隅まで知り尽くした地下水道を動き回るソハとその一角にかくまわれているユダヤ人たちの生活力のたくましさから目を離すことができなくなる。

　さらに、地下水道に逃げ込んだユダヤ人がいることは周知の事実だから、「発見するのは死体ばかりだ」と報告してもボルトニックたちが監視の目を光らせていく中、11名ものユダヤ人

『ソハの地下水道』　好評配信中
(C) 2011 SCHMIDTz KATZE FILMKOLLEKTIV GmbH,
STUDIO FILMOWE ZEBRA AND HIDDEN FILMS INC.

をかくまい続けるのが難しいのは当然。一度はシュチェペクのちょっとした言葉から妻のヴァンダにそのことがバレてしまい、ソハはヴァンダからこっぴどく絞られたが、それに対してソハは・・・？また、ボルトニックがソハの家を訪れてきた時、ボルトニックに出そうとしたパンについて幼い一人娘が「それはユダヤ人の・・・」と口を滑らせたから大変。この事態をソハたちはいかに言い逃れを？さらにユダヤ人を捜すためにボルトニックから地下水道の道案内を命じられたソハは、一緒に目的地に向かったが、すぐ目の前に潜んでいる「ユダヤ人ご一行」をいかにしてごまかすの？女性監督アグニェシュカ・ホランドはこんなスリリングな状況を観客に手に汗握る緊張感をキープさせながら描いていく。

　もっとも、その度に私たちは「ああ良かった」と胸をなで下ろすのだが、ヒゲルの金も尽き始めたうえ、彼らをかくまうことに極度に神経をすり減らしたソハは遂に「もう手を

引くよ」と宣言。既にシュチェペクは手を引いていたし、ヒゲルから言われてお墓から掘り出した高価な宝石類もお駄賃代わりにもらうことをせず、きっちりヒゲルに返したから、これにて互いに貸し借りなし。ソハはハッキリそう割り切ったつもりだったが・・・。

■□■なぜ見限れないの？ソハの気持の変化に注目！■□■

「もう手を引くよ」と宣言し、何の貸し借りもないのだから、あのユダヤ人たちがどうなろうともはやソハは無関係。つまり、木枯し紋次郎風にいえば、「あっしには関わりねえことでござんす」状態だったはずだが、そんな中で大事件が発生！それはソハの支援が途切れた後、物資を求めるべく地上に出てきたムンデクがドイツ兵に見つかり、射殺されそうになるところに出くわしたソハが、ムンデクを救うためとっさにドイツ兵を殺してしまったこと。ナチス・ドイツはその報復としてポーランド人１０名を縛り首にしたが、その中には元相棒のシュチェペクもいたから大変。しかし、なぜソハはそんな状況に出くわす中、そんな行動を取ったの？

本作後半が描くソハの気持の変化は、消費増税法案の成立と衆議院解散の確約という政局に明け暮れ、騙し合いばかりやっているここ数日の政治情勢に見馴れた目には、心が洗われる感がある。その第１は、ソハが地下水道の中を迷い歩いている幼いクリシャとパヴェウを見つけた時の行動。その第２はハヤが愛人ヤネクの子を身ごもり、男の子を出産したことに対する行動。その第３はムンデクが愛するクララの妹マニャを捜すため、ヤノブスカ強制収容所への潜入を手助けする行動だ。その詳細はあなた自身の目で確認してもらいたいが、ソハのような欲得ずくの人間（？）でも、その心の中にはこんな良き心がタップリと・・・。

■□■ハイライトは、豪雨の地下水道を舞台に！■□■

地球全体の気候が不安定になる中、今年の日本は７月１１日〜１４日には九州北部豪雨が発生し、７月２２日には和歌山南部や兵庫・淡路で記録的な大雨となった。しかして、今日ソハ一家は娘の聖体拝領の儀式に参加するため教会に訪れていたが、ポーランドのルヴフにも今日は豪雨が。こうなれば、地下水道には濁流となって大量の雨が流れ込むこと必至。すると、あの一角に押し込められているユダヤ人たちは？そう考えると、いてもたってもいられなくなったソハは、娘の大切な儀式もほどほどに濁流が流れる地下水道の中へ。他方、地下水道の一角にユダヤ人が潜んでいるとの確証を得たボルトニックも、再度ソハを案内役としてユダヤ人狩りに執念を燃やすことに・・・。

ヴィクトル・ユーゴー原作の『レ・ミゼラブル』のハイライトの１つはパリの地下水道の中でくり広げられるジャン・ヴァルジャンとジャヴェールとの追跡劇だが、本作のハイライトはそんな凄まじい洪水状態の地下水道の中でくり広げられる、三者三様の闘いだ。豪雨があがれば当然水は引くが、それまでユダヤ人たちは持ちこたえられるの？他方、洪水の中ボルトニックの命令で道案内をするソハは、いつまでボルトニックの命令に従うの？そんな本作のハイライトに見る人間模様は、しっかりあなた自身の目で。

２０１２（平成２４）年８月１３日記

表紙撮影の舞台裏（34）─劉 茜懿ってどんな人？

1）私が劉茜懿（リュウ・チェンイ）さんとはじめて出会ったのは、２００７年１０月１０日に北京電影学院で「坂和的中国電影論」と題する集中講義を行った時。その時の受講生だった彼女は、その後早稲田大学に留学して映画制作やメディアアートを勉強、博士の学位を取得して２０１２年に卒業した。その後は、私も出資している映画『鑑真に尋ねよ』の製作を手がけながら、映像作家としての創作活動を続け、『小格系列』『天籟籟』『ＨＥＹ』等を発表。現在はテレビ局でディレクターの仕事に従事している。

2）なお、彼女は事務所だより第24号（2015年新年号）でも、「坂和章平とすばらしき人たち〜交友録（18）北京電影学院卒の才女・劉茜懿さん」として紹介している（『がんばったで45年』465頁）ので、ぜひそれも参照してもらいたい。

２０２０年３月１２日記

3）さらに彼女は、『中国大陸のインディペンデント女性監督90名』のひとりに選ばれており、中国のニュースサイト・「導筒 directube」では下記のとおり紹介されている。

刘茜懿
代表作：《天籁籁》

刘茜懿，1987年生于北京，影像艺术家，现工作和生活于东京和北京。2010年毕业于北京电影学院美术系的她赴日本早稲田大学大学院留学，2012年获硕士学位，现读博士。《小格系列》的动画及绘画为个人制作时间最长的装置影像系列，从2008年制作至今；作为《小格系列》的延伸，2011年发表《草莓》、《HEY》等大型平面绘画作品。

第3章
オランダでは？ベラルーシでは？オーストリアでは？

1）ナチスドイツのポーランドへの侵攻は１９３９年９月１日だが、１か月でその西部はナチスドイツに、東部はソ連に占領され、分割を余儀なくされた。フランスの降伏も翌１９４０年の６月だから、メチャ早い。また、１９４０年５月１０日から１７日までの空爆によって降伏したオランダは『アンネの日記』の悲劇が有名だが、同時に下記1のような"ユダヤのマタハリ"の大活躍があった。その終盤２０分のハイライトに注目！

2）「ベラルーシの森」と聞いても日本人には何のことかサッパリわからないが、ベラルーシは旧ソ連邦の支配下にあった国。現在、西側をポーランドに接し、北西をリトアニアとラトビアに、北東をロシアに、そして南をウクライナに接するベラルーシ共和国は、ミンスクを首都として１９９１年に誕生したスラブ民族の国だ。ベラルーシ共和国には広大な森が多いそうだが、そんな「ベラルーシの森」の中で、下記2のような奇跡の物語があったとは！

3）ベラルーシと違って、オーストリアは日本人にも有名。それは、第1にオーストリア＝ハンガリー帝国の皇嗣がサラエボを訪問中に暗殺されたという１９１４年６月２８日に起きた「サラエボ事件」が第一次世界大戦の引き金になったため。第2に、『サウンド・オブ・ミュージック』(65 年) で有名になったトラップ・ファミリーの物語のためだ。しかし、そんなオーストリアには、無名の農夫フランツ・イェーガーシュテッターがナチスドイツへの忠誠と兵役を拒否するという『名もなき生涯』の物語があった。それに着目したのが、２０２０年２月に公開された下記3の映画だ。

Data

監督・脚本：ポール・バーホーベン
出演：カリス・ファン・ハウテン／
　　　セバスチャン・コッホ／ト
　　　ム・ホフマン／ハリナ・ライ
　　　ン／デレク・デ・リント／ピ
　　　ーター・ブロック／ミヒル・
　　　ホイスマン／ドルフ・デ・フ
　　　リース／ディアーナ・ドーベ
　　　ルマン／ワルデマー・コブス
　　　／クリスチャン・ベルケル

★★★★★

ブラックブック

2006年／オランダ、ドイツ、イギリス、ベルギー合作映画
配給：ハピネット／144分

2007（平成19）年1月31日鑑賞　　　　　東映試写室

👀みどころ

　故国オランダに戻ったポール・バーホーベン監督の渾身作がコレ！ナチス・ドイツに対するオランダ人レジスタンスの抵抗がテーマだが、主人公をユダヤ人女性とし、ナチス諜報部の将校との恋を主軸に据えたのがミソ・・・？人間には表と裏があり、本音と建て前があるが、戦争末期と終戦直後にはそれが露骨に現れるもの・・・。本当のヒーローは誰？そしてホントの裏切り者は誰？そんなスリルとサスペンスに富んだストーリーは、息をもつかせぬ迫力であなたに迫ってくるはず・・・。諜報戦に疎い日本人は、こういう映画を観て学ばなければ・・・。私にとって、今年のベスト１０の１本に入ることまちがいなしの超お薦め作だ。

———＊———＊———＊———＊———＊———＊———＊———＊———＊———＊

■□■ポール・バーホーベン監督の名を知らなかったとは・・・■□■

　母国オランダで監督としての地位を築き上げた後、１９８５年にハリウッドに進出し、『ロボコップ』（87年）、『氷の微笑』（92年）、『ショーガール』（95年）等で大成功を収めたオランダ人監督ポール・バーホーベンの名は、映画関係者なら誰でも知っているもの。

　ところが、映画評論家を自称しているものの、私がきちんと評論を書き始めたのは２００１年以降だから、私は彼の名前を知らず、今回はじめてその名前と作品名そしてすばらしい業績を確認したというのは、恥ずかしい限り…。

■□■構想２０年！　祖国オランダで渾身の１作を！■□■

　ヨーロッパでは、ナチス・ドイツによるユダヤ人への人種差別の物語とともに、ナチス・ドイツの支配下に置かれたフランスやオランダでのレジスタンス運動の物語も有名。した

がって、１９３８年にオランダのアムステルダムに生まれたポール・バーホーベンが、あの時代のレジスタンス運動を検証してみたいと思っていたのは当然…。そんなポール・バーホーベン監督が２０年間構想を練り続け、脚本を書き上げて完成させた渾身の１作がこれ。さあ、日本人にはなじみの薄い歴史上の物語だが、彼はそれをどのように描き、私たち日本人はそれをどのように受け止めるのだろうか…？

■□■この映画のすばらしさ―坂和流イントロダクション―■□■

　ナチス・ドイツの時代は、ユダヤ人であるというだけで厳しく迫害され、最終的にはガス室送りにされたのだから、あの時代、ユダヤ人は生きていくだけで大変なこと…。

　この映画の本来のテーマは、ナチス・ドイツに対するオランダ人たちのレジスタンス運動を描くことだが、ポール・バーホーベン監督はそんな映画の主人公を、ユダヤ人迫害から逃れ、今はオランダ人一家に匿われている美しいユダヤ人女性ラヘル・シュタイン（カリス・ファン・ハウテン）と設定した。この映画が描くのは、そんなヒロインの脱出劇とレジスタンス組織との出会い、そしてドイツ人将校ルドウィグ・ムンツェ大尉（セバスチャン・コッホ）との間に生まれた運命的な恋…。

　そんなストーリーのこの映画には多数のレジスタンス闘士やその協力者たちが登場するとともに、ナチス・ドイツ側の個性豊かな将校たちも登場し、それぞれが何らかの形でラヘルと接触し、サスペンスに富んだ物語の形成に寄与していく。もっともこの物語のスタートは１９４４年９月だから、歴史的に言えば１９４５年５月のナチス・ドイツの崩壊ま

であと８カ月。したがって、そんなたくさんの登場人物のうち、終戦時には誰が生き残り、誰が死亡しているのだろうか？ そして終戦直後の混乱期の中、生き残った登場人物たちはそれぞれどんな生きザマを示すのだろうか？

　ポール・バーホーベン監督が２０年間構想を練ってつくり上げた脚本の冴えはさすがと言う他なく、息をもつかせぬ迫力で２時間２４分の間、観客をスクリーンに集中させていくことまちがいなし！ ちなみにこの映画は、２００６年のオランダ映画祭で作品賞・監督賞・主演女優賞の主要３部門を受賞したもの。さらに、アカデミー賞外国語映画賞部門のオランダ代表作品にも決定したが、ノミネートまで至らなかったのは実に残念……。

　ちなみに、プレスシートによれば、「母国オランダでは、これまで英雄視されてきたレジスタンスの知られざる暗部を描いたことでセンセーショナルな注目を集め」たとのことだが、さてその暗部とは……？

■□■脱出行が悲劇の始まり・・・■□■

世界的に有名な『アンネの日記』は、この映画におけるラヘルと同様、ナチス・ドイツの追及を逃れてオランダのアムステルダムの隠れ家に潜んでいたアンネ・フランクの物語だが、少なくともこの映画の冒頭では、陽気に歌を歌っているラヘルの姿を見ると、ラヘルにはアンネ・フランクほどの深刻さはなさそう…？ しかし、隠れ家がドイツ機による爆撃で炎上し、湖で知り合ったオランダ人青年ロブ（ミヒル・ホイスマン）と新たな隠れ家に潜んでいたところに、レジスタンスのメンバーで脱出の手引きをしているオランダ人男性ファン・ハイン（ピーター・ブロック）から「早く逃げろ」と告げられるあたりから、がぜん緊張感が…。

　脱出するには金が必要。そう聞かされたラヘルは公証人のスマール（ドルフ・デ・フリース）を訪れ、スマールがラヘルの父親から預かっていたという金を渡してもらい、ハインの手引きによって脱出行へ……。途中、両親や兄弟たちと出会うという幸運に恵まれたラヘルは喜んで船に乗り込んだが、スクリーンを観ている私には何となくイヤな予感が……。すると案の定、突如目の前にドイツ軍兵士を乗せた船が現れ、情け容赦ない銃撃によって、乗客は次々と倒れていった。かろうじて水の中に飛び込み、１人だけ九死に一生を得たラヘルの目には、死体から金目のものを引き剥がす兵士たちの姿が……。ラヘルはそれを指揮するナチス親衛隊将校の顔をしっかりと頭に刻み込んだが、後日ドイツ軍諜報部の中でその将校と顔を合わせることになろうとは…。

　ラヘルにとってこんな脱出行が悲劇の始まりだった…。

■□■本格的なレジスタンス組織との出会いと、最初の任務は？■□■

　ラヘルは今、レジスタンスのリーダーであるヘルベン・カイパース（デレク・デ・リント）の無料食堂で働いていた。ラヘルがチフスで死亡した死体に化けて検問をくぐり抜けてくることができたのは、ヘルベンの息子ティム（ロナルド・アームブラスト）たちレジ

スタンスに協力する農民のおかげだった。

　ここで彼女はブルネットの髪を金髪に染め、また名前もエリス・デ・フリースに変えてユダヤ人色を一掃したから、全く別人のよう…？　それから5カ月後つまり年が1945年に変わり2月の寒い頃（すなわち、ナチス・ドイツ崩壊の3カ月前）、エリスにもレジスタンスとしての任務が与えられることになった。もちろん、レジスタンス運動に参加するかどうかは「民主主義国オランダ」では本人の自由意思だから、ヘルベンは「命を失うかもしれない任務だが……」とちゃんと説明したうえで参加の意思確認をしたのは当然。これに対するエリスの答えは「私にはもはや守るべきものは何もない」という明快なものだった。

　エリスの最初の任務は、連合軍の爆撃機から投下される武器・物資を回収・移送するについて、指揮をとるハンス・アッカーマンス（トム・ホフマン）の恋人役を演じて、ドイツ兵の目を欺くこと。計画が周到に練られ準備されていることはスクリーン上に展開される鮮やかな連携プレーを見れば明らかだが、もしその計画の一部がドイツ諜報部に漏れていたら…？

■□■エリスの機転とムンツェ大尉との出会いは・・・？■□■

　映画の冒頭、湖で知り合った青年ロブと過ごす1コマの中で、エリスが実はレコードまで出している歌手だったことが示されるが、これはその後のストーリー展開の中で重要なポイント。また、ここまでのストーリー展開の中で、エリスがいかに勇敢で機転がきく女性か、またその判断力がいかに正確かということにも観客は十分納得できるはず。そして、それも今後の重要なポイント。

　武器・物資回収の任務中に発生した想定外のハプニングについては、ハンスの見事な射撃の腕前によって何とか切り抜けたが、帰路の列車の中で起こった想定外の荷物の一斉検査にはどう対処するの…？　そこで発揮されたのがエリスの機転。すなわち、ハンスの恋人だったはずのエリスは、いきなりハンスを罵り、平手打ちを食わせたかと思うと、ヤバイ物資の入った大きなトランクを2つとも持って別の車両へ移動して行った。そして堂々と入り込んで行ったのは、何とナチス親衛隊将校ムンツェ大尉の客室だった。

　やはりこういう場合、美しい女性はトク……。エリスはレジスタンスの闘士ではないが、本能的に女の魅力の使い方を知っているようで、エリスはその武器を巧みに使ってムンツェ大尉との会話をつなぎ、無事荷物検査をパスすることができたのだった。ちなみに、この時の会話のネタは、ムンツェ大尉が収集している趣味の切手の話。若く美しい女性と楽しい趣味の話をしているから、という理由だけでいきなり入ってきた女性が持つ大きな2つのトランクの検査をパスさせるとは、ナチス親衛隊将校にあるまじき「脇の甘さ」という批判も当たっているが、別の目で見ると、それがこのムンツェ大尉の人間味、温かさというもの。ポール・バーホーベン監督とこの映画のすばらしさは、この緊張感溢れる出会

いの中に、将来2人が恋に落ちていく運命を暗示しているところ…？　立場の違いは当然としても、やはり根本は人間性の問題。映画はそれを描かなければ…。

■□■ここに、ユダヤの「マタ・ハリ」が誕生・・・■□■

レジスタンスにとって喉から手が出るほどほしいのが情報。もっとも、ユダヤ人狩りやレジスタンス退治を重要な任務としているナチス親衛隊の諜報部でもそれは全く同じ。したがって、ある行動が成功するかどうかは、その根拠となった情報の正しさにかかってくることになる。だからこそスパイが必要になるし、場合によればニセ情報を流してみたり、陽動作戦をとってみたりと、さまざまな策謀戦が展開されるわけだ。

「東洋のマタ・ハリ」と呼ばれたのは川島芳子だが、本物のマタ・ハリは、第一次世界大戦時に活躍した実在の女スパイのこと。ちなみに、伝説の女優グレタ・ガルボ主演の『マタ・ハリ』(31年)やジャンヌ・モロー主演の『マタ・ハリ』(64年)は有名。

エリスがムンツェ大尉に気に入られていることを知ったヘルベンが、エリスに対してムンツェ大尉への接触（スパイ）の任務を切り出したのは、息子のティムや仲間2人が武器の移送中、ドイツ兵に見つかり連行されたため。回りくどい言い方でエリスの意向を尋ねるヘルベンに対して、エリスは、ムンツェ大尉に抱かれることを含めて「要請されることは何でもするわよ」と答えたが、その潔さは立派なもの。さあここに、オランダのレジスタンスに協力する、ユダヤのマタ・ハリが誕生することに…。

■□■カリス・ファン・ハウテンの大胆な演技に、目がテンに！■□■

ポール・バーホーベン監督は『氷の微笑』でシャロン・ストーンを一躍大スターに押し上げたが、それにはあのビックリするようなエロティシズムが大きく寄与したはず……。そんなポール・バーホーベン監督がこの映画のヒロインに起用したカリス・ファン・ハウテンは、「抜けるように白い肌が際立つオランダのクール・ビューティ」と形容されているが、既にオランダ映画祭で本作品を含めて3度も主演女優賞を受賞している、美しさと演技力を兼ね備えた大女優。

そんなカリス・ファン・ハウテン演ずるエリスが、いよいよ女の武器を駆使してスパイとしてムンツェ大尉の元へ乗り込んでいくについては、さまざまな覚悟が必要だが、観ている観客からは、多少不謹慎ながらそれが楽しみ…？　そんな「クール・ビューティ」の大胆な演技に驚くのは、彼女の毛染めのシーン。といっても、豊かなブルネットの髪は既にブロンドに染めているから、今必要なのは下のヘア染め…。だって、これからは頭を使うことはもちろんだが、下半身も十分に活用しなければならないのだから…？　そんな作業の中に、きっとあなたの目がテンになるシーンが登場するからお楽しみに…？

■□■遂に諜報部の中枢部に・・・■□■

エリスが諜報部のムンツェ大尉を訪ねるについて、持参したのはたくさんの切手。小学

生時代に切手収集をしていた私は、日本の切手ならどれがいくらくらいというのはすぐわかるが、オランダの切手はわかるはずがない。エリスの話を聞いていると、よくわからないままたくさん持ってきたという感じだが、後でプレスシートを読んでみると、ムンツェ大尉が喜んでいるのはヴィルヘルミナ女王の貴重な切手らしい。なぜあの列車で出会った女がわざわざ切手を持ってきたのか、そう疑って当然だと思うのだが、ムンツェ大尉が再会を喜んだうえ、パーティーに彼女を誘ったのはやはりエリスの美しさに負けたせい…？ドイツはさすがバッハやベートーヴェンを生んだ国だけあって、音楽的素養の高い人が多いとみえて、映画によく登場するのは、ナチス・ドイツの将校のパーティーで誰かがピアノを弾くシーン。そんなシーンがこの映画にも登場するが、何とそこでピアノを弾いていたのは、エリスがあの水の中でしっかりと頭に刻み込んだ、ムンツェ大尉の部下フランケン中尉（ワルデマー・コブス）だった。そんな動揺を隠して彼女は将校たちの前でドイツ語の歌を艶かしく歌い、その夜遂にムンツェ大尉とベッドを共にすることに…。

■□■ロニーはお飾りではなく、重要な役割を！■□■

　そんなパーティーに１人だけいた女性が、諜報部に勤めているロニー（ハリナ・ライン）。オランダ人女性でありながら、ドイツ諜報部に勤めているのはどうかと思ううえ、彼女はフランケン中尉の愛人も兼ねているようだから、ナチス・ドイツが敗れれば「売国女！」と呼ばれても仕方のない女性…？

　しかし、そんな彼女がエリスの今後の生き方について、大きな役割を果たすことになる。その第１は、互いにフランケン中尉そしてムンツェ大尉とのコトが終わった後のトイレ会議（？）において、ロニーがエリスの就職の口添えを約束したこと。その第２は、ロニーがフランケン中尉から得ている情報を、気安くエリスにしゃべったこと。

　その他彼女は、映画全体のストーリー構成においても、重要な役割を果している。その第１は、終戦から１１年後の１９５６年１０月、イスラエルの聖地観光ツアーにおけるエリスとの偶然の再会シーン。その第２は、終戦直後の解放されたオランダの中、彼女が「売国女」にならず、ちゃっかりと解放兵士のボーイフレンドをつくって、仲良くジープの中に乗り込んでいる姿。レジスタンスの闘士たちの生き方やナチス・ドイツ将校たちの生き方と対比して、このロニーの生き方をあなたはどう理解する…？

■□■後半からは、少しずつ真実が・・・■□■

　エリスはロニーからの情報によって、フランケン中尉がユダヤ人を殺して奪った大量の現金や宝石を金庫の中に隠していることを知ったが、エリスがムンツェ大尉の部屋に仕掛けた盗聴器によって、さらに驚愕の真実が…。それは、エリスやエリスの両親・兄弟を含めた多くのユダヤ人逃走の手引き役をしていたあのファン・ハインが、何とフランケン中尉と組んでいたということだ。

　ナチス諜報部のすぐ近くでヘルベンを責任者とするレジスタンス組織が活動しているこ

とも驚きだが、あの公証人のスマールもその一員だったのは更なる驚き。彼の要請でエリスが盗聴器を仕掛けたのだが、スマールは近々ナチス・ドイツの敗戦を見込んで、囚われているレジスタンス仲間の助命を秘かにムンツェ大尉と交渉していたのだった。さあ、ファン・ハインがフランケン中尉と組んでいたことが明らかとなった今、犠牲者の増大を防ぐためファン・ハインを殺すべきか、それともそんな行為に及べば囚われているレジスタンスたちが処刑されることは明らかなうえ、今動いているレジスタンス組織も危うくなることも明らかだから、慎重に構えるべきか…？

　ヘルベンの決断によって、方針は後者と決定されたが、それに納得のいかないハンスは数名の仲間と共にファン・ハイン誘拐の実行行為に及んだが…。

■□■団結の乱れは失敗のもと・・・？■□■

　ハンスは射撃の名手だから、いつぞや発生した武器・物資の回収・移送作戦の時の、不意のドイツ軍の攻撃を何とかかわすことができたが、こんなにレジスタンス組織の団結が乱れて大丈夫なの、と思っていると案の定…？

　いつぞやハンスが手際よく治療を施している姿を見て、エリスが「あなた医者？」と尋ねた時、ハンスは「そういうことは知らない方がいい」と確答しなかったが、どうも彼はホンモノの医者のよう。そんな彼が数人の仲間と共に、クロロホルムを染み込ませたマフラーでファン・ハインの口を覆ったのだから誘拐は大成功と思ったら、なぜかいったんぐったりとなった大柄のファン・ハインが再び暴れ始め、逃走しながら銃を発射してきたから大変。後でわかったところでは、その原因は使用したクロロホルムがとうの昔に期限切れになっていたという笑えない話…。

　何とか反撃して、結果的にファン・ハインを撃ち殺すことができたものの、こんなマズい結果は決定された方針に背いたハンスの行為によって生じたことは明らか。ハンスの独断専行を怒るヘルベン、そして潔く自分の罪を謝罪して自首すると言うハンスだったが、今さらハンスが自首しても何の解決にもならないことは明らか。そこで再度決定された方針は、危険を承知で諜報部の建物に乗り込み、地下牢に閉じ込められているレジスタンス仲間たちを処刑前に救出すること。そんな計画を実行するについて必要不可欠なものは建物の図面だが、いつもクールで緻密な頭脳を持つ公証人スマールがそれを入手したから、救出作戦は一気に具体化したが…。

■□■エリスとムンツェ大尉の愛は既にこの高みまで・・・■□■

　こんなレジスタンスの行動にはすべてエリスが絡んでいたから、次々と起こる出来事を見ていたムンツェ大尉が、エリスをスパイではないかと疑ったのは当然。レジスタンス組織が仲間たちの救出作戦を決定した夜、エリスはムンツェ大尉の気を引くように艶かしく服を脱ぎ、ムンツェ大尉が待つベッドに入ろうとしたところ、おあつらえ向きに（？）シーツの中のムンツェ大尉の下半身はテント状態に……。ポール・バーホーベン監督のスケ

べ心もかなりのものだナと思って観ていたところ、エリスがお楽しみはこれからとばかりにシーツをめくると、そこには何と右手に持ったホンモノの拳銃が……。既にエリスがレジスタンス組織から送り込まれているスパイであると確信しているムンツェ大尉だったから、それを自白させて逮捕したり殺すことはきわめて簡単なこと。ところが、ここでムンツェ大尉がエリスに対して「要請」したのは、「すべてを正直に話してくれ」ということ。果たしてそれは何のため…？ そして、そんな要請に対しエリスは答えるのだろうか…？

エリスの乳房に拳銃を突きつけた中で展開される、この何とも悩ましいベッドシーン（？）は、エリスとムンツェ大尉の愛が既にここここまでの高みに達していることを雄弁に物語るもの。ここでも私は、ポール・バーホーベン監督の演出のうまさに大いに感心…。

■□■狡さはムンツェ大尉よりフランケン中尉が上手？■□■

いくら鉄の規律を誇ったナチス・ドイツ（？）であっても、敗戦必至という局面においては、意見の対立やさまざまな混乱が生じていたよう…。ちなみに、フランケン中尉による、ユダヤ人から奪った現金や宝石のピンはね行為は重大な軍規違反だが、囚人たちの助命をネタにレジスタンス組織と交渉しているムンツェ大尉の行為も軍規違反であることは明らか……。囚人の取扱いをめぐって、上司のムンツェ大尉と意見が対立していたフランケン中尉は、既にいろいろな手を打っていたよう…。

エリスからすべてを聞き出したムンツェ大尉は、フランケン中尉の軍規違反をカウトナー将軍（クリスチャン・ベルケル）に告げたため、直ちにカウトナー将軍はフランケン中尉に対して金庫を開けるよう命じたから、フランケン中尉は大変…。さあ、ここからのシーンは緊張の連続。さて金庫の中に、大量の現金や宝石はホントに入っているの…？ 万一それが存在しなければ、ムンツェ大尉は誤った情報によって部下を陥れようとしたことになるうえ、逆にフランケン中尉からレジスタンス組織との交渉を密告されたら、ムンツェ大尉の立場はたちまち危ういことに…。

その展開はあなた自身の目で確認してもらいたいが、欲深だけの男と思っていたフランケン中尉は、ピアノの才能だけではなく、かなりの知恵者だったよう…。したがって、狡さにかけては、ムンツェ大尉よりフランケン中尉の方が上手…？

■□■囚人たちの救出作戦は？ムンツェ大尉とエリスの運命は？■□■

この映画の評論は今までになく長くなってきたが、私としてはさらに書きたいことがいっぱい。それほどこの映画には山がたくさんあるというわけだ。しかし、それをこんな調子で1つ1つ評論しているとさらに何頁にも膨れていくため、ここからはテーマだけを示すことにしよう。

まずは、ヒトラーの誕生日を祝うパーティーが始まり、赤いドレスに身を包んだエリスが舞台で歌っている中、決行された囚人救出作戦の行方。結論だけ言っておくと、フランケン中尉の緻密な先読み作戦のおかげで、これも最悪の結果に…。そして、既に独房に入

れられたムンツェ大尉に続いて、エリスも独房の中に…。さらに事態は悪化していく。すなわち、既に盗聴器の存在を知っているフランケン中尉は、これを逆活用したのだった。エリスの苦労をねぎらうフランケン中尉の声を盗聴マイクを通じて聞くことになった、生き残ったハンスや責任者のヘルベンたちのエリスに対する怒りは一体どれほどに…？

　こんな状態で、明日に迫った処刑を待つムンツェ大尉とエリスだったが、そんな中にも歴史は大きく動いていた。そう、遂にナチス・ドイツは降伏したのだ。そうすると、現在の最悪の混乱状態はこれからどうなっていくの…？

■□■終盤２０分がこの映画のハイライト■□■

ここまで約２時間、集中してスクリーンを観てきたが、ここまでで既にスリルとサスペンスは十分に堪能。いよいよナチス・ドイツの敗戦によってこの映画の結末が見えるはず、と思っていたら、それは大まちがい。実は終盤２０分がこの映画のハイライトなのだ。

　解放されたオランダでは、市民たちが心の底から喜びを発散させていたし、連合軍の兵士たちはパレードの連続。しかしそんな中、この映画の登場人物たちは、戦後を迎えてそれぞれ戦争中の行為を総括しなければならないのは当然。その基準は、最後までレジスタンス活動を続けた者は報われて英雄となり、逆にナチス・ドイツに協力した者は戦犯として裁かれるというのが理の当然。ところが、戦争終了直後では、その正当な評価が難しいことが大問題…。

　２時間じっくりとこの映画を観てきた私には、誰は○○、誰は△△とすぐに採点表が思い浮かんだが、実はポール・バーホーベン監督が描いたこの映画のレジスタンス運動の本質は、そんな単純なものではなかった。きっとあなたも、戦争という極限状態の中で、それぞれの立場にいる人間が示す行動の複雑さを思い知らされるはず。

　また、この評論の冒頭に書いた、レジスタンスの知られざる暗部とは何か、ということもしっかり頭の中に入ってくるはずだ。さらに敗戦時に生き残っていた登場人物たちが、敗戦直後の混乱の中で、誰が生き残り、誰が死んでいくのか、それについても更なる集中力を持って鑑賞してもらいたいものだ。　そして最後に、映画の冒頭の１９５６年１０月、イスラエルの「キブツ・シュタイン」（キブツとはイスラエルの共同体のこと）で、子供たちに教えているエリス、いや今はユダヤ名のラヘル・ローゼンタールの姿を見て、あなたは何を思うだろうか…？　本当にこの映画はプレスシートやパンフレットをしっかり読みこなしながら、２度、３度と観て、深く味わってもらいたい名作だ。

２００７（平成１９）年２月１日記

Data

監督・脚本・製作：エドワード・ズ
ウィック
原作：ネハマ・テク
出演：ダニエル・クレイグ／リー
ヴ・シュレイバー／ジェイミ
ー・ベル／アレクサ・ダヴァ
ロス／アラン・コーデュナー
／マーク・フォイアスタイン
／ミア・ワシコウスカ／イー
ベン・ヤイレ／ジャセック・
コーマン／ラビル・イスヤノ
フ／サム・スプルエル

SHOW-HEY シネマルーム

★★★★

ディファイアンス

2008 年・アメリカ映画
配給／東宝東和・136 分

2009（平成 21）年 1 月 9 日鑑賞　　東宝東和試写室

👀 みどころ

　ベラルーシの森の中に、こんな奇跡の物語があったとは！ナチスドイツによるユダヤ人狩りを逃れた１２００人ものユダヤ人を率いるのは、モーゼならぬユダヤ人三兄弟。３年間にもわたるそんな森の中のコミュニティは、どのようにして構築されたの？そして、そのことの歴史的な価値の大きさは？イスラエルによるガザ地区への軍事攻撃が大問題になっている今、ユダヤ人問題を考えるについての絶好の教材が・・・。

――＊――＊――＊――＊――＊――＊――＊――＊――＊――＊――＊――

■□■２人兄弟はたくさんいるが、３人兄弟は？■□■

　いよいよ２００９年１１月２９日からNHKのスペシャルドラマ『坂の上の雲』が放映されるが、これは秋山好古、真之兄弟と真之の同級生正岡子規を主人公とした壮大なドラマ。これによって、松山ではチョー有名な秋山兄弟が全国版になるのは、松山出身の私としてはうれしい限り。その他、古くはグリム兄弟や曾我兄弟、近時は兄弟共に横綱となった若乃花、貴乃花の花田兄弟や俳優の高嶋政宏、政伸兄弟など有名な２人兄弟は多いが、３人兄弟となるとだんご三兄弟、鶴嶺山、逆鉾、寺尾の三兄弟、俳優の田村高廣、正和、亮の三兄弟、ボクシングの亀田興毅、大毅、和毅の三兄弟などぐっと少なくなる。

　今回私がはじめて知ったのが、ナチスドイツが支配する暗黒の時代に、極寒のベラルーシの森の中に逃れ、３年間も独自のコミュニティを形成し、結果的に１２００人ものユダヤ人の命を救ったトゥヴィア（ダニエル・クレイグ）、ズシュ（リーヴ・シュレイバー）、アザエル（ジェイミー・ベル）のユダヤ人三兄弟。到底信じられないような話だが、当初は隠れるだけの場所だったが、コミュニティの拡大とともに組織化が進み、学校や保育所

はもちろん、刑務所もあり弁護士までいたらしい。空からの偵察があるから、彼らは常に移動を続けなければならなかったのは当然。そんな生活を続けながら、１２００人ものユダヤ人が生き延びたことは大きな奇跡。さあ、そんな三兄弟の物語をじっくりと。

■□■ベラルーシとは？■□■

　旧ソ連邦の支配下にあった東ヨーロッパの民族や国々は、１９３９年９月１日のナチスドイツによるポーランド侵略から始まった独ソ戦争と１９８０年代のソ連邦解体によって大きな影響を受けた。現在、西側をポーランドに接し、北西をリトアニアとラトビアに、北東をロシアに、そして南をウクライナに接するベラルーシ共和国は、ミンスクを首都として１９９１年に誕生したスラブ民族の国。

　そんなベラルーシ共和国には広大な森が多いらしい。ちなみに、１９９１年１２月８日にソ連邦の解体がロシア、ウクライナ、ベラルーシの三首脳によって宣言されたのはベロヴェーシの森。ネット資料によれば、ベラルーシの天然資源は森林で、国土の４５．３％もの面積を占めているらしい。そしてこの映画には、リピクザンスカの森、ペレラズの森、ナリボッカの森が登場するが、島国日本で生まれ育った私たちがその場所や大きさをきちんと把握できないのは残念。

■□■映画冒頭のスリリングな展開は？■□■

　日本人にはわかりにくいが、映画冒頭の舞台は１９４１年８月にドイツ軍によって占領されたベラルーシのまち。ナチスのユダヤ人抹殺計画に沿ってユダヤ人狩りを始めたナチス親衛隊と地元警察の手によって、トゥヴィアたち三兄弟の両親は殺されてしまったが、三兄弟は辛うじてリピクザンスカの森へ逃げ込んでいった。そこには既に何人かのユダヤ人が逃げ込んでいたうえ、さらに次々と逃げ込んでくることに。

　森の中は当面安全そうだが、食料も身を守る武器もない。そこでそれを手に入れるため、トゥヴィアは夜の暗闇に紛れて父親の親友だったコスチュク（ジャセック・コーマン）を訪ね、協力を求めることに。そこに登場したのが、ユダヤ人狩りを楽しんでいる地元警察のベルニッチ。とっさに納屋に身を隠したトゥヴィアは発見を免れたが、もしユダヤ人たちを匿っていることがバレたら、コスチュクはどうなるの？さらにコスチュクからピストルと４発の弾を入手したトゥヴィアは、両親を殺したのがベルニッチであることを知り、ベルニッチとその２人の息子に対して復讐を遂げたが、それでトゥヴィアの心は晴れるの？また、ここまで派手に復讐劇をやれば、森の中への追及が厳しくなるのでは？

　映画冒頭からそんな緊張感を伴いながらスリリングなシーンが展開されるが、私が感心するのは森の広さ。その時点ではさすがのドイツ兵もこんな広い森の奥深くまでは探索に来ないようだが、いずれ近いうちに・・・。

■□■トゥヴィアとズシュの意見の対立は？その和解は？■□■

老人や女子供をたくさん含む集団の中で、最も行動的なトゥヴィアとズシュがリーダー格になったのは当然だが、森の中への逃避者が増えるにつれて顕著となったのがトゥヴィアとズシュの意見の対立。「ビエルスキ・パルチザン（民衆による非正規軍）」と名乗るのは勝手だが、ホントに銃で武装して農家から食料を奪ったり、ドイツ軍と銃撃戦を展開するのもやむなしと主張するのが次男のズシュ。これに対し、銃撃戦の中で三男アザエルを行方不明にしてしまったトゥヴィアは「生き残ることが復讐だ」と宣言し、「可能な限り自由に生き、生きようとして命を失うなら、それは人間らしい死に方だ」と主張した。

さあ、集団の実質的リーダーである2人の意見の対立はその後どんな展開に？また、2人の和解は？

■□■1人目、2人目、3人目の女性は？■□■

食料品をもらうためコスチュクの家を訪れたトゥヴィアたちが見たのは、ユダヤ人を助けたことを理由にして吊るされ殺されているコスチュクの姿。しかし、コスチュクの妻が案内してくれた別の隠れ家にはアザエルが生きて匿われていた他、ベラ（イーベン・ヤイレ）とハイア（ミア・ワシコウスカ）という若いユダヤ人女性も。密室の中で何日か過ごした縁ではないだろうが、後に森の中でみんなから祝福されながらアザエルと結婚することになるのがハイアだ。

ついでに併せて紹介しておくと、森の中での生活が長くなれば、いくら悲惨な状況下でも男女の恋が芽生えてくるもの。リーダーとなったトゥヴィアが宣言した「憲法」の1つは、男女の恋愛はオーケーだが妊娠は厳禁ということだったが、映画中盤にはそれに違反（?）する女性も・・・。それはともかく、先に妻の死亡を聞かされたのは次弟のズシュ。ズシュが妻子を置いてきた町ホロディッシュからの逃避者の証言によると、3000人のユダヤ人が殺され、50人だけ生き残ったが、その中にはズシュの妻子はいなかったらしい。続いて、ノバグルドクの町から逃げてきた同胞から妻の死を聞かされたのがトゥヴィア。

予想されたこととはいえ、そんな悲報を聞くのはつらいこと。2人はそんな悲しみを胸に秘めて日々同胞たちが生き残るための活動を懸命に続けていたが、そんな中でも必然的に生まれるのが男女の恋。その結果ズシュはベラと恋におち、トゥヴィアはリルカ（アレクサ・ダヴァロス）と恋におちたが、トゥヴィアとズシュの意見対立が激化する中、3人の女性たちの行く末は・・・？

■□■興味深いソ連赤軍（パルチザン）の姿■□■

第1次世界大戦におけるドイツとフランスの戦いは、エーリッヒ・マリア・レマルクの

小説『西部戦線異状なし』で有名だが、第2次世界大戦におけるドイツとソ連の戦いを描いた映画の傑作は、『スターリングラード』（００年）（『シネマルーム1』8頁参照）。また、ボリス・パステルナークの小説を映画化した『ドクトル・ジバゴ』（６５年）は、第1次世界大戦からロシア革命に至る激動の時代を生きる主人公たちの姿が感動的だったが、『ディファイアンス』では第2次世界大戦突入直前のナチスドイツが優勢な時期に、ソ連赤軍がパルチザン闘争を展開している姿は興味深い。

　１９４８年に建国されたイスラエルは国民皆兵制度をとり、アメリカの支援の下で強力な軍事国家となったが、それまでのユダヤ人は商売はうまいが戦争はまるでダメと思われていた人種。それに対して、血で血を洗う社会主義革命の中で生まれたソ連の軍隊（赤軍）は、中国の人民解放軍と同じように強いのは当然。そんなソ連赤軍（パルチザン）の指揮官ヴィクトル・パンチェンコ（ラビル・イスヤノフ）の人物像とその戦いぶりは興味深いので、是非じっくりと観察してほしい。

　偵察に出たトゥヴィアとズシュが取り囲まれたのがパンチェンコ指揮下のソ連赤軍だったが、パンチェンコとの面会の後、トゥヴィアとズシュの進む方向が明確に分かれてしまうことに。つまり。「ビエルスキ・パルチザン」から兵を提供することを条件として、パンチェンコの指揮下に入ることを許可されたズシュは、本格的なユダヤ人部隊としてソ連赤軍下に入ることに。

　他方、あくまで森の中の逃避者を守り、生き残ることを最大のテーマとするトゥヴィアは森の中へ戻ったが、片腕ともいうべき弟ズシュを失った後、ずっとリーダーとしての地位を確保できるの？

■□■リーダーの地位をめぐる内部闘争は？■□■

　自由・平等・博愛をテーマとした１７８９年のフランス革命以降、次第に近代民主主義国家が増えていったが、そんな国のリーダーたる大統領か首相は、憲法を頂点とする法律にしたがって選挙で選ばれるもの。しかし、ソ連（ロシア）や中国、キューバなどの共産主義国家はそうではない。しかして、ナチスドイツから逃れて森の中で息をひそめながら暮らしているたくさんの逃避民たちのリーダーはトゥヴィアだが、これは自然発生的に選ばれたもの。

　1月3日に観た『動物農場』（５４年）は、強欲な権力者たる農場主ジョーンズ氏を倒した後、次のリーダーをめぐって2匹の豚が争い、結局ナポレオンという名前の豚が独裁的権力を握ってしまう「寓話」だったが、さて森の中は？もちろん、トゥヴィアの統治が順調に行われている間、すなわち、安全と食料が保たれている間は不平不満は起きないが、極寒の冬を迎え食料品が底をつき始めた中で起きてきたのが、「食料調達班にはより多くの食料を配布しろ」と要求するアルカディ（サム・スプルエル）を中心とした不穏な動き。折りしも、チフスが伝染し始める中、トゥヴィアの咳もひどくなり、体調は悪化。さあそ

んな状況下、トゥヴィアはアルカディらに対してどんな対応を？

　幸いなことに２００９年１月現在、中国もロシアもキューバも政権移行はスムーズに進んでいるが、最もヤバイのが北朝鮮。さらに、西欧化、ＮＡＴＯ加盟を進めてきたウクライナも、ロシアの「反撃」を受けてユシチェンコ大統領とティモシェンコ首相との対立が深まっているようだから恐い。さあ、食料品が底を尽き、チフスが蔓延している極寒の森の中、リーダーの座をめぐる権力闘争の行方は？

　こんなギリギリの姿を見ていると、迷走する麻生政権を冷やかに評論し、そんな政局をワイドショー化して楽しんでいる日本は、何と平和で能天気な国・・・。

■□■艱難辛苦は若者を成長させる糧■□■

　あの寒さと食料不足そしてチフスの危機をトゥヴィアたち一行が乗り切ることができたのは、ソ連赤軍に合流していたズシュの協力があったため。つまり、ソ連赤軍からペニシリンの支給を拒絶されたトゥヴィアはズシュの協力を得て、村の警察署を襲ったわけだ。そんな苦労を共にしても、なお２人の仲は元に戻らなかったが、長い艱難辛苦の中、大きく成長してきたのが三男のアザエル。

　トゥヴィアたちのキャンプは次第に本格的になってきたが、そうなればなるほど敵に発見される可能性が高くなるのは仕方なし。トゥヴィアたちはそのための警備を怠らなかったが、その努力の甲斐あって、ある日伝令のドイツ兵を捕らえたのは殊勲大。しかし、その伝令書には森の中への大攻勢が記されていたから大変だ。そんな情報をいち早く入手したソ連赤軍は撤退準備を整えていたが、これはあくまで自分たちの部隊だけ。そうすると、森の中に残されたトゥヴィアたちの命運は？

　ドイツ軍の攻勢は飛行機による空爆を伴う大規模なものだったが、その後ドイツ歩兵が襲ってくること必至。アザエルは男たちと共に時間稼ぎの銃撃戦のため残り、トゥヴィアは老人や女子供を率いて脱出を試みたが、その行き先は？時あたかも、モーゼがユダヤの民を率いた出エジプト祭日。やっと脱出できたと思ったとたん、一行の目の前に広がるのは大きな湿地帯。これでは前門の狼、後門の虎状態で万事休す。そう思えたが、そこでモーゼの奇跡を呼び起こすべく「やれば、できる。神はモーゼのために紅海を裂いた。僕らに奇跡はない！奇跡は自分たちで起こす」と宣言したのが、ドイツ軍を撃退して合流してきたアザエル。

　このアザエルの力強い宣言に一行は最後の勇気を振り絞り、果敢に川の中へ進んで行ったが、一行の艱難辛苦がさらにこの後も続くことは確実だ。しかして、こんな艱難辛苦がアザエルという若者を大きく成長させることに・・・。

■□■絶体絶命の状況下、どんな奇跡が？■□■

　チャールトン・ヘストン主演の『十戒』（５６年）の海が割れるシーンは、当時大きな話

題を呼んだスペクタクルシーンだったが、『ディファイアンス』におけるトゥヴィアたちの湿地帯への行進は、ただ渡れることを信じて前へ進むだけの地味なもの。しかしてこの映画では、その後に最後のハイライトシーンが登場する。

　それは、やっと湿地帯を渡り終えてひと息つく一行に、戦車を伴った新たなドイツ兵が攻撃を仕掛けてくるシーン。トゥヴィアたちは直ちにそれを迎え撃つ体制をとったが、いくらトゥヴィアたちが機敏に動いても、戦車の前に歯が立つはずはない。私を含む誰もがそう思うはずだが、そこで起きた奇跡とは?これを乗り切ったからこそ、彼らは3年間も森の中で生き延びることができたわけだ。

　そんな感動のハイライトシーンは、是非あなた自身の目でしっかりと。

２００９（平成２１）年１月１３日記

弁護士 坂和章平の LAW DE SHOW ⑥⑤

「ディファイアンス」

（14日からTOHOシネマズ梅田ほかで公開）

三兄弟の新たなユダヤ人保護伝説とは?

だんごや亀田の三兄弟は有名だが、こんな感動的なユダヤ人三兄弟の物語があったとは知らなかった。第二次大戦最中の一九四一年、旧ソビエト連邦内ベラルーシ。ナチスドイツの東欧侵略に伴うユダヤ人狩りの中へ、トゥヴィア、ズシュ、アザエル三兄弟は命からがら深い森の中へ。食料も武器もない中、次々と増え続ける女性と子どもを含む逃避者はそこでいかなる共同生活を?

ナチスの虐殺から多くのユダヤ人を救ったオスカー・シンドラーの物語は『シンドラーのリスト』（九三年）で有名だが、原作『ディファイアンス』を人間味たっぷりに脚本し監督・製作したのは『ラスト・サムライ』（〇三年）等のエドワード・ズウィック。

地味な映画だが、長男の行く手には戦車を含む独軍との更なる激戦が。

役に『007』シリーズで大人気のダニエル・クレイグを起用したのがミソ。

さて三本の矢が真に結集するのはいつ?

独軍崩壊までの三年間を森の中で見事に生き延びる三兄弟。ソ連のパルチザンに合流する武闘派の次男と対立しながら、「生き残びた三兄弟と千二百人の『村民』たちの思いはいかに?

追わら、それは人間らしい死人は、厳寒下で食料が尽きる中、彼はいかに集団をまとめベストの選択を続けたの? 日本の政局は末期症状を呈しているが、こんな極限下での彼の決断から学ぶべきものは多い。

艱難辛苦は若者を成長させる糧。集団の前に立ちはだかる川を前に三男は、「やればできる。奇跡は自分たちで起こす」と宣言し、紅海を裂いた『十戒』（五六年）のモーゼのように敢然とユダヤの民を率いたが、彼ら

戦後六十四年間平和を享受してきた日本人は、この映画から真っ先にその尊さを受け止めるべきだ。

大阪日日新聞　２００９（平成２１）年２月７日

Data

監督・脚本：テレンス・マリック
出演：アウグスト・ディール／ヴァ
　　　レリー・パフナー／マリア・
　　　シモン／トビアス・モレッテ
　　　ィ／ブルーノ・ガンツ／マテ
　　　ィアス・スーナールツ／カリ
　　　ン・ノイハウザー／ウルリッ
　　　ヒ・マテス

★★★★★

名もなき生涯

2019 年／アメリカ・ドイツ映画
配給：ウォルト・ディズニー・ジャパン／175 分

2020（令和 2）年 2 月 27 日鑑賞　｜　シネ・リーブル神戸

👀 みどころ

　超寡作で有名だった映像作家テレンス・マリック監督は２０１５年以降製作ペースを早めているが、それはなぜ？また、はじめて実在の人物を主人公とし、１７５分の長尺で掘り下げたのは、一人の農夫フランツの「A HIDDEN LIFE」だが、それは一体なぜ？

　悪しきリーダーの悪しき戦争でも、国民は徴兵義務を免れない。それを拒否すれば、即逮捕、即銃殺？教会でさえ従順になった時代だが、信仰を貫けば徴兵拒否は当然では？しかし、それを貫けるのはごく一部の英雄だけ？

　民主主義の機能不全が目立ち始め、世界全体がキナ臭くなっている昨今、改めてこんな男に陽の目を当ててみる意義は大。しかし、その悲しい結末をどう考えれば？

—— * —— * —— * —— * —— * —— * —— * —— * —— *

■□■まずテレンス・マリック監督論から！彼はなぜ本作を？■□■

　私が映画界の"生ける伝説"と称えられている、１９４３年生まれのアメリカ人監督テレンス・マリックの映画をはじめて観たのは、彼の第３作目たる『シン・レッド・ライン』（98 年）。そして、評論を書いたのは、第４作目の『ニュー・ワールド』（05 年）だ。同作で同監督のことを詳しく勉強した私は、そこでは「ちょっと鼻につくナレーションの多用ぶり・・・」と書いた（『シネマ10』331 頁）。

　しかし、彼の第５作目たる『ツリー・オブ・ライフ』（11 年）は、父と息子の確執をテーマにしたすばらしい映画で、第６４回カンヌ国際映画祭パルムドール賞を受賞した。その評論で、私は「ベルリン国際映画祭で金熊賞を受賞した『シン・レッド・ライン』をそ

れほど素晴らしい映画とは思えず、むしろ『プライベート・ライアン』(98 年) の方に感銘を受けた。また、『ニュー・ワールド』の斬新な映像美にはびっくりしたが、ナレーションの多様ぶりは少し鼻についた。」と書いたが、その評論のラストでは、「あなたの神は？テレンス・マリック監督の神は？」という見出しで「欧米の文化とそこにおける父 VS 息子の確執を理解するためには、神＝キリスト教の理解が不可欠だと実感！」と書き、非常に大切な彼特有の論点に迫った (『シネマ27』14 頁)。しかし、彼の第7作目たる『聖杯たちの騎士』(15 年) はクリスチャン・ベール、ケイト・ブランシェット、ナタリー・ポートマンらビッグネームの起用にもかかわらず、私にはイマイチだった (『シネマ 39』未掲載)。

　寡作で有名な映像作家テレンス・マリック監督はその後、立て続けに『ボヤージュ・オブ・タイム』(16 年)、『ソング・トゥ・ソング』(17 年) を発表し、さらに本作に至ったわけだが、突然これだけハイペースな映像作家に転じたのは一体なぜ？また本作で、彼の映画史上はじめて実在の人物を登場させて、「Based on True Events」を発表したのはなぜ？本作を鑑賞するについては、まずそんな「テレンス・マリック監督論」が不可欠だ。ちなみに、本作のパンフレットには、「テレンス・マリック監督作品全解説」の他、①宇野維正氏 (映画・音楽ジャーナリスト) の COLUMN「『名もなき生涯』へと到った手がかりをテレンス・マリックの過去作と人生から探る」、②久保田和馬氏 (映画ライター) の COLUMN「映画によってあらゆるものを分断する境界線を超えるための希望の光」、③町山智浩氏 (映画評論家) の COMMENTARY「反逆児としてのフランツ、キリストとの相似『A Hidden Life』に隠されたもの」があるので、それらの勉強をしっかりと。

■□■フランツって一体誰？なぜ無名の農夫を主人公に？■□■

　本作の原題は『A HIDDEN LIFE』。つまり、本作の主人公フランツ・イェーガーシュテッター (アウグスト・ディール) の「隠された人生」という意味だから、いくら本作が「Based on True Events」であっても、フランツのことを知っている日本人は誰一人いな

『名もなき生涯』2020 年 2 月 21 日全国ロードショー
©2019 Twentieth Century Fox

いはず。本作の「PRODUCTION NOTES」によれば、「フランツの逸話は、ザンクト・ラーデグント以外ではほとんど知られていなかった。１９７０年代に当地を訪れたアメリカ人ゴードン・ザーンによる研究が無ければ、埋もれたままだったかもしれない。」と書かれているから、アメリカ人のテレンス・マリック監督も本作に着手するまで、きっとフランツのことは知らなかっただろう。

しかしながら、本作は第２次世界大戦時にヒトラーへの忠誠宣誓を拒否し、ナチスへの加担より死を選んだオーストリアの片田舎に住んでいた無名の農夫フランツ・イェーガーシュテッターの真実の物語だ。しかして、テレンス・マリック監督は、なぜそんな男を本作の主人公に？

■□■フランツは英雄？梶上等兵も英雄？■□■

私は大学１年生の時に、下宿で数名の仲間とよく文学論（？）を闘わせていたが、ある時議論のテーマになったのは、五味川純平の原作を小林正樹監督が映画化した『人間の條件』全６部作（59年〜61年）（『シネマ8』313頁）の主人公・梶上等兵は英雄？それとも、一途なだけの平凡な男？ということ。日本全体が邪悪な戦争にひた進んでいく状況下、中国人の捕虜を働かせている自分の仕事が次第に非人道的なものとなり、挙げ句の果ては理不尽な命令によって理由なき死刑の執行をしなければならない立場に置かれたとき、彼はどうしたの？その結果訪れた懲罰召集に、彼はどう対応したの？そして、戦地でどう暮らし、日本陸軍が敗退した後、愛妻・美千子を求めて彼は荒野をどうさまよったの？

そんな梶の生き方に宗教が絡むことは一切なかったが、邪悪なナチスドイツへの協力を拒否（具体的には徴兵拒否）したフランツの根源に強いキリスト教信仰があったことが明らかだ。ちなみに、テレンス・マリック監督が心から尊敬しているマーティン・スコセッシ監督は、遠藤周作の原作を元に『沈黙－サイレンス－』（16年）を監督し、世間をあっと言わせた（『シネマ39』163頁）が、同作でも信仰を巡るギリギリの人間性が描かれていた。テレンス・マリック監督は、第５作目の『ツリー・オブ・ライフ』で彼特有のキリスト教的思索を見せたが、主人公フランツを真正面から主人公に据えた本作では、きっと『沈黙－サイレンス－』が見せたキリスト教信者と同じ、いやそれ以上の試練に直面したフランツが、それにどう苦悩しかつ対処したのかを描きたかったのだろう。しかして、フランツ・イェーガーシュテッターという農夫は一体どんな男？

ちなみに、ベートーヴェンは交響曲第３番を『英雄』と名付けてナポレオンに捧げたが、ナポレオンが皇帝に就任すると、彼は「奴も俗物に過ぎなかったか」と激怒し、ナポレオンへの献辞の書かれた表紙を破り捨てたそうだ。それは、自分の曲に『英雄』というタイトルを付けたことを恥じ入ったためだ。しかして、ナポレオンは英雄なの？それとも？すると、梶上等兵は？そして、オーストリアの片田舎で生きる平凡な農夫フランツは？

■□■舞台はオーストリア。トラップ大佐は亡命したが彼は？■□■

　私の邦画のベスト1は『砂の器』(74年) だが、生涯のベスト1に挙げるのは、高校3年生の時に7回も観た『サウンド・オブ・ミュージック』(65年)。同作は、オーストリアの豊かな自然をたたえた山と谷の中で、ジュリー・アンドリュース扮する修道女マリアが歌う『SOUND OF MUSIC』の歌から始まり、ナチスドイツの迫害から逃れるため、アルプスの山を越えてアメリカへ亡命するトラップ大佐一家が歌う『Climb every mountain』の歌で終わる名作中の名作だった。

　私は同作を観たことによって、オーストリアが如何なる事情でナチスドイツに併合されたのか、そして、ナチスドイツへの協力を要求されたトラップ大佐が、いかなる苦悩を経てアメリカへの亡命を決心したのかを勉強することができた。『サウンド・オブ・ミュージック』と同じように、本作冒頭では、オーストリアの美しい自然の中で山と谷に囲まれた畑を耕しているフランツと、その妻ファニ（ヴァレリー・パフナー）の姿が登場する。その前提として、テレンス・マリック監督は、恋人同士だった2人がじゃれ回る情景もサービスしてくれるから、子供に恵まれた後も含めて、この幸せがいつまでも続くと思っている2人の姿をしばらく温かく見守ってやりたい。もっとも、スクリーン上のその描き方、つまりカメラの向け方や照明のあて方などの撮影方法はテレンス・マリック監督特有のものだし、セリフをほとんど入れず、ファニのナレーションを中心にストーリーを見せていく手法もテレンス・マリック監督特有のものだから、それもじっくり楽しみたい。

　『サウンド・オブ・ミュージック』のトラップ大佐は、予備役だったものが現役復帰させられようとした。それに対して、ナチスドイツに併合されたオーストリアの片田舎ザンクト・ラーデグントでは、農業用に男手が必要だったから、そこではまだ正式な徴兵命令は出されておらず、フランツたちはエンス基地での軍事訓練に招集されただけ。訓練の中でもフランツとファニは往復書簡を絶やさなかったが、早々とフランスが降伏してしまったから、これにて戦争は早期に終結。フランツがそんな予測で我が家に戻ると、そこに

『名もなき生涯』2020年2月21日全国ロードショー
©2019 Twentieth Century Fox

は生まれたばかりの3人目の娘も待っていたからフランツは大喜び。なぜかまだ独り身のファニの姉レジー（マリア・シモン）と共に平穏な農民としての生活が始まった。ところが、チャーチル率いるイギリスの頑強な抵抗のため、戦火は収まるところかますます激しくなってきたから、ザンクト・ラーデグントの村からも1人また2人と兵隊に召集されることに。

■□■召集令状がきたらどうする？拒否したら即逮捕？銃殺？■□■

　そんな導入部で、まずテレンス・マリック監督が問題提起するのは、悪しき者（ヒトラー）から召集令状が届いた場合、自分が信仰するキリスト教の教えにかけて「兵役は断ります。罪なき人は殺せない」と言えるかどうかということだ。フランツは村の司教代理のフェルディナンド・フュルトハウアー神父（トビアス・モレッティ）にハッキリそう告げたが、フランツがそんなことを村人の前で堂々と述べればえらいこと。そこで、神父はヨーゼフ・フリーサー司教の下にフランツを連れて行って相談したところ、司教はフランツに対して「祖国への義務がある」と諭したから、アレレ。軍国主義化が急速に進む中で、日中戦争から太平洋戦争へと突き進んでいった日本では、宗教界や言論界、そしてマスコミ界では「侵略戦争反対」の声もあったが次第にそれが弾圧され、最期まで「天皇制反対、

侵略戦争反対」を唱えたのは日本共産党だけになってしまったが、急速にナチスドイツの力が強まり、侵略戦争が始まる中、ドイツやオーストリアのキリスト教教会でさえそれに抵抗できず、ナチスドイツへの協力を余儀なくされたわけだ。

　フランツと司教の議論（？）を聞き比べていると、フランツの方に理があることは明らかだし、司教の方はわかったようなわからないような理屈で説得しようとしていることも明白。その結果、『サウンド・オブ・ミュージック』のトラップ大佐はアメリカへの亡命の道を選んだが、フランツは司教の説得にもかかわらず、あくまで徴兵拒否の道を選ぶことに。もちろん、早期に戦争が終わってくれればラッキーだが、現実はそうもいかず、遂にフランツに対して召集令状が届くことに・・・。

『名もなき生涯』2020年2月21日全国ロードショー
©2019 Twentieth Century Fox

『名もなき生涯』2020年2月21日全国ロードショー
©2019 Twentieth Century Fox

■□■往復書簡もいいが、忠誠宣誓拒否と徴兵拒否の罪は？■□■

　テレンス・マリック監督はナレーションを多用するのが大好きだから、「往復書簡」という力強い武器があれば、鬼に金棒。本作のパンフレットにも、「フランツとファニの往復書簡」が２頁に渡って掲載されており、劇中ではこれがフランツとファニ双方のナレーションで語られる。「往復書簡」といえば、私たち団塊世代では、ミコ（大島みち子）とマコ（河野實）の文通をネタとして映画化した『愛と死をみつめて』（64年）が超有名。また、レアなところでは、学生運動していたころの必読文献の１つとされていた、宮本顕治と宮本百合子の『十二年の手紙』があった。

　これらの手紙はそれぞれフランツとファニが真心込めて書いたものだから、それを聞いていると心に響くのは当然。しかし、弁護士の私としては、それはそれとし、他方で召集令状が届いたフランツがヒトラーと第三帝国への忠誠宣誓を拒否し、さらに兵役招集を拒否することがいかなる罪になるのか。そしてまた、それはどんな手続で裁かれるのかについて、もう少しわかりやすい説明がほしかった。

　ちなみに、五味川純平の原作を映画化した山本薩夫監督の『戦争と人間』３部作（70〜73年）では、五代財閥の令嬢である吉永小百合扮する順子の恋人になった標耕平が「アカ」だったため、治安維持法違反で逮捕された後、「懲罰徴兵」で満州の戦地に送られていたが、徴兵を拒否したフランツにはどんな罪が待っているの？去る２月２３日に観た『２２６』（89年）では、「昭和維新」を叫んで決起した青年将校たちは４日後には一転して「国賊」とされ、上告なし、弁護人なしの裁判で死刑判決を受けた後、即日銃殺刑に処せられていた。すると、忠誠宣誓を拒否し、徴兵を拒否したフランツも逮捕後、それと同じように・・・？いやいや、フランスほどの人権国家ではないとしても、ヨーロッパ的な人権思想と裁判制度が定着しているドイツではそんなことはないはずだ。しかして、フランツはいかに？

■□■拘置所は？法廷は？弁護人は？死刑の方法は？■□■

　私の実務修習地は大阪だったから、大阪市都島区にある大阪拘置所の見学をさせてもらった。しかして、１９４３年３月２日にエンスに出頭したフランツはヒトラーと第三帝国への忠誠宣誓を拒否したため直ちに逮捕されたが、彼が入れられた独房は狭いながらも窓があるうえ、テーブルまであるからかなり立派だ。そして、同年５月４日、フランツは他の数名の囚人と共にベルリンの刑務所に移送されたが、その独房もそれなりに立派なものだ。スクリーン上では看守からいわれのない暴行を受けるシーンも見られるが、前述した『戦争と人間』、さらには今井正監督の『小林多喜二』（74年）で見たような拷問風景は見られず、適当な間隔で庭での散歩や庭での食事等も確保されているから、いくらナチスドイツとはいえ、さすがにヨーロッパの人権意識は高い。そして、同年７月に帝国軍事法廷で開廷された裁判が、本作ではじめての法廷シーンになるので、それに注目！

本作のパンフレットには、「フランツ・イェーガーシュテッター略歴」があり、そこでは、逮捕から死刑執行に到るまでのフランツの裁判の経過が映画より正確に（？）かつ詳しく紹介されているので、これは必読！それによれば、フランツがリンツ近くの軍事拘留刑務所からベルリン郊外のテーゲルの刑務所に送致されたのは、フランツの事案は重大とされ、首都における帝国軍法会議での審議が必要と決定されたため、らしい。なるほど、なるほど。しかし、それならそれで、テレンス・マリック監督、なぜ映画の中でそれを解説してくれないの？それはともかく、この法廷で裁判長役で登場するのが、ドイツを代表する名優ブルーノ・ガンツだが、この裁判長による審議は如何に？また、フランツの国選弁護人フリードリッヒ・レオ・フェルドマンの弁護活動は如何に？

『名もなき生涯』2020 年 2 月 21 日全国ロードショー
©2019 Twentieth Century Fox

■□■本作には２つの不満が！■□■

本作全編を通じて私が納得できないのは、ドイツ語のセリフが全然字幕表示されないこと。本作はフランツとファニのセリフを中心として９９％英語のセリフで構成されているが、拘置所のシーン等の一部ではドイツ語のセリフが混在している。ところが、そのドイツ語のセリフは全く字幕表示されないから、それが一瞬ならともかく、ドイツ語が長く続くと大きな違和感が出てくる。帝国軍法会議のシーンでも、軍人がドイツ語でわめいているシーンが登場するが、それが全く何を言っているかサッパリわからない。まさか、ドイツ語を日本語字幕にするスタッフを雇うのをケチったわけではないだろうから、これは一体なぜ？

さらに、『私は貝になりたい』(59 年) でも、『２２６』(89 年) でも、死刑執行のシーンが１つのハイライトになるのは当然。本作でも私はフランツにはどんな風に死刑執行がなされるのだろうと、興味を持って見守っていたが、正直それがよくわからなかった。前述の「フランツ・イェーガーシュテッター略歴」はそれがギロチンによるものだったことを含めて、詳しく解説してくれているが、なぜテレンス・マリック監督はこの死刑執行のシーンをもう少し丁寧に描いてくれなかったの？

■□■フランツの「A HIDDEN LIFE」をどう考える？■□■

　フランツが「ドイツ軍における兵役義務の拒絶を申し立てた」ことにより、「軍事倫理に悪影響を与えた」として有罪となり、死刑判決が下されたのは１９４３年７月６日。他方、ヒトラーの自殺は１９４５年４月３０日だから、１９４３年７月の時点ではナチスドイツの力はかなり弱まり、ひょっとしてこの戦争はナチスドイツの敗北で終わるかも？そんな予測も一部にはあったはずだ。

　しかして、国選弁護人のフリードリッヒ・レオ・フェルドマン弁護士が「弁護士の地位にも危険が迫っている」と言いながら、フランツに対して「もしフランツが考えを変えれば、裁判所は判決を取り下げるだろう」と話し、机の上の書類に署名すれば軍隊で生きながらえることができる、と翻意を勧めたのは当然。また、そんな書類があることを知ったアルベルト・ヨッホマン神父も、この戦争は長く続かないと考えていたから、フランツに

サインを勧めたのも当然だ。ところが、そこでフランツは「不当な戦争をしている政府のために誓いを立てることはできないし、してはいけないと思う」と述べたから、この男はかなり頑固！その結果、８月９日の死刑執行に至ったわけだ。

　ちなみに、死刑執行に立ち会ったヨッホマン神父は、後にオーストリア修道女団体で、「この同郷の一介の農夫が、教えを守り通し立派に帰天したことを誇りに思います。この純朴な男性こそ、私が生涯で会ったただ一人の本当の聖人です」と語ったそうだが、それって一体何の意味があるの？『沈黙－サイレンス－』でも同じだが、テレンス・マリック監督が１７５分の長尺で本作に描き出したオーストリアの農夫フランツの「A HIDDEN LIFE」を一体どう考えればいいのだろうか？

『名もなき生涯』2020 年 2 月 21 日全国ロードショー
©2019 Twentieth Century Fox

２０２０（令和２）年３月４日記

第4章
デンマークでは？ノルウェーでは？フィンランドでは？

1）スウェーデン、デンマーク、ノルウエーの北欧三国は日本とは縁遠い国だが、①民主主義のレベルが高く、②男女平等が浸透し、③ゆりかごから墓場までの社会保障が充実している国として有名。それが可能な要因の1つは人口が少ないから。そう思っている私は人口減が進む日本では、2055年には1億人を割り込み9744万人に、その後もさらに減少を続け、2065年には9000万人を切るという予測にも楽観的だ。もっとも、「いざ戦争！」で、他国と戦うことになれば、やっぱり人口が大切だが・・・。

2）ポーランドは西からナチスドイツ、東からソ連の侵攻を受けて一気に崩壊してしまったが、人口の少ない北欧三国も、ナチスドイツの快進撃の前にたちまち屈服！それは仕方ないが、ナチスドイツにとってこの三国にいかなる価値があり、三国をいかに占領・統治したの？ナチス映画、ヒットラー映画でも珍しい（？）そんな論点が、下記3本の映画を観ればよくわかる。

3）まず下記1では、ナチスドイツが敗北したことによって立場が逆転したデンマークで、ドイツの少年兵が苛められる過酷な姿を目撃し、性善説？それとも性悪説？それをじっくり考えたい。次に下記2では、1945年8月15日の玉音放送に見る日本の天皇陛下の決断とも対比しながら、ノルウェーのホーコン7世の苦悩を観察したいが、ちょっとカッコ良すぎるかも？そして、下記3では、はじめて観るフィンランドvsソ連の「冬戦争」と「継続戦争」の勉強を、ナチスドイツと絡めてしっかりと！

◯目　次◯

Data

監督・脚本：マーチン・サントフリート

出演：ローラン・ムラ／ミゲル・ボー・フルスゴー／ルイス・ホフマン／ジョエル・バズマン／エーミール・ベルトン／オスカー・ベルトン

SHOW-HEYシネマルーム

★★★★★

ヒトラーの忘れもの

2015年／デンマーク、ドイツ映画
配給：キノフィルムズ、木下グループ／101分

2017（平成29）年1月3日鑑賞　｜　テアトル梅田

👀みどころ

　アメリカ軍の日本本土への上陸を阻止するための作戦の1つが地雷の敷設だったが、ナチス・ドイツはそれを現実に！元の邦題を『地雷と少年兵』とされた本作は、デンマーク本国でもあまり知られていないドイツの少年兵による強制的な地雷除去作業を描く中で、ギリギリの人間性を問うもの。性善説？性悪説？約束は約束？しかし、命令はそれより上位に？

　作業を終えればドイツに戻れる。そんな約束を信じて危険な作業に従事した少年兵たちの運命は・・・？そして『人間の條件』（59～61年）の梶と同じように苦悩した、ラスムスン軍曹の最後の決断とは・・・？

————＊————＊————＊————＊————＊————＊————＊————＊————＊————＊————

■□■この邦題はイマイチ。『地雷と少年兵』の方がベター！■□■

　本作は２０１５年の第２８回東京国際映画祭に出品され、ラスムスン軍曹役のローラン・ムラと少年兵セバスチャン・シューマン役のルイス・ホフマンが最優秀男優賞を受賞したそうだが、その時の邦題は『地雷と少年兵』。原題は『ＬＡＮＤ　ＯＦ　ＭＩＮＥ』（地雷の国）だ。『ヒトラーの忘れもの』は、正式に日本で公開するについて新たにつけられた邦題だが、どう考えてもそれはイマイチで、原題や『地雷と少年兵』の方がベター・・・？

　『史上最大の作戦』（62年）はフランスの西海岸にあるノルマンディーへの連合国軍の史上最大の上陸作戦を壮大なスケールで描いた映画だったが、ノルマンディー上陸作戦が開始するまでのナチス・ドイツの関心事は専らアメリカを含む連合国が、いつどの地点（海岸線）に上陸してくるかだった。そのため、ナチス・ドイツは連合国軍が上陸してくる可能性のあるすべての海岸線に数多くの地雷を埋めざるをえなかったが、それがデンマーク

まで及んでいたとは！しかも、その数が何と２００万個以上に及んでいたとは！

　ナチス・ドイツの闘いは１９４５年４月３０日にヒトラーが自殺したことによって事実上終わりを告げたが、ナチス・ドイツが各地に残した地雷の除去はその後の大変なテーマ。デンマークでも憎っくきドイツ兵を追い出した後にその作業が不可欠となったが、問題はそれを一体誰がやるの？あるいは誰にやらせるの？

■□■捕虜に強制労働をさせる法的根拠は？■□■

　第二次世界大戦は１９３９年９月１日に突如ナチス・ドイツが東隣にあるポーランドへの侵攻を開始したことによって始まった。ドイツのすぐ北隣にあるデンマークへの侵攻は１９４０年４月だが、その主たる目的はデンマークと海を隔てた北側にあるノルウェーの地下資源を確保するため、デンマークをその中継地とすることにあったらしい。小国のデンマークはフランスのようにナチス・ドイツに抵抗できなかったためドイツと戦わず、独立国としての体裁を保ちながらドイツの軍事的保護下に置かれ、ドイツもプロパガンダのためデンマークを「モデル保護国」として扱ったらしい。

　すると本作に観るように、ドイツが始めた戦争がドイツの敗戦によって終わった後に、戦争の当事者国でないデンマークがドイツの兵隊を捕虜としたうえ、地雷除去作業に強制的に従事させているのは一体なぜ？それは一体どんな法的根拠に基づいているの？

■□■捕虜に対するジュネーヴ条約の適用は？■□■

　デヴィッド・リーン監督の名作『戦場にかける橋』（５７年）は、第二次世界大戦中に日本軍が占領したタイとビルマの国境付近で、イギリス人捕虜を強制的に泰緬鉄道の建設作業に従事させる物語だった。戦争中に敵国の捕虜をさまざまな作業に強制的に従事させるのは古今東西の常だが、第一次世界大戦の後の１９２９年には、１８６４年にはじめて成立したジュネーヴ条約の「捕虜の虐待に関する条項」が強化されているはずだ。

　それなのに本作では、終戦後にもかかわらずデンマークはなぜドイツ兵に地雷除去の作業を強制しているの？それは、デンマークがナチス・ドイツの交戦国であればジュネーヴ条約が敗戦国のドイツ将兵に適用され、捕虜となったドイツ将兵を強制的に地雷除去作業に従事させることはできないが、デンマークはナチス・ドイツの交戦国ではなかったので、ジュネーヴ条約は適用されなかったためらしい。しかし、そうだからといってデンマークは一体いかなる権限（法的根拠）で捕虜となったドイツ軍の少年兵達を強制的に命がけの地雷除去作業に従事させることができたの？

　本作は「事実に基づく物語」だが、実はデンマーク国内でも本作のような残酷な史実は知られることがなかったらしい。そんな知られざる史実に目を向け、ラスムスン軍曹（ローラン・ムラ）の目を通して人間性のあり方を真正面から問うた本作では、そこらあたりの解説は全くされないので、その点は各自しっかりお勉強を。

■□■地雷除去の危険性をはじめて実感！■□■

　一昨年の「集団的自衛権」論争では、日本の自衛隊艦船がホルムズ海峡で水面下あるいは海底に敷設された機雷の除去作業に従事する任務の可否やその危険性が議論された。しかし、私たち日本人の多くは機雷除去作業の危険性を具体的にイメージすることはできなかったはずだ。それと同じように、私を含めた今ドキの日本人は、海岸線の砂浜の中に埋め込まれた無数の地雷を一個一個丁寧に除去する作業の大変さとその危険性をイメージすることはできないはずだ。

　しかし、本作導入部でデンマーク軍のエベ大尉（ミゲル・ボー・フルスゴー）の命令に従ってドイツ軍少年兵のセバスチャン・シューマン（ルイス・ホフマン）や双子の兄弟のエルンスト・レスナー（エーミール・ベルトン）、ヴェルナー・レスナー（オスカー・ベルトン）たちが一人ずつ地雷除去作業の「実習」に励んでいる姿を見ると、その緊張感と危険性がひしひしと伝わってくる。訓練なのだから本来は練習用の地雷からスタートすべきだが、現場ではそんな悠長なことを言ってられないため、捕虜とされたドイツ人の少年兵たちの「実習」は練習用の地雷ではなくすべてホンモノ。したがって、ちょっとでもミスをすればホントに爆発し、死んでしまうことに。現にエベ大尉が指揮した訓練中には、一人の少年兵が操作ミスによって爆死してしまったし、ラスムスン軍曹が指揮する本番中にも、体調が悪いまま作業に従事した双子の弟・ヴェルナーがちょっとしたミスによって吹き飛ばされ、病院に運び込まれることに。本作導入部では、まずはそんな地雷除去作業の危険性をしっかり実感したい。

■□■性善説？それとも性悪説？それをじっくりと！■□■

　本作は冒頭、ドイツに帰っていく兵士たちに対して「さっさとデンマークから出ていけ！」と悪態をつくラスムスン軍曹の姿が映し出されたうえ、続いてエベ大尉の命令に従

って１１名のドイツ人の少年兵を指揮して現場で地雷除去作業に従事するラスムスン軍曹の姿が映し出される。それを見ている限り、ラスムスン軍曹は少年兵達に対しロクな食料も与えず、病気だから少し休ませてくれと言うヴェルナーの願いも無視して作業に駆り立てる、人情味ゼロ、ドイツ兵への憎しみいっぱいの非情な作業マシーンの男と思えてしまう。というより、この任務に就いた当初のラスムスン軍曹はホントにそんな男だったのだろう。

　病院へ見舞いに行きヴェルナーが死亡したことを聞かされたラスムスン軍曹はそのことを１０名の仲間たちに隠したばかりか、逆に「ヴェルナーは治療を受けている。元気になればお前たちと一緒にドイツに戻れる」と嘘をついて作業を続けさせたが、そんな嘘ってあり？ラスムスン軍曹は歴戦の強者だが、地雷除去作業に従事した当初、１１名のチームはみんな１５歳から１８歳までの初心な少年兵ばかり。いくら一定の期限内に一定の量の地雷を除去しなければならない任務を与えられているとはいえ、こんな嘘をシャアシャアとつけるラスムスン軍曹の人間性に疑問を持つのは当然だ。

　ところが、体調不良のまま作業に従事させたため地雷を暴発させてしまった双子の弟・ヴェルナーの姿を見たり、飢えに苦しむ少年兵達の姿を見ているうちに、ラスムスン軍曹の心の中に少しずつ変化が生まれてきたらしい。もっとも、本作は近時の何でも説明調の邦画のようにラスムスン軍曹の気持ちを丁寧に描いてくれないから、ラスムスン軍曹のそこらあたりの気持ちの変化はストーリー展開の中で読み取るしかない。そのため、性善説が正しいのか、それとも性悪説が正しいのかをじっくり考えなければならないことになる。本作ではそれをじっくり観察したい。

■□■嘘も方便？人間の連帯や信頼関係は？■□■

　人間は年を経ていろいろな体験を重ねてくると、よく言えば「清濁併せ呑む」度量を身につけ、悪く言えば「嘘も方便」と平気で嘘をつけるようになる動物だ。ラスムスン軍曹は１１名のドイツ人の少年兵に対して「一人あたり、１時間に６個」の地雷除去作業を命じるについて、命の危険を含むマイナス面を説明すると同時に、すべての作業が終わればドイツに帰してやるというエサをまいて、少年兵達のやる気を促していた。しかし、そんな（口）約束はホントに守られるの？地雷の暴発で重傷を負ったヴェルナーが病院で死亡したことを知りながら、仲間たちには「ヴェルナーは元気だ」と平気で嘘をついて仲間たちのやる気を削がないようにしている姿を見ると、「この嘘つきめ！」とつい舌打ちしてしまったが、この場合は「嘘も方便」とラスムスン軍曹を褒めるべきなのかもしれない。

　本作では、導入部から食料の配給をはじめとしてラスムスン軍曹の少年兵達に対する一貫した厳しさが目立っている。これは彼自身のナチス・ドイツへの憎しみを反映しているわけだが、ある意味でそれは当然。ところが人間とは不思議なもので、何か１つの目標に向けて共同作業を続けていると、その中で連帯感、信頼感、達成感が湧き仲間意識が芽生

えてくるらしい。ちなみに、『人間の條件』（５９〜６１年）全6部作の第2部では、満州の老虎嶺鉱山にある捕虜収容所の中国人捕虜（特殊工人）たちを強制作業に従事させるうえで、「捕虜を虐待するより、それなりの待遇で処した方が作業の効率がよい」とする論文を書いた梶が、上層部と捕虜（代表）の間に立って苦労する姿が描かれていた。そして、同第2部では大切に扱った捕虜たちが、ある日大量に脱走してしまうストーリーが登場。その結果、7人の脱走者には斬首の刑が処せられたが、梶がそれを「やめてくれ」と叫んだため、第3部では梶は「懲罰召集」とされ、二等兵として戦場に向かわされることになった。

それに比べれば、本作後半の少年兵と一緒にサッカーに興じるラスムスン軍曹の姿を見ていると、いかにも支配者と捕虜の関係がうまくいっているようだが、その実態は？そんな連帯感や信頼感が、ある日、ある事件によって根底から壊れてしまうと、そこまで醸成されていた支配者（ラスムスン軍曹）と捕虜たち（ドイツ人少年兵）との関係の変化は・・・？

■□■約束は守られるべきものだが・・・■□■

約束は守られるべきもの。それは当然のことだが、昨年のNHK大河ドラマ『真田丸』を見ていても、真田昌幸はもとより、徳川家康も豊臣秀吉も平気で約束を破る姿が目立っていた。約束は約束。約束は守らなければならないと主張し、やむをえず約束を破らなければならなくなった時に苦渋していたのは、遠藤憲一演じる上杉景勝ただ一人だった。

さらに、朴槿惠（パク・クネ）大統領が弾劾決議を受けた韓国では、２０１５年１２月の「慰安婦問題日韓合意の成立」によって、日本から１０億円を受領するかわりに韓国は慰安婦像を撤去する約束になっていたにもかかわらず、その後なかなか慰安婦像が撤去されないばかりか、日本総領事館前に新たな慰安婦像が設置されるという重大な約束違反が発生した。そのため、日本政府はその対抗措置の一つとして駐韓大使を「一時帰国」させたが、さて韓国側の今後の対応は？

そんなこんなを考えながら、本作に見るラスムスン軍曹が少年兵たちと交わした約束の履行の行方をしっかり見定めたい。

■□■約束よりも命令の方が上位に？■□■

この区域におけるすべての地雷除去作業を終えれば１１名の少年兵たちをドイツに帰してやるという約束を、ラスムスン軍曹がホントに守ろうとしていたのかどうかは本作の展開からはわからない。また、ラスムスン軍曹の顔色からもそれはわからない。しかし、少なくとも少年兵との間に連帯と信頼関係が芽生えた時には、その約束を果たそうと考えていたことは間違いないようだ。ところが、すべての地雷が除去できたはずの砂浜に走って行ったラスムスン軍曹の愛犬が地雷で爆死すると、その責任は一体誰に？それを少年兵に向けても仕方ないことはわかっていても、以降少年兵に対する扱いを１８０度転換したラ

スムスン軍曹の心の中では、そんな少年兵に対する約束はもはやどうでもよくなっていたのかも・・・?

　他方、ラスムスン軍曹の持ち場は海岸の一定区域と１１名の少年兵だけだったが、エベ大尉はもっと広い観点からの持ち場を持っていたから、ラスムスン軍曹の持ち場での地雷除去の実践を経て、いわば初年兵から古参兵に昇格したセバスチャンたちは他の区域の地雷除去作業をさせる上で喉から手が出るほど欲しい人材。したがって、そんな人材をむざむざドイツに帰す必要はない。そう考えた上層部からエベ大尉に対して、彼らを次の区域の指導官として再配置せよという命令が下ったのはむしろ当然かもしれない。しかし、上層部からの命令を受けたエベ大尉からそんな命令を聞かされたラスムスン軍曹の心境は？心の中の葛藤は？

■□■ラスムスン軍曹の最後の決断は？その結末は？■□■

　エベ大尉は「上層部からの命令だから」と言うだけで、『ハンナ・アーレント』（１２年）（『シネマルーム３２』２１５頁参照）で見たアイヒマンのように無機質に上層部からの命令をラスムスン軍曹に伝えていたが、すべての人間がそう割り切れるわけではない。少なくとも『人間の条件』第２部に見た民間人の梶はそうだったが、本作に見るラスムスン軍曹もそうだったようだ。

© 2015 NORDISK FILM PRODUCTION A/S & AMUSEMENT PARK FILM GMBH & ZDF
ヒトラーの忘れもの　12月17日(土)、シネスイッチ銀座ほかにて順次ロードショー　配給：キノフィルムズ

　すべての作業を終え、嬉々として帰国しようとしていた少年兵たちのトラックに、ある偶然による大爆発事故が起きたのは「神様のいたずら」としかいいようがないが、無事帰国のトラックに乗ったセバスチャンたち生き残りの４人が、再び別の地雷除去の現場に強制的に連れ戻されたのは人為的な問題だ。約束は約束。約束は守られるべき。それが正論だが、それ以上に命令は命令。命令は絶対。そちらの命題の方が上位にあるのは当然だ。

　しかして、そんな葛藤の中でラスムスン軍曹が下した最後の決断とは？梶のさまざまな決断もすべて「人間の条件」を守るためのものだったが、本作に見るラスムスン軍曹の決断もまさにそれ。しかし、そんな決断とその実行の後にラスムスン軍曹を待つ運命は？その結末は？その余韻（波及）の大きさをしっかり噛みしめ、考えながら、本作ラストに見るラスムスン軍曹の決断に注視し、拍手を送りたい。

２０１７（平成２９）年１月１１日記

Data
監督・脚本：エリック・ポッペ
出演：イェスパー・クリステンセン
／アンドレス・バースモ・ク
リスティアンセン／ツヴ
ァ・ノヴォトニー／カール・
マルコヴィクス／カタリー
ナ・シュットラー／ユリアー
ネ・ケーラー

★★★

ヒトラーに屈しなかった国王

2016 年／ノルウェー映画
配給：アット エンタテインメント／136 分

| 2018（平成30）年 1 月 19 日鑑賞 | テアトル梅田 |

■□■ショートコメント■□■

◆公式ホームページによれば、本作の「ストーリー」は次のとおりだ。

> 1940 年 4 月 9 日、ナチス・ドイツ軍がノルウェーの首都オスロに侵攻。ドイツ軍の攻撃に
> 交戦するノルウェー軍だったが、圧倒的な軍事力によって、主要な都市は相次いで占領さ
> れる。降伏を求めてくるドイツ軍に対しノルウェー政府はそれを拒否し、ノルウェー国王
> のホーコン 7 世は、政府閣僚とともにオスロを離れる。一方、ヒトラーの命を受けたドイ
> ツ公使は、ノルウェー政府に国王との謁見の場を設けるように、最後通告をつきつける。
> 翌日、ドイツ公使と対峙した国王は、ナチスに従うか、国を離れて抵抗を続けるか、家族
> のため、国民のため、国の運命を左右する究極の選択を迫られる―。北欧の小国ながらナ
> チス・ドイツに最も抵抗し続けたノルウェーにとって、歴史に残る重大な決断を下した国
> 王ホーコン 7 世の運命の 3 日間を描く。

◆１９３９年９月１日のポーランドへの侵攻からナチスドイツの野望が現実化したが、歴
史に疎い日本人は、デンマーク、ノルウェー、スウェーデン方面へのナチスドイツの侵攻
についてはほとんど知らない。私がそれを強く意識したのは、『ヒトラーの忘れ物』（１５
年）（『シネマルーム３９』８８頁参照）における、デンマークでのナチスドイツの少年兵
の強制的な地雷除去作業を見た時。なるほど、北欧とナチスドイツの間にはこんな歴史が
あったのか。そんな認識を強くした。しかして、デンマークではなく、ノルウェーは？
　タイトルを見ると、えらく威勢のいいタイトルだし、本国のノルウェーでは本作は社会
現象的大ヒットをしたそうだから、こりゃ必見！　そう思ったが、内容は意外に平凡・・・。

◆１９４５年８月１５日の日本敗戦の日における、天皇陛下の「玉音放送」を巡る熱く長

い一日を描いた名作が、三船敏郎が阿南惟幾陸軍大将を演じた岡本喜八監督の『日本のいちばん長い日』（６７年）だった（近時、役所広司主演でリメイク（『シネマ・ルーム３６』１６頁参照））。そこでは、明治憲法下における「天皇制」の下で、「ポツダム宣言受け入れ」と玉音放送を巡る軍部とりわけ陸軍強硬派と終戦受け入れ派との対立と確執が丁寧に描かれていた。

　しかし、本作ではそもそもノルウェーの立憲君主制と民主制との関係がよく分からないから、主役であるホーコン７世国王が、ナチスドイツの侵攻についていかなる役割を担うのか自体がさっぱり分からない。本作のホーコン７世の役割については、平成天皇の生前退位の表明以降続いてきた「天皇陛下と憲法との関係」の議論と重なる部分が多い。そのため私は大いに興味があったが、残念ながら本作ではそのような問題意識は薄く、もっぱらホーコン７世を英雄視しているだけ。そんな方向での本作には、かなりの違和感が・・・。

◆本作は、ナチスドイツがノルウェーへの侵攻を開始した１９４０年４月８日以降の３日間の動きをホーコン７世を中心に描いている。そのハイライトは、ヒトラーの手先となり、ホーコン７世との２人だけの「直接交渉」によって、ノルウェーに降伏を迫ろうとする、ドイツ公使ブロイアー（カール・マルコヴィクス）との会談。そこでは、チラシにのっているとおり、ヒトラーの「他国の侵略に屈する国家は存在する価値がない。」の言葉を引用するブロイアーに対して、ホーコン７世は「この国の行く末は密談によって決まるのではない。国民の総意で決まるのだ。」と反論する。そんなシーンはたしかにカッコいいが、そこにどういう意味があるの？

　本作全編を通じてホーコン７世が発するセリフは原理原則通りで、すべてカッコいいものばかり。それは自分が国民投票によって民主的に選ばれた国王だとの自負心の表れだが、彼の決断にもかかわらず、ノルウェーは６月には「降伏」しているのだから、彼の決断にどこまで意味があったの・・・？

◆フランスは１９４０年６月２２日に休戦協定に調印し、親独の「ビシー政権」が誕生したが、ノルウェーの抵抗も６月９日までだった。そんな現実との対比で、本作が英雄的に描いたホーコン７世の役割をしっかり冷静に考える必要がある。別にノルウェーでの本作の人気に水を差すつもりはないが、どうしても私にはそんな感想が・・・。

２０１７（平成２９）年１月２５日記

Data

監督・脚本・プロデューサー：アク・ロウヒミエス
原作：ヴァイニョ・リンナ『無名戦士』
出演：エーロ・アホ／ヨハンネス・ホロパイネン／ジュシ・ヴァタネン／アク・ヒルヴィニエミ／ハンネス・スオミ／パウロ・ヴェサラ／パウロ・ヴェサラ／アンドレイ・アレン／アルトゥ・カプライネン／サムエル・バウラモ

SHOW-HEY シネマルーム

★★★★

アンノウン・ソルジャー
英雄なき戦場

2017 年／フィンランド映画
配給：彩プロ／132 分

2019（令和元）年 8 月 9 日鑑賞　｜　シネ・リーブル梅田

👀 みどころ

　『ヒトラーの忘れもの』（15 年）や『ヒトラーに屈しなかった国王』（16 年）では、デンマークやノルウェーがナチスドイツといかに対峙したかを学んだが、本作ではフィンランド vs ソ連の「冬戦争」と「継続戦争」のお勉強を、ナチスドイツと絡めてしっかりと！

　スターリングラードの戦いやダンケルクの戦い、そしてノルマンディの戦いはよく知っているが、「冬戦争」とは？「継続戦争」とは？また、１９３９年９月のポーランド侵攻の翌年４月には、デンマークとノルウェーを占領したナチスドイツがフィンランドを占領せず、逆に１９４１年１月にはフィンランド地域に関わる「銀狐」作戦を展開したのは一体なぜ？

　知らなかったなぁ、あれもこれも！そして本作も！

―― * ―― * ―― * ―― * ―― * ―― * ―― * ―― * ―― *

■□■７０歳ではじめてフィンランドの冬戦争と継続戦争を！■□■

　私は自分をそれなりの歴史通だと自負している。とりわけ、戦争の歴史についてはよく勉強しているつもりだったが、フィンランドの冬戦争と継続戦争については本作を観るまで全く知らなかった。ナチスドイツが１９３９年９月にポーランドに侵攻したことによって第二次世界大戦が始まった。そして、ナチスドイツは１９４０年４月にデンマークとノルウェーを占領した後、「西方戦役」を開始し、６月にはフランスを降伏させたが、フィンランドは占領していない。それは一体なぜ？それは、１９３９年１１月にソ連とフィンランドとの間で「冬戦争」が勃発し、翌１９４０年３月に冬戦争がソ連の勝利で終わったものの、それに続く「継続戦争」でフィンランドがソ連に反撃するについて、ナチスドイツ

の力を借りたためだ。そして、１９４０年９月には領内通過協定に基づき、ドイツ軍第１陣がフィンランドに到着し、さらに１９４１年１月にはドイツ、フィンランド地域に関わる「銀狐」作戦を策定している。そして、遂に１９４１年６月にドイツ軍がソ連に侵攻するとともに、フィンランド軍も旧国境を越えて東カレリアに侵攻したわけだ。

　つまり、フィンランドはナチスドイツの同盟国としてソ連と戦争したわけではないが、フィンランドの領土でありながら冬戦争でソ連に奪われたラドガカレリアの奪還をはじめとするソ連への反攻作戦＝継続戦争は、ソ連への侵攻を目指すナチスドイツの協力の下で遂行されたわけだ。したがって、ナチスドイツの力が西方にも東方にも強力に及んだ時はフィンランドもソ連への侵攻を強め、東カレリアを故郷とする本作の主人公ロッカ（エーロ・アホ）たちの東カレリアへの侵攻も成功したが、ナチスドイツの力が弱まり、フィンランドへの援助が弱まってくると・・・。

　本作のパンフレットには、「フィンランド戦争年表」があり、斎木伸生氏（軍事評論家）の「継続戦争と第二次世界大戦中のフィンランドとドイツ、日本との関係」、秋本鉄次氏（映画評論家）の「無名兵士の目線がヒシヒシと伝わる"知られざる戦争"のリアル！」があるので、本作を契機にこれらを読んで、「冬戦争」と「継続戦争」をしっかり勉強したい。

■□■主人公は？『人間の條件』の梶らと比較すると？■□■

　本作の主人公である一機関銃中隊に配属されたロッカは家族と農業を営んでいたが、屈辱の戦争となった「冬戦争」で多くの経験を積んだため、「継続戦争」の時点では熟練兵になっていた。本作はフィンランドでは知らない人はいないというヴァイニョ・リンナの古典小説「無名戦士」を原作としたもので、原作者自身の経験から第８歩兵連隊がそのモデルと言われている。もっとも、ロッカは冬戦争でソ連に奪われた自分の畑を取り戻し耕したいた

『アンノウン・ソルジャー　英雄なき戦場』
DVD 3800 円（税抜）Blue-Ray4700 円（税抜）
発売元：㈱彩プロ　販売元：TC エンタテインメント
© ELOKUVAOSAKEYHTIÖSUOMI 2017

め、継続戦争に参加し奮闘しているだけで、それ以上には戦争の価値を認めていなかった。

　ロッカの直接の上司は小隊長のコスケラ（ジュシ・ヴァタネン）だが、中隊長にはランミオがいた。また、同じ中隊には、婚約者をヘルシンキに残して最前線で戦い、ヘルシンキで式を挙げてすぐに戦場へとんぼ返りするカリルオト（ヨハンネス・ホロパイネン）率いる小隊もあったから、ロッカとそれらの上官との関係は如何に？また、ロッカは戦場でも気心の知れた仲のスシ（アルトゥ・カプライネン）や、戦場でも純粋な心を失わないヒエタネン（アク・ヒルヴィニエミ）らの同僚と共に奮闘して旧国境を突破し故郷を奪い返

したが、その奮闘はいつまで続くの？

　日本の戦争文学では、大岡昇平の「野火」や五味川純平の大作「人間の条件」等が有名で、いずれも映画化されている。全6部作となった9時間31分の小林正樹監督の『人間の条件』（59〜61年）では、仲代達矢扮する主人公・梶の人間性が大きなポイントになっていた。それと同じように、本作では兵士ロッカの継続戦争における熟練ぶりにも注目だが、それ以上の注目点はロッカの人間性。『兵隊やくざ』（65年）における勝新太郎扮する大宮貴三郎は上官に反抗ばかりして鉄拳制裁をくらっていたが、ロッカと上官との関係は？その反抗ぶりは？そして、そこに見るロッカの人間性は？それを「野火」の田村や「人間の条件」の梶、さらに『兵隊やくざ』の大宮と対比させながら、しっかり考えたい。

■□■これが戦争！！そのリアルさを現場から！■□■

　『野火』は戦場がクソ暑いフィリピンだったから、敗色濃い田村たち日本軍は、密林の中を逃げ回りながら細々と生きていたが、本作をみていると、フィンランドの継続戦争で

『アンノウン・ソルジャー　英雄なき戦場』　DVD 3800 円（税抜）Blue-Ray4700 円（税抜）
発売元：㈱彩プロ　販売元：TC エンタテインメント
© ELOKUVAOSAKEYHTIÖSUOMI 2017

も、ロッカたちがソ連と戦った戦場は針葉樹林の中が多いことがよくわかる。そのため、敵の銃弾から身を隠す場所はたくさんあるが、同時に敵の位置を探り当てるのは大変だから、現場での戦闘は相当な神経戦になってしまう。もっとも、一方的に攻勢をかけて、旧フィンランド領だった東カレリアへの侵攻を続けている時は、地理カンもあるから比較的戦闘は楽。しかし、ドイツからの援助が途切れて戦線が膠着状態となり、陣地戦になってしまうと大変だ。第1次世界大戦の西部戦線における陣地戦（＝塹壕戦）の悲惨さについては、『西部戦線異状なし』（30年）等で有名だが、さて、フィンランドＶＳソ連の継続戦争における陣地戦の展開は？本作では、そのリアルさをロッカらが見せる戦いの現場からしっかり確認したい。

　本作後半からは、ナチスドイツがスターリングラードの戦いでソ連に敗れたことを受けて始まったソ連軍のカレリア攻勢の中で、ソ連軍の戦車が登場してくるから、それに注目！『人間の条件』（59~61年）（『シネマ8』313頁）でも、『戦争と人間』三部作（70~73年）

（『シネマ2』14頁）（『シネマ5』173頁）でも、「ノモンハン事件」におけるソ連軍ＶＳ
関東軍の戦いでは、たこつぼの中から対戦車爆弾を持って戦車の前に肉弾攻勢をかける日
本兵の姿が描かれていたが、ロッカらはソ連の戦車に対してどんな戦いを？本作のイント
ロダクションには、「１テイクに使用した爆薬の量がギネス世界記録に認定されたことで、
そのスケールの大きさを感じることができる」と書かれているから、その実感の中で、ロッ
カたちの戦争のリアルさを感じとりたい。

■□■撤退戦は難しい！頑迷な大隊長の姿に唖然！■□■

　戦争においては、攻めるのは容易だが退くのは難しい。日本でも撤退戦の最後尾でしん
がり戦を務めるのは最も難しいものだとされている。それを見事に処理したのが、織田信
長ＶＳ浅井・朝倉連合軍が戦った姉川の戦いにおける豊臣秀吉だ。「フィンランド戦争年表」
によれば、フィンランド軍が攻勢を止め、陣地戦に入ったのが１９４１年１２月。ソ連軍
のカレリア攻勢が始まったのが１９４４年６月だ。本作では、ロッカはその間に華々しい
戦功をあげたことによって休暇をもらって家族の元へ帰る余裕を示していたが、ソ連軍の
反抗が始まると、ロッカはもちろん、フィンランド軍全体が大変。しかして、本作終盤の
撤退戦では、兵士たちの戦場からの撤退を認めず「徹底抗戦！」「退却するものは射殺する」
という頑迷な大隊長の姿が登場するので、それに注目！
　もちろん、フィンランドの軍隊も日本の軍隊と同じ軍隊だから、上下の組織関係がある
し、上官の命令への服従は大前提のはず。しかし、ロッカたちの言動をみていると、そこ
にはかなりの自由度（？）があるようだ。組織の長の優劣が真にわかるのは、優勢のとき
ではなく、自分が不利な状況になった時。本作導入部では、ロッカと対立していたカリル
オト小隊長（ヨハンネス・ホロパイネン）の勇敢さや、中隊を最後まで指揮するコスケラ
小隊長（ジュシ・ヴァタネン）の勇敢さは、終盤のシークエンスでハッキリ見ることがで
きるだけに、大隊長が見せるあまりの無能さは残念。こんな奴の指揮の下で犬死すること
だけはご免だ。ロッカのみならず、全兵士がそう実感したはずだが・・・。

『アンノウン・ソルジャー　英雄なき戦場』　DVD 3800円（税抜）Blue-Ray4700円（税抜）
発売元：㈱彩プロ　販売元：TCエンタテインメント
© ELOKUVAOSAKEYHTIÖSUOMI 2017

■□■知らなかったなぁ、あれも、これも！そして本作も！■□■

　日本ではスウェーデン、ノルウェー、デンマークの３つの国のことを「北欧三国」とか「スカンジナビア諸国」と呼んでいる。この３つの国は福祉と民主主義が進んだ住みやすい国として有名。それができるのは人口が少ないことが１つの要因だが、そこで高負担、高福祉がうまく機能しているのは一体なぜ？私は常々そんな興味と問題意識を持っていた。そこで、今回フィンランドのことを調べてみると、「スカンジナビア諸国」と呼ばれるスウェーデン、ノルウェー、デンマークの３つの国は、国旗も言葉も通貨も良く似ているうえ、食べているものや人々の性格もよく似ているらしい。しかし、フィンランドはスカンジナビア諸国に地理的にも歴史的にも近いけれども、ちょっと別枠な感じでとらえられているらしい。なるほど、なるほど。それはともかく、「フィンランド戦争年表」には、第２次世界大戦で、１９４０年４月には早くも北欧三国のうちデンマークとノルウェーが占領されたと書かれている。

『アンノウン・ソルジャー　英雄なき戦場』
DVD 3800円（税抜）Blue-Ray4700円（税抜）
発売元：㈱彩プロ
販売元：TC エンタテインメント
© ELOKUVAOSAKEYHTIÖSUOMI 2017

　私は『ヒトラーの忘れもの』（15年）で、デンマークはナチスドイツに抵抗できなかったためドイツと戦わず、独立国としての体裁を保ちながらドイツの軍事的保護下に置かれ、ドイツもプロパガンダのためにデンマークを「モデル保護国」として扱ったにもかかわらず、ドイツ敗戦後は、戦争の当事者国でないデンマークがドイツの兵隊を捕虜としたうえ、地雷除去作業に強制的に従事させていたことの問題点と、その中でのギリギリの人間性のあり方を学ぶことができた（『シネマ39』88頁）。また、『ヒトラーに屈しなかった国王』（16年）では、その意外に平凡な内容に少し失望したものの、北欧の小国ながらナチスドイツに最も抵抗し続け、ノルウェーにとって歴史に残る重大な決断を下した国王ホーコン７世の責任者としての苦悩をしっかり学ぶことができた（『シネマ41』未掲載）。

　さらに「ノルマンディ上陸作戦」は、古くは『史上最大の作戦』（52年）でよく知っていたし、「ダンケルクの撤退戦」も、近時の『ダンケルク』（17年）（『シネマ40』166頁）や『ウィンストン・チャーチル　ヒトラーから世界を救った男』（17年）（『シネマ41』26頁）等で再認識していた。しかし、デンマークにおけるドイツ兵の地雷処理への強制従事や、ノルウェーにおけるホーコン７世の決断は私が全く知らなかった歴史上の事実で、それは前述の映画から学んだものだ。それと同じように、本作からはフィンランドの「冬戦争」と「継続戦争」を学ぶことができたことに感謝！　２０１９（令和元）年８月２２記

第3編　ユダヤ人への迫害は？
―ホロコーストの悲劇を見つめる―

第1章
涙なくして見られない歴史的名作3作

1）『シネマ1』に収録したのが下記の1、2。そして、本書を出版するについて不可欠と考え、あらためてDVD鑑賞したのが下記3だ。

2）下記1、2を観たのは1999年の7月と12月だから20年も前。しかし、強制収容所の中で「これはゲームだよ」と息子についた「悲しい嘘」はいつまでも涙を誘うものだし、「ソ連軍がすぐ近くまで来ている」という「聖なる嘘」は、すべての収容者に生きる希望を与える貴重な情報だ。SNSが発達した今、スマホさえあれば、いつでも、どこでも、あらゆる情報をゲットできるが、すべての情報から遮断された強制収容所での「聖なる嘘」の価値とは？アウシュビッツ解放75年の今改めてそれをかみしめたい。

3）オスカー・シンドラーの名前が有名になったのは、下記3が1993年のアカデミー賞で作品賞、監督賞等7部門を受賞したため。元ナチス党員の変貌は一体なぜ？そして、彼がホロコースト記念館にその名前を刻まれることになったのは一体なぜ？

4）下記3作は、まさに「感動を忘れかけたあなた」にとって必見の映画。ここで流す涙は必ず感動を呼び、人間の尊厳を強く認識するはずだ。

◯目　次◯

Data
監督：ロベルト・ベニーニ
出演：ロベルト・ベニーニ／ニコレ
　　　ッタ・ブラスキ／ジョルジ
　　　オ・カンタリーニ

★★★★

ライフ・イズ・ビューティフル

1997 年／イタリア映画
配給：松竹富士・アスミック エース／117 分

1999（平成 11）年 7 月 24 日鑑賞

みどころ

　ユダヤ人の迫害、強制収容所のお話し。「聖なる嘘つき－その名はジェイコブ」の兄弟版。「これはゲームだよ」と子供に嘘をついて収容所生活を生きのびようとするが・・・。見終われば、涙でグショグショになる秀作。

＊———＊———＊———＊———＊———＊———＊———＊———＊———＊

＜ナチスの強制収容所＞

　これは１９９９（平成１１）年１２月２９日に観た映画、「聖なる嘘つき――その名はジェイコブ――」のいわば兄弟版、姉妹編。絶対に涙を流さずには観られない映画である。

　映画の始めは、ユダヤ系イタリア人のグイド（ロベルト・ベニーニ）が、ちょっと高嶺の花だと思える美しい女性ドーラに恋をする。そして、思いきって求婚。グイドはユダヤ系であってもイタリア人。とにかく、よくしゃべる。「うるさい奴だな」、「よくしゃべる奴だな」と思うが、意外（？）にも、ドーラは彼からの求婚を、スンナリと受け入れて結婚。そして、小さいながら、念願の本屋をもち、自立する。可愛い息子ジョズエにも恵まれ、グイドとドーラは幸せな家庭を築いていく。

　まともな時代ならば、ユダヤ系であろうと、何系であろうと、普通の幸せな人生を歩むことができたはずの２人と息子ジョズエであった。しかし時代は・・・。次第にナチスドイツが台頭。ユダヤ人への迫害は、日に日に激しさを増していく。ユダヤ系のイタリア人が、まともに商売を営み、まともに生計をたてていること自体が、ナチス時代には、ひどく不愉快で、あってはならないこと、そんな異常な時代に突入していった。

　「自分の城」である本屋に石を投げ入れられたり、玄関にペンキを塗られたり・・・。これらの迫害を我慢しながら、何とか明るく生きていこうとするグイド。そして、ユダヤ人迫害に憤りながらも、懸命に夫を支えていく妻のドーラ。しかし、時代はさらに悪化していった。ナチスドイツはついに、ユダヤ系イタリア人のグイドと、５歳になった息子ジョズエを強制収容所に連行するのである。

　妻のドーラは、ユダヤ人ではないため、収容所送りはない。しかし、愛する夫と息子を収容所に送られたドーラは、自ら収容所行きの列車に乗り込み、男女別につくられた強制

収容所に、別れて収容されてしまう。

＜悲しい嘘－「これはゲームだよ」＞

　5歳の息子ジョズエは、なぜ、今までのあたたかい家族や家を離れて、父親と一緒に、こんな寮みたいな所に住んでいるのか理解できない。グイドの毎日の労働のノルマは厳しく、また、ろくに食べるものもない。そして、いつガス室に送りこまれるかもわからない日々。この状況を、グイドはジョズエにどう説明したらいいのか。また、愛する妻のドーラも、女性用の収容所に入っていることはわかっていても、連絡をとることは、もちろんできない。

　そこで、グイドはジョズエに対して、咄嗟に「自分達はゲームに参加しているんだ！」「隠れていると、点がもらえる。そして1000点集めたら、戦車がもらえるんだ。だから絶対見つかったらダメだよ！」と、嘘をついた。これを信じた息子のジョズエ。その日以来、ジョズエにとって、強制収容所での生活は、死への恐怖とは縁遠い、点数獲得のための楽しいゲームとなった。

　もちろん、「これはゲームだよ」というインチキ話を、5歳の息子に納得させ続けることは難しい。時にはこの嘘がバレそうな状況も迎える。しかし、父親のグイドは、持ち前のユーモア心をもって、懸命にゲームであることを演出。見事に、息子にゲームであることを納得させていく。

　最初は、「おしゃべりの調子乗りのイタリア人め！」と思って見ていたが、ここまでストーリーが展開してくると、グイドの必死の「しゃべり」が、実にいじらしくなってくる。必死にしゃべりまくって、「ゲーム」の状況を説明するグイド。その悲しいほどにうまい話術によって、「何か怪しい」と思っていた息子も、妙に騙され納得させられていく。このしゃべりのテクニック・・・。明日もわからない命だということがひしひしと感じられるだけに、この嘘つきのテクニックには、涙が溢れてくる。そして遂に・・・。グイドとジョズエにも、ガス室行きの順番が・・・。

＜涙を誘うラストシーン＞

　ナチスドイツの支配は、長く続くものではない。連合軍（解放軍）の反攻が進み、遂に、この収容所も連合軍の攻撃にあう。そこで、今までの支配者ナチスドイツは、機密文書を焼き払うとともに、収容したユダヤ人を全員射殺しようとする。そして、大混乱が・・・。

　その混乱の中、グイドは必死に妻のドーラを捜す。息子ジョズエは、さすがに小回りがきき、身のこなしが素早いため、うまく物置の中に身をひそめることができた。しかし、グイドは・・・。ナチス兵に発見され、逃げ回るが、サーチライトに追い回され、遂にアウト。射殺されてしまう。連合軍の手によって、収容所は解放され、妻のドーラと息子のジョズエは無事救助されるが、グイドは帰らぬ人となった。しかし、ドーラとジョズエが生き残ることができたのは、グイドのこれほどまでの献身的な努力のおかげであった。

　とにかく、涙なしには観ることはできない作品で、1998（平成10）年のアカデミー賞作品賞にノミネートされた作品である。友人とケンカをしたり、家族のもめごとで悩んでいたり、あるいは人間不信に陥ったとき、1人でこういう映画を観て、おもいきり泣けば、人間の愛情とか信頼、そして家族愛の素晴らしさを再確認することができるのではないだろうか。そんな風に思わずにはいられない、「超お薦め」作品だ。

2001（平成13）年9月記

SHOW-HEY シネマルーム

★★★★

聖なる嘘つき　その名はジェイコブ

1999 年／アメリカ映画
配給：ソニー・ピクチャーズ　エンタテインメント／120 分

1999（平成 11）年 12 月 29 日鑑賞

Data
監督：ピーター・カソヴィッツ
出演：ロビン・ウィリアムズ／アラ
　　　ン・アーキン／ボブ・バラバ
　　　ン

👀 みどころ

生きる希望を与える「情報」。「聖なる嘘」の重さ、を実感。
涙なくして観れない感動作。

—— * —— * —— * —— * —— * —— * —— * —— * —— * ——

＜生きる希望―情報＞

　これは、ナチスドイツの占領下にあったポーランドのある町の、ユダヤ人居住区、すなわち「ゲットー」での物語。そして、そのテーマは「情報」。

　すなわち、ゲットーの住人ジェイコブ（ロビン・ウィリアムズ）が、偶然１台のラジオから流れてきた臨時ニュースで聞いた、「ソ連軍（解放軍）がわずか４００㎞先の町、ベザニカまで侵攻している」、という「情報」である。これは並の「情報」ではない。ナチスによって外部との連絡を絶たれ、一切の情報から隔離されているゲットー内の住民にとっては、将来への希望をもてないことが、最大の不幸であった。だから逆に、ソ連軍がポーランドまで侵攻して、ナチスと戦っているという「情報」を得ることは、とりもなおさず、自分たちが解放されるかもしれないという希望をもてることを意味する。つまり、「ソ連軍の侵攻」という「情報」は、ゲットーの住民にとっては、生きる希望に直結する、何より貴重な情報なのである。この映画は、この「情報」をテーマとして、「人間が生きるとはどういうことか」、という最も根源的なテーマを描いている。

　偶然、当士官の執務室でつけっぱなしになっていたラジオから、ソ連軍侵攻の情報を聞いたジェイコブは、希望を失った床屋の友人の自殺を思いとどまらせるために、やむを得ず、情報源を隠したまま、この情報を伝えた。さらに、友人の元ボクサーが、早まってバカなマネをしないためにも、やむを得ず、この情報を伝えた。もちろん、「絶対に秘密だぞ！」と厳命したうえで・・・。

　しかし、人々に希望をもたらすこの「情報」は、口から口へとまたたく間に伝わっていった。「ジェイコブが密かに隠し持っているラジオで聞いた、確かな情報だ」との噂とともに・・・。

　以降、ジェイコブには「何か新しい情報はないか？」「ロシア軍はどこまで進んできた

か？」など、次々と質問が浴びせられる。そこで、ジェイコブはやむを得ず、人々に希望を与える情報―「聖なる嘘」―を伝えていく。

　ゲットーの住人は、次第に希望と勇気をもち始め、ゲットーの中での抵抗組織を結成し、ジェイコブをそのリーダーに選ぶ。

　しかし、コトはそううまくは進まない。その集会の場に現れたのは、ナチスの悪名高き「ゲシュタポ」（秘密警察）だった。「ゲットー内の誰かが、ラジオを隠し持っている」との情報を聞きつけたナチスは、直ちにラジオの捜索に入る。しかし、ラジオは容易に見つからない。もちろん、もともと存在しないのだから見つかるはずもない。

　業を煮やしたナチスは、人質１０名を選出する。そして、「ラジオの持ち主が出頭しなければ、全員射殺する」と、恫喝する。やむを得ず、ジェイコブは出頭することを決意するが、その時既にロシア軍は、このゲットーのすぐ近くまで進攻していた。しかしもちろん、ジェイコブたちはこれを知らない。捕らえられたジェイコブは、司令官から「実はラジオなど持ってなかった」「ロシア軍が近くまで来ているなどというのは、偽の情報だった」と、全住民に告白するよう、強要される。

＜聖なる嘘の値打ち＞

　ラジオなど持っていなかったのは嘘ではなく、真実だ。しかし、偶然に得た「ロシア軍侵攻」というニュースが、どれほどゲットーの住人に希望を与えたか、そしてそれに続くジェイコブの「聖なる嘘」が、いかに人々に生き甲斐を与え、ドイツ軍に抵抗しようという勇気を与えたか・・・。

　不安げにジェイコブの言葉を待ち、じっとジェイコブを見つめるゲットーの住人たちに対して、希望を失わせるようなことは絶対に言えない・・・。ナチスの恫喝にもかかわらず、じっと、微笑むジェイコブ。しびれを切らしたナチスは、ついに銃の引き金を引いた。しかしこれにより、住人は、ジェイコブの「情報」は嘘ではなかったと確信したのである。ジェイコブは、住人に向かって、「ナチスと戦え！」などと、大演説はぶたなかったが、彼がゲットーの人々に与えた「情報」＝「聖なる嘘」は、まぎれもなく、人々に夢と希望と勇気を与えたのだ。

　この作品を観て、泣かない人はまずいないだろう。私も、途中から涙が出てとまらなかった。何回も何回も、ハンカチで顔をぬぐったものだ。ジェイコブを演じるロビン・ウィリアムズの名演技、またゲットー内の彼の友人たちの名演技は、本当に素晴らしいの一言。時には笑いを誘うシーンも入っているが、とにかく全編を通じて「聖なる嘘」の「情報」が、いかに人々に夢と希望を与えるか、このことを、ものすごい説得力をもって観客に伝えてくる。

　また、この映画の隠し味となっているのが、１人ぼっちの１０歳の少女リーナ。ジェイコブはリーナにも、「元気になったら、ラジオを聞かせる。電気が戻ったら・・・」と「聖なる嘘」をついていた。もっとも途中から、リーナもすべてを理解していたが・・・。

　この作品は、メジャーの映画館ではなく、ミニシアター系の映画館で上映された。しかし、こんな作品こそ、長期ロードショーで多くの人達に観てもらいたい。そして、泣いてもらいたいと思う。人間が生きていくためには、夢のある情報がいかに大切・・・。このことを本当に実感することのできる、「超お薦め」作品である。

２００１（平成１３）年９月記

Data

監督・製作：スティーヴン・スピルバーグ

原作：トーマス・キニーリー『シンドラーの箱船』

出演：リーアム・ニーソン／ベン・キングズレー／レイフ・ファインズ／キャロライン・グッドール／ジョナサン・セガール／エンベス・デイヴィッツ／マーク・イヴァニール／アンジェイ・セヴェリン／アディ・ニトゥザン

シンドラーのリスト

1993年／アメリカ映画
配給：ＵＩＰ／195分

2020（令和2）年2月27日鑑賞	ＤＶＤ鑑賞

★★★★★

SHOW-HEYシネマルーム

👁👁 みどころ

　日本の外交官・杉原千畝はソ連から「歓迎されざる人物」を意味する「ペルソナ・ノン・グラータ」と呼ばれた。他方、彼が発給した２１３９枚のビザは「命のビザ」と呼ばれ、彼は「日本のシンドラー」と呼ばれたが、それは一体なぜ？しかして、本作が描く、「シンドラーのリスト」とは一体ナニ？

　本作導入部では、ハンサムでカッコいいが、戦争を利用し、ユダヤ人の安い労働力を利用して金儲けを企むいかにも嫌な本作の主人公オスカー・シンドラーに注目！また、ゲットーと強制収容所で、冷酷無比ぶりを発揮するレイフ・ファインズ扮するＳＳ将校の姿にも注目！

　大量のユダヤ人がアウシュビッツ強制収容所に送られる中、ナチス党員でもあったドイツ人実業家の人格はいかに変わっていったの？クライマックスでは、そんな人間賛歌をしっかり味わい、気持ちよい涙を流したい。人間のすばらしさを実感できるこんな映画を提供してくれたスピルバーグ監督に感謝！

——＊——＊——＊——＊——＊——＊——＊——＊——＊——

■□■主人公は長身！カッコいい！でも、ちょっとキザ？■□■

　１９９３年の第６６回アカデミー賞で１２部門にノミネートされ、作品賞、監督賞等７部門を受賞した本作は、スティーヴン・スピルバーグ監督の名作中の名作。その主人公はオスカー・シンドラー（リーアム・ニーソン）だ。その名前は公開から４０年近く経った今では、ナチスドイツの迫害から多くのユダヤ人を救った人物として広く世間に知れ渡っている。しかし、１９９３年の公開当時、トーマス・キニーリーの原作『シンドラーの箱船』（後に『シンドラーのリスト』に改題）はもちろん、オスカー・シンドラーというドイツ人実業家（で実はナチス党員）の名前を知っている日本人はほとんどいなかったはずだ。

　本作冒頭の舞台は、ポーランド南部の都市クラクフ。時は、１９３９年９月１日のナチ

スドイツ侵攻の直後だ。シンドラーの故郷はチェコのブリンリッツだが、瞬く間にポーランド西部を制圧し、東部から侵攻してくるソ連とポーランドの領土を分け合った（？）ナチスドイツの勇姿（？）を見たシンドラーは、この戦争を利用して一儲けするべくクラクフの町に乗り込んできたらしい。これは、「商売人のカン」に基づくものだが、本作導入部にみる、長身でカッコいいシンドラーがクラクフの町で、カネ、酒、モノ、女を巧みにナチス将校にばらまき、巧みな会話と交渉術で己の商売を進めていく姿は見応えがある。そのどぎつさと厚かましさは大阪商人的色彩だが、少しキザな立ち振る舞いは東京的？

　そんな長身でカッコいいドイツ人実業家シンドラーを演じるのは、近時は『９６時間』（08年）（『シネマ23』未掲載）、『９６時間／リベンジ』（12年）（『シネマ30』未掲載）、『９６時間／レクイエム』（14年）（『シネマ35』132頁）等でのハードなアクションがすっかり板についた俳優リーアム・ニーソンだ。『戦場のピアニスト』（02年）（『シネマ2』64頁）でエイドリアン・ブロディが演じた主人公シュピルマンも面長で長身だったが、本作のシンドラーもその長身とハンサムさ、そして少しキザな姿が際立っている。本作は、途中１分間のインターミッションを含む３時間１５分の長尺だが、導入部ではリーアム・ニーソンが演じる本作の主人公オスカー・シンドラーの姿をしっかり目に焼き付けておきたい。

■□■豊富なコネ、安い工場と労働力、更に有能な腹心！■□■

　「法治主義」のアメリカや日本では、商売も「法の下の平等」に沿った「自由競争」になる。しかし、「人治主義」の中国では、「法の下の平等」以上に中国共産党の幹部や（中央地方）政府の幹部とのコネが大事だから、それが豊富か貧弱かが勝敗を分けることになる。また、中国では土地の所有（私有）が許されないうえ、土地の利用権も政府が握っているから、その利用権をいかに安く手に入れるかが商売の成否を決めることになる。

　そんな２１世紀の姿に対して、１９３９年９月１日にナチスドイツがポーランドに侵攻した直後のクラクフの町で、これからはカネよりもモノが必要になると見込んでホーロー容器の事業を開始したシンドラーは、まず倒産した工場を安く買収したうえ、賃金の高いポーランド人を避けて、賃金の安いユダヤ人を大量に雇用することに。それ以上に商売が成功するか否かのポイントは、原材料の仕入れやその販売ルートの確保、そして利益率の計算等だが、それについては『嘘八百』（17年）（『シネマ41』72頁）で中井貴一が演じた、口の達者な古物商・小池則夫に勝るとも劣らない話術でナチスの将校たちに取り入るシンドラーの姿に注目！まさに、ワイロ、モノ、酒、女を使えば何でもオーケー、という世界がそこに広がっている姿を堪能したい。

　もっとも、シンドラーはその方面は得意だが、数字や帳簿等の事務作業は苦手だったらしい。しかし、ユダヤ人はその方面に天才的な能力を持つ人物が多い。そこで、シンドラーが目をつけたのが、ユダヤ人会計士のイザック・シュターン（ベン・キングズレー）。ユダヤ人のイザックとしては、ナチス党員でもあるシンドラーのホーロー容器事業に協力す

ることに苦悩したのは当然だが、「ユダヤ人の雇用が進み、かつ工場内でのユダヤ人の安全が保証される」というシンドラーの主張にも一理ある。その結果、クラクフの町で始めたシンドラーのホーロー容器工場はたちまち大繁盛していくことに。

■□■ゲットー内のユダヤ人は？それも商売に逆利用？■□■

　本作は、多くのユダヤ人を救ったドイツ人実業家シンドラーの英雄的かつ献身的な物語として有名になった名作。しかし、導入部から中盤にかけてナチスドイツによるユダヤ人への迫害が進み、壁に囲まれたゲットー（居住区）内にユダヤ人を閉じ込めてしまう中、シンドラーがそれを商売に逆利用する姿を見ていると、この男は一体ナニ！弱い物をトコトン利用して自分だけの儲けを狙うイヤな奴！そんなイメージが強まってくる。

　ナチスドイツがユダヤ人をゲットー内に居住しなければならないと義務づけたのは、１９４１年３月。また、ゲットー内に住むには一定の職務に就いていることが条件だから、老人や身寄りのない子供だけで住むことは不可能だ。そこで、シンドラーとイザックが考えついたのは、「シンドラーの工場で働くなら、ゲットー内に居住させてやる」と言えば、タダもしくは超安価な労働力としてユダヤ人を使えるのでは？ということだ。この思惑は見事にハマり、ゲットー内で（安全に）住むため、タダ同様の賃金でもシンドラーのホーロー容器工場で働きたいというユダヤ人が殺到してきたから、シンドラーはウハウハ。まさに、この男はカネの亡者だ。もっとも、この時期にはシンドラーのこのやり方でゲットー内に住むことができたユダヤ人にもメリットがあったから、そうとばかりもいえず、両者の利害は一致していたのかも・・・？しかし、ヒトラーによるユダヤ人絶滅作戦が更に進行し、ゲットーが閉鎖され、プワシュフ収容所への移送が開始されると・・・？

■□■新任のＳＳ将校もカッコいいが、その冷酷無比ぶりは？■□■

　本作中盤から登場するのが、ゲットーの閉鎖に伴って新たに設置されたプワシュフ収容所の所長として就任してきたナチス親衛隊（ＳＳ）将校のアーモン・ゲート少尉。この役を演じる俳優はレイフ・ファインズだが、私が彼をはじめて知ったのは『イングリッシュ・ペイシェント』（96年）を観た時。同作はストーリーも、２人の女優もすばらしかったが、同作ではとにかく彼のカッコ良さが際立っていた（『シネマ１』２頁）。その後の彼は、『ナイロビの蜂』（05年）（『シネマ11』285頁）、『愛を読むひと』（08年）（『シネマ22』36頁）、『ハート・ロッカー』（08年）（『シネマ24』15頁）、『００７　スカイフォール』（12年）（『シネマ30』232頁）、『グランド・ブダペスト・ホテル』（13年）（『シネマ33』17頁）、等で大活躍しているが、『シンドラーのリスト』はアカデミー主演男優賞にノミネートされた『イングリッシュ・ペイシェント』より前の映画だから、彼の「若さ」と「カッコ良さ」がより際立っている。そんな若くカッコいいレイフ・ファインズだが、プワシュフ収容所長アーモン・ゲート少尉役のＳＳ将校として登場する、彼の冷酷無比ぶりは？

　クエンティン・タランティーノ監督の『イングロリアス・バスターズ』（09）では、全編

226

を通じてブラッド・ピット演じるアメリカの特殊部隊イングロリアス・バスターズのアルド中尉に並ぶ主役級の存在感を見せていた、ナチスドイツのランダ大佐の残忍性が目立っていた（『シネマ23』17頁）が、そこでは、彼の話術の巧みさと有能さも同居していた。それに対して、本作のゲート少尉の残忍性はそのワケがわからず、幼稚性が目立つから始末が悪い。彼は、プワシュフ収容所長としての仕事はそれなりにこなしていたようだが、収容所内を見下ろす高層邸宅のベランダから楽しむかのようにライフルで適当にユダヤ人を射殺したり、収容所内を歩いている時、いきなり気が向いたようにすれ違ったユダヤ人をピストルで撃ったりしていたから、その処罰（射殺）の基準に一貫性がないことが目立つ。そんなゲート少尉が酒と女に溺れていたのはある意味当然だが、彼の身の周りを世話するユダヤ人のメイドを選定するについても、その基準はハチャメチャ。さらに、その使い方や接し方も極めてアブノーマル（？）だから、始末が悪い。そんなゲート少尉は今風の病名でいえばきっと「発達障害」だろうが、本作ではそんな残忍で冷酷無比なSS将校ゲート少尉役をレイフ・ファインズが静かに熱演しているので、それに注目！

■□■ついにアウシュビッツへ！さあ彼はどうするの？■□■

他方、そんな所長ともうまく折り合いながらご機嫌取りをしなければならないシンドラーは、もっと大変。何の理屈もなく、いとも無造作に収容所内のユダヤ人を射殺しているゲート少尉に対して、シンドラーは「工場の生産性を向上させるため」と称して、ユダヤ人労働者をより多く譲り受けることにし、それによって一人でも多くのユダヤ人の命を救おうと決意することに。しかし、プワシュフ収容所が廃止されると、必然的に同所でのホーロー容器工場の稼働はムリだから、彼は一体どこに新工場を作ればいいの？

スピルバーグ監督は3時間15分の本作をあえてモノクロ映像で撮影したが、収容所内で赤い服を着た1人の少女が隠れるシーンだけ一瞬カラー映像にしている。そこには違和感もあるが、きっとそれ以上の効果が・・・。『聖なる嘘つき　その名はジェイコブ』（99年）（『シネマ1』50頁）が描かれたように、ポーランド内のゲットーでは完全に情報から隔離されていたが、ある日偶然聞いたラジオ放送によって、ソ連軍（解放軍）が東から侵攻していることを知った囚人たちは、大きな希望を持つことができた。しかし、本作ではプワシュフ収容所が閉鎖されるに伴って、ユダヤ人は次々とアウシュビッツに送られることになったから、大変だ。もっとも、アウシュビッツに送られるユダヤ人はどうなるの？

本作では、プワシュフ収容所内のユダヤ人たちがそれを議論する（？）風景が登場するが、もちろんその真相を知っているユダヤ人は誰一人いない。しかし、ゲート少尉はもちろん、シンドラーもそれを知っている。そこで、シンドラーが下した決断は、ホーロー容器工場をポーランドのクラクフから自分の故郷であるチェコのプリンリッツに移し、そこにユダヤ人労働者をできるだけ多く連れて行くこと。これは、故郷での土地・建物の購入の他、連れて行くユダヤ人のリストアップから膨大な距離の移動まで、大変な費用と労力を要する作業だから、この決断は大変。もちろん、経営とか金儲けを考えれば、こんな決断はナンセンスだ。しかして、本作導入部では、①この戦争を利用して一儲け、②タダ同

然の安いユダヤ人労働力を利活用して金儲け、そう考えていたはずのシンドラーが、この時点でなぜこのように変化したの？それをじっくり考えたい。

■□■リストに名前を！一人でも多く！そうすれば・・・■□■

唐沢寿明が杉原千畝役で主演した『杉原千畝　スギハラチウネ』（15年）は、外交官である杉原が本来の業務であるビザにサインするシークエンスから始まった（『シネマ36』10頁）。それと同じように、本作冒頭も、シンドラーがイザックと共に何らかのリストに名前をタイプで打ち込んでいくシークエンスから始まる。しかし、このリストは一体ナニ？そして、本作のタイトルが『シンドラーのリスト』とされているのは一体なぜ？

杉原がソ連から「ペルソナ・ノン・グラータ」と呼ばれていたことを私は同作を観てはじめて知った。「ペルソナ・ノン・グラータ」とは外交用語の1つで、ラテン語の直訳「好ましからざる人物」の意から転じて、「歓迎されざる人物」という意味。なぜ杉原はそう呼ばれていたの？それは、杉原が１９３９～４０年にかけてリトアニアにある在カウナス日本領事館領事代理として勤務していたときに、ドイツ占領下のポーランドからリトアニアに逃げてきたユダヤ人に対して、合計２１３９枚の日本を通過するビザ（命のビザ）を発給したためだ。そんな、ソ連から「ペルソナ・ノン・グラータ」と呼ばれる行為によって命を救われたユダヤ人から、杉原千畝は「日本のシンドラー」と呼ばれたわけだ。

すると、「シンドラーのリスト」とは一体ナニ？それは、シンドラーがユダヤ人はホーロー容器工場に必要な生産力だという名目で、１２００名以上ものユダヤ人のアウシュビッツ収容所行きを阻止したため。つまり、「シンドラーのリスト」とは、まさにそのユダヤ人の名前を記したリストのことなのだ。この「リスト」に沿った人選によってアウシュビッツ送りを免れたユダヤ人は、チェコのブリンリッツ行きの列車に乗り、そこで新たに営業が始まった工場で働いたわけだが、それに膨大なカネがかかったのは当然。シンドラーはそのすべての費用を負担して命のリストを作ったわけだ。

本作は、すべての物語が終わった後、シンドラーのお墓を次々とユダヤ人が訪れ、感謝の印として指輪を贈るシークエンスが登場する。その指輪には「一人の人間を救う者は世界を救う」と刻まれていたが、このシークエンスもモノクロではなく、カラー映像になっている。これは「シンドラーのリスト」によって命を救われた多くのユダヤ人の子孫たちによるものだが、本作ラストには、シンドラーが「一人でも多く！」「金貨があと１枚あれば、あと１人救えたのに！」と叫ぶ姿が登場するから、それにも注目！人間って、変われば変わるもの。これが導入部で見たあの金儲けの亡者のようなシンドラーの打って変わった姿なのだ。こんな感動的な映画をスピルバーグ監督が作ってくれたことに感謝！そして、それを改めてDVDで鑑賞できたことに感謝！　　　２０２０（令和2）年3月5日記

第2章
アウシュビッツ強制収容所解放75年！
こんな実話も！あんな実話も！

1）スティーブ・マックイーンが主演した『パピヨン』(73年) や、オールスター共演の『大脱走』(63年) 等、ハリウッドの「脱走モノ」が面白いのは当然だが、アウシュビッツ強制収容所にも脱走例があったとは！『あの日 あの時 愛の記憶』(11年) は男女2人が手に手を取って脱走した例だし、『ヒトラーと戦った22日間』(18年) はソビボル収容所で起きた"武装蜂起"と"大脱走"を描いた映画だ。

2）「ソンダーコマンド」を主役として登場させたのが『サウルの息子』(15年) だが、それって一体ナニ？同作ではその確認と「サウルの息子」との接点が焦点になるが、ラストに向けては『大脱走』と同じような悲劇的結末に！鑑賞後はどっと疲れが出ること確実だが、こりゃ必見！

3）女の顔の整形をテーマにした映画は多いが、アウシュビッツから奇跡の生還を果たした女の顔は？そんな女から「あの日のように抱きしめて」と言われたら、さて、あなたは？

目　次

Data

監督：アンナ・ジャスティス
出演：アリス・ドワイヤー／マテウ
　　　ス・ダミエッキ／ダグマー・
　　　マンツェル／レヒ・マツキェ
　　　ヴィッチュ／スザンヌ・ロタ
　　　ール／デヴィッド・ラッシュ
　　　／アドリアン・トポル／ヨア
　　　ンナ・クーリーグ／フロリア
　　　ン・ルーカス／シャンテル・
　　　ヴァンサンテン

★★★★★

あの日　あの時　愛の記憶

2011 年・ドイツ映画
配給／クレストインターナショナル・111 分

2012（平成 24）年 7 月 3 日鑑賞　　試写会・シネ・リーブル梅田

👀👀みどころ

　アウシュヴィッツ収容所におけるユダヤ人の悲劇を描いた名作は多いが、男女２人が手に手を取って脱走した例が４組もあったとは！本作はそんな実話にもとづき、１９４４年の波乱の脱走劇と１９７６年からの回顧を交錯させながら綴った平和ボケした日本人必見の映画！

　なぜそんな脱走ができたの？最初の興味はそれだが、その後に展開される緊迫の人間模様は圧巻！そして訪れるシンプルで感動的なラストシーンに、あなたは目を奪われるはずだ！

――――＊――――＊――――＊――――＊――――＊――――＊――――＊――――＊――――＊――――

■□■アウシュヴィッツにも、こんな実話が！■□■

　ナチス・ドイツによるユダヤ人虐殺を描いた名作は数多いが、本作はアウシュヴィッツ収容所からの男女２人の脱走とその後の波乱、そして３２年後の２人の運命の再会、という信じられないような実話を基にした映画。本作は１９７６年のニューヨークと１９４４年のアウシュヴィッツ収容所風景を交錯させながらストーリーを展開させていく。スクリーン上には冒頭クリーニング店にテーブルクロスを受け取りに来たハンナ・レヴィーン（ダグマー・マンツェル）の姿や、机に向かって必死に手紙を書いているハンナの姿が映し出されるが、その意味するものは？これは１９７６年のニューヨークにおけるハンナの姿。今ハンナは長年の研究が表彰されることになったやさしい夫ダニエル・レヴィーン（デヴィッド・ラッシュ）と一人娘に囲まれて幸せな生活を送っていたが、クリーニング店で待っている間にテレビから流れてきた声にハンナはビックリ！この声はひょっとして・・・？

　その驚きの表情から一転して、スクリーン上は１９４４年のアウシュヴィッツ収容所に移る。そこではポーランド人男性トマシュ・リマノフスキ（マテウス・ダミエッキ）とユダヤ人女性ハンナ・ジルベルシュタイン（アリス・ドワイヤー）の姿が映し出されるとと

もに、何とこの2人が愛を交わし合う＝現実的にセックスを交わす姿が描かれる。アウシュヴィッツ収容所の中で、なぜこんなことが可能なの？スクリーン上だけでそれを理解するのは少し難しいが、そんなことが可能になったのはポーランドの政治犯として収容されていたトマシュには、さまざまな特権が与えられていたためらしい。ユダヤ人に対してひどい待遇がされていることは数々の映画で観ているとおりだが、そんな中でもハンナが妊娠してることがわかるから、これにもビックリ。ポーランド人のトマシュには、収容所の実態を撮影したフィルムのネガを持って収容所を脱走するというレジスタンスとしての任務があるらしいが、トマシュはその脱走にハンナを同行させることを強行に主張。そんなバカな！そんなことは不可能だし、もし逮捕されたら・・・？同志からそのようにきつく忠告されたのは当然だが、さてトマシュは・・・？

■□■この緊張感！この解放感！2人はどこへ？■□■

アウシュヴィッツ収容所におけるユダヤ人の悲劇は多くの映画に描かれているが、男女2人による脱出劇の成功を描いた映画は本作が初！トマシュは今さかんに「73804番！来い！」と怒鳴る「予行演習」をしていたが、それは何のため？また「同志」が連行されるのを見て脱出を決意したトマシュが、今取り出したのはドイツ軍の制服だが、なぜトマシュはそんなものを入手できたの？いくらアウシュヴィッツ収容所が厳しいといっても組織としての営みを続けているわけだから、そこでの何らかの「盲点」を見つければ脱出の方法があるはず。なるほどトマシュの行動を見れば、その工夫のサマがよくわかる。しかし、そこには当然大きな緊張感が・・・。

ヨーロッパでは人種が違っても外見上すぐにそれを見分けるのは困難だから、ポーランド人のトマシュだってナチスの軍服を着れば立派なナチス兵。すると、そんなナチス兵がユダヤ人女性のハンナを処罰のために外に連れ出すとか、ある特別なお楽しみのために外に連れ出す特権とかがあっても、おかしくはない。そんな極度の緊張感の中での脱出劇に注目！しかして、無事森の中に逃げ込んだ2人は以降ただただ走るのみだが、アンナ・ジャスティス監督はここですばらしいサービス精神（？）を発揮してくれるから、それに注目！その1つははじめての解放感の中での野外エッチ。これは見モノだ。もう1つはハリウッド映画さながらの車の強奪劇。これも少し笑いを含めた爽快感でいっぱいだ。本作で唯一見せてくれるそんな解放感の中、2人が向かったのはトマシュの実家だが、さてそこは安全？

■□■この家族もバラバラに！そしてこの2人も・・・■□■

平穏な時代ならノホホンと生きノホホンと死んでいくこともできるが、戦乱の時代の弱小国ポーランドに生きる青年や、ヒトラー抬頭時のユダヤ人は否応なく生き方や死に方の選択を迫られることになる。そんなことが、トマシュの家族の生き方を見たり、その論争を聞いていくとよくわかる。

まずトマシュの母親ステファニア・リマノフスキ（スザンヌ・ロタール）はとにかく2人の息子の幸せを願うだけの平凡な女性だが、トマシュが連れてきた結婚相手がユダヤ人だとわかると・・・。次に、トマシュの兄のチェスワフ・リマノフスキ（アドリアン・トポル）もトマシュと同じようにレジスタンス活動に身を投じていたうえ、その妻のマグダレーナ・リマノフスキ（ヨアンナ・クーリーグ）もチェスワフの生き方に強く同調していた。もちろんそれはそれで立派なことだが、今トマシュの実家はナチス・ドイツに接収されていたから、ここに出入りするのは危険。ましてアウシュヴィッツから2人の男女が脱走したことは知れ渡っているのだから、いつまでもここにハンナを置いておくのはヤバイ。2人の息子を愛するステファニアがそう考えたのはやむをえない。その結果、ある日屋敷を訪れたナチス将校ハンス・ヴォン・アイデム（フロリアン・ルーカス）を家の中に招き入れコーヒーをふるまいながら、隠れているハンナをつき出すような微妙な「お芝居」になるのだが、ここまでくると一体何を信じていいのやら・・・。

　こんな状態ではトマシュの家族がバラバラになっていくのは仕方ないが、本作が描くその後のこの家族の結末はい何とも悲しい。ハンナを残して任務遂行のために自宅を出発したトマシュがやっとの思いで自宅に戻ると、母親から聞かされたのはハンナの死亡。他方、

雪原の中で倒れたハンナの方は、「738 04番！おいで（来い）」という声を朦朧とした意識の中で聞いたが、さてその後のハンナの運命は・・・？

■□■今ニューヨークでは？ハンナの動揺と決断は？■□■

　映画とは便利な芸術で、緊迫した1944年のポーランドの様子と平和な1976年のニューヨークの様子が、交錯しながらスクリーン上で展開していくことに何の違和感もない。クリーニング店のテレビから聞こえてきたあの声は、確かにトマシュのもの。そして、あの姿も・・・。しかし、トマシュは死亡したのではなかったの？

　今日は夫ダニエルの晴れの祝賀パーティーの席であるにもかかわらず、主役の妻であるハンナの頭の中はトマシュのことでいっぱい。そこで勝手に席をはずしたり、電話をかけることに熱中したり、あげくの果ては突然夫の目の前でタバコをふかし始めたり、その様

子は明らかにヘン。既に妻の過去に何かあったと感じていたダニエルはなおそんな妻に優しかったが、同性である娘のレベッカ・レヴィーン（シャンテル・ヴァンサンテン）の目は厳しかった。アンナ・ジャスティス監督はそんな１９７６年のレヴィーン家のいかにも不安定な状況＝みんなが何かしらイライラしている精神状態を、うまくスクリーン上に描いていく。

　ダニエルにしてみれば、妻から「実は・・・」と相談を持ちかけてくれればそれで安心できるのだが、ハンナはあくまで「これは私の問題だから・・・」と頑なに心を開かないから始末が悪い。レヴィーン家にそんな動揺が広がる中、ハンナの調査によってトマシュが今なお生きており、ポーランドの田舎町ルィンスクで教師をしていることが判明！さて、ここにおけるハンナの決断とは？

■□■奇跡の３２年ぶりの再会は？■□■

　本作のドイツ語の原題は『ＤＩＥ　ＶＥＲＬＯＲＥＮＥ　ＺＥＩＴ』＝（損失時間）、英題は『ＲＥＭＥＭＢＲＡＮＣＥ』＝（記憶）だが、邦題は『あの日　あの時　愛の記憶』。これを比べると、英題のシンプルさ、原題の意味シンさ、そして近時の傾向どおり邦題の説明調が顕著だが、本作においてはこの邦題はいかにもピッタリ！ハンナの頭の中には、やさしい夫とかわいい娘に恵まれ平和かつ幸せに暮らしている３２年後の今でも、「あの日　あの時　愛の記憶」でいっぱいだったわけだ。

　本作のプレスシートには『『ひまわり』、『シェルブールの雨傘』に続く、戦争によって引き裂かれた恋人たちを描いた、忘れがたき感動作の誕生！」と書かれており、この比較は面白い。もっとも、『ひまわり』（７０年）では結局戦地に赴いたマルチェロ・マストロヤンニ扮する夫とソフィア・ローレン扮する妻は戦後引き裂かれることになったし、『シェルブールの雨傘』（６４年）でもカトリーヌ・ドヌーブたちが演じたかつての若い恋人たちは結局引き裂かれることになった。しかして、さて本作は？

　２０１２年の今は極端な情報社会だが、１９７６年当時も電話という通信手段によって全世界を結ぶことができていたから、ニューヨークに住むハンナとポーランドのルィンスクに住むトマシュとの連絡自体はきわめて容易。問題は、ふとしたきっかけでトマシュの生存を知ったハンナに連絡をとる勇気があるかどうか、またもしそんな行動をとった場合の夫や娘の許容度如何だが、さてクライマックスに向けてスクリーン上にはどんな結末が？それはあなた自身の目で確認してもらいたいが、本作にみるラストはまれにみる名シーンになっている。ラストシーンのすばらしさで語り継がれているのは、何といってもアラン・ラッド主演の映画『シェーン』（５３年）だろうが、本作のきわめてシンプルなラストシーンはそれに勝るとも劣らないものだ！ハンナの手紙による語りはついているものの、このシーンをみれば、名シーンが１つあれば言葉は何もいらないという映画の魅力に、すべての観客が納得するのでは・・・。　　　　　２０１２（平成２４）年７月１０日記

Data

監督・脚本：コンスタンチン・ハベン
　　　　スキー
出演：コンスタンチン・ハベンスキ
　　　ー／クリストファー・ランバ
　　　ート／ミハリーナ・オリシャ
　　　ンスカ／マリヤ・コジェフニ
　　　コワ／ダイニュス・カズラウ
　　　スカス／フェリス・ヤンケリ
　　　／ファビアン・コチェンツキ
　　　／カツペル・オルシェフスキ

SHOW-HEY シネマルーム

★★★★

ヒトラーと戦った２２日間

2018 年／ロシア、ドイツ、リトアニア、ポーランド映画
配給：ファインフィルムズ／118 分

2018（平成 30）年 9 月 16 日鑑賞　｜　テアトル梅田

👀👀 みどころ

　ポーランドにはアウシュヴィッツの他５つの"絶滅収容所"があり、その１つがソビボル。そこで起きた"武装蜂起"と"大脱走"とは・・・？

　『サウルの息子』（15 年）で観たゾンダーコマンドによる死体処理が事実なら、ソビボル収容所でみるゾンダーコマンドも事実。しかし、そこではスティーブ・マックイーンら大量のハリウッドスターが出演した『大脱走』（63 年）まがいの命がけの脱出計画が・・・。

　その"歴史秘話"にはビックリで、しっかり勉強する必要があるが、映画のつくり方としてはイマイチ・・・？

―― * ―― * ―― * ―― * ―― * ―― * ―― * ―― * ――

■□■映画は勉強！ソビボル蜂起とは？新たな歴史秘話を！■□■

　映画は楽しみ（エンタメ）であると同時に勉強のネタ。とりわけ、私たちが知らなかった歴史上の物語（歴史秘話）を映画ではじめて知ることは、大きな楽しみであると同時に貴重な勉強だ。例えばポーランドのアンジェイ・ワイダ監督の『カティンの森』（07 年）（『シネマ 24』44 頁）ではカティンの森虐殺事件を、エドワード・ズウィック監督の『ディファイアンス』（08 年）（『シネマ 22』109 頁）ではヒトラーと戦ったユダヤ人３兄弟を、そして『戦場のレクイエム』（07 年）（『シネマ 34』126 頁）では内戦の革命烈士秘話を、それぞれ、はじめて知ることができた。

　しかして、『ヒトラーと戦った２２日間』と題された本作ではじめて知ることができた歴史秘話は、1943 年 10 月 14 日にソビボル絶滅収容所で実際に起きた収容者たちの大規模な反乱と脱走事件。詳しい解説はパンフレットにある芝健介（東京女子大学名誉教授）の

REVIEW「ソビボル蜂起と歴史的背景」に書かれているので、それをしっかり勉強してもらいたい。第二次世界大戦下でナチス・ドイツがユダヤ人絶滅のためにポーランドに建設した強制収容所ではアウシュヴィッツが有名だが、ポーランドの収容所はそれを含めて 6 つあり、ソビボルはその 1 つだ。

スクリーン上では、冒頭に、ソビボル駅に到着した列車からソビボル絶滅収容所に収容される大量のユダヤ人たちが降りてくるシークエンスが登場する。そこでは乗客を出迎える音楽隊の演奏と「ソビボルにようこそ」という明るいアナウンスが繰り返し流されているから、アレレ・・・。さらに、降りてくる乗客たちはみんな元気そうだし、服装もそれなりにきっちりしている。また、それぞれが大きなトランクを持っている。他方、ソビボルを管理するナチス親衛隊曹長カール・フィレンツェル（クリストファー・ランバート）はユダヤ人たちに荷物を預けさせ、手に職を持つ者たちを選び出し、男女をいったん別々にしてシャワーを浴びさせた後は再び家族ごとにする約束をしているから、これもアレレ・・・。彼の声は一見優しそうだが、さて、その実体は・・・？

■□■主人公は元ソ連兵士。それは一体なぜ？彼はユダヤ人？■□■

本作終盤からクライマックスにかけては、スティーブ・マックイーンをはじめとする、ハリウッドスターが多数出演した『大脱走』(63 年)と同じような、不可能に挑戦した「脱走劇」がはじまる。しかし、そこに至るまでは、ソビボル収容所の実態とそこでの屈辱的生き方を余儀なくされるユダヤ人男女の姿が徹底的に描かれる。

本作の主人公で、"大脱走"のリーダーになる男は元ソ連の軍人アレクサンドル・ペチェルスキー（通称サーシャ）（コンスタンチン・ハベンスキー）。彼はミンスクの収容所での脱走に失敗しながら、なぜか殺されずにこのソビボル収容所に送られてきたらしい。しかし、ロシア人がなぜユダヤ人の収容所に？収容者たちが彼をナチスのスパイではないかと疑ったのは当然だが、そんな彼らに対しサーシャはイチモツを見せて「俺も割礼を受けたユダヤ人だ」と説明したが、その後の彼の役割は・・・？

「ヒトラーもの」「アウシュヴィッツもの」でユダヤ人の元ソ連兵士が主人公になる映画を私ははじめて観たが、そこでよく考えてみると、本作はロシア、ドイツ、リトアニア、ポーランド映画だ。主人公のサーシャを演じる俳優も海外で最も知られたロシア人俳優らしいが、さあ本作にみる彼の熱演は・・・？

■□■実に不謹慎ながら本作では三人の美女にも注目！■□■

他方、実に不謹慎ながら私が本作で感心したのは、すごい美女が 3 人も登場すること。その 1 人は宝石職人の妻ハンナ（ミハリーナ・オリシャンスカ）。感染症を予防するためと言われた彼女は、指輪も外してすっ裸になり、大勢の女たちと一緒にシャワー室に入ったが・・・。このハンナは人妻だが、収容所内でサーシャが愛することになる女性は独身の

ルカ（フェリス・ヤンケリ）。そして、私が絶世の美女だと思った、彫りの深い顔の女性が赤毛のセルマ（マリヤ・コジェフニコワ）。手に職を持つセルマは後述する"ゾンダーコマンド"として働くことになったため、シャワー室行きは免れたが、男たちが大脱走を実行しようとする直前、その美貌に目を付けた1人の親衛隊員から乱暴されかかることに。セルマはそれに抵抗することはできないが、脱走を手助けするため豊満な胸の中に隠し持っていた"あるもの"を発見されると、脱走メンバーの1人はついに・・・。

　本作には"ホロコーストもの"には珍しくそんな3人の美女が登場するので、そのセリフは少ないものの、その役割と存在感にも注目！

■□■ゾンダーコマンドとは？その役割は？■□■

　ハンガリー映画の『サウルの息子』（15年）（『シネマ37』152頁）はホロコーストを描く映画の1本。しかし、同作がそれまでのどの作品とも違っていたのは、"ゾンダーコマンド"の視点から描かれていたためだ。同作ではゾンダーコマンドのことを「ナチスが収容者の中から選抜した死体処理に従事する特殊部隊のこと。」と解説していたが、本作のパンフレットでは、ゾンダーコマンドを「一般囚人からナチ親衛隊が選抜し、わずか数ヶ月の延命と引き換えに、絶滅収容所に強制移送されてきた他のユダヤ人をガス室へ誘導しガス殺遺体を処理し、その遺品の分類整理を強制された特別労務班員。」と解説している。

　『サウルの息子』で描かれた主人公のゾンダーコマンドとしての役割は生々しい死体処理だったから、そこでは口を布で覆って、死体処理に従事する主人公の姿が印象的だった。しかし本作導入部でゾンダーコマンドとして選抜されるのは、ハイム（ファビアン・コチェンツキ）たち、貴金属や羊皮の職人たちだから、「死体処理のゾンダーコマンド」ほどの悲壮感はない。しかし、物語が進んでいくと・・・？

■□■警備は何名で？その厳重さは？脱走計画の内容は？■□■

　連合国軍捕虜のナチス・ドイツの収容所からの大量脱出を描いた『大脱走』やスティーブ・マックイーンが主演した『パピヨン』（73年）等の脱走モノは面白かったが、そこでは脱走側と警備側の駆け引きが大きなポイントになっていた。収容所の中では何ごとも規則だし、警備も厳しいから、収容者たちは私語を交わすことすら難しいのが常識。そう思っていたが、本作に見るソビボルの収容者には『大脱走』ほどの"自由"は無いものの、前半から中盤にかけてはかなり自由に（？）話し合う余裕があるので、その姿にビックリ！

　もっとも、所長のカールは収容所の管理においては冷酷そのものだ。例えば、サーシャの危険性に目を付けたカールが「5分以内で切り株を割らないとここにいる10人に1人を殺す。」と命ずるシーンには驚かされる。また、脱走を試みた数人が失敗し殺されてしまうと、その罪は残った収容者たちも受けるべきだとして、無差別に10人に1人ずつ射殺していくシーンでもその冷酷さには肝を冷やしてしまう。

本作後半でサーシャが立てた脱走計画は、ソビボル収容所を警備する"頭脳部"は13名の将校だけだから、これを1人ずつ殺してしまえば脱出が可能というものだ。実際のソビボル収容所の警備員が何名だったのかは知らないし、本作では監視塔や有刺鉄線やサーチライト等の警備がどうなってるのかは一切明らかにされないのでわからないが、後半からクライマックスにかけて、サーシャたちの計画が次々と実行されていく姿をみると、警備の弱体さが目についてくる。いかにナチス親衛隊員が武器を持っていても、ゾンダーコマンドたちが作った宝石や皮のコートをエサに、1人1人分離して部屋の中に呼び込めば、スキをみて数人でこれを殺害することは十分可能だ。果たして、これが本当に脱走の姿だったの？そんな疑いを持つほど、サーシャたちの脱走計画（警備員殺害計画）は順調に進んでいくので本作ではそれに注目！

■□■大脱走の実態は？その成否は？その評価は？■□■

　『大脱走』では、苦労を重ねた末の"穴掘り作戦"が少し不十分だったこともあって、結局多くの脱走者が殺されたり、連れ戻されたりして成功者はごくわずかだったが、さてソビビル蜂起と大脱走の成否は？それについても前述の芝氏のREVIEWを参照してもらいたいが、そこで問題は本作クライマックスのスローモーションを多用した大脱出の映像と、REVIEWに書かれているその実態が大きく違っていることだ。スクリーン上で見るような形で門を倒して収容所外へ大量脱出しても、これではその後の逃走はとても無理。ましてや、そのシークエンスの中にサーシャが恋人のルカを胸に抱いて脱走する姿はあまりにも現実とかけ離れているのでは・・・？ちなみに、キネマ旬報9月下旬号"REVIEW　日本映画＆外国映画"では、3人の評論家が本作に星2つ、1つ、3つと評価している。そして、そこでは「ラストの噴飯ものの大スローモーションによって喪失したものも大きいのでは。」「修羅場となってからの演出は荒っぽく、最後に男が恋人を抱えて収容所を出る画面など感傷的すぎ。これ、ロシアの国威発揚映画？」と書かれている。残念ながら私もこれに同感で、どう考えても本作のクライマックスはイマイチ・・・？

　ちなみに、ソビボル収容所の反乱は、ルトガー・ハウアー主演のテレビムービー『脱走戦線 ソビボーからの脱出』（86年）や2001年のクロード・ランズマン監督のドキュメンタリー映画『ソビブル、1943年10月14日午後4時』でも取り上げられているそうだが、その実態がまだまだ知られていない。それは、収容者が大量に脱出した後ナチスが絶滅収容所の存在を世間に知られることを恐れ、残った者を殺害し、収容所を破壊して無かったことにしてしまったかららしい。

　なるほど、本作ではカール・フィレンツェル曹長の厳格さと冷酷さが際立っているうえ、クライマックス直前のナチス親衛隊の若き将校たちの異常とも思える行動も際立ってるのでそれにも注目！ひょっとして、ナチス・ドイツはこんな警備側の汚点（失策）も隠したかったのかも・・・？　　　　　　　　　2018（平成30）年9月21日記

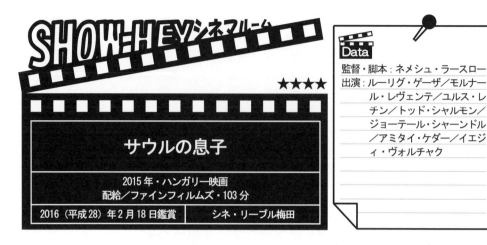

サウルの息子

2015 年・ハンガリー映画
配給／ファインフィルムズ・103 分

| 2016（平成 28）年 2 月 18 日鑑賞 | シネ・リーブル梅田 |

Data

監督・脚本：ネメシュ・ラースロー
出演：ルーリグ・ゲーザ／モルナール・レヴェンテ／ユルス・レチン／トッド・シャルモン／ジョーテール・シャーンドル／アミタイ・ケダー／イエジィ・ヴォルチャク

👀 みどころ

　本作は「ホロコースト」を描く映画の一本だが、これまでのどの作品とも違う、「ゾンダーコマンド」の視線から。しかも、家族の一部がその犠牲者だというネメシュ・ラースロー監督は、あくまでサウルの視線だけにトコトンこだわった撮影手法を！

　ユダヤ式の埋葬のためには「ラビ」が不可欠だが、なぜサウルはトコトンそれにこだわるの？

　『大脱走』（63年）も悲劇的結末だったが、それは本作も同じ。あらためて、本作からホロコーストについての新たな一考を！

――＊――＊――＊――＊――＊――＊――＊――＊――＊――

■□■パルムー・ドール作に続いてグランプリ作を鑑賞！■□■

　アカデミー賞はアメリカの映画産業従事者の団体である映画芸術科学アカデミー（AMPAS）の会員の無記名投票で選ばれるから、作品賞・監督賞をはじめとする各賞はアメリカの国情や世相などが色濃く反映され、必ずしも芸術性や作品の完成度の高さだけでは選ばれない傾向が強い。それに対して、カンヌ国際映画祭は審査員が少ないうえ、個性的な審査委員長が就任することが多いので、どうしても作家性の強い、個性的な作品が受賞することが多い。また、ベルリン国際映画祭のコンペティション部門では金熊賞が最高賞で、銀熊賞として審査員グランプリ、監督賞、男優賞、女優賞等があるが、カンヌ国際映画祭のコンペティション部門ではパルム・ドールが最高賞で、グランプリ（審査員特別賞）はそれに次ぐ賞とされている。

　しかして、第68回カンヌ国際映画祭でパルム・ドールを受賞した作品が2月14日に

観た『ディーパンの闘い』（１５年）。そして、今回観た本作は、グランプリ受賞作品だ。偶然ながら、第６８回カンヌ国際映画祭のパルム・ドール受賞作品に続いて、グランプリ受賞作品を鑑賞することに。

■□■ホロコーストの知識は十分？いや知らないことだらけ！■□■

　戦後７０年の節目となった２０１５年は、邦画では『杉原千畝　スギハラチウネ』（１５年）（『シネマルーム３６』１０頁参照）、『日本のいちばん長い日』（１５年）（『シネマルーム３６』１６頁参照）、『野火』（１４年）（『シネマルーム３６』２２頁参照）、『この国の空』（１５年）（『シネマルーム３６』２６頁参照）、『おかあさんの木』（１５年）（『シネマルーム３６』３１頁参照）等が公開された。また、アウシュヴィッツ解放７０周年となったドイツでは『ヒトラー暗殺、１３分の誤算』（１５年）（『シネマルーム３６』３６頁参照）、『顔のないヒトラーたち』（１４年）（『シネマルーム３６』４３頁参照）、『ふたつの名前を持つ少年』（１３年）（『シネマルーム３６』４９頁参照）、『あの日のように抱きしめて』（１４年）（『シネマルーム３６』５３頁参照）等が公開された。
　ナチス・ドイツによるユダヤ人迫害とホロコースト（大量虐殺）を描いた映画は、『カテ

ィンの森』（０７年）（『シネマルーム２４』４４頁参照）、『黄色い星の子供たち』（１０年）
（『シネマルーム２７』１１８頁参照）、『サラの鍵』（１０年）（『シネマルーム２８』５２
頁参照）等たくさんある。『ハンナ・アーレント』（１２年）（『シネマルーム３２』２１５
頁参照）も、視点は違うがその１つだ。また、古くは『ライフ・イズ・ビューティフル』（９
７年）（『シネマルーム１』４８頁参照）や『聖なる嘘つき　その名はジェイコブ』（９９年）
（『シネマルーム１』５０頁参照）等の名作がある。このように、私はユダヤ人迫害とホロ
コーストを描く映画については、相当な興味と関心をもって鑑賞してきたから、そのほと
んどを知っていると思っていたが、それまでのホロコースト映画とは全く違う視点からの
本作を観て、それが全くの誤りで、思い上がりだったことを痛感させられた。

■□■本作の鑑賞は、「ゾンダーコマンド」の理解から■□■

　毎日大量に移送されてくるユダヤ人をガス室に送り込んでいたのは、それを任務とした
ナチス・ドイツの兵士たち。私はそう思っていたが、実は現場の第一線でそれをやってい
たのは、「ゾンダーコマンド」だったらしい。これは、ナチスが収容者の中から選抜した死
体処理に従事する特殊部隊のことだ。彼らには、大量のユダヤ人を裸にしてガス室に送り
込み、一斉に殺害した後、金目のものの整理の他、死体（これを部品と呼んでいたという
からビックリ）の片づけや汚物の掃除、そして焼却した死体の灰の処理など、お仕事がい
っぱいあるらしい。

　予告編では、子供の頃にジョン・ウェイン主演の西部劇で観たような、口を布で覆った
主人公サウル・アウスランダー（ルーリグ・ゲーザ）の姿が登場していたが、これは砂埃
を避けるための西部劇とは異なり、死体や汚物の悪臭から逃れるためだったことがわかる。
何ともすごいホロコースト映画が登場し、カンヌでグランプリを受賞したわけだが、その
鑑賞のためには、まずはゾンダーコマンドの理解から。

■□■こだわりの撮影技術と撮影手法に注目！■□■

　今やデジタル全盛の時代だが、それでもフィルムにこだわる監督は多い。

　また、①アスペクト比１：１にこだわった『Ｍｏｍｍｙ／マミー』（１４年）（『シネマル
ーム３６』２５６頁参照）のグザヴィエ・ドラン監督、②「映画は動く絵画」にこだわり、
固定カメラ、１シーン１カットの撮影で計３９シーンを並べた『さよなら、人類』（１４年）
（『シネマルーム３６』２６２頁参照）のロイ・アンダーソン監督、③アニメとドュメンタ
リーの融合にこだわり、自由奔放なストーリーとアニメによる映像美の世界を構築した『コ
ングレス未来学会議』（１３年）（『シネマルーム３６』２２２頁参照）のアリ・フォルマン
監督等、撮影技術と撮影手法にこだわる監督は多い。

　私には専門的なことはわからないが、本作は伝統的な３５ミリフィルムが使われ、狭い
スタンダード・サイズで撮影されているらしい。さらに、本作特有の撮影方法は、冒頭の

ボヤけたシーンを見ればすぐにわかる。これは下手クソなカメラマンが撮ったためではなく、最初からカメラの焦点を手前に合わせているため、当然後方はボケているもの。そんな状況下で、突然姿を現した本作の主人公サウルの姿がくっきりと・・・。

さらに、本作はストーリー全編を通してカメラマンはサウルに焦点を合わせ、サウルの表情を中心に撮影しているから、サウルの周辺はすべてボケ気味になっている。したがって、大量に折り重なって転がっている裸の死体等は露骨に映らず、ボケた状態で見えてくるから、逆にひと安心・・・。その他、本作でネメシュ・ラースロー監督が見せる、こだわりの撮影技術と撮影手法に注目！これは、あくまでサウルの視線で見えるものだけをスクリーン上で見せるためにネメシュ・ラースロー監督がトコトンこだわった手法だから、ある意味で非常に疲れるけれども、そんな監督の意思をしっかり汲み取りたい。

ちなみに、この点について、パンフレットの「ディレクターズノート」には、「最初から最後まで主人公を追いながら、彼が直接見聞きする周囲しか見せないことで、人間の認識域により近い、範囲を限定した有機的な映画空間を創造しようとした。焦点深度の浅い映像を用いること、そのショット以外の要素がオフ・スクリーンで絶えず存在していること、観客が知ることのできる主人公の映像や事実関係の情報が限定されていること―これらが我々の視覚と話法のストラテジーの出発点である。」と説明されている。

© 2015 Laokoon Filmgroup

© 2015 Laokoon Filmgroup

■□■サウルの目標は？日本人にはそれがイマイチ・・・■□■

本作のストーリーは、ガス室内に折り重なる大量の死体の中で、サウルがまだ息のある死体（？）を発見したところから始まる。何と、それは「サウルの息子」だったらしい。しかしてサウルは、その後完全に始末されてしまった「サウルの息子」をユダヤ教の教義にのっとって正しく埋葬すべく、ラビ（ユダヤ人の聖職者）を捜し、埋葬しようとするわけだ。

死体の解剖を命じられた医師にもナチスの下で働くユダヤ人医師がいたから、彼の協力を得ることはできたものの、ゾンダーコマンドとしての任務を果たしながら、そんな自分

だけの目標を達成することは可能なの？さらに、ゾンダーコマンドはいくつかの班に分けられ、それぞれ膨大で過酷な任務を与えられていたから、サウルだけがそんな勝手な単独行動をとると、他のゾンダーコマンドに迷惑をかけるのでは？さらに、私には想像すらできなかったが、ゾンダーコマンドたちもいつかは抹殺される運命にあったから、彼らには命を懸けた武装放棄による収容所脱走計画もあったらしい。

　ちなみに、これらのストーリーは自分の家族がアウシュビッツで殺された経験をもつネメシュ・ラースロー監督なればこそ書けた脚本にもとづくものだから、彼にとって本作は「アウシュビッツ解放７０周年」の記念映画ではなく、今なお生き続けている体験談なのだろう。もっとも、私たち日本人にはなぜサウルがそんなユダヤ式の埋葬にこだわるのかがわかりにくいから、サウルのそんな目標の立て方の理解がイマイチ・・・。

■□■鑑賞後は疲れがどっと・・・■□■

　本作中盤のサウルの、トコトン自分の目標にこだわった行動を見ていると、私にはどうしてもゾンダーコマンドとしての集団行動や、仲間との連携を一体どう考えているの？という疑問が湧いてくる。サウルがラビを捜し回る自己中心的な行動を続ける中で、そのとばっちりを受けて殺されてしまうユダヤ人が登場すると、なおさらそう思ってしまう。また、サウルには、女たちが働いている棟に行き、秘かに爆薬を受け取るという武装放棄計画における重要な任務があったのに、ラビ捜しに夢中になり、自分も裸にさせられ、殺されそうになったため爆薬をどこかに落としてしまったという大失態も・・・。そのうえ、最後までわからないのは、ゾンダーコマンドの班長から「お前には息子はいないはずだ」と言われること。それに対してサウルはいろいろと弁解的な回答（？）をしていたが、さてその真相は？

　本作全編を貫くストーリーの核となっている「サウルの息子」がそもそも存在しないとなれば、本作はただ単にサウルの狂気を描いているだけ・・・？いやいや決してそんなことはないはずだから、しっかりあなたの想像力を総動員して本作の鑑賞を！

　ちなみに、スティーブ・マックイーン、ジェームズ・ガーナーらのハリウッド俳優を総動員した『大脱走』（６３年）も、一度は脱走に成功したものの最後には悲劇的な結末になったが、それは本作も同じ。しかし、脱走を成功させたサウルたち一行がひとときの休息をとっている時、サウルが目の前に見た少年は一体何者？ネメシュ・ラースロー監督はその直後にサウルたちにナチス兵からの銃弾が降り注ぐシーンは見せないが、それでも「大脱走」の失敗とサウルを含むゾンダーコマンドたち全員が殺されてしまうシーンを想像すれば、胸の中は重くなる一方だ。もちろんそんな悲しい結末は予想されたとおりだが、やはり本作鑑賞後は疲れがどっと・・・。

２０１５（平成２７）年２月２３日記

Data

監督・脚本：クリスティアン・ペッツォルト

原作：ユベール・モンテイエ『帰らざる肉体』（早川書房刊）

出演：ニーナ・ホス／ロナルト・ツェアフェルト／ニーナ・クンツェンドルフ／ミヒャエル・メルテンス／イモゲン・コッゲ

★★★★

あの日のように抱きしめて

2014年・ドイツ映画
配給／アルバトロス・フィルム・98分

| 2015（平成27）年9月3日鑑賞 | テアトル梅田 |

👀 みどころ

アウシュヴィッツから奇跡の生還を果たした妻の顔はボロボロ。しかし、再建（復元？）手術をすれば、長年連れ添った夫なら識別できるのでは・・・？

しかるに、そこでの妻によく似た女への夫からの提案は、妻になりすますこと。そんなバカな・・・。

整形をテーマにした作品は多いが、本作はそこでの夫婦の葛藤をテーマとしたフィルム・ノワール。スクリーン上に観る明暗のコントラストと共に、夫と妻の心理をめぐる明暗のコントラストをじっくりと味わいたい。

————＊————＊————＊————＊————＊————＊————＊————＊————＊

■□■ 『東ベルリンから来た女』と違い、邦題は甘すぎ？■□■

本作は、１９６０年生まれのドイツ人監督クリスティアン・ペッツォルトによる『東ベルリンから来た女』（１２年）（『シネマルーム３０』９６頁参照）に続く作品。『東ベルリンから来た女』は東ドイツ政府に監視されながらも凛として生きる女性医師の姿を描いて第６２回ベルリン国際映画祭銀熊賞（監督賞）を受賞したが、悪名高きアウシュヴィッツ強制収容所で死んだはずの女が奇跡の生還を果たしたことによって、元夫との間で展開されるフィルム・ノワールたる本作は、さて・・・？

『東ベルリンから来た女』は、そのタイトルだけで東西に分裂されたドイツの厳しい現実とその中で生きるヒロイン（女医）の厳しい生きザマを想像することができた。それと同じように本作も、大ケガを負った顔の再建（復元？）手術を受けたアウシュヴィッツ帰りの女ネリー・レンツ（ニーナ・ホス）が、やっとの思いで元夫ジョニー・レンツ（ロナルト・ツェアフェルト）を訪ね、やっと再会できたにもかかわらず、妻は死んだと思い込

んでいるジョニーはネリーの顔を識別できないという、何とも重い現実をテーマとしたものだ。本作冒頭の、ネリーが親友の女性レネ・ヴィンター（ニーナ・クンツェンドルフ）の運転する車で、ドイツ兵の検問を受けるシーンを観ただけで、ネリーの顔のキズの酷さが想像でき、思わず目をそむけたくなってくる。

　本作の原題『Ｐｈｏｅｎｉｘ』はピアニストの夫が働いている米兵向けのバーの名前だから、本作のストーリー展開とかなり直結している。しかし、前述した本作のテーマの重さを考えると、『あの日のように抱きしめて』という邦題は、その意味はわかるものの、ちょっと甘すぎ・・・？

『あの日のように抱きしめて』　発売/販売：アルバトロス　税抜価格：3,800円
© SCHRAMM FILM / BR / WDR / ARTE 2014

■□■原作は？整形した顔の識別は？■□■

　パンフレットの中にある「解説」には、「ペッツォルトは、アルフレッド・ヒッチコックの名作『めまい』（５８）に触発され、フランスのミステリー作家ユベール・モンテイエの小説『帰らざる肉体』（Ｊ・リー・トンプソン監督の１９６５年の映画『死刑台への招待』の原作でもあります）を下敷きに、惜しくも２０１４年に死去した先輩監督・脚本家ハルン・ファロッキの協力を得て脚本を書き上げました。」と書かれている。

　私は小説『帰らざる肉体』は知らないし、映画『死刑台への招待』も観ていないが、『めまい』は私を含め多くの映画ファンが知っているはずだ。『めまい』の後半では、死の淵から甦った女性と、かつて恋仲だった男性との奇妙な関係性が物語の核になっていたが、本

作を観て一瞬違和感を覚えるのは、いくら整形（再建？復元？）手術を受けたとしても、かつて長年生活を共にした妻の顔くらいは識別できるのでは？ということ。最初は「妻とよく似た女だナア」と思っただけだとしても、その女を利用して「ある計画」を実行するため、エスターと名乗る女を、死亡したはずの妻ネリーのそっくりさんに仕立てあげていく過程で、すぐにわかるのでは・・・？

　そして、多分真実はそうだったのだろう。そうだからこそ、本作は藤山直美が主演した『顔』（００年）や、高岡早紀が主演した『モンスター』（１３年）（『シネマルーム３０』未掲載）のような「整形」だけのテーマではなく、クリスティアン・ペッツォルト監督特有の重々しいフィルム・ノワールになっているわけだ。前述のような違和感や疑問を持つのは当然だが、本作を鑑賞するについては、単に「整形した顔の識別の可否は？」という論点（？）を超えて、もっと奥深いところに焦点を当てなければ・・・。

『あの日のように抱きしめて』　発売/販売：アルバトロス　税抜価格：3,800円
© SCHRAMM FILM / BR / WDR / ARTE 2014

■□■ 「ある計画」とは？「なりすまし」の実行は？■□■

　日本の親族法は戦前の民法と戦後の民法で大きく変わったため、相続法も大きく変わった。つまり、戦前は家督相続だったが、戦後は子供は長男もそれ以外も、男も女もすべて平等に相続権を持つようになったわけだ。しかして、本作でジョニーがエスターに持ちかけた「ある計画」とは、妻の財産を山分けするため、死んだはずの妻に似ているエスターにネリーの役割を演じてもらうこと。もっとも、正直に言うと、弁護士の私ですら、その法的なシステムや詳細はよくわからない。しかし、私が理解したのは、要するにネリーが死亡すれば当然その相続人によるネリーの遺産相続ができるが、ネリーの死亡が確認されないため、今までそれができていない。そんな中、アウシュヴィッツからネリーが生還して戻ってくれば、相続はなかったことになり、ネリーは自分の相続財産を自由に処理できるから、エスターと名乗るこの女がネリーになりすませば万事OKということだ。ここで報酬としてジョニーが全財産の半分をエスターに渡すと宣言したのはかなり気前のいい決断だが、さてエスターはその計画にOKするの？

　本作ではその決断に至るまでのネリーの気持ちの「揺れ」はあまり描かれず、服装やメイクからサインの練習までジョニーの言うがままに従っていく様子が描かれている。そし

て、この過程の中で多くの観客は、ここまでエスターがネリーとそっくりさんになってくれば、いくらカンの鈍い（?）ジョニーだって、いい加減気付くのでは?と思ってしまう。しかし、クリスティアン・ペッツォルト監督はあくまでジョニーはそれに気付かないものとしてストーリーを進めていく。しかし、ジョニーはホントにそれに気付いていないの・・・?また、「ある計画」の実行に向けての準備は一見順調に進んでいるように見えたが、さてその実態は・・・?

　そこら辺りのスリルとサスペンスを、フィルム・ノワールらしい明暗のコントラストをハッキリさせたフィルム撮影によるスクリーン上からじっくりと。

■□■ 『スピーク・ロウ』がわかれば、もっと興味深いが■□■

　『東ベルリンから来た女』では、かなり理知的で彫りの深い美人顔だと思っていた女優ニーナ・ホスが、本作冒頭から導入部にかけては顔全体の包帯姿から鼻に絆創膏を貼った姿まで、かなり異様な「顔」にチャレンジしている。もともと彫りが深い顔だけに、スクリーン上にアップで映るそんな姿はかなり異様だが、中盤からのかつてのネリーに似せていく過程では、次第に美人顔が復活してくるのでそれに注目！

　他方、本作ではジャズのスタンダード・ナンバーとして知られている（らしい）クルト・ヴァイル（ワイル）作曲の『スピーク・ロウ』が大きなウエイトを持っているので、それにも注目！しかも、この曲は元声楽家だったというネリーとの関連で大きな意味を持つので、単に曲の良し悪しや好き嫌いだけではなく、その曲の由来や歌詞を理解したうえでスク

『あの日のように抱きしめて』
発売/販売：アルバトロス　税抜価格：3,800円
© SCHRAMM FILM / BR / WDR / ARTE2014
2016年2月3日DVD発売

リーンを観ればもっと興味深いはず。しかし、残念ながら私にはその知識はない。

　本作では、ネリーの親友レネはネリーにアパートを提供したり、パレスチナへの移住の提案をしたりと、あくまでネリーの「引き立て役」に徹している。そして、最初にネリーが『スピーク・ロウ』の曲を聞くのは、このレネと一緒に食事をするシーンだ。そこでは、レネが「いつかまた歌って」と言っているように、ネリーが近い将来この歌を歌えるような状況になることは到底想像できないが、さて本作のラストでは・・・?

２０１５（平成２７）年９月４日記

第3章
少年・少女の脱走は？杉原千畝の功績は？

1）ナルシソ・イエペスがギター1本で弾いた主題曲「愛のロマンス」があまりにも有名になった、ルネ・クレマン監督のフランス映画『禁じられた遊び』(52年) は、ナチスドイツとの戦争で孤児となった5歳のフランス人少女ポートレートの運命を描いた悲しい反戦映画だった。しかし、強制収容所に閉じ込められたユダヤ人の少年少女たちにそれ以上の苦しみがあったのは当然。したがって、①8歳の少女ミーシャがなぜ狼と共に東へ向かったの？②8歳の少年同士の友情と信義がどんな悲劇を生んだの？③8歳のユダヤ人少年のゲットーからの脱出は？脱走は？その生きザマは？そんな興味深い映画が下記の3作だ。

2）日本人は下記3本の物語など知る由もないが、「命のビザ」を発行して多くのユダヤ人難民を救ったことによって、「日本のシンドラー」と呼ばれた日本の外交官・杉原千畝のことなら、日本人はよく知っているはず。私はそう思っていたが、それは認識違いで、今ドキ日本に生息している多くの若者たちは、彼のことなど全く知らないらしい。そうすると、「戦後70年特別企画」として公開された『杉原千畝 スギハラチウネ』(15年) は、戦後75周年の企画として再利用しなげれば！

Data

監督・脚本・脚色：ヴェラ・ベルモン

原作：ミーシャ・デフォンスカ『ミーシャ　ホロコーストと白い狼』（ミュゼ刊）

出演：マチルド・ゴファール／ヤエル・アベカシス／ギイ・ブドス／ミシェル・ベルニエ／ベンノ・フユルマン／アンヌ・マリー・フィリップ／フランク・ド・ラ・ペルソンヌ

SHOW-HEY シネマルーム

★★★★

ミーシャ　ホロコーストと白い狼

2007年／フランス、ベルギー、ドイツ映画
配給：トルネード・フィルム／119分

2009（平成21）年6月13日鑑賞	テアトル梅田

みどころ

　ナチスドイツによるユダヤ人大虐殺（＝ホロコースト）を描く新たな名作が登場！主人公は8歳の少女ミーシャだが、なぜ彼女は一人東への旅へ？本来は明るい色の長い髪と、強い意思力を持った目の力に注目！そして助演（？）は、オーディションで選ばれた白と黒と赤色の狼たち。少女と狼は厳しい原野の中でどんな絆を？大人が観ても感動モノだが、感受性の強い子供たちこそ、是非こんな映画を！

―――＊―――＊―――＊―――＊―――＊―――＊―――＊―――＊―――

■□■原作に注目！知らなかったのは私だけ？■□■

　ナチスドイツによるユダヤ人狩り（＝ホロコースト）を少女の視点から描いた永遠の名作は、アンネ・フランクが書いた『アンネの日記』。これに対して、ミーシャ・デフォンスカが書いた『ミーシャ　ホロコーストと白い狼』は、ユダヤ人狩りによって東へ連れて行かれた両親をたずねて、主人公の少女がたった一人ベルギーから東へと旅していく姿を描くもので、世界17カ国で翻訳されたベストセラー小説。この小説の特徴はタイトルどおりそこに白い狼が登場し、少女と狼との絆が描かれること。いわば、児童文学の名作『ジャングル・ブック』（1894年）の少女版（？）だが、本作にみる狼とミーシャとの絆にビックリ。そんな世界的な名作があることを全然知らないまま、私は『ミーシャ　ホロコーストと白い狼』という映画は何の映画？と劇場に問い合わせしていたのだから、世界的標準に照らして日本人の知識不足（私だけ？）は明らか？

■□■ホロコーストの悲劇を、あの名作とは違う視点から■□■

　ナチスドイツによるユダヤ人虐殺（ホロコースト）を描いた名作は多い。09年2月14日に観た、亀田三兄弟ならぬユダヤ人三兄弟（トゥヴィア、ズシュ、アザエル）の活躍を描いた『ディファイアンス』（08年）も良かったが、私が断然、第1、2位を争う名作と

して推薦するのは、『聖なる嘘つき　その名はジェイコブ』(99年) と、『ライフ・イズ・ビューティフル』(98年)(『シネマ1』50頁、『シネマ1』48頁) の2つ。

　両者とも涙なくして観られない名作だが、本作はそのサブタイトルどおり、少女ミーシャと白い狼が登場する、かなり変わったホロコーストの一風景。つまり本作は、『聖なる嘘つき　その名はジェイコブ』や、『ライフ・イズ・ビューティフル』のような悲しい結果に涙するホロコースト映画ではなく、父母をたずねて一人旅を続け、狼と共に生活をするという8歳のユダヤ人少女ミーシャの力強さと奇跡的な旅の姿に感動する異色作だ。

■□■オーディションで選ばれた少女のオーラは？■□■

　最近観た子役の少女で印象深かったのは、『ぜんぶ、フィデルのせい』(06年) で9歳の少女アンナを演じたニナ・ケルヴェル (『シネマ18』94頁) だが、本作の主人公である8歳の少女ミーシャを演じるマチルド・ゴファールの印象も強烈！

　自らもロシアとポーランドの血をひいたユダヤ人女性であるヴェラ・ベルモン監督が、ミーシャ・デフォンスカの原作と出会い、その映画化を決意したのは、まさに宿命のようなものだったらしい。そんなヴェラ・ベルモン監督がオーディションでミーシャ役の少女に要求したのは、髪の色が明るいことと目の色が明るいこと。そして、「それなら私にピッタリ！」とばかりに応募したマチルド・ゴファールが、１０００人以上の応募者の中から選ばれたのだから、マチルド・ゴファールの放つオーラは相当なもの。

　もっとも、彼女の自慢の明るい髪の毛はベルギーの首都ブリュッセルで父親ロイヴン (ベ

© Stephan Films Les aventuriers de l'image XO Productions Inc. (France) Saga Film (Belgique) Dalka - Zuta Film Produktion (Allemagne) 2007

ンノ・フユルマン）、母親ゲルーシャ（ヤエル・アベカシス）と一緒に暮らしている間は、ユダヤ人狩りの恐怖に脅える毎日とはいえ美しかったが、本作のメインとなる中盤から後半にかけての苦難の一人旅においては伸びっぱなし、汚れっぱなし。したがって、本人はもちろん観客も、その美しい髪の色を鑑賞する余裕は全くない。また明るい目の色も、家族と共に幸せに暮らす少女の明るい目の色ではなく、荒野の中で食料品を探し、盗み、狼たちと共に生きていく野生の目。しかし本作では、そんな少女のオーラに注目！

■□■狼のオーディションは世界初？■□■

他方、ホンモノの狼に馴染みのない私たち日本人には狼と犬の区別は全然できないが、本作に登場する雌の白毛の狼と雄の黒毛の狼そして、月光と名付けられた雄の赤毛の狼たちは犬ではなく、ホンモノの野生の狼。本作はミーシャだけではなく、これらの狼もオーディションで選ばれたというからビックリ。映画の歴史は１１０年を経ているが、狼のオーディションをやったのは、世界初？そんな競争を見事に勝ち抜いた3匹の狼たちは、同じくオーディションを勝ち抜いたマチルド・ゴファールと共に、さてどんな演技を？

■□■ミーシャはなぜ一人で旅に？■□■

映画前半は、オランダのアムステルダムに住んでいたアンネ・フランクと同じように、ベルギーの首都ブリュッセルに住み、ナチスドイツによるユダヤ人狩りから必死に逃れようとしているミーシャたち家族の姿が描かれる。

ミーシャは、父親のロイヴン、母親のゲルーシャの愛をいっぱいに受けて育っているものの、極端に自由を束縛された現在の世界から飛び出したいと願い、いつもイライラしていたが、それは仕方ないところ。そんな状況下、遂にある日両親が連行されてしまったミーシャは、支援者たちのネットワークによってベルギー人夫婦の子供として育てられることになったが、ミーシャはこのヴァル夫人（アンヌ・マリー・フィリップ）が大嫌い。それはなぜ？それはともかく、ミーシャが本当に仲良くなったのは、ミーシャが食料品の買い出しに行く田舎の農場のおじいさんのエルネスト（ギイ・ブドス）とおばあさんのマルト（ミシェル・ベルニエ）だ。

ここで面白いのは、農場で飼われていたパパ・イタとママ・リタという名前の2匹の一見どう猛そうな大型犬とミーシャが仲良くなってしまうこと。どうも、これが『ミーシャ ホロコーストと白い狼』というタイトルの物語に発展していく伏線らしいから、ここにも注目！しかし、今やナチスドイツの魔の手はそんな田舎の農場にも伸び、エルネストとマルトも連行されてしまったから、何とか連行こそ免れたものの、ミーシャは今や独りぼっち。そんな中、ミーシャはエルネストからもらった小さなコンパスを頼りに、両親がいるはずの東に向かって一人旅立つ決心を。しかし、その旅には一体どんな苦難が？

■□■ミミズは？猪の生肉は？■□■

五味川純平の原作を小林正樹監督が全6部で映画化した名作『人間の條件』の第5部、第6部は、ソ連軍の猛攻の前にもろくも破れ去った梶たちが「死の脱出」から「曠野の彷徨」へと向かう姿を描くもの。満州への道中、密林で民間人のグループと出会った梶たち

はこれを見捨てることができず同行するが、それによって更なる試練が。その最大の試練が食べ物。日本軍が１９４４年３月８日から７月３日までに行ったインパール攻略作戦における「死の行軍」においては、日本軍は人肉さえも食べたという話が伝えられているが、さて梶たちは？

　他方、本作にみるミーシャの東への一人旅は小さなコンパスのみが頼り。そんな旅では、食料は人家があればそこから盗めばオーケーだが、森の中をさまよい歩く時は？そんな視点でみると、本作には衝撃的なシーンが２つある。それは第１に、土の中をモゾモゾとはい回っているミミズをみつけたミーシャが、これをつかみ取りムシャムシャ食べるシーン。そして第２は、森の中でミーシャが友達となりパパ・イタと名付けた黒い狼と、ママ・リタと名付けた白い狼が殺した猪の肉を、パパ・イタ、ママ・リタたちと一緒に血をしたたらせながら食べるシーン。今の日本では、「そんな汚いものを！」となるはずだが、生きていくためには・・・。こんな厳しい演技に挑んだ８歳の少女マチルド・ゴファールに脱帽だが、プレスシートを読むと、実は実際の撮影では・・・？

■□■感受性豊かな子供たちにこそ、是非こんな映画を！■□□

　目下ニッポン国は、２００９年６月７日（日本時間８日）に第１３回バン・クライバーン国際ピアノコンクールで優勝した盲目のピアニスト辻井伸行氏の話題で沸き返っている。そんな中、２００９年６月１６日朝のＮＨＫニュースでは、辻井伸行氏の弾くショパンの『黒鍵』と『革命』の２曲も聴くことができたから大満足。小さい時からおもちゃのピアノに親しんできた彼が本格的にピアノの練習を始めたのは４歳の時からららしいが、目が見えない分、彼の記憶力や聴力そして集中力は健常人とは違うケタはずれの能力をもっているらしい。もっともそれは、感受性の鋭い子供時代に厳しい練習をくり返したおかげ。

　『ライフ・イズ・ビューティフル』では、「これはゲームだよ」「隠れていると点がもらえる。１０００点集めたら戦車がもらえるんだ。だから絶対見つかったらダメだよ！」と子供に嘘をついて、収容所の生活を生き延びようとする親子の姿が感動的なドラマとして描かれていたが、本作は両親を探し求めて狼と共に森の中で生活するミーシャという少女の生きザマそのものが感動的なドラマ。大人の目からそんなミーシャを観て感動を覚えるのは当然だが、そこには例えば歴史的な背景などが入ってくる。また、「どうせ両親は殺されているはずだから、一人で東へ行っても何の意味もないのでは」などの邪念が入ってくるが、子供の目で本作を観た場合はどうだろうか？

　うすうす両親を探すために旅に出たことはわかっても、森の中をさまよい歩くシーンが続くうち、子供の目には狼と暮らすミーシャの姿が楽しそうにみえてくるかもしれない。さらには、自分も狼と一緒にあんな暮らしをしてみたいと思うかもしれない。もちろんそんな気持を持ったとしても、大人になればそれがバカげた気持だったとわかるはずだが、大切なことは何でもいいからその時、その瞬間に感じとる力。そういう意味では徹底的にミーシャを主人公とし、白と黒と赤色の狼を助演者とした本作は、感受性豊かな子供たちにこそ是非鑑賞してもらいたいものだ。

２００９（平成２１）年６月１６日記

251

■Data
監督・脚本・製作総指揮：マーク・ハーマン
原作：ジョン・ボイン『縞模様のパジャマの少年』（岩波書店刊）
製作：デヴィッド・ハイマン
撮影監督：ブノワ・ドゥローム
出演：エイサ・バターフィールド／ジャック・スキャンロン／アンバー・ビーティー／デヴィッド・シューリス／ヴェラ・ファーミガ／リチャード・ジョンソン

★★★★

縞模様のパジャマの少年

2008 年／イギリス、アメリカ映画
配給：ウォルト ディズニー スタジオ モーションピクチャーズ ジャパン
95 分

| 2009（平成21）年7月9日鑑賞 | 角川映画試写室 |

👀 みどころ

タイトルだけで「こりゃ名作！」と思える映画だが、ドイツ語ではなく英語劇であるため、星１つ減・・・。主人公は探検好きな８歳の少年だが、ナチスの高級将校たる父親の転勤先は？８歳同士でも男の信義は大切だから、一度裏切るとその回復は？そして、２人の和解が悲劇の序章になろうとは・・・。シェイクスピアの四大悲劇以上の悲劇を、しっかりと味わおう。

——＊——＊——＊——＊——＊——＊——＊——＊——＊——

■□■やはり最初は違和感が■□■

『ライフ・イズ・ビューティフル』（９８年）と『聖なる嘘つき　その名はジェイコブ』（９９年）は涙なくして観ることのできない、ホロコーストの悲劇を描いた名作（『シネマルーム１』４８頁、５０頁参照）。そんな思い入れを持っている私にとっては、「禁じられた幼い友情と、ホロコーストの真実を描く感動作」と謳われた本作は、決して見逃すことのできない作品だ。原作や原題と同じタイトルの邦題を見ただけでも、そのイメージが伝わってくる感じ。

しかし、映画のスタートと同時に、私には違和感が。それは、トム・クルーズ主演の『ワルキューレ』（０８年）を観た時と同じで、ナチスドイツによるユダヤ人虐殺の悲劇を英語でやること。イギリス人監督がイギリス人俳優を使って作った映画だからそれはやむをえないし、物語が進行していくにつれて少しずつ馴れてきたが、やはり最初は大きな違和感が。

■□■主人公はナチス将校の息子■□■

　本作には中盤に「縞模様のパジャマの老人」パウェル（デヴィッド・ヘイマン）が登場し、その後タイトルになっている「縞模様のパジャマの少年」シュムエル（ジャック・スキャンロン）が登場する。そのためタイトルだけ見れば、このシュムエルが主人公かと思ってしまうが、実は本作の主人公はナチスのエリート将校（デヴィッド・シューリス）の8歳の息子ブルーノ（エイサ・バターフィールド）。それなのに、このタイトルは一体ナゼ・・・？

　8歳といえば小学校2年生くらいだから、男の子同士の遊びといえば、日本では昔はチャンバラごっこ（？）など勇ましいものが多かったが、今は小2でもゲームに夢中？日本でもかつて軍国少年という言葉があったように、ブルーノもドイツ版軍国少年とみえて、学校からの帰りは友達と一緒に戦闘機の真似をしながら街中を走り回っていた。そんなブルーノにとって、父親の昇進はうれしいが、それによる田舎への転勤は友達との別れを伴うから悲しいこと。しかし、やさしい母親（ヴェラ・ファーミガ）、4歳違いのしっかり者の姉グレーテル（アンバー・ビーティー）に慰められながら、一家は列車と車で人里離れた田舎の屋敷へ。学校は一体どこにあるの？一緒に遊ぶ友達はどこにいるの？

　少年を主人公にした映画は数多いが、本作では好奇心旺盛で探検好きな活発性と、友達に対するデリケートな感受性の両面を兼ね備えた演技を要求されるから、ブルーノ役は大変。冒頭に登場するこんな無邪気な少年ブルーノに対して、ラストには何とも言えない悲劇的な大ドラマが待っていようとは・・・。

■□■やはり「孟母三遷」の教えが大切？■□■

　昇進祝いのパーティーに出席していたブルーノの父親の両親、つまりブルーノの祖父（リチャード・ジョンソン）と祖母（シーラ・ハンコック）の言葉を聞いていると、あまり息子とうまくいっていない様子。特に祖母はナチスのやり方に不満らしいから、ブルーノの父親とウマが合わないのは当然？

　他方、中盤から見えてくるのは、母親も父親の本当の任務を知らされていなかったようだし、聞いていた任務だけでも本当はこんなところに来たくなかったらしい。そのため、子供たちにも、所長として赴任した父親の仕事が何なのかをきちんと説明していない。ちなみに、父親の部下コトラー中尉（ルパート・フレンド）が、縞模様のパジャマの老人を怒鳴りつけている姿を見れば、子供たちは脅えるに決まっている。もっとも、ちょっとおませな12歳の姉グレーテルは、クールな印象のコトラー中尉と仲良くなって、急に色気づくとともに、ナチス化していったからビックリ。中国には「孟母三遷」の教えがあるが、子供の教育を優先するのなら、やはり父親はこんな任務に伴う転勤を拒否するか、単身赴任しなければ・・・。

■□■探検好きのブルーノが見つけたものは？■□■

　探検好きのブルーノは窓からチラリと見えた裏の農場（?）や、もくもくと煙があがる煙突に興味津々だが、母親から探検を禁止されてしまったから大いに不満。しかし、8歳の男の子のエネルギーはすごいから、ある日母親の目を盗んで1人裏山の探検へ。そこでブルーノが見つけたものは？それは、鉄条網の中で縞模様のパジャマ姿でうずくまっている同じ8歳の男の子シュムエル。彼の服は汚いが、そこに縫い付けてある番号は？彼は一体誰と、どんな番号遊びをしているの？

　やっと会えた同年代の友達に対してブルーノの質問が次々と飛んだが、それに対するシュムエルの答えは？

■□■ブルーノ君、そりゃ卑怯だよ・・・■□■

　以降、ブルーノは母親の目を盗んでは裏庭を抜けてシュムエルに会いに行き、ゲームをしたり、ユダヤ人のことを聞いたりしながら、楽しい時間を過ごしていた。また、お腹のすいているシュムエルにチョコレートを持っていくと大喜びだったから、「今度は家に食事においでよ」と誘ったところ、なぜか今日はシュムエルが家でグラスふきをしていたからビックリ。そこで、シュムエルが空腹と知ったブルーノが、テーブルの上にあるケーキを与え、シュムエルがそれを食べていたところをコトラー中尉に見つかったから大変。怒鳴りあげるコトラー中尉に対して、シュムエルは「ブルーノからもらった」と弁解したが、それをブルーノに対して問い質すコトラー中尉に対して、ブルーノはどんな答えを？

　コトラー中尉の迫力に圧倒されたことが原因とはいえ、そこで首を横に振り、さらにシュムエルとは親友ではなく初対面だと答えたのは、いかがなもの？ブルーノ君、そりゃ卑怯だよ。いくら8歳でも、男同士の友情と信義は大切にしなければ・・・。

■□■まやかしのプロパガンダの実態が■□■

　ナチスドイツによるユダヤ人の大虐殺は歴史的な事実だが、ある日大勢の軍人たちがブルーノの家を訪れたのは、収容所所長として父親が製作したプロパガンダ映画を観るため。収容所内では食事はもちろん、娯楽設備も完備し、ユダヤ人は快適な条件下で明るく働いているようだ。そんな映像を覗き見たブルーノは、やっぱり僕のお父さんは立派な軍人だと誇りに思ったが、その本性は？それは、あれほど仲の良かった夫婦関係が、ある日のある出来事を契機として急転換していく中で描かれるから、是非あなた自身の目で。

　ちなみに、ここで流された短いプロパガンダフィルムは、現実に当時のナチスドイツが製作した貴重なものらしい。ホントにこんな快適な収容所なら私だって入りたいが、さてその実態は？

■□■ブルーノとシュムエルの和解が、悲劇の序曲に■□■

　あの日のひどい嘘以来、良心の呵責に苛まれ続けたブルーノは、毎日のようにシュムエルに会いに行ったが、シュムエルは出てこないまま。そんな中、夫婦仲が極端に悪化した父親は単身ここに残り、子供たちは母親と一緒に引っ越すようにと命じられたから、ブルーノの焦りは頂点に。そんな中、やっといつもの場所でシュムエルと会えたブルーノをシュムエルは許し、固い握手を交わしたが、それが悲劇の序曲になろうとは？

　ここでシュムエルがブルーノに打ち明けた不安は、いつもいるはずの場所に父親の姿が見えないこと。そう言われたブルーノが「じゃ、僕が一緒に探してあげる」と言ったのは当然だが、それは口だけで現実には不可能だったはず・・・。

■□■この悲劇はシェイクスピアの四大悲劇以上？■□■

　悲劇の序曲の第1章がブルーノとシュムエルの和解なら、悲劇の序曲第2章は、鉄条網の下を少し掘れば子供1人の身体なら収容所の中に入れるとわかったこと。ブルーノが収容所の中に入るには、シュムエルと同じ縞模様のパジャマが必要だが、それはいくらでもあるらしい。よし、それなら明日シャベルとサンドイッチを持ってくるから、ブルーノが

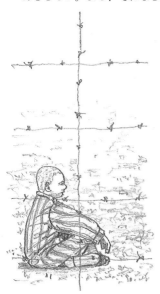

収容所の中に入ってシュムエルと一緒に父親を探そう。8歳の少年は互いにそんな固い約束を交わしたが、これが悲劇の序曲第3章。なるほど、本作のタイトルはそういう意味。つまり、『縞模様のパジャマの少年』とは必ずしもシュムエルのことではなく、ブルーノのこと？

　コトは順調に（？）運び、無事（？）ブルーノは縞模様のパジャマを着て収容所の中に入り込んだが、さてそこから起きる悲劇とは？シェイクスピアの四大悲劇は『ハムレット』『オセロ』『リア王』『マクベス』だが、重厚なバック音楽が響き渡る中で本作が描く悲劇は、それ以上？そんなクライマックスは、是非あなた自身の目で。

２００９（平成21）年7月11日記

Data

監督：ペペ・ダンカート
原作：ウーリー・オルレブ『走れ、
　　　走って逃げろ』（岩波書店刊）
出演：アンジェイ・トカチ／カミ
　　　ル・トカチ／エリザベス・デ
　　　ューダ／イテー・ティラン／
　　　ジニュー・ザマチョースキー
　　　／ジャネット・ハイン／ルカ
　　　ッツ・ギャジス／ライナー・
　　　ボック

SHOW-HEY シネマルーム

★★★★

ふたつの名前を持つ少年

2013 年・ドイツ、フランス映画
配給／東北新社・108 分

| 2015（平成 27）年 8 月 23 日鑑賞 | テアトル梅田 |

👀👀 みどころ

　ナチス・ドイツによるユダヤ人とポーランド人に対する迫害を描いた名作は多いが、「アウシュビッツ収容所解放７０年」の今年、実在の人物による自叙伝が映画に！

　原題『RUN　BOY　RUN』と邦題『ふたつの名前を持つ少年』を見れば、ストーリーの概ねの想像はつくが、本作ではユダヤ人とポーランド人の違いにも注目したい。

　8歳の少年なればこそその可愛さと機転が面白いが、張藝謀（チャン・イーモウ）監督の『活きる』（９４年）と同じように、「禍福は糾える縄の如し」の実感が・・・。

————＊————＊————＊————＊————＊————＊————＊————＊————＊————

■□■日本が「戦後７０年」ならユダヤは？■□■

　「戦後７０年」の節目の年となった今年の８月１５日、日本では各メディアが「あの戦争」の生き残りたちの証言を集めようと総力を結集した。他方、日本が「戦後７０年」なら、イスラエルやユダヤ人だって、２０１５年は「アウシュビッツ収容所解放７０年」の節目の年。そんな年に、ナチス・ドイツからホロコーストの大迫害を受けたユダヤ人の生き残りたちは？

　『あの日　あの時　愛の記憶』（１１年）は「アウシュビッツ収容所からの男女２人の脱走とその後の波乱、そして３２年後の２人の運命の再会、という信じられないような実話を基にした映画」だった（『シネマルーム２９』１４８頁参照）。他方、『縞模様のパジャマの少年』（０８年）は２人の８歳の少年を主人公とした、シェイクスピアの四大悲劇以上の

悲劇を描いたものだった（『シネマルーム２３』１０１頁参照）。

　それと同じように、本作は冒頭からたった一人でゲットーから逃走してきたユダヤ人の少年スルリック（アンジェイ・トカチ、カミル・トカチ）が１人雪の中をさまよい歩くシーンで始まるから、その辛さを思うだけで胸が締め付けられてくる。『人間の條件』（５９〜６１年）全６部作のラスト『人間の條件　完結篇（第５・第６部）』（６１年）では、梶上等兵が妻・美千子の名前を呼びながら雪の中で死んでいくシーンが描かれたが、ひょっとしてスルリックはこのまま雪の中で息絶えてしまうの・・・？

■□■ユダヤ人？ポーランド人？その区別はどこで？■□■

　ユダヤ人がナチス・ドイツからひどい迫害を受けたことは周知の事実だが、１９３９年９月１日のナチス・ドイツによるポーランド侵攻からわずか１ヶ月後にポーランドは西部はドイツの、東部はソ連の支配下に入れられた。そして、ナチス・ドイツ支配下のポーランド西部では、ユダヤ人と共にポーランド人に対する大迫害が・・・。

　アンジェイ・ワイダ監督の『カティンの森』（０７年）で、私ははじめて「カティンの森での大虐殺事件」を知り、すごいショックを受けた（『シネマルーム２４』４４頁参照）。そして、アグニェシュカ・ホランド監督の『ソハの地下水道』（１１年）の舞台も、ナチス・ドイツが支配する１９４３年のポーランドだった（『シネマルーム２９』１４１頁参照）。

　私たち日本人はユダヤ人とポーランド人の区別はつかないし、ヒトラーがユダヤ人とポーランド人をどのように区別していたのかもよくわからない。しかし、本作を観れば、あの時代にユダヤ人とポーランド人はこのように違っていたのだということが少しわかってくる。ところで、ユダヤ人とポーランド人はどうやって区別するの？それには男性に限ってのことだが、ユダヤ人男性特有の儀式としての「割礼」の有無を調べれば一発だが、さてその意味は？

■□■少年はなぜふたつの名前を？■□■

　飢えと寒さのため、行き倒れ状態となっていたユダヤ人の少年スルリックを温かい家に迎えて救ったのは一人暮らしの女性ヤンチック夫人（エリザベス・デューダ）。彼女はポーランド人で、夫と２人の息子はパルチザンとしてナチスと戦っているらしい。『００７』シリーズでジェームズ・ボンド役を演じたダニエル・クレイグが主演した『ディファイアンス』（０８年）は、ベラルーシの森の中に隠れ、パルチザンとしてナチス・ドイツに抵抗を続ける「ユダヤ人３兄弟」を描いた興味深い映画だった（『シネマルーム２２』１０９頁参照）。そこでは、ソ連赤軍がパルチザンとして描かれていたが、本作でヤンチック夫人が説明するように、多くのポーランド人の男たちも反ナチスのパルチザンとして活動していたわけだ。

　本作でスルリックは「ユレク・スタニャク」と名乗っているが、これは父親と（死に）別れる際、「ユダヤ人であることを忘れるな」、「しかし、決してユダヤ人であることを人に

見せるな」と言われ、知り合いのお店のおばさんの姓である「スタニャク」と、ケンカ相手のポーランド人の男の子の名前である「ユレク」をくっつけた「ユレク・スタニャク」という姓名を名乗ることに。

本作では、ヤンチック夫人の下でしばらく続いた平穏な生活の後、ヤンチック夫人に教えられたとおり、ポーランド人孤児ユレク・スタニャクとしてでっち上げた作り話をもっともらしく語ることによって大人たちの同情を買い、仕事と食事にありついていく８歳の少年の姿が描かれていく。まさにこれが８歳のユダヤ人少年スルリックの生きザマだったわけだ。しかし、一緒に森に隠れていたポーランド人の子供たちが殺されたり、森の中に一緒に逃げた無二の親友だった犬も殺されてしまう中、なぜユレクだけが生き長らえることができたの？それが本作の最大のポイントだ。

■□■脱走時８歳の男の子は今どこに？■□■

映画の撮影技術の進歩はすごいもので、本作の主人公ユレクは何とアンジェイ・トカチとカミル・トカチという双子の兄弟が演じているらしい。しかも本作の後半では、右腕を完全に失ってしまったユレクが登場してくるが、そんなシーンは一体どうやって撮影したの？

それはともかく、本作を監督した１９５５年生まれのドイツ人、ペペ・ダンカート監督は原作の映画化権を買い取ってまもなくの２０１１年に、今も実在している人物ヨラム・フリードマン氏に会い、インタビューをしたそうだ。パンフレットによれば、その最初の質問は「あなたにあれほどの危害を与えたドイツという国の監督が、あなたの人生を映画化することをどう思いますか」というものだったそうだが、さてそれに対する彼の回答は・・・？

本作では、飢えと寒さのため今にも息絶えそうになったスルリックは運良くヤンチック夫人に助けられたばかりか、あの厳しい時代をたくましく生き抜いていく。本作が描くストーリーはまさに８歳の少年スルリックがユレク・スタニャクとして生き抜くための「ロードムービー」だが、原作のタイトルは『ＲＵＮ　ＢＯＹ　ＲＵＮ』。パンフレットによれば、脱走時８歳だったスルリックは、無事生き長らえてナチス・ドイツの敗戦の日を迎えたばかりか、今ではイスラエルで妻と２人の子供そして６人の孫に囲まれて暮らしているらしい。その実在の人物の名前はヨラム・フリードマン。彼の自叙伝ともいえるものが本

作の原作となり、１７カ国でベストセラーとなったわけだ。さあ、あの苛酷な状況下で「生き残りの証人」スルリックが語る「ＲＵＮ　ＢＯＹ　ＲＵＮ」とは？

■□■まさに「禍福は糾える縄の如し」！■□■

　スルリックが生き抜くことができたのは、当然「絶対に生き延びるんだ」という父親との固い約束を守り抜こうとするユレクとしての強い意志と、「禍福は糾える縄の如し」ということわざの通り、大人たちとの数々の出会いにおける幸運と不運があった。張藝謀（チャン・イーモウ）監督の『活きる』（９４年）は激動する中国の現代史の中で「禍福は糾える縄の如し」を地で行くように生き抜いた夫婦の姿を描いた名作（『シネマルーム２』２５頁）だが、それは本作も同じだ。

　ヤンチック夫人との出会いも、それに続くある農家でのおじさんとの出会いもユレクの幸運。しかし、森から出たユレクがナチスにユダヤ人を差し出して報酬をもらうポーランド人のおばさんに騙されたのは不運。また、隙をついて脱走したＳＳ将校（ライナー・ボック）の妻であるヘルマン夫人（ジャネット・ハイン）が仕切る農場で、働くことができたのは幸運だったが、そこで脱穀機によって大怪我をしたのは不運。また、その手術の担当医から「ユダヤ人の手術はしない」と宣言されたのは不運だったが、その後、病院長の医師によって右腕は切断されながらも命だけは助かったのは幸運だった。さらに、病院を逃げ出して東へ東へと向かい、ロシア軍の戦車に見とれていた時、鍛冶屋を営む少女の家族に迎え入れられたのは大きな幸運だった。

　このように、１９４２年の夏から始まったスルリックの逃亡生活は今や１９４５年の夏を迎え３年を経ていたが、そこに登場してくるスーツ姿のユダヤ人モシェ・フレンケル（イテー・ティラン）がもたらす試練は、スルリックにとって幸運？それとも不運？

２０１５（平成２７）年８月２５日記

SHOW-HEY シネマルーム

★★★★

杉原千畝　スギハラチウネ

2015 年・日本映画
配給／東宝・139 分

2015（平成 27）年 10 月 16 日鑑賞　　東宝試写室

Data

監督：チェリン・グラック
出演：唐沢寿明／小雪／小日向文世
／塚本高史／濱田岳／二階
堂智／板尾創路／滝藤賢一
／石橋凌／ボリス・シッツ／
アグニェシュカ・グロホフス
カ／ミハウ・ジュラフスキ／
ツェザリ・ウカシェヴィチ／
アンナ・グリチェヴィチ／ズ
ビグニェフ・ザマホフスキ／
アンジェイ・ブルメンフェル
ド／ヴェナンティ・ノスル

👀 みどころ

　「命のビザ」によって多くのユダヤ人難民を救った日本人外交官・杉原千畝は、「日本のシンドラー」と呼ばれているが、その決断はどうして生まれたの？

　「フィクサー」と呼ばれる人物は瀬島龍三などたくさんいるが、千畝がソ連から「ペルソナ・ノン・グラータ」と呼ばれたのは一体なぜ？

　戦後70年の今年は安倍晋三政権による安全保障関連法案を巡って賛否両論が激突したが、現在の複雑な国際情勢を正確に分析するには、彼のような有能かつ人間味あふれる外交官の生き方に学ぶことが不可欠だ。

　内向きニッポンを脱却し、国際的なスタッフを結集した「戦後70年特別企画」の実現に拍手！

—— ＊ —— ＊ —— ＊ —— ＊ —— ＊ —— ＊ —— ＊ —— ＊ ——

■□■「戦後70年特別企画」の実現に拍手！■□■

　２０１５（平成２７）年は、「戦後70年」という特別な年になった。そんな２０１５年の最大のニュースは、政治的には「一強多弱」体制の下、安倍晋三政権による安全保障関連法案の成立だが、民主党を中心とする反対勢力と、朝日新聞を中心とする反安倍マスコミはこれを「戦争法案」と呼び、徹底抗戦の論陣を張った。そのことの是非は日本人１人１人がしっかり考えなければならないが、都市問題に加えて災害法制をライフワークにしている弁護士の私は、まずその内容をしっかり理解することが何よりも大切だと考えている。しかし、残念ながら日本人の多くはそれが全然できておらず、情緒的な賛成！反対！をくり返しているだけだ。

　他方、戦後70年の映画の企画としては、「あらためて8．15を考える」企画として実現した『日本のいちばん長い日』（15年）の公開がすばらしいものだった。そのインパクト性は三船敏郎が主演した『日本のいちばん長い日』（67年版）には及ばないものの、「終

戦記念日」を考える良いきっかけになったはずだ。同作の公開は２０１５年夏だったが、２０１５年冬の１２月５日から公開されるのが、『太平洋の奇跡　フォックスと呼ばれた男』（１１年）（『シネマ２６』未掲載）の制作チームが「戦後７０年特別企画」として２０１２年頃から立ち上げたプロジェクトで、日本に実在した外交官「杉原千畝」の半生に焦点をあてた本作だ。そんな杉原千畝に焦点をあてた本作のプロジェクトと「戦後７０年特別企画」の実現に拍手！

■□■国際色の豊かさに注目！島国ニッポンからの脱却を！■□■

　本作の監督は『ローレライ』（０５年）（『シネマ７』５１頁参照）や『太平洋の奇跡　フォックスと呼ばれた男』でＵＳユニットの監督をつとめた、アメリカ人の父と日系アメリカ人の母の長男として和歌山県に生まれたチェリン・グラック。杉原千畝を演じるのは唐沢寿明。その妻・幸子を演じるのは小雪だが、千畝の半生を描くについてその舞台は当然日本ではなく世界となる。したがって、本作はポーランドでオールロケされるとともに、共演者も千畝の諜報活動を支える右腕的存在となるペシュにボリス・シッツ、杉原の満州国外交部在籍時に、ソ連の機密情報を収集するため、千畝の諜報活動に協力していた白系ロシア人の女性イリーナにアグニェシュカ・グロホフスカ等がキャスティングされているから国際色豊かだ。

　私は婁燁（ロウ・イエ）監督の『パープル・バタフライ（紫胡蝶／ＰＵＲＰＬＥ　ＢＵＴＴＥＲＦＬＹ）』（０３年）（『シネマ１７』２２０頁参照）という中国映画が大好きで、何度もＤＶＤで見直しているが、同作も仲村トオルが章子怡（チャン・ツィイー）や李冰冰（リー・ビンビン）らと共演している国際色豊かで興味深い映画だ。『パープル・バタフライ』では仲村トオルは流暢な中国語をしゃべっていたが、本作では唐沢寿明が流暢な英語はもちろん、ロシア語、ドイツ語、フランス語など数カ国語を自由に操ったという実話に沿って、時々ドイツ語やロシア語もしゃべっているから、それに注目！内向きニッポンの風潮が強まっている昨今、本作の誕生を契機として、島国ニッポンからの脱却を！

■□■外交官の仕事は？インテリジェンス・オフィサーとは？■□■

　外交官の仕事は会議やパーティーに出席したり、ビザ発給等の実務を行うだけではなく、とりわけ国際情勢が風雲急を告げているときは情報収集ないし諜報活動が重要になる。諜報活動の本職はスパイで、その代表格はイギリスのＭＩ６（秘密情報部）やアメリカのＣＩＡ（中央情報局）やＦＢＩ（アメリカ合衆国連邦捜査局）だが、外交官にも「スパイもどき」の活動が要求されるのは当然。外交官の本来の仕事は国を代表して外国との問題解決や外国に滞在する自国民の保護や支援を行うことだが、そのための情報収集ないし諜報活動に携わる外交官のことをインテリジェンス・オフィサーと呼ぶらしい。

　それはそれでわかるが、本作冒頭のシークエンスで描かれる、千畝が担当した「北満鉄道譲渡交渉」の成功によって、千畝はソ連から「ペルソナ・ノン・グラータ」と呼ばれた

そうだ。「ペルソナ・ノン・グラータ」とは外交用語の1つで、ラテン語の直訳で「好ましからざる人物」の意から転じて、「歓迎されざる人物」という意味。千畝は満州国外交部を辞任後の1937年、在モスクワ日本大使館赴任予定だったが、ソ連から「ペルソナ・ノン・グラータ」とみなされて入国を拒否されたため、日本政府は国際慣例上先例なきことと抗議するも実らず、千畝は「ペルソナ・ノン・グラータ」に指定された日本で初めての外交官になったというから、すごい。

■□■なぜ千畝はペルソナ・ノン・グラータと呼ばれたの？■□■

杉原千畝が「シンドラーのリスト」と呼ばれる功績を残したことは私もよく知っていたが、彼がソ連から「ペルソナ・ノン・グラータ」と呼ばれていたことは、本作を鑑賞してはじめて知ることができた。織田裕二が主演した『T．R．Y．』（02年）（『シネマ2』217頁参照）や亀梨和也と伊勢谷友介が共演した『JOKER　GAME』（14年）（『シネマ35』未掲載）はあくまで架空の「スパイものエンタメ」だった。しかし、日露戦争時にロシア帝国公使館付陸軍武官として、首都サンクトペテルブルグのロシア公使館に着任した明石元二郎が行った諜報活動は、まさにホンモノ。もっとも、司馬遼太郎が『坂の上の雲』で描いたストーリーがすべて真実かどうかは疑問があるらしいが、まさに明石元二郎は「インテリジェンス・オフィサー」としてすばらしい実績を残した外交官だ。

すると、時代こそ違っても、千畝がソ連から「ペルソナ・ノン・グラータ」に指定されたのはすごいこと。千畝がそのままインテリジェンス・オフィサーとしての能力を発揮すれば、彼はその後も外交官としての立身出世ができたはずだ。ところで千畝は、「独ソ開戦必至」という情報を、ドイツと同盟を結ぶことが日本の将来を保証すると信じている駐ドイツ日本大使の上司・大島浩（小日向文世）に伝え、日米開戦に直結する日独伊三国同盟の締結に反対したため、残念ながらその道は断たれることに。

本作に描かれる千畝の外交官としての確かな情報収集能力と、大島ですら「君の予測は常に正しい」と舌をまいた分析力は、戦後70年の今こそ、しっかり検証する必要がある。

■□■オスカー・シンドラーとは？■□■

スティーヴン・スピルバーグ監督の『シンドラーのリスト』（93年）は、1994年の第66回アカデミー賞で12部門にノミネートされ、そのうち作品賞、監督賞、脚色賞、撮影賞、編集賞、美術賞、作品賞の7部門を受賞した名作だ。そのタイトルになっているシンドラーとは、ドイツ人実業家オスカー・シンドラーのことだ。

彼は第二次世界大戦時にナチス・ドイツによるユダヤ人の組織的大量虐殺（ホロコースト）が東欧のドイツ占領地で進む中、1100人以上ものポーランド系ユダヤ人を自身が経営する軍需工場に必要な生産力だという名目で絶滅収容所送りを阻止し、その命を救った人物として世界的に有名になった。そして、同作はホロコーストに関する映画の代表的作品となった。しかして、本作が描いた千畝が「日本のシンドラー」と呼ばれたのは一体

なぜ？

■□■なぜ千畝は「日本のシンドラー」と呼ばれたの？■□■

　それは、在モスクワ日本大使館赴任を拒否された千畝が１９３９〜４０年にかけてリトアニアにある在カウナス日本領事館領事代理として勤務していたときに、ドイツ占領下の

ポーランドから、リトアニアに逃れてきたユダヤ人に対して合計２１３９枚の日本を通過するビザ（命のビザ）を発給したためだ。ビザの発給要件等についての詳しい知識は本作を観て勉強してもらいたいが、本作最大のポイントは、外交官としてあくまでマニュアルどおり（つまり本国の指示どおり）の発給業務をやる

（にとどまる）のか、それとも、現場でのユダヤ人の命を救う可能性を追求するため、多少の違法やインチキはわかりつつ強引にビザの発給をするのかということだ。

　ビザの発給作業自体は、千畝の権限として持っている公用印を押し、サインをするだけだが、その決断はメチャクチャ重い。本作に登場する千畝の妻・幸子はあくまで控えめな演技で千畝の生き方を支えているが、千畝の苦悩のサマを見守る中でその決断を受け入れる姿は、やはり感動的。苦悩の末に千畝の右腕的存在であるペシュが、待ち受けている多くのユダヤ人に対して「これからビザの発給を開始します」と宣言した時には、思わず大粒の涙が・・・。これは、そんな大それた行為をすることのリスクを、千畝のみならず幸子も受け入れたからこそその決断だということがよくわかるからだ。各種各層の人間に与えられた「権限」をどのように使うかは、最終的にその人間の人間性によるものだということを、本作のそんな感動的なシーンを観てあらためて痛感！

■□■こんな先輩に注目！■□■

　本作のプレスシートには、「映画『杉原千畝　スギハラチウネ』の理解をもっと深めるための解説」があり、そこには①「インテリジェンス・オフィサー」とは？②「ペルソナ・ノン・グラータ」とは？③千畝が成功させた「北満鉄道譲渡交渉」とは？の他、④「独ソ不可侵条約」とは？や⑤千畝がつかんだ情報、「独ソ開戦」について、そして⑥イリーナのような「白系ロシア人」とは？等々の解説がある。また、千畝が「命のビザ」を発給する決断をするについて、大いに参考にした⑦オランダ領事代理のヤンが発給したビザについての解説もある。

既にナチス・ドイツの占領下にあったオランダではビザの発給は不可能であったため、ヤンが思いついた妙案（抜け道?）は、「オランダの植民地・カリブ海のキュラソー島であれば、ビザがなくても渡航できる」という旨を記した証明書を発行すること。これは、書類としての効力はないが、少なくとも避難民たちに形式上の行き先を与え、リトアニア脱出の口実となった。そこで難民たちが次に必要としたのは、経由国の追加ビザ。つまり、千畝が発給した「命のビザ」は、日本を経由して他国に行くことを許可する「追加ビザ」だ。本作にはそんな千畝の先輩の勇気ある姿が描かれているので、それにも注目!

■□■こんな同窓生にも注目！人間ってホントにいいもの！■□■

本作には、千畝がハルピン学院で共にロシア語を学んだ同窓生で、今は在ウラジオストク総領事代理をしている外交官・根井三郎（二階堂智）の苦悩と決断の姿も描かれる。根井が完全に定員オーバーとなるユダヤ人難民たちを、ウラジオストク～敦賀の定期連絡船「天草丸」に乗り込ませる決断を下すについて参考にしたのが、ＪＴＢ社員で、「天草丸」の乗務員・大迫辰雄（濱田岳）の意見。根井も大迫も千畝と同じように、それぞれ自己の与えられた職分と権限の中でリスクを省みず、人間として最善の決断を下したわけだ。

本作は「北満鉄道譲渡交渉」で千畝に協力しながら最後には千畝を裏切る、「男子たるもの戦わねば」という信条を持ち、目的のためなら手段を選ばない関東軍の軍人・南川欽吾（塚本高史）だけが「悪玉」として描かれている。つまり、その他の日本人はすべて「善玉」として登場しているから、その点に少し甘さがあるが、それでも２時間１９分の大作だった本作を観れば、「人間ってホントにいいものだ」という気持ちに浸ることができる。

■□■感動の再会と善意を信じる演出に拍手！■□■

千畝が発行したユダヤ難民へのビザは２１３９枚。その家族や子供たちの数を考えれば、彼の「命のビザ」によって救われたユダヤ難民の数は少なくとも６０００人にのぼると言われている。しかして、本作冒頭には、戦争終結後、命の恩人である「センポ」を捜して外務省を訪れてきたニシェリ（ミハウ・ジュラフスキ）の姿が登場する。リトアニアのカウナスに逃れてきたユダヤ難民のリーダー的存在で、各国の領事館に対してビザ発給を交渉したニシェリに対して、千畝の上司にあたる外務省の官僚・関満一朗（滝藤賢一）は、「センポ」などという外交官は存在しないと突き放したのは仕方ない。しかし、本作ラストには、外務省をやめ、モスクワで一民間企業の社員として働いている「センポ」を、ニシェリがやっと捜し当てる感動的なシーンが登場する。１９４０年という激動の時代のリトアニアで、「命のビザ」の発行を通じてつながったニシェリの千畝に対する感謝を直接伝えたいという思いが、この再会によってやっと実現できたわけだ。

歴史上の人物の半世紀を描く映画が「伝記的」になるのはいかがなもの、という意見があるのは仕方ないが、私は人間の善意を信じる演出に徹した本作に拍手を送りたい。

２０１５（平成２７）年１０月１９日記

第4編 ナチスドイツの残像があちこちに！
―美術品の数々は？あの謎は？この逸話は？―

第1章
ナチスに奪われた美術品を奪還せよ

1）若き日のヒトラーは画家志望だったから、絵画が大好きなのは当然。しかし、独裁者ともなれば、絵画は芸術としてよりも軍資金のために必要！世界中の美術品を集めたナポレオンと同じようにヒトラーがそう考えたかどうかは知らないが、快進撃するナチスドイツはヨーロッパ中のあらゆる美術品を根こそぎ強奪！

2）もっとも、美術品の真贋の見分けは難しい。しかも、アーリア人種の優劣性を唱えたヒトラーは古典派で、退廃芸術が大嫌いだったから、ゴッホもピカソもダメ。すると、彼が１９３７年から４４年まで開催した「大ドイツ展」の展示は如何に？

3）五木寛之の小説『戒厳令の夜』（76年）は興味深かったが、下記の４作品はいずれもナチスに奪われた美術品の奪還をめぐる面白いものばかりだ。名画にまつわるそんな歴史をしっかり味わいたい。

Data

監督：ウォルフガング・ムルンベル
ガー
脚本：ポール・ヘンゲ
出演：モーリッツ・ブライブトロイ
／ゲオルク・フリードリヒ／
ウルズラ・シュトラウス／マ
ルト・ケラー／ウド・ザメル
／ウーヴェ・ボーム／メラー
ブ・ニニッゼ／ライナー・ボ
ック

★★★★★

ミケランジェロの暗号

2010 年・オーストリア映画
配給：クロックワークス、アルバトロス・フィルム／106 分

2011（平成23）年10月1日鑑賞　　シネ・リーブル梅田

みどころ

　ナチス・ドイツによるユダヤ人の悲劇をテーマとしながら、『イングロリア
ス・バスターズ』（０９年）にも共通するユーモアいっぱいの傑作が誕生！『ヒ
トラーの贋札』（０６年）も面白かったが、第１に絵画の真贋と、第２に親衛
隊とユダヤ人の「チェンジリング」をテーマとした本作はもっと面白い。

　原題も英題も「私の好敵手」だが、邦題の「暗号」の意味は？ある「遺言」
の意味が明かされる結末に、思わずカイカン！

────＊──＊──＊──＊──＊──＊──＊──＊──＊──＊──

■□■二匹目のどじょうがここに！■□■

　鳩山由紀夫・菅直人と出来の悪い民主党の総理大臣が２代続いた日本では、民主党３代
目の野田「どじょう内閣」が登場したが、さて、その実力のほどは・・・？２０１１年８
月２９日の民主党代表選挙における野田佳彦候補の演説によって俄然人気が高まったのが、
あいだみつお氏の「どじょうがさ　金魚のまねすることねんだよなあ」という詩だが、い
つまでもどじょうのままでは、３．１１東日本大震災での被災地は、そして日本は浮かば
れず、いつか金魚にならなくちゃと私は思っている。

　他方、オーストリアを代表するウォルフガング・ムルンベルガー監督は、第８０回アカ
デミー賞外国語映画賞を受賞した『ヒトラーの贋札』（０６年）（『シネマルーム18』26
頁参照）に続いて、「真贋」をテーマとする本作で二匹目のどじょうを狙い、見事にそれを
成功させた。柳の下に二匹目のどじょうがいたわけだが、それは一体なぜ？

■□■絵の贋作など、贋札造りに比べれば・・・？■□■

贋札造りは、国家的な犯罪だが、絵の取引を巡る真贋論争などは、いくらミケランジェロの名作と言っても所詮私的取引の問題の範囲内。私はそう思っていたが、ナチス・ドイツがイタリアとの同盟を確固たるものにするめに、ムッソリーニにミケランジェロの絵を贈るともなれば、その真贋は国家的一大事。４００年前にバチカンから盗まれたというミケランジェロの幻の名画を、同盟の証としてムッソリーニ総統に贈ったのに、イタリア人の鑑定人が断言するように、もしそれが贋作だとしたら・・・？

　スクリーン上では、１９４３年の某時期にヒトラーがムッソリーニとどういう手順で「ご対面」すべきかをめぐって互いの幹部たちがやりあうシーンが登場するが、鑑定人が言うように、そんなくだらないことに神経を使わず、絵の真贋をきちんと解明しなければ・・・。

　この絵は、親衛隊が今から５年前の１９３８年に、ウィーンで画廊を経営する裕福なユダヤ人ヤーコブ・カウフマン（ウド・ザメル）から没収したものだが、その絵が贋作！そんな馬鹿な！そんな種や仕掛けは、一体誰がいつ？『ヒトラーの贋札』も面白かったが、本作もメチャ面白い。

『ミケランジェロの暗号』　9/10（土）より TOHO シネマズシャンテ他にて公開
(c) 2010　AICHHOLZER FILM & SAMSA FILM ALL RIGHTS RESERVED

■□■構成の妙に感服！■□■

　日本海軍による真珠湾の奇襲攻撃は１９４１年１２月８日（日本時間）だが、これによって戦争のあり方がそれまでの「大艦巨砲主義」から「航空機決戦主義」に大転換！いくら軍艦から機銃を発射しても、航空機のスピードが速ければなかなか当たるものではないことは常識的に考えればわかるが、本作冒頭には面白いシーンが登場する。それは、夜の

暗い中を飛んでいる1機の飛行機を、土の上に仰向けに寝転がった兵士たちが空に向けた機関銃を、望遠鏡を持ったリーダーのかけ声に応じて一斉にぶっ放すシーン。この一斉銃撃によって、銃弾は見事に上空の飛行機に命中。たちまち火を噴いた飛行機は地上に墜落したが、さて、この飛行機には誰が？また、こんなゲリラ戦法で見事に飛行機を撃ち落とした部隊とは？

　映画はその後、父親ヤーコプ・カウフマンの片腕としてウィーンの画廊を切り盛りしている息子のヴィクトル・カウフマン（モーリッツ・ブライプトロイ）のもとに、久しぶりに親友のルディ・スメカル（ゲオルク・フリードリヒ）が戻ってくるシークエンスが描かれる。そして、某所に隠してあったミケランジェロの絵のありかをヴィクトルがルディに教えたため、親衛隊に寝返ったルディやその上司であるヴィドリチェク大佐（ウーヴェ・ボーム）たちによって没収されるとともに、ユダヤ人であるカウフマン一家が強制収容所に送られるという悲しいストーリーが展開していく。そのストーリーが一段落すると、今度は没収したミケランジェロの絵が贋作であったと判明する、前述した１９４３年のシークエンスだ。そこで、ヴィドリチェク大佐がルディに下した命令は、ポーランドの収容所にいるヴィクトルを尋問し、何が何でもホンモノのありかを聞き出すこと。ポーランドの収容所で５年ぶりにヴィクトルに会ったルディは、ヴィクトルから「母をスイスに移してくれたら教える」と言われると、逆にヴィクトルをベルリンへ移送して尋問することになったが、そこで乗り込んだ飛行機がポーランド上空でパルチザンたちに撃墜されたわけだ。映画冒頭のシーンが、その後１時間弱のストーリー展開を経て、「なるほどこういう流れだったのか」と誰もが納得する形で登場してくると、その時点で「構成の妙」に感服！

　幸いヴィクトルもルディも命は助かったが、右足を負傷したルディは歩けない状態。２人はやっと今小屋の中に入ったが、ここをパルチザンたちが襲ってくれば・・・。

■□■「チェンジリング」の妙をタップリと！■□■

　アンジェリーナ・ジョリーが第８１回アカデミー賞主演女優賞を受賞した『チェンジリング』（０８年）での最大のポイントは、「取り換えられた子供」というタイトルどおりの失踪、発見、別人という導入部を経て、権力、悪魔、事件という後半のストーリーの軸の中で描かれる、ロス市の腐敗と闘い続けるヒロインの姿だった（『シネマルーム２２』５１頁参照）。他方、クエンティン・タランティーノ監督の『イングロリアス・バスターズ』（０９年）は、アメリカの特殊部隊イングロリアス・バスターズを率いるブラッド・ピット扮するアルド・レイン中尉が、後半ナチス親衛隊のランダ大佐に「チェンジリング」していったことから大事件が・・・（『シネマルーム２３』１７頁参照）。しかして、本作が見せつけてくれる「チェンジリング」の妙は、あの小屋の中でヴィクトルとルディが「チェンジリング」することによって、以降あっと驚くストーリーが展開していくことだ。パルチザンが小屋に突入してくれば、ナチス親衛隊のルディは確実に処刑。しかし、もし彼が囚人服

を着たユダヤ人だったら？そう考えたヴィクトルは自分が着ていた囚人服をルディに着せ、ルディの親衛隊の服装を隠そうとしたが、それはなぜ？それは、ここに至ってもなおヴィクトルが、カウフマン家に２５年間も仕えてきた使用人の息子だったドイツ人のルディのことを親友と思っていたためだが、実際に突入してくるのがパルチザンではなく、飛行機が墜落したことを聞いて救援に駆けつけてきた親衛隊であることに気づいたヴィクトルは、とっさに捨てようとしていた親衛隊の軍服に身を包んだから、ルディはビックリ！こりゃ一体どうなってるの？

　さあ、見事にルディへの「チェンジリング」に成功したヴィクトルのその後の立場と運命は如何に？逆に一転囚人服を着たユダヤ人になってしまったルディの運命は如何に？

『ミケランジェロの暗号』　9/10（土）より TOHO シネマズシャンテ他にて公開
(c) 2010 AICHHOLZER FILM & SAMSA FILM ALL RIGHTS r

■□■やっぱり芝居には、相方が大切！■□■

　『ライフ・イズ・ビューティフル』（９７年）と『聖なる嘘つき　その名はジェイコブ』（９９年）は、ナチス・ドイツによるユダヤ人迫害を描いた名作中の名作で涙を誘う映画だった（『シネマルーム１』４８頁参照）（『シネマルーム１』５０頁参照）。また６月１０日に観た『黄色い星の子供たち』（１０年）も涙を誘う映画だった。しかし、『ヒトラーの贋札』も本作もユダヤ人の悲劇を描きながらも、なぜか涙とは無関係。それは、ミケランジェロの絵の真贋をめぐってスリリングな展開が続いていくにもかかわらず、チェンジリングしたヴィクトルとルディのその後の動きを観客は少しユーモアをもって見ることができるためだ。

それをさらに助長するのが、ヴィクトルの恋人であり、カウフマン一家が強制収容所に送られた後はカウフマン一家の財産一切を譲り受けた女性・レナ（ウルズラ・シュトラウス）が、緊迫の場面で何ともうまいお芝居をすること。ルディになりすましたヴィクトルが「絵はスイス銀行の金庫にあり、ヴィクトルと母が立ち会ってサインしないと開けられない」とベルリンに報告したため、今なお生存中のヴィクトルの母ハンナ・カウフマン（マルト・ケラー）に同行することになったのが、今はルディと婚約し、軍の無線担当をしているレナ。ポーランドに飛んでヴィクトルとルディに再会すれば、当然どちらがヴィクトルでどちらがルディかはバレバレ。するとこれにて、ヴィクトルの命運は尽きるのか？誰もがそう思ったが、やっぱり芝居には相方が大切。レナが「ルディ！」と叫びながらその胸の中に飛び込んでいったのは、何とルディに扮したヴィクトルだったからビックリ。しかし、いつまでこんな危険な綱渡りの芝居が続けられるの？

■□■恐るべし！ユダヤ人の交渉力！■□■

ポーランドの小屋でとっさに思いついた「チェンジリング」と、その芝居の相方レナの名演技によってヴィクトルは今窮地を脱しかけていたが、ここまでだって綱渡りの連続だから、いつかはこんな芝居はバレてしまうのでは？映画の脚本としても当然そうしなければ面白くないから、ある日ある事情によって形勢は再び逆転し、再びナチス親衛隊の制服はルディの身につけられることに。さあ、ミケランジェロの絵の在り処は？結局その所在は今は亡きヤーコプ・カウフマンしか知らなかったわけだが、そうなれば、あとはヤーコプの合理的な意思を推測して隠し場所を探すしかない。しかして、ルディが遂に「本物」を発見した隠し場所とは？

これにて万事休す。観客は誰もがそう思ったはずだが、ユーモアたっぷりに作り上げられた本作は、何とこのタイミングでムッソリーニ失脚のニュースを報じたから、さらにストーリーは大転換！ムッソリーニが失脚すれば、ナチス・ドイツの崩壊も近い。そうすると、それまでは憧れだったナチス親衛隊の今後は？そんな風にヴィクトルから今後の身の振り方を暗示されたルディは、ミケランジェロの絵とウィーンの画廊をもらい受けることを条件にヴィクトルの命を助けることを承諾したから面白い。９月２９日に観た『孔子の教え』（０９年）における孔子の交渉力もすごかったが、恐るべし！ユダヤ人の交渉力！平和ボケした今の日本人は、こんな交渉力を見習わなければ・・・。

■□■この遺言の意味は？このカイカンはどこから？■□■

本作はミケランジェロの絵の真贋がストーリーの軸だが、その中で面白いのがヴィクトルとルディの人間関係。しかして、本作の原題も英題も『私の好敵手』だが、邦題は「ミケランジェロの暗号」。映画は冒頭の飛行機が墜落するシークエンスの後、主に①１９３８年のオーストリアのウィーン、②１９４３年のドイツ・ベルリン、を舞台として展開され

るが、ラストは戦後。ヴィクトルとの約束（密約？）どおり画廊の主となったルディは、平和を取り戻したウィーンで、今絵画のオークションを開こうとしていた。例のミケランジェロの絵も飾られたオークション初日

『ミケランジェロの暗号』 9/10（土）より TOHO シネマズシャンテ他にて公開
(c) 2010 AICHHOLZER FILM & SAMSA FILM ALL RIGHTS RESERVED

には大勢の客が押し寄せ、ルディはその対応に大わらわ。そこに「本物の愛」を実らせたヴィクトルとレナの2人が母親ハンナとともに駆けつけてくれたから、ルディは大喜び。ヴィドリチェク大佐の命令によってヴィクトルとその両親が強制収容所に送られた後、ルディは「偽りの愛」の中でレナと婚約し、同居していたが、その実家の壁に飾られていたのがヤーコプの肖像画。しかし、いつもこれに見張られているような圧迫感を覚えていたルディは、いつの頃からかその絵を撤去させていた。しかしウィーンに平和が戻った今、ヴィクトルやハンナにとってこの肖像画は何よりもヤーコプのことを思い出させるものだから、今日ヴィクトルたちが画廊にやって来たのはこの絵を買い戻すため。そんな話を聞いたルディは今や大金持だから鷹揚に「その絵はプレゼントするよ」と言ってくれたから、ヴィクトルたちは大喜び。ところがそんな中、ミケランジェロの絵をチェックした、「あの時」のイタリア人の鑑定人がこのミケランジェロの絵は贋作だ！という爆弾発言を！このミケランジェロの絵は、あの日旅行鞄の中に亡ヤーコプが隠していたものをルディが推理を働かせてやっと探り当てたものだから、本物に違いない。ルディはそう確信していたのに、この鑑定人の発言は一体ナニ？

　私たち弁護士はいつも依頼者に「遺言のすすめ」を説いているが、強制収容所の中で多くのユダヤ人から慕われながら亡くなったヤーコプが息子のヴィクトルに言い残した遺言は、「視界から私を消すな！」という訳のわからないもの。ところが、その遺言の意味がラストに至ってやっと判明！狼狽するルディを尻目に、悠然と画廊から姿を消していくヴィクトルたちの姿を観て、観客は思わずカイカン！ここではじめて観客は、『ミケランジェロの暗号』という邦題の奥深さに感服するはずだ。

2011（平成23）年10月5日記

Data

監督：サイモン・カーティス
出演：ヘレン・ミレン／ライアン・
　　　レイノルズ／ダニエル・ブリ
　　　ュール／ケイティ・ホームズ
　　　／タチアナ・マズラニー／マ
　　　ックス・アイアンズ／チャー
　　　ルズ・ダンス／エリザベス・
　　　マクガヴァン／ジョナサ
　　　ン・プライス／フランシス・
　　　フィッシャー／アンチュ・ト
　　　ラウェ

★★★★

黄金のアデーレ　名画の帰還

2015 年・アメリカ、イギリス映画
配給／ギャガ・109 分

| 2015（平成27）年11月6日鑑賞 | ギャガ試写室 |

👀 みどころ

　ナチス・ドイツによる美術品の強奪は有名だが、クリムトの名画「黄金のアデーレ」の真の所有者は？

　アメリカに亡命できただけでもラッキーなのに、82歳になったマリアはなぜオーストリア政府を被告とする返還請求の民事訴訟を決意したの？また、新米弁護士はなぜそれに命を燃やしたの？

　こりゃ歴史の勉強のみならず、「主権免除」の論点を中心とした法科大学院の教材として最適！しかし、その最終弁論を聞くと、やっぱり理屈も大切だが、人の心に訴えることの重要性を再確認！

————＊————＊————＊————＊————＊————＊————＊————＊————

■□■オーストリアの併合とナチスによる美術品の強奪■□■

　オーストリアのウィーンと言えば、モーツァルトの時代、「音楽の都」として有名だが、そのオーストリアが1938年3月13日ナチス・ドイツに併合されたことは、私が大好きでベスト1に挙げるミュージカル映画『サウンド・オブ・ミュージック』（65年）の物語でも有名だ。ナチス・ドイツに抵抗していたトラップ大佐とその家族は、ザルツブルグのファミリー音楽祭で歌った後、無事アメリカに亡命した。しかし、歴史的事実として、オーストリア国民はナチス・ドイツを歓喜の声をもって迎えたことは、本作を観ればよくわかる。

　他方、ナチス・ドイツによる国家的な美術品の強奪は有名で、弁護士登録数年後に読んだ五木寛之の小説『戒厳令の夜』（76年）では、ナチス占領下のパリで奪われた1枚の名画をめぐるダイナミックな物語が面白かった。また、近く鑑賞予定の映画『ミケランジェ

ロ・プロジェクト』（１３年）では、ナチス・ドイツに奪われた美術品を奪還するため、１９４４年７月にフランスのノルマンディに上陸した、芸術の専門家で結成された特殊部隊"モニュメンツ・メン"の活躍が描かれているそうだから楽しみだ。

■□■クリムトの名画とオーストリアにおけるホロコースト■□■

オーストリアのエリザベート通りにある宮殿風のアパートに住む「ブロッホ＝バウアー」と称する一家は非常に裕福で、芸術家のパトロンとして有名だったらしい。そこには、画家のクリムト、作曲家のマーラー、作家のシュニッツラー、精神科医のフロイト等々が集まっていたというからすごい。

『黄金のアデーレ 名画の帰還』発売中　価格：１,１４３円（税抜）
発売・販売元：ギャガ
All Program Content © 2015 The Weinstein Company LLC. All Rights Reserved.

その家の中で、画家のクリムトが若き日の美女アデーレ・バウアー（アンチュ・トラウェ）をモデルに描いた絵が「アデーレ・ブロッホ＝バウアーの肖像Ｉ（黄金のアデーレ）」だ。

他方、ナチス・ドイツによるユダヤ人へのホロコーストは、ドイツ国内や侵攻し征服したポーランド、フランスのみならず、併合したオーストリア国内でも進められ、オーストリアの名家だった若き日のマリア・アルトマン（タチアナ・マズラニー）の両親も、ユダヤ人という理由だけで否応なく収容所へ。そして、ストラディバリウスのチェロや数々の名画を含むブロッホ＝バウアー家の財産は、すべて没収。ちなみに、アデーレから姪にあたるマリアに譲られたネックレスは、悪名高きナチス・ドイツの政治家ゲーリングの妻の首を飾ったというからひどいものだ。

マリアとその夫フリッツ・アルトマン（マックス・アイアンズ）だけは危機一髪、スイスを経由してアメリカへの亡命に成功し、戦争後も生き残ったが、さて「黄金のアデーレ」の絵は一体どこへ？

■□■「黄金のアデーレ」の返還請求は？審問会の結論は？■□■

本作は、アメリカ亡命後、ロサンゼルスで小さなブティックを切り盛りし、夫亡きあと

も一人で溌剌と生きていたマリア・アルトマン（ヘレン・ミレン）が、８２歳になった１
９９８年に新米の弁護士ランドル・シェーンベルク（ライアン・レイノルズ）と共に、１
９４３年以降オーストリア国立ベルベデーレ美術館に展示されている「黄金のアデーレ」
の返還を求めて活動する姿を描くもの。法が改正されたオーストリアでは、ナチスに没収
された美術品の返還を求める過去の訴えについて審問会で再審理が行われるらしい。そう
聞いたマリアは、その戦いを続けていた姉ルイーゼの遺志を継いで、新たな戦いに挑む決
意をしたわけだ。

　ウィーンでのマリアの戦いを応援したのはオーストリア人のジャーナリスト、フベルト
ゥス・チェルニン（ダニエル・ブリュール）だが、「政府は国のイメージアップとして返還
を持ち出したが、重要な美術品は手放さないはずだ」というのが彼の予想だった。しかし、
フベルトゥスの協力を得て、美術館の資料室からアデーレの遺言書を発見したマリアとラン
ドルは、それによって「黄金のアデーレ」の所有権が伯父にあり、マリアと姉に全財産
を残すという伯父の遺言だけが法的な効力を持っていると確信し、戦いに挑むことに。と
ころが、審問会は１９９９年にまさかの返還却下の決定を下したうえ、文化大臣は「ご不
満なら残る道は裁判です」と言い放ったから、マリアが激怒したのは当然。大臣に対して
「恥を知りなさい」と一喝したマリアだったが、オーストリアで「黄金のアデーレ」の返
還を求める民事訴訟を起こすなら１８０万ドルという巨額の預託金が必要だと聞かされて
は、さすがのマリアも以降の戦いはあきらめざるをえないことに・・・。

■□■「主権免除」とは？法科大学院の教材として最適！■□■

　この映画は法科大学院の教材として最適！そう思える映画はたくさんあるが、本作もそ
の１本だ。アメリカに住むマリアがオーストリア国立ベルベデーレ美術館に展示されてい
る「黄金のアデーレ」についてマリアの所有権を主張し、オーストリア政府を被告として
返還請求の民事訴訟を提起することができるか否かは、国際民事訴訟法の問題。そして、
そこには被告が国または下部の行政組織の場合、外国の裁判権から免除されるという「主
権免除（国家免除、裁判権免除）」の問題がある。

　主権免除には、絶対免除主義と制限免除主義があり、かつては絶対免除主義が主流だっ
たが、近時は制限免除主義が有力になっている。そして、１９７２年に欧州評議会が「欧
州国家免除条約」を作成し、１９７６年に米国が「外国主権免除法」を、また、１９７８
年に英国が「国家免除法」を制定するなど、制限免除主義に立った国内法等を整備する国
（地域）も現われ、裁判実務も積み重なってきた。他方、日本でも大審院昭和３年１２月
２８日決定が、絶対免除主義をとる判断を下して以来、最高裁判所における判例がない状
態が続いていたが、最高裁判所平成１８年７月２１日第二小法廷判決は制限免除主義を採
ることを明言し、大審院の判例を変更した。この制限免除主義の考え方によれば、アメリ
カに住むマリアがオーストリア政府を被告として、「黄金のアデーレ」の返還を求める民事

訴訟をアメリカの裁判所に提起できるはずだ、というのが新米弁護士ランドルの発想だが、さてそんな訴訟を提起した場合、勝訴の見込みは・・・？

　もともと、ランドルがマリアに付き合ってウィーンまで出向いたのは、「黄金のアデーレ」が1億ドルもすると知ったスケベ根性からだったが、審問会の却下決定を受けたマリアが諦めていた訴訟の可能性をランドルがひたすら追求し、「そんな手」を考え出したのはお手柄。しかし、それもやっぱり莫大な報酬をもらえるかもしれないというスケベ根性のため？それとも・・・？

　本作を鑑賞するについては、法科大学院の教材として最適と考えられる「主権免除」の論点と、貧乏弁護士のランドルがなぜここまで頑張ったかについて、じっくり考えてもらいたい。

『黄金のアデーレ 名画の帰還』発売中　価格：1,143円（税抜）発売・販売元：ギャガ All Program Content
© 2015 The Weinstein Company LLC. All Rights Reserved.

■□■本作は結果オーライだが、委任契約はしっかりと！■□■

　弁護士としての私の目で、本作における依頼者マリアと弁護士ランドルの関係をみると、委任契約書を締結していない、という根本的な問題がある。何事もビジネスライクなアメリカと違って、日本は何事も情緒的だから、私が弁護士登録した当時は、カネのことを事前に契約書に明記しておくのは、はしたないという風潮だった。しかし、近時は委任契約書の締結は絶対とされているうえ、噂によると一般の商売並みに、事前の見積もりで価格競争まで・・・。

　本作に見るマリアはそれなりにリッチそうだから、ウィーンへの旅費、滞在費は最高額が出ているようだし、請求却下とされた審問会の手続でも、報酬はなくともそれなりの慰労金はランドルに支払われたはずだ。本作を見る限り、アメリカでも新米弁護士の生活は厳しそう。いったん独立したがうまくいかなかったランドルは、某大手法律事務所への（仮）就職を喜んでいたから、あまりマリアの事件ばかりに手をかけすぎると問題を起こすのでは・・・？そんな心配をしていると案の定、ウィーンへの出張は「瓢箪から駒」を期待し

て許されたものの、やはりそれは失敗だったと覚った上司から、「きっぱり、この件から手を引き、事務所の事件をやれ！」と命じられたランドルはどうするの？

　ここで、スンナリ引いたのでは男がすたると考えたランドルは、身重の妻パム・シェーンベルク（ケイティ・ホームズ）にも相談せず、マリアの事件に専念するため「事務所をやめてやる！」と決意。本人はそれでいいかもしれないが、それに対する妻の反応は？さらに、審問会の却下によって、マリアは完全に「黄金のアデーレ」の返還請求を諦めていたから、ランドルの勝手な行動におかんむり。その結果、「もうあなたは解任よ」とまで言われてしまったから、こりゃ弁護士と依頼者の関係として最悪だ。そこでランドルは、「ボクはこの事件をやるため事務所までやめてしまったのに・・・」とマリアに対して怒りをぶつけたが、それは当初から委任契約書をきちんと交わしていない新米弁護士の不手際としか言いようがない。

　もっとも、そんな最悪の展開になったのでは感動的な映画が成立するはずはないから、その後の展開は全然違うものになっていくのだが、ベテラン弁護士の私としては若手弁護士に対して本作は結果オーライだが、委任契約はしっかりと！というアドバイスをしておきたい。

■□■本作から学ぶ弁護士の弁論術は？■□■

　弁護士にとっての「法廷の華」は丁々発止のやりとりが注目される証人尋問だが、同時に民事でも刑事でも弁護士にとっては弁論術が大切。書面を重視する日本の民事訴訟では、いわゆる「書き弁」が尊重され、「しゃべり弁」はあまり育たなかった。しかし、裁判員裁判が導入された２００９年５月以降は、刑事法廷における弁護士の弁論術の大切さが再確認された。ちなみに、もともと書面よりも法廷での弁論を重視するアメリカでは、弁護士の弁論術は何よりも大切とされている。

　しかして、ジョン・グリシャム原作の『評決のとき』（９６年）（『名作映画から学ぶ裁判員制度』４８頁参照）や『レインメーカー』（９７年）（『名作映画から学ぶ裁判員制度』４１頁参照）等々の「法廷モノ」では弁護士の最終弁論がハイライトになるが、それはランドルがオーストリア政府を被告としてアメリカの裁判所に提起した「黄金のアデーレ」の返還を求める民事訴訟でも同じだ。一審、二審と敗訴したにもかかわらず、被告側は強気。しかして、最高裁判所におけるランドルの感動的な最終弁論が登場するので、法科大学院生はもとより、法曹関係者はそれに注目したい。

■□■最高裁判決後の更なる山は？■□■

　私は阿倍野再開発訴訟で昭和６３年６月２４日に画期的な大阪高裁判決を、また平成４年１１月２６日に画期的な最高裁判決を獲得した。しかし、それは阿倍野再開発事業の事業計画決定の段階で争訟成熟性が認められるため、行政訴訟（処分の取消訴訟）が提起で

きることが認められただけで、事業計画の内容が違法か否かは、大阪地裁に差し戻して一から審理しなければならなかった。

しかして、マリアとランドルの場合も、アメリカの最高裁判所で「黄金のアデーレを引き渡せ」と命じる勝訴判決を獲得しても、それが現実に執行できるかどうかは別問題だった。そこで、最高裁判決後の更なる山は、ランドルがウィーンで提起した調停（仲裁？）手続となったから、その帰趨は３名の調停員の判断に委ねられることになった。ここらあたりの法的手続は、安全保障法制や大阪都構想の具体的内容がわかりにくいのと同じように、極めてわかりにくい。したがって、その点についての正確な情報はしばらく横におき、

ここでもランドルが調停員に対して語りかける「最終弁論」に注目したい。私の弁護士生活４０年の経験によれば、こんな場合は細かい法律論を展開するより、調停員の心に訴えかけた方がベター。それはランドルも同じ考えだったようで、そこでの彼の最終弁論はオーストリア人としての自覚と誇りを問いかけるものだった。しかして、調停員の結論は・・・？

そして、すべての戦いが終わった後の「黄金のアデーレ」の行方は？そして、マリアの人生とランドルの人生は？それは本作のラストの字幕に表示されるとおりだが、なるほどなるほど・・・。今ドキの法科大学院生や若手弁護士は、「司法の容量が小さすぎる」と嘆く前に、本作のような分野にも弁護士の活躍分野があることをしっかり自覚したい。

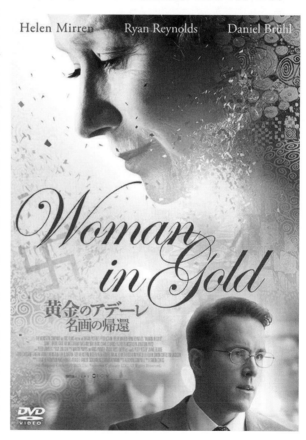

Helen Mirren Ryan Reynolds Daniel Brühl

Woman in Gold

黄金のアデーレ
名画の帰還

DVD VIDEO

『黄金のアデーレ 名画の帰還』発売中　価格：1,143 円 （税抜）
　発売・販売元：ギャガ
All Program Content © 2015 The Weinstein Company LLC. All Rights Reserved.

２０１５（平成２７）年１１月１１日記

Data

監督・製作・共同脚本：ジョージ・クルーニー

原作：ロバート・M・エドゼル『ミケランジェロ・プロジェクト』（角川文庫刊）

出演：ジョージ・クルーニー／マット・デイモン／ビル・マーレイ／ケイト・ブランシェット／ジョン・グッドマン／ジャン・デュジャルダン／ヒュー・ボネヴィル／ボブ・バラバン

ミケランジェロ・プロジェクト

2013年・アメリカ映画
配給：プレシディオ／118分

2015（平成27）年11月23日鑑賞　TOHOシネマズ西宮OS

★★★★

👀👀 みどころ

　ナチス・ドイツがヨーロッパ各地から略奪した美術品は、とてつもない量、そしてとてつもない価値！もし、ヒトラーの「ネロ指令」によってそれがすべて破壊されていたら・・・？

　それを阻止すべく、「七人の侍」ならぬ美術関連の7名の学者たち（？）によって組織されたモニュメンツ・メンは、どんな理念を抱いてアメリカからヨーロッパへ？

　描き方によっては壮大な社会派ドラマだが、監督・製作・脚本のジョージ・クルーニーは徹底したエンタメ作品に仕上げている。「七人の侍」も4人が死亡したが、モニュメンツ・メンの犠牲は3人。しかして、モニュメンツ・メンが命を張った崇高な任務の価値はHow　much？

——＊——＊——＊——＊——＊——＊——＊——＊——＊

■□■本作は社会派系？それともエンタメ系？■□■

　本作で主演すると共に監督・製作・共同脚本を務めたジョージ・クルーニーは、今や「ハリウッドの至宝」と呼ばれる存在になっている。彼のエンタメ系の代表作は『オーシャンズ』シリーズ（01年、04年、07年）（『シネマルーム1』32頁、『シネマルーム7』140頁、『シネマルーム15』28頁参照）。そして、社会派系の代表作は『グッドナイト&グッドラック』（05年）（『シネマルーム11』175頁参照）、『スーパー・チューズデー　正義を売った日』（11年）（『シネマルーム28』126頁参照）、『シリアナ』（05年）（『シネマルーム10』136頁参照）だ。しかして、本作はどっち？

　『パリよ、永遠に』（14年）は、ヒトラーが計画し命令した「パリ爆破計画（命令）」

の実行を義務付けられたナチス将校と、それを阻止しパリを守るべく説得するスウェーデ
ン総領事の息詰まる攻防を描いたシリアスな映画だった（『シネマルーム３５』２７３頁参
照）。したがって、同じくヒトラーが１９４５年３月に下した、各国から略奪した美術品を
「ドイツが敗北した際には敵国に何一つ渡さず、全てを破壊すること」という「ネロ指令」
を阻止し、美術品を奪還する任務を負った「モニュメンツ・メン」たちの活躍を描く本作
も、当然シリアスな社会派系？しかも、ジョージ・クルーニーは『アルゴ』（１２年）（『シ
ネマルーム３０』１０頁参照）や『ゼロ・グラビティ』（１３年）（『シネマルーム３２』１
６頁参照）でアカデミー賞を狙ったのだから、多くのビッグネームを集め多額の製作費を
つぎこんだ本作も、当然そんな路線？そう思うのは当然だが、パンフによると、意外にも
ジョージ・クルーニーは、「我々は今回そもそも、アカデミー賞が取れそうな作品なんかよ
り、ただただ面白くて、しっかりしたエンターテインメントを作ろうって思ってた。」と語
っている。

　「オーシャンズ」のメンバーは１１→１２→１３名と増えてきたが、徹底したエンタメ
作品としての性格上、誰も死なないのが大前提。しかし、第２次世界大戦末期に敢行され
た１９４４年６月のノルマンディー上陸作戦の中でヨーロッパに入り、「略奪された美術品
の奪還」という危険かつ困難な任務に立ち向かった７名の「特殊部隊」である「モニュメ
ンツ・メン」に、多少の犠牲が出るのは仕方ない。そんなシリアスさはキープしつつ、本
作は社会派系ではなく、とことんエンタメ系に！

■□■七人の侍ならぬモニュメンツ・メンの立場は？報酬は？■□■

　黒澤明監督の『七人の侍』（５４年）はリアリズムに富んだ名作中の名作だったが、そこ
での「七人の侍」の立場は貧しい農民たちに雇われた侍（用心棒）という位置づけだった。
当初はそんなカネを媒介とした契約によって成立した雇用関係（いわば傭兵）も、敵との
激しい戦闘の中で互いの心の絆
が生まれてきたから、すばらし
い映画になったわけだ。しかし
て、ハーバード大学付属美術館
館長のフランク・ストークス（ジ
ョージ・クルーニー）がルーズ
ベルト大統領を説得して結成し
た「七人の侍」ならぬ７人の「モ
ニュメンツ・メン」の立場は？
　フランク・ストークス以外の
他の６名は①メトロポリタン美
術館主任学芸員のジェームズ・

グレンジャー（マット・デイモン）、②シカゴの建築家のリチャード・キャンベル（ビル・マーレイ）、③彫刻家のウォルター・ガーフィールド（ジョン・グッドマン）、④美術商のジャン＝クロード・クレルモン（ジャン・デュジャルダン）、⑤イギリスの元歴史家のドナルド・ジェフリーズ（ヒュー・ボネヴィル）、⑥美術史学者のプレストン・サヴィッツ（ボブ・バラバン）だから、ハッキリしているのは、全員軍人ではなく、どちらかというと学者だということ。しかも、それぞれ自分の立場（身分）をもっているから、それぞれの職場でそれなりの給料（高給？）をもらっていたことはまちがいない。

　そんな彼らが自発的に家族と離れてヨーロッパに渡り、命の危険を伴う困難な任務についたのは一体なぜ？もちろん、貴重な美術品をナチスから奪還するという任務に各自がそれぞれ崇高な社会的使命を見い出していたのは当然だが、それに伴う報酬や危険手当的な待遇は？本作は自分自身がほとんど知らなかったモニュメンツ・メンの活躍を、ロバート・M・エドゼルの『ミケランジェロ・プロジェクト』という原作で知ったジョージ・クルーニーが、軽妙な娯楽作として映画化したものだから、そこらあたりのリアリズム（？）については一切触れていない。しかし、超リアリストの弁護士である私には、そこらにも興味と関心がある。ちなみに、「七人の侍」では三船敏郎が演じた菊千代をはじめ4人が死亡し、志村喬が演じた勘兵衛、木村功が演じた勝四郎、加東大介が演じた七郎次の3名が生き残ったが、7名の「モニュメンツ・メン」の中でもドナルド、ウォルター、ジャンの3人は崇高な任務遂行中に死亡（名誉の戦死）している。したがって、彼らには当然「遺族補償費」が支払われているはずだが、さて、彼らの報酬や遺族補償費はHow　much？

■□■いかにして情報を？その1　尋問で収集■□■

　一言でナチに略奪された美術品を捜し出し奪還すると言っても、ヨーロッパは広い。まずは、略奪された数々の美術品はどこに保管されているの？それを調べるのが最初の仕事だが、一体どうやってそれに手をつければいいの？フランクでなくてもまずはそれに悩んだのは当然だ。戦争（軍事行動）における情報の大切さはハッキリしているが、モニュメンツ・メンにとっての情報の大切さはそれ以上。美術品に関する有効な情報がない限り、どんな有効な行動もとれないわけだ。

　そんな場合の情報収集の第1は、尋問での収集。そのためには、美術品の略奪に関与しその保管にあたっているナチス将校を逮捕して尋問し自白させるのがベストだが、本作では農民に扮したリチャードらがあるドイツ人一家の尋問によって大量の絵画を発見する面白いシークエンスが登場するので、それに注目！彼らは壁一面に飾られている絵をすべて複製だと弁明していたが、詳細に調べてみると・・・？「ハイルヒトラー！」と掛け声をかけると大人たちは反応なしだったが、子供たちは即座に反応したから、大人たちも忠実なナチの党員であったことがバレバレに・・・。しかも、このナチ党員がもっていた地図によって、多くの美術品がメルケルス岩塩鉱の坑道に隠されているのではないかという貴

重な推測が働くことに・・・。

■□■いかにして情報を？その2　内部通報■□■

　近時は企業の「不祥事」が相次いで発見され公表されているが、実はその情報源の多くは内部通報。かつては内部通報者は「裏切り者！」というイメージが強かったが、近時は勇気ある正義の味方とされ、それを保護し推奨する法律まで制定されている。

　しかして、フランクの片腕ともいえるモニュメンツ・メンの一員であったグレンジャーがアテにしたのが、美術品の貯蔵庫として使用されていたジュ・ド・ポーム国立美術館で学芸員として働いている女性クレール・シモーヌ（ケイト・ブランシェット）。クレールは、芸術を愛する心を胸に美術品の行方を細かに記録し続けていたから、内部通報によってその情報を得ることができれば上々。さあ、グレンジャーはそんなキーウーマンとなるクレールの心を動かし、貴重な内部通報を得ることができるのだろうか？ドイツには現在でも有名な観光名所になっている中世のお城があちこちに存在する。その一つであるノイシュヴァンシュタイン城にはクレールの貴重な内部通報によって得られた大量の美術品が保管されていたが、その品々は？

■□■発見された金塊の量は？「M資金」と比べると？■□■

　菅乃廣監督、井上淳一脚本の『あいときぼうのまち』（13年）の冒頭には、2011年の3．11東日本大震災で津波被害に襲われた福島県双葉町に住む敗戦直前に15歳だった少年が学徒動員に駆り出され、つるはしで天然ウランを掘る作業に従事する姿が描かれていた（『シネマルーム33』68頁参照）。原爆開発競争では結局アメリカが勝利したが、日本のそんなチンタラした開発状況に比べると、ナチス・ドイツの原爆開発作業ははるかに進んでいた。Uボートの開発をはじめ、ドイツは兵器開発競争でも世界のトップを走っていたわけだ。そんな技術の先進国ドイツだから、ヒトラーがヨーロッパ各地で略奪した美術品の保管についても、当時としては世界最高水準の技術で保管されていたのは当然だが、驚くべきその量とは？

　他方、福井晴敏の原作を基に阪本順治監督が映画化した『人類資金』（13年）の冒頭では、帝国軍人が「M資金」と称する大量の金塊を軍の命令によって回収しておきながらそれを軍に戻さず、あえて海の中に沈めてしまう行為が描かれていた。この日本国民の血と涙の結晶である金塊は、総量600トンにも及ぶらしい（『シネマルーム32』209頁参照）。しかし、1945年4月にモニュメンツ・メンがメルケルス岩塩鉱で発見したナチス・ドイツの秘密資金である金塊の量は、スクリーン上で見る限りはるかにそれより多そうだ。ルーズベルト大統領は美術品奪還の意義に同意してモニュメンツ・メンの派遣を決定したが、その規模は微々たるものだった。このように美術品の回収にはあまり意欲を示さなかったアメリカの世論も、大量の金塊の発見には大喜びで、大ニュースに！しかして、その

金塊の量はHow　much？また、そんな大成果を得たモニュメンツ・メンへのボーナスはHow　much？

■□■ソ連軍との競争にも大勝利！■□■

　モニュメンツ・メンの任務は、ナチスに略奪された美術品を奪還し、元の所有者に戻すこと。しかし、『黄金のアデーレ』（15年）を観ればわかるとおり、オーストリア政府はナチスから回収した「黄金のアデーレ」を元の所有者であるユダヤ人の女性に返還せず政府のものにしていたから、世の中は必ずしも理念どおりに進まないことがよくわかる。しかし、絵画の額縁に記されていたユダヤ人の名前を見てその家を捜し出し、今やもぬけの殻となっている部屋の元の位置にその絵をかけているグレンジャーを見ると、彼はモニュメンツ・メンの理念どおりの行動をとっていることがわかる。当初は協力を拒否していたクレールが最終的にグレンジャーに協力することになったうえ、2人が恋人関係にまでなったのは、そんなグレンジャーの誠実さのおかげだが、さてこれはTrue　story？それとも映画での脚色？

　それはともかく、『スターリングラード』（01年）（『シネマルーム1』8頁参照）で描かれたスターリングラードでの死闘に勝利し、東から西に向かって進撃してきたのが、ソ連軍。『聖なる嘘つき　その名はジェイコブ』（99年）は、ポーランドまで進攻しているソ連軍によって、自分たちがまもなく解放されるという情報を「生きる希望」として収容所で生活しているユダヤ人家族の姿を描いた感動作だった（『シネマルーム1』50頁参照）が、本作ではソ連軍はそんないいものではなく、ナチスが略奪した美術品を更に略奪しようとしている、極悪非道な軍隊として描かれている。

　メルケルス岩塩鉱に大量の美術品が隠されていることを知ったモニュメンツ・メンは次々とそれを発見し回収していたが、将来的にはソ連の占領地域になろうとしているオーストリアのある鉱山は既にネロ計画によって破壊済み？そう思っていたが、いざ現地に行ってみると、破壊されたのは入口だけだったからアレレ・・・。これは、ナチスに反感を持つ住人たちが、美術品を破壊するためにナチスが侵入するのを阻止するためだということが、フランクが中に入ってみてわかったから、万々歳だ。しかも、そこにはドナルドが命を失ってまで奪還しようとしたミケランジェロの聖母子像もあったから、早く坑内から回収しなければ・・・。ソ連軍の大部隊はすぐそこまで迫っていたが、さてモニュメンツ・メンはそんなソ連軍に大勝利できるの？2015（平成27）年11月27日記

Data

監督：クラウディオ・ポリ
原案・脚本：ディディ・ニョッキ
出演：トニ・セルヴィッロ

SHOW-HEY シネマルーム

★★★★

ヒトラーVS. ピカソ
奪われた名画のゆくえ

2018年／イタリア・フランス・ドイツ合作映画
配給：クロックワークス、アルバトロス・フィルム／97分

| 2019（平成31）年4月25日鑑賞 | シネ・リーブル梅田 |

👀 みどころ

　ナチスドイツによって強奪された美術品の返還を求める『ミケランジェロ・プロジェクト』（13年）と『黄金のアデーレ』（15年）は面白い映画だったが、ドキュメンタリーの本作は勉強になる映画。

　「大ドイツ芸術展」ｖｓ「退廃芸術展」は興味深いし、グルリット事件にはビックリだ。また、美術品の強奪と保管、返還を巡って登場する多種多様な人物像もしっかり勉強したい。さらに、ヒトラー総統ｖｓゲーリング元帥の美術品を巡る醜い強奪競争にも注目！

　もっとも、ヒトラーはフランスのナポレオンや、植民地時代のイギリスの真似をしただけ・・・？そう言えなくもない？ちなみに、ルーヴル美術館も大英博物館も「泥棒美術館」と呼ばれているそうだが・・・。

――＊――＊――＊――＊――＊――＊――＊――＊――＊

■□■この分野のヒトラー映画にも注目！こりゃ必見！■□■

　①ヒトラーが青年時代に画家を目指していたこと、②そのため、ウィーン美術アカデミーを受験したものの、２度も不合格になったこと、しかし、③貧乏時代には自分の絵画の能力を信じながら、絵葉書を描いて生活していたこと、は有名な事実だ。しかして、そんな生活に絶望したヒトラーが、見い出した自分の第２の人生とは？そんな思いで、（現代に降臨してきた）若き日の"ヒトラーのそっくりさん"が演説に没頭する姿を描いたメチャ面白い映画が、『帰ってきたヒトラー』（15年）（『シネマ38』155頁）だった。

　他方、私は現在、「－戦後７４年を迎えて－ヒトラー映画、ホロコースト映画、ナチス裁判映画大全集」を企画中だが、その１節として『ナチスに奪われた金塊を奪還せよ！』と

いうテーマで、『黄金のアデーレ　名画の帰還』（15年）（『シネマ37』261頁）と『ミケランジェロ・プロジェクト』（13年）（『シネマ37』267頁）を収録予定。また、『ナチスによる贋札造りや絵の贋作は？』というテーマで、『ヒトラーの贋札（にせさつ）』（06年）（『シネマ18』26頁）と『ミケランジェロの暗号』（10年）（『シネマ27』123頁）を収録予定にしている。これらはそれぞれ「史実に基づく物語」としてメチャ面白い映画だった。

　そんな私にとって、チラシで「ピカソ、ゴッホ、フェルメール、マティス、ムンク、モネ……今なお行方不明の名画たち。ナチスに弾圧され奪われた美術品と、それに関わる人々の運命とは－？究極の美と権力に秘められた名画ミステリー。」と宣伝されている本作は必見！もっとも、本作はドキュメンタリーだから、ひょっとして、その面白さはイマイチ・・・？

■□■ヒトラーは古典派！退廃芸術は大キライ！■□■

　中国の深圳の大芬には油絵村があり、そこには１万人を超える画工がおり、毎年数百万点の油絵が世界中に売られていることを、私は『世界で一番ゴッホを描いた男』（16年）を観てはじめて知り、「やっぱり中国は広い！そして面白い！」と書いた（『シネマ42』136頁）。また、私は２０１７年４月に徳島県の鳴門にある、世界初の陶板名画美術館として有名な大塚国際美術館を見学して、その規模の大きさにビックリしたが、そこではとりわけ、ピカソの「ゲルニカ」に感激した。

　しかし、画家志望だった若き日のヒトラーの好みは知らないが、権力を握った後のヒトラーはゴッホもピカソも大嫌いだったらしい。その理由は、当時、世界的に評価されていた「印象派」の作品や、新たなアートとして出現していた「前衛的表現」を「コスモポリタン的で共産主義的」と考え、「退廃芸術」と見なしたためだ。１９３３年に政権を掌握した後のヒトラーはアーリア人種の優越性を唱え、ユダヤ人を劣等民族として徹底的に抑圧し、地上からの民族抹殺を目指したが、そんなヒトラーにとっては、芸術もアーリア人による写実的で古典主義的な作品が好みだったらしい。

　しかし、芸術についての好き嫌いは人それぞれ。そんなことに政治が権力的に介入するのが不当なことは、わかりきっていることだが・・・。

■□■美術品強奪競争（１）ナポレオンｖｓヒトラー■□■

　ユダヤ人と同じように、フランス人もナチス・ヒトラーによる美術品の強奪を強く非難しているが、考えてみれば、かつてヨーロッパを制覇したフランスのナポレオンも、ヨーロッパ制覇の過程で各国、各地、各美術館から膨大な美術品を強奪したはず。そのため、フランスのルーヴル美術館は「泥棒美術館」と呼ばれている。また、植民地獲得競争のトップを走ったイギリスも、世界各国、各地から強奪した大量の美術品を船に乗せて大英博物館に運び込んで展示したのだから、大英博物館もルーヴル美術館と同じく「泥棒美術館」と呼ばれている。そう考えると、ヒトラーもそんなフランスやイギリスと同じことをした

だけかも・・・。

　そんな美術品強奪競争におけるナポレオンｖｓヒトラーについては、パンフレットの中にある中野京子氏のコラム「美術品を漁る」が面白いので、こりゃ必読！

■□■美術品強奪競争（２）ヒトラーｖｓゲーリング■□■

　ナチス政権の「ナンバー３」が「金髪の野獣」「ナチスの野獣」と呼ばれて恐れられたラインハルト・ハイドリヒであることは『ハイドリヒを撃て！「ナチの野獣」暗殺作戦』（16年）（『シネマ40』190頁）や『ナチス第三の男』（17年）で明らかだ。すると、ナチスの「ナンバー２」は誰？それは、ハインリヒ・ヒムラー？ヨゼフ・ゲッペルス？それともヘルマン・ゲーリング？あるいは、アドルフ・アイヒマン？アイヒマンは、『否定と肯定』（16年）（『シネマ41』214頁）、『ハンナ・アーレント』（12年）（『シネマ32』215頁）、『アイヒマン・ショー　歴史を映した男たち』（15年）（『シネマ38』150頁）等の「アイヒマン裁判」で有名だが、所詮小物。

　客観的には、ナチスドイツのナンバー２は、１９３９年にヒトラーの後継者に指名され、４０年に国家元帥になったヘルマン・ゲーリングだ。１８９３年生まれの彼は、１８８９年生まれのヒトラーがつくったナチス党に１９２２年に入党して以来、ずっとヒトラーを支え続けたナンバー２。ところが、スターリングラード攻防戦の失敗で冷遇されてからの彼は、美術品の収集にのめり込み、ヒトラーとの間で美術品強奪競争を繰り広げることに。そして、やがてはヒトラーを欺いてルーベンスやクラナッハなどの名画を独占するようになったというから、ビックリだ。ドキュメンタリーである本作では、そんなナチストップのヒトラー総統とナンバー２のゲーリング国家元帥との間で、美術品強奪を巡る醜い競争が明示されるので、それに注目！

　日本では今、東京と大阪でフェルメール展が開催され大人気を読んでいるが、ヒトラーとゲーリングとの間のフェルメール（の絵）を巡る競争は激しかったらしい。もちろん、ナンバー２のゲーリングとが総統であるヒトラーの機嫌を損ねることはできないが、そこで彼が使った策略とは・・・？

■□■大ドイツ芸術展ｖｓ退廃芸術展■□■

　本作はドキュメンタリー映画だから、面白さではイマイチだが、勉強に役立つことにおいては一級品。本作では、何よりもまず、大ドイツ芸術展と退廃芸術展に注目！

　大ドイツ芸術展は、ヒトラー自らが企画し、１９３７年から４４年まで毎年開催されたナチスのお墨付き展覧会で、ヒトラーとゲーリングが占領国の美術遺産を巡って競い合うことになる古典美術への執着の始まりになった、といわれている。そこでの女性の裸婦像には、「健康で美しい金髪の子供たちをたくさん産んで総統に捧げよ」のメッセージが込められていたそうだ。

他方、退廃芸術展は、ナチスがドイツ国内の公立美術館とユダヤ人収集家の自宅や画廊から没収した１６０００点の中から、ナチスによって広められた美の概念にそぐわないと見なされた６５０点が「退廃美術」の烙印を押され、さらし者として公開されたそうだ。ところが、入場無料だからか連日大盛況となり、動員数は４か月で２００万人を記録。あまりの人気に１９４１年までドイツ１３都市を巡回するほどだったそうだ。

もし、今日本でこの２つの芸術展が開催されたら、さてあなたはどちらへ・・・？

■□■美術品を如何に強奪？秘匿？その全貌を本作で■□■

本作には、ヒトラーの下で美術品の強奪部隊として仕えたローゼンベルク特捜隊（ＥＲＲ特捜隊）と、そのボスであるアルフレート・ローゼンベルクが登場するので、それに注目！これは本作ではじめて知ることができた。また、生家がヒトラーが住む家の近所にあり、子供時代の遭遇経験を記した回顧録を２０１３年に出版したというエドガー・フォイヒトヴァンガーも本作ではじめて知ることができた。さらに、ユダヤ系ドイツ人で現代芸術を好んだために美術館長の職を２度失ったものの、審美眼を認めたゲッベルスの手先として退廃美術品の売買に関わったヒルデブラント・グルリットも、本作ではじめて知ることができた。

他方、東京への空襲が続いた太平洋戦争末期には、日本も皇居、大本営、その他の重要政府機関を長野県埴科郡松代町などの心中に掘った地下坑道跡に移転する計画が閣議決定されていたが、敗色濃くなったドイツでも、ヒトラーやゲーリングが各国から強奪した大量の美術品の保管、秘匿に苦労したのは当然。そこで、ヒトラーやゲーリングの命令を受けた悪徳画商たちは、オーストリアの山間部に掘った坑道内に大量の美術品を運び込み、秘匿したが、本作ではその全貌（？）が明らかにされるので、それに注目！

■□■強奪された美術品を如何に回収？その全貌を本作で■□■

逆に、ナチス・ドイツが隠した美術品を追う側である「モニュメンツ・メン（記念建造物・美術品・文書に関する調査部隊）」については、『ミケランジェロ・プロジェクト』ではじめて知ったが、それは本作にも登場するので、その実態に注目！また、『黄金のアデーレ　名画の帰還』では、クリムトの名画「黄金のアデーレ」の真の所有者として、その回収を目指すマリアの裁判が描かれたが、本作では、１９１０年にパリのラ・ボエシー通り２１番地に開いた画廊から奪われた数々の美術品返還を最初に法廷で訴えた一族であるローゼンベール家が登場するので、それに注目。

さらに、１２４０点もの名品を略奪されたオランダ人画商のハウトスティッカー家や、さらにビスマルク皇帝も嫉妬するほどの名品を所有していたドイツ有数のドレスナー銀行を創立したドイツ系ユダヤ人のグッドマン家も登場するので、彼らにも注目！

■□■グルリット事件にビックリ！その全貌を本作で■□■

　さらに、本作ではじめて知って大いに驚かされたのは、グルリット事件。これは、ヒトラー専任の美術商だったヒルデブラント・グルリットと家族が戦後もひた隠しにした絵画コレクション約１５００点の存在が、２０１３年１１月４日、ドイツの週刊誌「フォークス」にスクープされた事件のことだ。

　２０１０年９月２２日、スイス・チューリッヒ発ドイツ・ミュンヘン行きの電車内で行われたドイツ税関の打ち抜き検査で、９０００ユーロの現金を所持していたグルリットが現金の出所を咎められた。そして、２０１２年２月２８日、脱税を疑う税務署がミュンヘンにあるグルリットの自宅を調査したところ、ピカソ、ルノワール、マティスなど、絵画等１２８０点を発見したが、その価値はなんと１０億ユーロ（当時）といわれているから、すごい。

　なお、２０１４年５月６日にグルリットが８１歳で死去した翌日、その全財産をスイスのベルン美術館へ寄贈する遺書が発表されたそうだが、その執行は・・・？

「ヒトラーVS.ピカソ　奪われた名画のゆくえ」
2019 年 11 月 2 日発売　税抜価格￥3800
販売元：アルバトロス㈱

２０１９（平成３１）年４月２９日記

287

第2章
こんな後日談、こんな逸話（実話？）も！

1）ナチスの残党は今なお世界中のあちこちにいるそうだが、さてその真偽は？下記1は、あっと驚くそんな恐〜い映画。それに対して、下記2は誰もがよく知っている「アンネの日記」の「もう一つの『アンネの日記』」だが、そこではどんな追憶が？

2）下記3、4の主人公は90歳と88歳の老人だが、その歳になって彼らは今、一体ナニをするために長期の旅に出たの？老人特有の「執念」とその成果（？）に注目！

3）「タイムスリップもの」は面白いが、ヒトラーやムッソリーニがもし現代に蘇ってきたら？そんな悪夢（？）を下記5、6で楽しむのも一興だ。さらに、現代の難民問題をユダヤ人問題に置き換えてみると、下記7のような映画に。

◉目　次◉

Data

監督：フロリアン・ガレンベルガー
出演：エマ・ワトソン／ダニエル・
　　　ブリュール／ミカエル・ニク
　　　ヴィスト／リチェンダ・ケア
　　　リー／ヴィッキー・クリープ
　　　ス／ジャンヌ・ウェルナー

コロニア

2015年・ドイツ、ルクセンブルク、フランス映画
配給／REGENTS、日活・110分

2016（平成28）年9月22日鑑賞　｜　シネ・リーブル梅田

👁👁👁 みどころ

　「コロニア」って一体ナニ？それは脱出不能、生還率０．０１％の残党ナチスの極秘要塞。なぜ、そんなものがチリに？アジェンデ人民連合政府を１９７３年９月の軍事クーデターで倒したピノチェト政権とコロニアとの関係は？

　そんな「驚愕の史実に基づく緊迫の脱出劇」を、『ハリー・ポッター』シリーズの子役から大きく成長（成熟？）したエマ・ワトソンが大熱演！

　脱出劇の多少の粗さや甘さは無視し、歴史的な問題点をしっかり直視したい。

―*―*―*―*―*―*―*―*―*―

■□■「コロニア」って一体ナニ？■□■

　１９７０年の民主的な選挙で、チリにアジェンデ人民連合政権が誕生！当時、学生運動の真っ只中にいた私はそんなニュースに大興奮したものだが、私が司法試験の勉強に没頭し合格し、司法修習生２年目となった１９７３年９月、そのアジェンデ政権は軍事クーデターによって崩壊し、新たにピノチェト軍事政権が誕生した。

　本作はそんな軍事クーデターを契機として「コロニア」に収容されてしまったドイツ人のフォトグラファー、ダニエル（ダニエル・ブリュール）を、その恋人でキャビンアテンダントのレナ（エマ・ワトソン）が救い出す物語らしいが、そもそもコロニアって一体ナニ？

■□■「コロニア・ディグニダ」の実態は？■□■

　チラシには「一度でも足を踏み入れたら、脱出不能」「そこは、残党ナチスの巣窟　極秘

要塞」「必ず、私が、救い出す。」「生還率0.01%！＜驚愕の史実＞に基づく、緊迫の脱出劇」という見出しが躍っている。また、解説を読むと「コロニア・ディグニダ」は実在した拷問施設らしい。つまりこれは、南米に根を張ったナチスの残党パウル・シェーファー（ミカエル・ニクヴィスト）が１９６１年に設立した慈善団体。「コロニア・ディグニダ」は首都サンティアゴから遠く離れた大自然の中でバプテストと反共主義を掲げるドイツ系移民コミュニティの慈善団体として設立され、３００人ほどのチリ人やドイツ人がドイツ・バイエルンの農民服を身にまとい、自給自足の共同生活を送っていたらしい。

　しかし、それはあくまで表の顔で、その実態は「教皇」と崇拝されたシェーファーは少年への性的虐待を続け、“しつけ”と称した住民たちへの殴打や拷問は日常茶飯事だったらしい。そればかりか、そこにつくられたナチス式拷問センターはピノチェト政権下での反乱分子の拷問施設として使われていたらしい。

　本作は冒頭「史実にもとづく物語」と表示され、１９７３年９月当時のデモや集会で「アジェンデ政権を守れ」と訴える民衆の姿とそれを支援するダニエルたちの姿が映し出されるので興味津々。さあ、これから「コロニア・ディグニダ」をめぐって、いかなる展開が・・・？

■□■１９７３年９月、サンティアゴで軍事クーデター発生！■□■

　キネマ旬報１０月上旬号は計２６３分の超大作『チリの闘い　第１部・第２部・第３部』（75年）を紹介し、３人の映画評論家が星５つ、４つ、５つをつけていた。ところが、奇しくもそれと同時期に公開される本作については、３人の映画評論家はそれぞれ３点、３点、２点と評価が低い。映画冒頭の緊迫した状況を観ている限り、本作はかなりの力作！

　そう思っていると、スクリーン上は『ハリー・ポッター』シリーズで有名になったエマ・ワトソン演ずる美しいキャビンアテンダントのレナがチリの首都であるサンティアゴへの

フライト到着直後に、集会でカッコよく闘っているダニエルに飛びつき愛を交わすシーンになっていく。あれれ、エマ・ワトソンって子役じゃなかったの？女優の成長は早いものだ。ダニエルの部屋に入るや否やレナは、部屋のチェックに続いてダニエルへの女のにおいがしないかどうかの「身体チェッ

ク」を経て、そのままベッドへ！何と大胆な・・・。

　2人が愛を交わすこんなシークエンスが一種のご愛嬌だったことは、「軍事クーデターが発生した！アジェンデ大統領派は反乱分子として次々逮捕されている。早く部屋を出て逃げろ！」と告げる一本の電話の後の展開を観ればよくわかる。2人はアベックを装い、警察の目を誤魔化しながらうまく逃げていたが、ダニエルがカメラのシャッターを切っていたところを見とがめられて逮捕されてしまうことに。その直後の尋問風景やダニエルがコロニアに送り込まれるシークエンスも相当な迫力と真実味があるから、その後の展開も興味津々！なぜ、3人の映画評論家の採点は低いの・・・？

■□■潜入したヒロインの活躍ぶりに注目！■□■

　コロニアに収容されてしまったダニエルをどうやって救い出すの？レナがアジェンデ大統領派の活動家たちにそれを聞くと、彼らは「革命のための闘い」と「個人を救出するための闘い」は別モノだという理屈で、事実上ダニエルの救出断念宣言を・・・。そこで、レナは信者を装ってコロニア内に入り込み、ダニエルを捜し出したうえで共に脱出するという壮大な計画を一人で立て、敢然とそれを実行に移したからすごい。つまり、本作ではそれまでのストーリー展開はすべて導入部にすぎず、レナが一人でコロニア内に潜入した後のストーリーがメインになるわけだ。

　有刺鉄線や探照灯などで囲まれ要塞化されたコロニア内に信者を装って訪れたレナを導き入れたのは、女性部屋の責任者のギゼラ（リチェンダ・ケアリー）。また、そんなレナの潜入目的を疑い深い目で観察しながら次々といじわる質問を投げかけたうえ、身体の中の売春婦の部分を追い出すと称して「ブラウスを脱げ」と命じる教皇シェーファー。そこらあたりのやりとりをはじめとして、その後のコロニア内でのストーリー展開を見ていると、教皇の胡散臭さが少しずつ目立ってくる。

　他方、「仲間の名前を吐け」と拷問され、ほとんど死にかけたはずのダニエルが、頭がヘンになった男を装ってコロニアの中でしっかり生き延びていたから、それにもビックリ。もっとも、コロニア内では男と女と子供は明確に区分されて生活していたから、そんなダニエルとレナがコロニアの中で再会できる可能性はほとんどゼロ？生還率0．01％の要塞ではきっとそうだと思うのだが、メインストーリーの前半ではレナの利発さと強靭さが目立ち、後半ではダニエルの圧倒的な行動力が目立つのに対し、全体を通してシェーファー教皇のバカさ加減が顕著になってくるから、アレレ・・・。こりゃ、ちょっと作りすぎでは・・・？

■□■脱出成功までのプロセスは？その見せどころは？■□■

　本作にはコロニア内で生活している若い女性として、最初にレナと親しく話しをするドロ（ジャンヌ・ウェルナー）と後にギゼラの娘であることが判明する看護師のウルセル（ヴ

ィッキー・クリープス）の2人が登場し、レナに対して様々な「情報提供」をしてくれることになる。しかし、とりわけドロはストーリー形成上の便宜上だけの登場人物になっているし、ウルセルも意外な「出生の秘密」を見せるものの、一緒に脱出を成功させた後は「お役御免」とばかりに切り捨てられてしまうから、少しかわいそうだ。

　他方、ハリウッド映画の名作『大脱走』（63年）で観た地下トンネルは捕虜たちの血と汗の結晶で掘り進めたものだったが、本作のレナとダニエルたちの「大脱走」に使われた地下トンネルとは？プロダクションノートによると、これは首都ベルリンにある広大な歴史的遺構である高射砲塔だそうだが、これをダニエルとレナが偶然発見するシーンはあまりに都合よくできすぎている。さらに、トンネル内をダニエルがあれだけ自由に歩きまわるのはどう考えてもヘン。地上に見るシェーファー教皇の警戒ぶりを見れば、トンネル内はもっと厳重に警戒していなければおかしいのでは？

　その他本作では、脱出成功までの手に汗を握るプロセスが見せどころのはずだが、残念ながらその迫力はいささか不十分。脱出に向けてのダニエルとレナの決意の強さは認めるものの、これほどうまくいった脱出劇を見ていると、「生還率0．01％！」という事実も怪しくなってくるほどだ。

■□■脱出成功！ところがその後も意外な展開が！■□■

　何とか「コロニア」からの脱出を成功させ、サンティアゴにあるドイツ大使館まで逃げ込めばもう安心。あとは2人してドイツ行きの飛行機に乗り込むだけだ。ところが、ここで何とドイツ行きのフライトは一週間後しかムリと言われたからアレレ・・・。そこで、レナがキャビンアテンダントの特権（？）を使って長期休暇をとっていた時の機長に頼み込むと、うまい具合にすぐ彼の便に乗せてくれることになったから、ヤレヤレ。

　そう思っていると、そこからはドイツ人はあまり観たくないシーンの連続になるから、それに注目！まず驚くべきは、「コロニア・ディグニダ」のシェーファー教皇が1973年9月のクーデターでアジェンデ政権を打倒したピノチェト軍事政権と結びつき、明確な協力関係を結んでいたことだ。すると、「コロニア・ディグニダ」を脱出したレナとダニエルの口から「コロニア・ディグニダ」の秘密が漏れて困るのは、シェーファー教皇もピノチェト政権も同じ。そこまでは誰でもわかるのだが、シェーファー教皇は何とさらに、ドイツ大使館とも結託していたとは一体ナニ。ドイツはホントにそんな外交をやり、そんな外交官をチリに置いていたの？本来のクライマックスが終わった後も本作ではそんな想定外の展開が続き、レナとダニエルの危機状態が続いていくので、それに注目！

　何とか危機一髪で2人を機内に収容した機長に対して、シェーファー教皇の圧力を受けた管制塔からは「離陸許可を取り消す」との命令が出されたから、2人は万事休す・・・？そう思わざるをえなかったが、さて本作のラストはいかなることに・・・？

2016（平成28）年9月27日記

Data

監督・脚本・脚色：アルベルト・ネグリン

出演：ロザベル・ラウレンティ・セラーズ／エミリオ・ソルフリッツィ／モーニ・オヴァディア／スルディ・パンナ／メシシュ・ガシュパル／アレクサ・カプリエラン／サライ・クリスタ／スルディ・ミクロシュ／バコニェ・チラ

★★★★

アンネの追憶

2009年・イタリア映画
配給／ゴー・シネマ・99分

2012（平成24）年5月5日鑑賞 ｜ シネ・リーブル梅田

👀 みどころ

　あなたは『もう1つの「アンネの日記」』を知ってる？それはアンネと同じ境遇を生き延びた親友の女の子が語った『アンネの追憶』だが、そこにはどんなアンネ・フランクの姿が？

　今まで知らなかったことが見えてくるのは収穫だが、エピソードを詰め込みすぎると逆効果？最大の難点は全編英語のセリフ！やはり、この手の映画はドイツ語でやらなきゃ・・・。

―――＊―――＊―――＊―――＊―――＊―――＊―――＊―――＊―――＊―――

■□■原作は？『もうひとつの「アンネの日記」』とは？■□■

　『アンネの日記』が未完で終わっているのは、なぜ？それは、毎日隠れ家の中で日記を書き綴っていた少女アンネ・フランクが、ある日突然踏み込んできたゲシュタポによって逮捕・連行されてしまったためだ。しかるに、今日の私たちは当然のようにアウシュヴィッツの強制収容所に連行された彼女の最後を知っているが、それはなぜ？それは、『もうひとつの「アンネの日記」』があったためらしい。

　『もうひとつの「アンネの日記」』（アリソン・レスリー・ゴールド著）はアンネの親友だったハネリ・ホスラーのインタビューをまとめたもので、ここにはアンネとの思い出やハネリ自身のつらい体験も書かれているらしい。『アンネの日記』は中断したが、強制収容所に送られながらも帰還し、少女時代の夢を実現して看護婦となり、たくさんの孫たちに囲まれて過ごしたハネリの体験にもとづいて書かれた『もうひとつの「アンネの日記」』を読めば、これまでの『アンネの日記』では知られなかったさまざまな事実が見えてくるはず。さてこれまでの『アンネの日記』では見えなかった、もう1つの『アンネの追憶』とは？

■□■英語劇の展開に違和感が・・・■□■

「フラッシュバック」は映画特有の時間軸を自由に動かす手法だが、本作はアウシュヴィッツの強制収容所を生き延び今は老人となったアンネの父親オットー・フランク（エミリオ・ソルフリッツィ）が、小さな子供たちに「あの戦争」と娘の思い出を語るシーンから始まる。その思い出は、アンネ・フランク（ロザベル・ラウレンティ・セラーズ）とハネリ・ホスラー（スルディ・パンナ）が小学校に入った時に親友になるシーンから始まり、オットーの決断によって、オットーが経営する会社の建物内の隠れ家に家族が身を隠す決心をするストーリーに連なっていく。その中であの時代の緊迫感が少しずつ伝わってくるわけだが、違和感があるのは登場人物が皆英語でしゃべっていること。

アンネたちの英語は我慢することができても、ユダヤ人を取り締まるナチス・ドイツの兵隊たちが英語で命令しているのはいかがなもの・・・。クエンティン・タランティーノ監督の『イングロリアス・バスターズ』（０９年）でも、ナチス・ドイツが英語をしゃべっていることに強い違和感を覚えた（『シネマルーム２３』１７頁参照）が、やはりこの手の映画のセリフはドイツ語でやらなきゃ・・・。

■□■ちょっと詰め込みすぎ？■□■

古くは『ライフ・イズ・ビューティフル』（９７年）（『シネマルーム１』４８頁参照）や『聖なる嘘つき　その名はジェイコブ』（９９年）（『シネマルーム１』５０頁参照）、近時は『黄色い星の子供たち』（１０年）（『シネマルーム２７』１１８頁参照）等は、ナチス・ドイツによるユダヤ人弾圧を描いた名作だが、これらはナチス・ドイツの非道さを訴えるだけではなく、底流にヒューマンドラマとしての切なさが脈打っている。しかして、ユダヤ人迫害から逃れた両親のもとモロッコで生を受け、戦後はじめて祖国イタリアの土を踏

んだアルベルト・ネグリン監督は、本作で『アンネの日記』から読み取れるアンネだけではなく、親友ハネリの視点からもアンネの実像に肉迫！すると、隠れ家の中、輸送列車の中、そして収容所の中で淡い恋心を抱き合うボーイフレンドのペーター（メシシュ・ガシュパル）の姿や、２度と再会できないと思っていた親友のハネリと

ベルゲン・ベンゼル収容所で「再会」する姿、さらに収容所の中でも書くことへの欲求を捨てきれないアンネに対して母親のエーディットが食料品との交換で紙と鉛筆を与える姿など、今まで知らなかったアンネ・フランクの「生きザマ」を見ることができる。男と女で完全に仕分けされている絶滅収容所ではアンネは父親のオットーや恋人のペーターと会うことなど絶対できなかったが、ハネリの『もう１つの「アンネの日記」』によれば・・・。アンネを演じたロザベル・ラウレンティ・セラーズは１９９６年生まれの美少女だが、子供のように見えるところとハッと大人の女のように見えるところがある。ユダヤ人の女たちは全員装飾品を差し出さされたうえ髪を短く切られたが、収容所の中でアンネと母親そして姉のマルゴー・フランク（アレクサ・カプリエラン）はどんな生活を？

　新しいものを見てやろうという視点で見れば本作はいろいろと新鮮だが、逆にいろいろなエピソードを詰め込みすぎの面もある。たとえば、ユダヤ系の少女ハネリの父親は逮捕される前からシオニストとして有名だったらしい。そのためハネリはパレスチナに行って看護婦になり、たくさんの孫たちと暮らすのが夢だったそうで、ラストにはそんな夢の実現も語られるが、それは単なる情報としての伝達にすぎない。ハネリの視点でアンネを描くのならもう少しそれに徹底してもよかったのでは？そういう意味では、本作はいくつものエピソードを少し詰め込みすぎでは・・・？

■□■ラビとナチス将校との「論争」にも違和感が・・・■□■

　本作に登場する興味深いキャラは、小学生たちの先生役をしているユダヤ人の老ラビ（モーニ・オヴァディア）。到着した強制収容所で男と女そして子供たちという３つのグループに分離しようとしたことにラビは異議を唱え、「自分は子供たちと一緒に」と訴えたが、所詮それは無理な要求。そんな時できることは、せいぜいみんなが声を合わせて歌うだけというのは悲しい限りだが、残念ながらそれが現実だった。しかし、ユダヤ人たちの管理が仕事でも知的好奇心の強いナチス将校にとっては、このラビの哲学的素養は師と呼ぶにふさわしいものだったらしい。そのため本作中盤のエピソードの１つとして、教えを乞うナチス将校と、それに対して問答を挑む老ラビとの間で激しい哲学論争がやりとりされる。

　この論争自体は面白いが、アルベルト・ネグリン監督はこのエピソードを何のために提示したの？また、『もう１つの「アンネの日記」』の語り手である少女ハネリは、ホントにこんな哲学論争を聞いていたの？さらに私が持つ疑問は、西進してくるソ連軍によって遂にアウシュヴィッツの強制収容所を放棄せざるをえなくなったナチス軍は、当然のようにガス室の爆破等によって「証拠品」を消そうとしたが、その中でオットーが生き残ることができたのはナゼ？そこらあたりの描き方がイマイチ不十分なため、死んでいった者と生き残った者との違いが不明確なのが本作の難点。そんなこんなの難点のためか、『キネマ旬報　５月下旬号』の「ＲＥＶＩＥＷ　鑑賞ガイド」では、３人の評論家はいずれも星２つと低評価・・・。　　　　　　　　　　　　　　　２０１２（平成24）年5月10日記

SHOW-HEY シネマルーム

★★★★★

手紙は憶えている

2015 年・カナダ、ドイツ映画
配給／アスミック・エース・95 分

2016（平成 28）年 10 月 29 日鑑賞　TOHO シネマズ西宮 OS

Data
監督：アトム・エゴヤン
脚本：ベンジャミン・オーガスト
出演：クリストファー・プラマー／
マーティン・ランドー／ヘン
リー・ツェニー／ディーン・
ノリス／ブルーノ・ガンツ／
ユルゲン・プロホノフ／ハイ
ンツ・リーフェン

👀みどころ

　アウシュヴィッツ映画は多いが、９０歳の主人公が出ずっぱりで復讐の旅に出る物語はチョー異質。その執念には驚く他にないが、強度の認知症の彼にはかつての囚人仲間が事細かく書いてくれた手紙が拠りどころだ。

　ルディ・コランダーを探し、４人目にやっと憎きナチ野郎にたどり着いたが、そこで展開されるあっと驚くどんでん返しとは？

　認知症もここに極まれり。そんな結末を、あなたはいかに解釈・・・？

————＊————＊————＊————＊————＊————＊————＊————

■□■クリストファー・プラマーが出ずっぱりの主人公を！■□■

　クリストファー・プラマーと聞けば、私は７人の子供たちの厳格な父親・トラップ大佐役を演じた『サウンド・オブ・ミュージック』（65 年）を思い出してしまう。アトム・エゴヤン監督はパンフレットの中で「主人公は９０歳。そんな年齢の俳優で、長編映画を引っ張っていけるような男はそんなにいないぞ。そんなことを考えながら読んでいるうちに、誰にすべきか思い当たったんだ」と語っている。クリストファー・プラマーは近時も『人生はビギナーズ』（10 年）（『シネマルーム 28』200 頁参照）で演技部門としては最高齢の 82 歳でアカデミー賞助演男優賞を受賞する活躍を見せているからすごい。

　本作冒頭、ベッドから起き出したゼヴ・グットマン（クリストファー・プラマー）が愛妻ルースの名前を呼びながら歩き始めるが、そこは自宅ではなく老人ホーム。しかも、担当の看護師からルースは一週間前に亡くなったと説明されると納得し、自分が強度の認知症を患っていることを再確認させられることに。しかし、車椅子生活を余儀なくされている友人のマックス・ザッカー（マーティン・ランドー）と２人で朝食をとり始めると、ゼ

ヴは俄然正気を取り戻し、何やら重大そうな「密談」を２人で開始することに・・・。

■□■手紙を胸にホームを脱出！その目的は？■□■

老人ホームからの集団脱出劇を描いた中国映画『グォさんの仮装大賞（飛越老人院）』（１２年）はメチャ面白かったが、その目的は天津で開催される「仮装大会」に出場することだった（『シネマルーム３２』６２頁参照）。それと同じように（？）本作も『グォさんの仮装大賞』ほど規模は大きくないが、ゼヴの老人ホームからの脱出劇が描かれる。驚かされるのはその手際良さだが、それはゼヴの懐の中にしっかり入っているマックスが書いてくれた１通の手紙とカネ、パスポート、チケット等の周到な準備のおかげだ。脱出用のタクシーの予約から宿泊すべきホテルの手配まですべて完璧だが、問題は何のためにゼヴは老人ホームからの脱出を目指したのかということだ。マックスが書いてくれた手紙にはその目的も書かれているはずだが、アトム・エゴヤン監督はすぐにその手紙の全貌を見せてくれず、少しずつ小出しにしてくるので、その演出に注目！

ゼヴがいなくなったことに老人ホームが驚いたのは当然だが、それ以上に驚き心配したのはゼヴの息子・チャールズ・グットマン（ヘンリー・ツェニー）夫婦。ところがそんな心配もどこ吹く風、当のゼヴはタクシー、列車、お迎えの車を乗り継ぎ、最初に立ち寄ったのは何と拳銃ショップ。ここは小さな店だがマックスの手紙では信頼できる店で、初心者のゼヴにも適切な拳銃をセレクトしてくれるらしい。なるほど、これが銃社会と言われるアメリカの実態なのか。

そんな風に感心しつつ、なお最大の問題は、老人ホームを脱出したゼヴがなぜ最初に拳銃を買うのかということ。本作は１０月１５日に観た『ジェイソン・ボーン』（１６年）のような、９０歳の老人を主人公にしたスパイ映画ではないはずだが・・・。

■□■ルディ・コランダーを探せ！■□■

本作はスパイ映画でもミステリー映画でもなく、またロードムービーでもない。しかし、導入部の展開を見ていると、９０歳の認知症の老人ゼヴのヨタヨタした一人旅ながら、そんな要素がタップリ入っているところが面白い。しかも、最初にたどりついた目的地で「ルディ・コランダーさんはいますか？」と尋ね、家族から部屋に案内されると、あっと驚く展開になるのでそれに注目！

部屋の中でルディ・コランダーと名乗った相手もゼヴと同じくらいの老人だったが、ゼヴが、ソファに座って対応しているその老人に対していきなり拳銃を向け「窓に向かって立て！」と命令したから、相手はもちろん私を含めた観客も全員ビックリ！この一連のやりとりを見て、やっとゼヴとマックスはアウシュヴィッツで殺された家族の復讐のため、アウシュヴィッツのある区画の責任者だったナチス親衛隊の男を探し求めて、老人ホームを脱出したことがわかってくる。なるほど、マックスは車椅子で動けないから計画を練り、

認知症ながらもコトの詳細を書いた手紙さえあればしっかり動けるゼヴはルディ探しとその殺害の旅に出たというわけだ。

■□■良くできた本作の脚本を書いたのは・・・？■□■

本作の脚本を書いたのは、これが脚本家としてのデビュー作になったベンジャミン・オーガスト。アトム・エゴヤン監督はその脚本を読んですぐに映画化を決めたそうだが、それもなるほどと思えるほどよくできているのは、意外性が連続することだ。老人ホームから脱出したゼヴがまず立ち寄り購入したのが拳銃というのも意外だが、やっと復讐の相手ルディ・コランダーにたどり着きながら、実はこの男は人違いだったというのも意外だ。

アウシュヴィッツで、ある区画の責任者をしていたドイツ人の親衛隊員の名前はオットー・ヴァリッシュ。ナチス崩壊後、彼はアメリカに移住してルディ・コランダーという名前に変え、今はアメリカ市民として生きているらしい。マックスが調べたところ、ルディ・コランダーという名前の男はたくさんいたが容疑者は4人に絞り込まれたため、マックスとゼヴは「今が復讐決行の時」と判断したわけだ。したがって、ゼヴは1人ずつその容疑者になっているルディ・コランダーを訪ね歩き、ゼヴの記憶を含めて本人を確定しなければならないことになる。なるほど、なるほど。

(C) 2014, Remember Productions Inc.

しかして、1人目の老人は名前はたしかにルディ・コランダーだったが、ゼヴとマックスが探しているドイツ名オットー・ヴァリッシュの男ではないことが判明したから、ゼヴの任務は引き続き「ルディ・コランダーを探せ！」ということに・・・。

■□■ちょっとした誤解が大きな悲劇に！■□■

本作の基本ストーリーは、強度の認知症に罹患しているゼヴがマックスの手紙を頼りに、ドイツ名オットー・ヴァリッシュ、アメリカ名ルディ・コランダーを探し復讐を遂げる旅。あくまでそれが軸だが、ベンジャミン・オーガストが書いた脚本は、その最終到達点に至るまでに①列車の中での少年との出会い、②交通事故に遭った後の病院での少女との出会い等、戦後大きく隔たった世代間のエピソードを挿入し、かつ、いかにも優しいゼヴの人柄を見せていく。こんな人柄にもかかわらず、その左腕に彫り込まれた囚人番号を見れば

298

やはり昔を思い出し、にっくき戦争犯罪人であり家族殺しの張本人であるアウシュヴィッツのあのナチ野郎は許せないわけだ。戦後７０年を経た今では、日本でも「あの戦争」の生き残りが少なくなっているのと同じように、アウシュヴィッツの生き残りはドイツ人もユダヤ人も少なくなっているし、当時の記憶が薄れているのも当然だ。しかして、本作中盤はゼヴがたどり着いた３人目のルディ・コランダーをめぐって、ちょっとした誤解から大きな悲劇が生まれてくるので、そのストーリーに注目！

郊外にある３人目のルディの一軒家にタクシーでたどり着いたゼヴは、彼が留守だったため長い間外で待っていたが、そこに戻ってきたのが警察官をしている息子のジョン・コランダー（ディーン・ノリス）。彼の話しによると、父親のルディ・コランダーは先日亡くなったらしい。父親の古い友人の来訪を喜んだジョンはゼヴを家の中に招き入れ、父親お気に入りのナチ関連グッズを見せ、酒を飲みながら上機嫌。ジョンの話しを聞いているうち、ジョンの父親であるルディ・コランダーもアウシュヴィッツで勤務したことはなく、軍のコックで戦争時は１０歳だったことがわかったため、ゼヴもひと安心。そこで上着を脱ぎ酒のお相手をしていると、左腕の囚人番号を発見されたからさあ大変。そこから起きる悲劇はあなた自身の目でしっかり見てもらいたいが、そこではじめて見るゼヴの射撃能力もさることながら、ちょっとした誤解から生まれてくる悲劇のサマに唖然。

■□■やっとお目当てのルディ・コランダーに！■□■

「ヒトラー映画」はたくさんあるが、私が最も印象に残っているのは、トム・クルーズが主演した『ワルキューレ』（０８年）（『シネマルーム２２』１１５頁参照）とブルーノ・ガンツが主演した『ヒトラー～最期の１２日間～』（０４年）（『シネマルーム８』２９２頁参照）の２本。本作では、ゼヴが４人目にやっとたどり着いたお目当てのルディ・コランダーをそのブルーノ・ガンツが演じているので、短い登場時間ながら、本作のクライマックスとなるゼヴとルディとの濃密な対決に注目！

日本でも中国でも、今や住居のメインは戸建てから高層マンションに変わっているが、アメリカでは都心部はともかく少し郊外に行けばそうではないことが、４人目のルディの自宅を見ればよくわかる。ログハウス仕様のその家は大きく、リビングルームも広い。ルディはまだ寝ていると言う末娘からリビングに案内されたゼヴは、アメリカに逃亡したルディがここまでの大家族に発展していることに驚いたが、当の本人がガウン姿で登場すると、この男こそドイツ名オットー・ヴァリッシュにまちがいなしと確信！すると相手もそう感じたらしく、家族には「大事な話があるから」と告げて２人で庭に出ることに。

ちなみに、ルディの自宅をなぜこんなに大きなお屋敷に設定したの？それは、ゼヴの入院と、ゼヴがある店でカードを使用したことによってやっと父親の所在をつかみ、ここまで駆けつけてきた息子チャールズとの「ご対面」に時間差をつけるため。つまり、玄関から入ってきたチャールズや２階から降りてきたルディの孫娘が庭に出て、ルディと話して

いるゼヴに会わせるためには一定の時間的余裕が必要なため、あえて大きなお屋敷に設定したわけだ。それはともかく、庭に出た２人を心配して、ルディの娘と孫娘そしてゼヴの息子チャールズが庭に出てみると、そこにはルディに対して拳銃を向け「真実を話せ！お前のドイツ名は？」と迫っているゼヴの姿が・・・。これに対して、ルディはあくまでアウシュヴィッツのことを否認していたが、ゼヴの銃が何の罪もない孫娘に向けられ「３つ以内に答えなければ・・・」と脅かされると、遂にルディはアウシュヴィッツでの罪の告白を始めることに・・・。

■□■ドイツ名のオットー・ヴァリッシュは、一体誰？■□■

ゼヴが探し求めたルディ・コランダーはアメリカ人になって作った名前だが、憎っくきその男のドイツ名はオットー・ヴァリッシュ。したがって、ゼヴがルディ・コランダーにたどり着いた時、真っ先に確認するのはそのドイツ名だった。任意の自白ではなく、孫娘に拳銃を向けられたための強制的な自白とはいえ、そこでルディはアウシュヴィッツの区画責任者として大量のユダヤ人を殺害したことを認めたが、ゼヴからの再三にわたる「お

前の本名は？」との質問に対してあくまで「名前はクニヴェルト・シュトルムだ」と答えたから、ゼヴのイライラは頂点に。

　本作では、これ以上のネタバレは厳禁！この後の展開とあっと驚く結末は、あなた自身の目でしっかりと。

　本作は９５分と短いうえ、クリストファー・プラマーが静かだが緊張感あふれる出ずっぱりの演技を続け、一貫してスリリングな展開を見せてくれる。そして、このクライマックスにおけるあっと驚くどんでん返しは実にすごい。ひょっとして、クリストファー・プラマーは本作の演技によって、９０歳でアカデミー賞主演男優賞にノミネート・・・？

「手紙は覚えている」価格：DVD￥3,800+税、Blu-ray￥4,700+税
発売元：アスミック・エース　販売元：ポニーキャニオン
(C)2014, Remember Productions Inc.

2016（平成28）年11月1日記

300

Data

監督・脚本：パブロ・ソラルス
出演：ミゲル・アンヘラ・ソラ／ア
　　　ンヘラ・モリーナ／オルガ・
　　　ボラズ／ユリア・ベアホルト
　　　／マルティン・ピロヤンスキ
　　　ー／ナタリア・ベルベケ

家へ帰ろう

2017年／スペイン・アルゼンチン映画
配給：彩プロ／93分

2018（平成30）年12月29日鑑賞　｜　シネ・リーブル梅田

■□■ショートコメント■□■

◆同時期の上映されている『葡萄畑に帰ろう』(17年) は、ヨーロッパとアジアの間に位置し、圧政と複雑な歴史を潜り抜けてきた小さな国、ジョージアを舞台とした、ジョージアの老監督エルダル・シェンゲラヤによる権力闘争を風刺した人間ドラマだった。

　それと似たような「帰ろう」シリーズ（？）ともいうべき本作だが、不毛の権力争いが続く政権中央から母親が住む故郷の葡萄畑に帰った『葡萄畑に帰ろう』に比べると、本作は南米の国アルゼンチンの首都ブエノスアイレスから88歳の主人公アブラハム（ミゲル・アンヘル・ソラ）が、たった一人で郷里のポーランドに帰る旅を描くもの。しかして、彼はなぜ、今ポーランドへの旅に・・・？

◆その目的は、70年前にポーランド人の自分の命をホロコーストから救ってくれた親友に自分の仕立てたスーツを手渡すこと。なるほど、なるほど・・・。

　本作冒頭、たくさんの娘や孫たちに囲まれたアブラハムが、施設に入れられようとしている自分の立場を逃れて、一人ポーランドに向かう旅に出るシークエンスが描かれる。　しかし、私の目にはその動機や決心がイマイチ不明確。88歳でこれだけ幸せなら、このまま文句を言わずに余生を送れば・・・。そう思ってしまうが、それではこの映画は成立しないので、そのままスクリーンを見ていると・・・。

◆少子高齢化が進む日本では、"孤立老人"のわがままやブチギレが1つの社会問題になっているが、本作では、不自由な足をひきずりながら一人で飛行機に乗ったアブラハムのわがままぶりが目立ち、もうすぐ70歳になる"老人"の私ですら、少し気恥ずかしくなってくる。

最初にその迷惑（被害？）を被るのは、たまたま飛行機の隣の席に座って雑誌を読んで
いた青年レオナルド（マルティン・ピロヤンスキー）だが、それでもマドリッドの空港に
着くとこの２人は・・・。また、マドリッドへの片道のチケットしか持っていないアブラ
ハムに、空港で「待った！」がかかったのは当然だが、アブラハムはそれをどう切り抜け
るの？８８歳の老人の一人旅にさまざまな難問が待ち受けているのは当然だが、本作では
マドリッドのホテルの女主人ゴンザレス（アンヘラ・モリーナ）も、ポーランドへの列車
内で隣り合わせたドイツ人の文化人類学者の女性イングリッド（ユリア・ベアホルト）も、
なぜかめちゃ親切でいい人ばかり。まあ、本作はそんな映画だからと割り切って観ればい
いのだろうが・・・。

◆本作最大の難問は、ポーランド人のアブラハムがいかにしてあの“嫌な国”ドイツの土
を踏まずにポーランドに行くかということだが、そのためには誰が考えても飛行機で行く
しかない。したがって、この問題は最初からナンセンスな解決不可能な難問だが、とにか
くそれが本作最大のテーマになる。そのため、イングリッドは“ある工夫”をするが、そ
れって一体何の意味があるの・・・？
　そんな風に見ていると、少しずつアブラハムの目標が近づき始め、そしてついに・・・。
結果はめでたし、めでたしとなるからいいのだが、このロードムービーには果たしてどん
な意味があったの？チラシには「世界中から大絶賛！観客賞総ナメの感動作！」と書かれ
ているが、私には本作の出来はイマイチ・・・。

２０１９（平成３１）年１月１０日記

Data

監督：デヴィッド・ヴェンド
原作：ティムール・ヴェルメシュ『帰ってきたヒトラー』（河出文庫刊）
出演：オリヴァー・マスッチ／ファビアン・ブッシュ／クリストフ・マリア・ヘルプスト／カッチャ・リーマン／フランツィスカ・ウルフ／ラース・ルドルフ／ミヒャエル・ケスラー／トーマス・ティーメ

★★★★★

帰ってきたヒトラー

2015年・ドイツ映画
配給／ギャガ・116分

2016（平成28）年6月18日鑑賞　TOHOシネマズ西宮OS

👀 みどころ

　タイムスリップものは、荒唐無稽なストーリー展開の中で、アイデアの奇抜さ、面白さを競う名作が多い。

　しかして、誰よりも現代に蘇ってほしくない人物ヒトラーのタイムスリップものなど、所詮不可能。本作がそんな常識を覆せたのは、ＴＶ界に彗星の如く現れた「ヒトラーのそっくりさん」を「お笑い芸人」に設定したため。これなら国民はオーケーだが、本人のしゃべる（叫ぶ？）政治ネタは極めて真面目。さあ、現代のドイツ国民は彼のアピールをどう受け止めるの？

　本作によってドイツ国民の民主主義の成熟度がわかったが、さて、舛添要一東京都知事を退場させ、来たる７月１０日に参議院選挙の投票日を迎える、日本国民の民主主義の成熟度は・・・？

——＊——＊——＊——＊——＊——＊——＊——＊——＊

■□■日本では『火花』、ドイツではこんな小説が大ヒット！■□■

　日本での近時の大ヒット小説は、お笑い芸人の又吉直樹が書き、２０１５年の第１５３回芥川賞を受賞した『火花』。これは「私小説」だが、２０１２年にドイツで大ヒットした小説はそうではなく、ティムール・ヴェルメシュのオリジナルな発想による『帰ってきたヒトラー』。これはタイトルどおり、１９４５年４月３０日に妻（自殺前日に結婚）のエーファ・ブラウンと共に自殺した（はずの）アドルフ・ヒトラーが、２０１４年のドイツに蘇り、大騒動を巻き起こしていく姿を描いたもの。その原作を、一部にドキュメンタリー的手法を併用しながら映画化した本作は、原作どおり皮肉たっぷり、風刺たっぷりの映画だが、それだけではなく、意外に笑えない説得力に富んだ社会問題提起作になっている。

折りしも、２０１６年の今は、「ヨーロッパの優等生」と言われ、メルケル首相の指導力が際立っていたドイツも難民・移民問題で大いに苦しんでいる。また、イギリスではいよいよ６月２３日にEU離脱の可否を問う国民投票が実施される等、ヨーロッパは大きな転換点にある。そんな時代状況下、もしホントにヒトラーがドイツに「降臨」し、１９３０年代と同じような手法で、ドイツ国民に真正面から語りかけてきたとしたら・・・。

■□■タイムスリップものは多いが、ヒトラーのそれとは？■□■

　「タイムスリップもの」は『戦国自衛隊１５４９』（０５年）（『シネマルーム７』８０頁参照）、『魔界転生』（０３年）（『シネマルーム３』３１０頁参照）等の「時代もの」から、『時をかける少女』（０６年）（『シネマルーム１２』３９８頁参照）、『地下鉄（メトロ）

『帰ってきたヒトラー』　発売中　価格：¥1,143（税抜）
発売・販売元：ギャガ
©2015 Mythos Film Produktions GmbH & Co. KG Constantin Film Produktion GmbH Claussen & Wöbke & Putz Filmproduktion GmbH

に乗って』（０６年）（『シネマルーム１２』４５頁参照）、『サマータイムマシン・ブルース』（０５年）（『シネマルーム８』１５０頁参照）等の「現代もの」までたくさんあり、いずれもそのアイデアの奇抜さ、面白さを競っている。しかし、いくら「戦後７０年」を経たとはいえ、ヒトラーが現代に降臨するタイムスリップものとは、何ともはや！

　ドイツでは、ヒトラーを礼讃する「ネオナチ」の勢力が一貫して一定程度根付いているが、ヒトラーはユダヤ人のホロコーストを行った極悪非道の男という評価が定着しており、少しでもその価値を認めたり、礼讃したりするのはドイツではご法度になっている。そのためか、本作のチラシには「世界中を沸かした［超問題アリ］ベストセラー」「恐れを知らぬ映画化！」「安心してください。大人には危険ですがお子様には楽しいコメディです」「笑うな危険」等々の、どちらとも解釈でき、どちらの陣営からも非難されないように用心した「宣伝文句」が並べられている。

　本作（の原作）がドイツ国内で２５０万部を売り上げ、世界４２言語で翻訳、権威あるタイムズのベストセラーリストでも堂々NO．１に輝いたのは、きっと２０１４年に蘇っ

たヒトラーが「モノマネ芸人」としてブレイクするという設定にしたこと。こうすれば、その片寄った主義主張がストレートに発信されたとしても、そこには笑いやブラックユーモアが含まれることになるのでテレビ放映もOK。日本で言えば、いわば「たけしの毒舌」と同じようなものとして許容される可能性が高くなるわけだ。なるほど、なるほど・・・。しかし、それにしてもヒトラーのタイムスリップものとは・・・。

『帰ってきたヒトラー』　発売中　価格：￥1,143（税抜）　発売・販売元：ギャガ
©2015 Mythos Film Produktions GmbH & Co. KG Constantin Film Produktion GmbH Claussen & Wöbke
& Putz Filmproduktion GmbH

■□■壮絶なテレビ局内の権力闘争に注目■□■

　私は毎週日曜日にテレビで放映される、『そこまで言って委員会』の大ファンだが、これは東京では放映されていないらしい。本気でこれを東京で放映しようとすれば、何よりも某局内での権力闘争に勝利する必要があるはずだ。しかして、本作導入部では、①民放の「マイＴＶ」でフリーランスで働いているものの、解雇を言い渡されてしまったファビアン・ザヴァツキ（ファビアン・ブッシュ）、②次は局長に抜擢されると思い込んでいた、副局長のクリストフ・ゼンゼンブリンク（クリストフ・マリア・ヘルプスト）、③ゼンゼンブリンクを出し抜いて局長に抜擢された、辣腕で辛辣な女性、カッチャ・ベリーニ（カッチャ・リーマン）の3人が、「ヒトラーのそっくりさん」の活用方法を巡って展開する権力闘争のさまが面白おかしく描かれる。２０１４年のドイツに蘇ったアドルフ・ヒトラー（オリヴァー・マスッチ）をモノマネ芸人として笑い飛ばすのもよし！それがバカ受けすれば、視聴率稼ぎのため更に活用するのもよし。本作導入部では、現代に降臨してきたヒトラーの活用方法をめぐって、「マイＴＶ」での権力闘争の姿が描かれるから、それに注目！
　キオスクのオーナー（ラース・ルドルフ）と話している「ヒトラーのそっくりさん」を発見し、最初にこれを発掘したのは、ザヴァツキ。ヒトラーと瓜二つの演説能力に魅せられたザヴァツキは、「ヒトラーのそっくりさんが現代のドイツを闊歩する」という番組を企画することによって、自己の立場の回復を目指すことに。それに乗っかったのが、新局長

に抜擢されたベリーニで、その狙いは大成功！「ヒトラーのそっくりさん」は至って真面目にマイクとカメラの前で「あるべきドイツ」や「あるべきドイツ国民」のことを語っている（叫んでいる）だけだが、なぜか、それがお笑い芸としてドイツ国民にバカ受け！そんな姿を見て、私は思わずゾー・・・。

『帰ってきたヒトラー』　発売中　価格：¥1,143（税抜）　発売・販売元：ギャガ
©2015 Mythos Film Produktions GmbH & Co. KG Constantin Film Produktion GmbH Claussen & Wöbke & Putz Filmproduktion GmbH

■□■お笑い芸人の人気なんて、「不祥事」で一気にガタ落ち！■□■

　ビートたけしは１９８０年〜８２年の漫才ブームが一気に冷めた後も、また島田紳助が暴力団幹部との「黒い交際」によって芸能界から追放された後も、今日までしぶとく生き残っている。それに対して、ヒトラーのそっくりさんは？人気俳優や人気ＴＶタレントだって、不祥事を起こすと一気にマスコミに叩かれて人気がガタ落ちになってしまうのだから、それでなくても人気のうつろいやすいお笑い芸人などは、ちょっとした不祥事で一気に人気がガタ落ちになる例はザラだ。

　面白いのは、その不祥事の暴露がホントに偶然の不祥事の発生のためなのか、それとも誰か敵対勢力や反対勢力が仕組んだ罠なのかがわからないところ。しかして、本作中盤にみるヒトラーのそっくりさんの人気のガタ落ちは、ベリーニ新局長に「マイＴＶ」の実権を握られてしまった副局長ゼンゼンブリンクの陰謀だ。「ヒトラーのそっくりさん」は根がかなり怖い人だったことは、ザヴァツキが「ヒトラーのそっくりさんが現代のドイツを闊歩する」という番組を撮っている時、情け容赦なく小犬を拳銃で射殺した姿を見れば明らかだが、その映像がゼンゼンブリンク副局長の謀略によってテレビ映像に流されると、たちまち世間はブーイングの嵐となり、「ヒトラーのそっくりさん」はテレビ界から干されてしまうことに。

　しかし、テレビがダメなら本があるさ。１９２３年１１月の「ミュンヘン一揆」で逮捕されたアドルフ・ヒトラーが獄中で『我が闘争』を書き、これを大ヒットさせたのと同じ

ように、ヒトラーのそっくりさんは「現代のベルリンにヒトラーが目覚める」という内容の本を執筆すると、これが大ヒット！瞬く間にベストセラーになったうえ、ザヴァツキが監督となって映画化までされることに。何ともはや・・・。

しかしてここでの大問題は、これはお笑い界やテレビ界の視聴率争い？それとも「ヒトラーのそっくりさん」こと「２０１４年のドイツに蘇ったホンモノのヒトラー」が本気で「あの時の夢をもう一度」と目論んでいるの？ということだ。本作を観ている観客はみんな後者であることがわかっているが、ザヴァツキ監督やベリーニ新局長をはじめテレビ局の関係者や肝心のドイツ国民たちは、あくまで前者だと考えていたからこりゃ大問題。さあ、本作後半からクライマックスに向けての更なる展開は・・・？

■□■舛添知事を選んだ東京都民も猛省せよ！■□■

本作でドイツ国民全員がお笑い芸人「ヒトラーのそっくりさん」と考えている男は、その語り方がヒトラーそっくりであるだけでなく、語っている内容もヒトラーそっくりだった。これは２０１６年の時点で言えば、アメリカの共和党の大統領候補になったドナルド・トランプが語っている人種差別政策の内容とも共通している。そして、その是非はともかく、その内容は本音のものでわかりやすいものだ。また、ヒトラーとトランプに共通しているのは、両者とも何事も多数決で決める民主主義と選挙、投票を尊重し、そこでの権力闘争（票取り合戦、プロパガンダ）に徹しているということだ。

ヒトラーのプロパガンダに騙されたドイツ国民はバカだった。後になってそうケチをつけるのは簡単だが、それなら、去る６月２１日に政治資金規正法違反疑惑で辞職した舛添東京都知事に対して、２０１４年２月の都知事選挙で圧倒的な票数を与えた東京都民も同じくバカだった。そう言わざるをえない。甘利明元経済再生担当大臣の都市再生機構（ＵＲ）と建設会社との間の補償交渉への介入行為が、あっせん利得処罰法違反に該当するか否かという問題に比べると、舛添都知事の政治資金規正法違反問題では「セコさ」が際立っており、とにかく誰にでも問題点がわかりやすかった。そのため、マスコミの攻撃材料として最適だったわけだ。テレビでこのネタを放映すればどんどん視聴率が上がっていったそうだから、連日それを見て（楽しんで）いた日本国民全体のレベルもたかが知れたものだ。舛添要一氏を東京都知事に選んだ東京都民は、本作を鑑賞しながら猛省することが不可欠だ。

■□■ヒトラーを葬り去れ！これはホント？それとも？■□■

映画では『恋に落ちたシェイクスピア』（98年）をはじめとして「劇中劇」の手法がよく使われる。1月10日に観た行定勲監督の『ピンクとグレー』（16年）は、何と前半2分の1が劇中劇だったことにすべての観客は驚いたはずだ（『シネマルーム37』242頁参照）。劇中劇の作品には名作が多いが、それが成功するか否かは、要するに観客を騙せる

ストーリー構成がとれているかどうかに
よることになる。

　しかして、本作のクライマックスは、「ヒ
トラーのそっくりさん」を発掘し、それを
金づるにして「マイＴＶ」への復帰を果た
したばかりか、干されている間に彼が書い
た小説を映画化することによって２匹目
の「柳の下のどじょう」を狙っていたザヴァ
ツキが、やっと彼は「ヒトラーのそっく
りさん」ではなく、現代に蘇ったヒトラー
その人だと確信したことを契機として訪
れてくる。彼をお笑い芸人にして政治ネタ
でドイツ国民を笑わせ、高い視聴率をとっ
て、自分も儲け有名になる。ザヴァツキの
そんな目論みは見事に成功したが、ひょっ
としてこのまま現代に蘇ったホンモノの
ヒトラー（の扇動）によって、ドイツが再
び明確な人種差別政策をとっていくこと
になれば・・・。日本では、怒涛の勢いを
見せていた橋下徹率いる日本維新の会（現
おおさか維新の会）が２０１５年５月１７

『帰ってきたヒトラー』発売中
価格：¥1,143（税抜）発売・販売元：ギャガ
©2015 Mythos Film Produktions GmbH & Co. KG
Constantin Film Produktion GmbH Claussen &
Wöbke & Putz Filmproduktion GmbH

日に実施した、大阪都構想をめぐる住民投票において僅差で敗れたことによって、その勢
いはポシャリかけている。しかし、「新時代のヒーロー」として登場してきた橋下徹人気よ
りも、１９３０年代当時のヒトラー人気は何十倍もすごかったから、２０１４年のドイツ
に再びあのフィーバー（悪夢？）が蘇ってくれば・・・。

　現代のドイツ社会、テレビ界に嫌気がさし、屈折した心を持っているものの、心の片隅
に良識や良心を残していたザヴァツキがそこで、自ら発掘した金の卵を、自らの手で葬り
去ろうとしたのもうなずける。しかして、今ザヴァツキの手元には、あの時「ヒトラーの
そっくりさん」が小犬を打ち殺した拳銃が残されていたから、これを使えば現代に蘇った
ヒトラー本人の抹殺は可能！クライマックスに向けてそんな緊迫の展開が続いていくが、
このストーリー展開はホンモノ？それとも、ひょっとしてこれは劇中劇・・・？

　それはともかく、６月２２日に第２４回参議院選挙の告示がされた今、日本国民として
民主主義の要たる「投票権」を持つあなたは、７月１０日に、その民主主義最大の権利を
どう行使するの？それをしっかり考えながら、本作の「重み」を感じ、かつ論理的にしっ
かり分析したい。　　　　　　　　　　　　　　　　　２０１６（平成28）年6月23日記

Data

監督・脚本：ルカ・ミニエーロ
出演：マッシモ・ポポリツィオ／フランク・マターノ／ステファニア・ロッカ

SHOW-HEY シネマルーム

★★★★

帰ってきたムッソリーニ

2018 年／イタリア映画
配給：ファインフィルムズ／96 分

2019（令和元）年 10 月 10 日鑑賞　　シネ・リーブル梅田

👀 みどころ

　歴史上の「If・・・」はいろいろある。私の最大のそれは「もし、イエス・キリストが帰ってくれば・・・」だが・・・。

　『帰ってきたヒトラー』を原作とした同名のドイツ映画は面白かったが、何とヒトラーをムッソリーニに変えて脚本を書き、イタリア国民に警鐘を鳴らしたのはルカ・ミニエーロ監督。さて、その問題意識は那辺に・・・？

　ストーリー構成はヒトラー版と同じだが、国民の親しみの点ではムッソリーニの方がヒトラーより上・・・？愛嬌の点からはそうも考えられるが、赦せるか否かを問われるＴＶ番組における、老イタリア夫人の究極の選択は？『愛の勝利を　ムッソリーニを愛した女』（11 年）と一緒に観賞するのも一興だが・・・。

——＊——＊——＊——＊——＊——＊——＊——＊——＊——

■□■着想は『帰ってきたヒトラー』。本作の問いかけは？■□■

　私は２０１６年６月１８日に『帰ってきたヒトラー』（15 年）を観たが、同作はメチャ面白いうえ、鋭い風刺を含む貴重な問題提起作だった。同作を観たのが、折りしも２０１６年７月１０日に投開票される参議院選挙の直前だったため、私はその評論で、「桝添知事を選んだ東京都民も猛省せよ！」と書いた（『シネマ 38』155 頁）。それから３年後の今の日本国は少しはマシになっているの？

　『帰ってきたムッソリーニ』と題された本作の着想は、ドイツで２００万部以上を売り上げたベストセラー小説『帰ってきたヒトラー』（ティムール・ヴェルメシュ著／原題『ER IST WIEDER DA』）にあるが、舞台をドイツから今のイタリアに置き換えた上で、ムッソリーニが現代のイタリアで再び権力を握ったらどうなるのか？それが、本作の脚本を書き、監督をしたルカ・ミニエーロの問いかけだ。もし、ムッソリーニが今あの軍服姿で突然現れたら・・・？もちろん、そんなバカなことが起こるはずはないが、映画は何でもありだ

から、そんなストーリーの設定も可能だ。しかして、本作導入部では、１９４５年４月２８日に死亡したはずのムッソリーニが、２０１７年の同じ日に、空から地上に落ちてくるシークエンスが登場するが、その場所は？そして、その姿は？

■□■本作はそっくりさんや影武者ではなく、正真正銘の本物■□■

『キングダム』（19 年）は、若き日の秦の始皇帝のそっくりさんを影武者に仕立てていく物語だった（『シネマ 43』274 頁）し、張芸謀（チャン・イーモウ）監督の『SHADOUW 影武者』（18 年）は懸命に鍛え上げられた影武者が沛国の国の宰相として、既に立派な活躍をしているところからストーリーが始まっていた（『シネマ 45』265 頁）。また、黒澤明監督の『影武者』（80 年）は、今や「そっくりさん」や「影武者」をテーマにした映画のバイブルになっている。しかして、本作冒頭、突如空から降って沸いたように登場した第２次世界大戦当時の軍服のままの男（マッシモ・ポポリツィオ）はムッソリーニのそっくりさん？売れない映像作家アンドレア・カナレッティ（フランク・マターノ）が、そんなムッソリーニを偶然カメラに収めたところから始まったドキュメンタリー映画の製作旅行は順調に進んでいるようだ。２人でイタリア全土を旅しながらの撮影旅行では、ムッソリーニをそっくりさんだと思った若者が屈託なくスマホを向けると彼は戸惑いながらも撮影に応じ、また市民の中に飛び込んで、不満はないか？と質問を投げかけると移民問題や政府に期待していない生の声があふれ出ていた。そして、その様子が動画サイトに投稿されると、再生回数がどんどん増え、ネットで大きく拡散されていくことになったから、カナレッティは万々歳だ。

しかし、実は本作冒頭に登場するムッソリーニはそっくりさんや影武者ではなく、正真正銘のホンモノ。そして、死後７２年も経た２０１７年の４月２８日に"復活"してきた当のムッソリーニも、当初は現代のイタリアの姿に大いに戸惑っていたが、「この国は何も変わっていない」と確信した彼は、再び絶大な国民からの人気を集めることによって、再びこの国を征服しようという野望を抱くように。しかして、それはどんなやり方で・・・？

■□■視聴率至上のＴＶ局では、このネタ（キャラ）は最高！■□■

『帰ってきたヒトラー』では、タイムスリップで現代に蘇ったヒトラーが、「モノマネ芸人」として大ブレイクすると、ＴＶ局の３人の責任者たちがヒトラーのそっくりさんの活用方法を巡ってくり広げる権力闘争が面白おかしく描かれていた。それと同じように、本作でもカナレッティの動画が拡散していくと、ＴＶ局の新編集局長カティア・ベッリーニ（ステファニア・ロッカ）とその配下になった副編集局長ダニエーレ・レオナルディ（ジョエレ・ディクス）の間で、「ムッソリーニ・ショー」でのムッソリーニの活用方法を巡って激しい権力闘争がくり広げられるので、それに注目！

新編集局長に抜擢されたカティアは、「ムッソリーニ・ショー」の最初の放映での高視聴率に大満足だが、彼女やＴＶ局の製作スタッフたちはあの男が現代に蘇り、再びこの国を

征服しようという野望についてどう考えているの？私が見る限り、彼らはそんな問題には全然興味を持たず、ただ視聴率にのみ関心が向いているようだが、それってかなりヤバイのでは？他方、カナレッティとのイタリア全土の撮影旅行中、ムッソリーニがある婦人の連れたかわいい愛犬を射殺し、それが動画で発信されたため大問題が！彼はなぜそんな酷いことをするの？そんな声が全イタリアで巻き起こった上、婦人からは損害賠償の請求も。さあ、ムッソリーニやカナレッティ、そしてＴＶ局はそれにどう対応するの？

■□■ファジスムとは？ネオ・ファシズムとは？■□■

ファシズムって何？ファシズムとナチズムとの異同は？また、ネオ・ファシズムとは？あらためてそう問われると、その答えは難しい。戦前の日本は明治憲法下の議院内閣制の民主主義国だったにもかかわらず、軍部の発言力が強まり軍備が拡張される中で軍国主義が強化された。しかし、そこでは日本特有の天皇制との関連が強かった。したがって、あくまで民主主義体制の下、国会での多数を握ることを目指したイタリアのファシズムやドイツのナチズムとは大きく異なっていた。また、三国同盟を結び、枢軸国として米英仏露などの連合国と第2次世界大戦を戦った日独伊は、戦後の軍国主義、ナチズム、ファシズムとの決別についても、相違点が多い。

そして、近時のイタリアではネオ・ファシズムが盛り上がっているし、ムッソリーニの孫であるアレッサンドラ・ムッソリーニも１９９３年１１月のナポリ市長選挙では敗れたものの、ナポリ選挙区選出の下院議員として大活躍している。パンフレットによれば、それらの点についてのルカ・ミニエーロ監督の認識は次のとおりだ。すなわち、

①『帰ってきたムッソリーニ』はムッソリーニやファシズムを語る映画ではない。私はファシズムを絶対の「悪」だと思っているのでそれを描くつもりはなかった。これは今日のイタリアを描いた映画だ。

②原作小説を映画の脚本に書き換えるにあたり、何よりも重視したのは決してムッソリーニを裁いたり、改めて彼がしたことを審理したりしないということだ。裁きはすでに歴史が下している。我々は設定を変えたり、何かを教えたり、危険なことを知らせたりせずに、今日のイタリア人がどう反応するのかを見たかった。そして、そうすることで多くのことを発見した。

③ムッソリーニは異星人ではなく、我々イタリアのモラルを反映した存在とも言える。ムッソリーニの復活は、根源的な恐怖の復活であり、彼を受け入れることによって我々の権力構造の悪意も明らかになる。今も当時もそれは変わらない。この作品が暗に提示する問いはシンプルだ。「ムッソリーニが現代のイタリアで再び権力を握ったらどうなるのか？」だが、答えは単純でない。

本作を観賞するについては、ムッソリーニのそっくりさんを見て笑い飛ばすだけでなく、ファシズムとは？ネオ・ファシズムとは？それについて改めて考える必要がある。

■□■本作 vs『愛の勝利を　ムッソリーニを愛した女』■□■

　本作ではムッソリーニの２９歳年下の愛人クラレッタ・ペタッチの名前が何度も登場するが、ムッソリーニの華やかな女性関係については全く触れられていない。１１月１５日に公開される『LORO　欲望のイタリア』(18年) では、スキャンダルにまみれたイタリアの元首相ベルルスコーニの政治とカネ、失言の他、さまざまな女性問題が赤裸々に暴露されるらしい。陽気で女好きなイタリア男は、古代ローマ帝国のシーザーを含め、堅物のドイツ人や真面目な日本人と違って女関係は華やかだが、さてムッソリーニのそれは？

　ムッソリーニをタイトルに入れた映画には、『ムッソリーニとお茶を』(00年) や、『愛の勝利を　ムッソリーニを愛した女』(11年) がある。後者は、関係を持った女性は数百人をくだらないと言われているムッソリーニと、若き日のムッソリーニのカリスマ性に惚れてムッソリーニが日刊紙「ポポロ」を発刊するのを支援した女性イーダとの関係を描いた興味深い映画だった(『シネマ26』79頁)。２人の間に子供が生まれてから、ムッソリーニにはれっきとした妻と子がいる

ことを知らされたイーダの怒りは相当なものだったが、その後、彼女はどんな行動をとったの？『愛の勝利』というタイトルがふさわしいかどうかは別として、同作にみるイーダのその後の行動は非常に興味深くシリアスな映画だった。

　しかし、それに比べると、本作は軽妙さが売りだし、「そこまで言って委員会」と同じようにギリギリの演出が生命線になっている。もっとも、日本人の多くはムッソリーニの「実績」については、ヒトラーのそれほど詳しく知らないから、その分『帰ってきたヒトラー』とはハンディキャップがあるが、それでも本作は私には結構面白い。そんな視点で考えると、本作 vs『愛の勝利を　ムッソリーニを愛した女』は？この両者を見比べてみるのも一興だ。

『帰ってきたムッソリーニ』　DVD&Blue-lay 発売中
価格：DVD3,900円(税抜) Blue-lay4,800円(税抜)
発売元：ファインフィルムズ
販売元：ハピネット・メディアマーケティング
(C) 2017 INDIANA PRODUCTION S.P.A., 3 MARYS
ENTERTAINMENT S.R.L.

２０１９(令和元)年１０月１７日記

Data

監督・脚本：クリスティアン・ペッ
　ツォルト
原作：アンナ・ゼーガース『トラン
　ジット』
出演：フランツ・ロゴフスキ／パウ
　ラ・ベーア／ゴーデハート・
　ギーズ／リリエン・バッドマ
　ン／マリアム・ザレー／バル
　バラ・アウア／マティアス・
　ブラント／アレックス・ブレ
　ンデミュール／トリスタ
　ン・ピュッター

未来を乗り換えた男

2018 年／ドイツ・フランス合作映画
配給：アルバトロス・フィルム／102 分

2018（平成30）年1月19日鑑賞　　　テアトル梅田

みどころ

　原作の『トランジット』はわかりやすいが、邦題の『未来を乗り換えた男』
とは一体ナニ？どうすれば、そんなことができるの？現代の難民や移民問題を
ユダヤ人に置き換えれば・・・。『東ベルリンから来た女』『あの日のように抱
きしめて』のクリスティアン・ペッツォルト監督は、そんな問題意識でナチス
の時代と現代の物語を錯綜させたが、ストーリーはややこしい。

　「成りすまし」は、『太陽がいっぱい』のアランドロンが元祖（？）だが、
死亡した作家に成りすましてメキシコへの脱出を目指すドイツ人青年ゲオル
クの成りすましぶりは？

　舞台は現代のマルセイユ。ゲオルク、作家の妻マリー、そしてマリーの愛人
の医師リヒャルトの三者三様の思いは複雑で難解だ。さあ、最終的にメキシコ
行きの船に乗るのは誰？そして、ゲオルクは「未来を乗り換えた男」になれる
のだろうか？

────＊───＊───＊───＊───＊───＊───＊───＊───＊───

■□■原題は？原作は？監督は？テーマは？■□■

　『未来を乗り換えた男』という、何とも難解な邦題をつけられた本作の原題は『トラン
ジット』。その意味は、「通過」で、飛行機等の経由地での一時寄港を指す言葉としてよく
使われている。原作も、ドイツの作家アンナ・ゼーガースが１９４２年にマルセイユで執
筆した小説『ＴＲＡＮＳＩＴ』だ。そして、ドイツ・フランス映画である本作の監督・脚
本は、１９６０年にドイツに生まれたクリスティアン・ペッツォルト。そう聞いてもピン
とこないが、『東ベルリンから来た女』(12 年) (『シネマ 30』96 頁)、『あの日のように抱

きしめて』(14年)(『シネマ36』53頁)の監督と聞けば、ああなるほど、とすぐにわかる。両作品共に興味深いものだった。

　本作は1月4日付日経新聞「文化往来」で紹介されていたが、それによると、クリスティアン・ペッツォルト監督は、原作を30年前に読んで以来、年に1度は読み直しているそうだ。1942年に発表された原作は、ナチ政権から迫害を受けてフランスのマルセイユから亡命を図るユダヤ人の悲劇を描くものだが、クリスティアン・ペッツォルト監督は「現代の難民や移民をユダヤ人に置き換えれば、小説が書かれた当時と現代が似ていると気付くだろう。歴史映画としての過去を再構築するのではなく、現代と過去を比較しながら、つながりを描きたかった。」らしい。

　本作冒頭、ドイツのファシスト政権が今にもフランスのパリを占領するという緊迫した状況下にあることが、某レストランに入ってきた主人公のゲオルク(フランツ・ロゴフスキ)と友人との会話の中でわかるが、このシーンは1930年代のナチス政権下ではなく、現代だ。それってどういうこと・・・?こりゃ、難しそう。しかし、面白そう・・・。

©2018 SCHRAMM FILM/NEON/ZDF/ARTE/ARTE France Cinéma

■□■現代の難民問題をユダヤ人に置き換えてみると・・・。■□■

　近年はアフリカからボートに乗って地中海を渡り、ヨーロッパ(イタリア)に渡る(亡命する)難民たちの姿が目に付き、大きな政治問題になっている。もちろん、その危険な逃避行の中で命を落とす者も多い。そのため、近年は"難民"をテーマにした『希望のかなた』(17年)(『シネマ41』273頁)、『はじめてのおもてなし』(16年)(『シネマ41』279頁)等の良質な問題提起作が登場している。

　パンフレットにあるクリスティアン・ペッツォルト監督のインタビューで彼は、「舞台をマルセイユに置き換えて、1940年代の小説「トランジット」を映画化しようと思いついた経緯は?」の質問に対して、「歴史映画として『あの日のように抱きしめて』をハルン・ファロッキ(『あの日のように抱きしめて』共同脚本)とすでに作っていた。僕らはその時代を生きていたし、あの時代、あの状況、あの思いを再現した。ハルンと僕は、1940年のマ

ルセイユですべてが展開する構想でこの映画の最初のトリートメントも書いていた。ハルンが亡くなった後、プロジェクトを再開したけど、脚本はそれ自体で完結しているという印象だった。でも同時に全然情熱を持つことができなくなっていたんだ。その時、自分が撮りたいのは歴史映画ではないことに気づいた。過去を再構築する作業はしたくない。世界中に難民がいて、僕らはナショナリズムが再台頭するヨーロッパに住んでいる。だから歴史映画製作と言う安全地帯に立ち戻りたくなかった。」と答えている。したがって、本作はドキュメンタリー映画やそれに近い歴史映画ではなく、あくまでクリスティアン・ペッツォルト監督オリジナルな想像力に基づく映画なのだ。

本作で幽霊のようにさまよい歩く主人公ゲオルクは、ドイツ国内でレジスタンス活動をしている男だが、彼の本作の行動に大きな影響を及ぼすのは①作家ヴァイデル、②その妻のマリー（パウラ・ベーア）、③医師のリヒャルト（ゴーデハート・ギーズ）等だ。冒頭、某レストラン内でゲオルクが亡命を決心した友人から届けてくれと依頼されるのは、ある作家への手紙だが、彼がしぶしぶその依頼を引き受けたことによって、彼は何とも不可思議な立場に置かれることになる。さあ、クリスティアン・ペッツォルト監督流に、現代の難民問題をユダヤ人に置き換えてみると・・・。

©2018 SCHRAMM FILM/NEON/ZDF/ARTE/ARTE France Cinéma

©2018 SCHRAMM FILM/NEON/ZDF/ARTE/ARTE France Cinéma

■□■３日後にパリは占領！それならマルセイユへ逃げろ！■□■

本作冒頭の、パリの某レストラン内での主人公と友人の会話は現代だから、そこで交わされる「３日後にパリはファシストに占領される！」という会話には当然違和感がある。だって、メルケル首相率いるドイツとマクロン大統領率いるフランスは、今でこそ両国とも落ち目だが、共にＥＵを背負って立つ二大国で仲良くやっているのだから。しかし、クリスティアン・ペッツォルト監督の本作では、そんなあっと驚く設定こそが核心だ。

ゲオルクが預かった手紙を持って作家ヴァイデルの家を訪れると、既にヴァイデルは自

殺を図って倒れていたが、机の上にはメキシコからの招待状と妻マリーからの手紙が置いてあり、彼の"遺作"になるであろう完成した小説も置かれていた。そこで、彼は重傷のヴァイデルを連れ、招待状、手紙、小説を持ってマルセイユへの逃避行に。もちろん、そこには友人たちの協力があったが、占領が迫るパリ内で反ファシストの抵抗組織がいかなる形態で動いているかを描くのは本作のテーマではないから、そこら辺りはあくまで曖昧・・・。したがって、客席でないのは当然としても、パリからマルセイユまでの長距離列車の貨物車の中になぜゲオルクとヴァイデルが潜り込んだのか等についてはよくわからない。しかし、とにかくゲオルクはマルセイユ駅に到着したからありがたい。もっとも、そこで警察の手入れにあったためゲオルクはヴァイデルを見放したが、その時点でヴァイデルは既にコト切れていたから、それもやむなし。すると、マルセイユに着いたゲオルクの次なる目標は？それは、当然更に迫ってくるファシストの侵攻から逃れるため、ヴァイデルの招待状を使ってマルセイユの港から航路でメキシコに渡り、更に"自由の国"アメリカに逃避することだ。そのためのビザ等の必要書類は、マルセイユのメキシコ領事館で交渉すれば今ならまだ間に合いそうだ。

クリスティアン・ペッツォルト監督は前述の監督インタビューの中で、「1940年と現在のマルセイユという異なる世界を脚本で描写するのは難しいものでしたか？」の質問に対して、「"現代のマルセイユを舞台にして、亡命者たちの動きを映画にしたらどうなるか？"と想像してみたんだ。違和感はなかった。スーツ姿で、ダッフルバッグを背負った人がマルセイユの港を歩き、ホテルの部屋を予約して『ファシストが三日後にやってくるから、僕はここを出ていかなくてはならないんだ』と言う場面を全く問題なく思い描いていた。ちっとも違和感がなくて、逆にそのこと自体に違和感を感じたくらいだよ。」と語っている。正直言って私にはこの設定はかなり違和感がある。さて、あなたは？さて、ゲオルクはすんなりと航路でマルセイユからメキシコへの逃避行に成功するの？

■□■謎の女マリー役を美女パウラ・ベーアが熱演！■□■

ゲオルクが航路でメキシコに向かい、さらにアメリカを目指すことを決めたのは、ヴァイデルのメキシコからの招待状があったからだ。フランス映画の名作『太陽がいっぱい』(60年）では、アラン・ドロンが友人のパスポートを偽造し、偽造サインの練習にも励んでいたが、「俺だって、作家ヴァイデルになりすましてメキシコへの渡航ビザを交付させるくらいの手腕はあるさ」とばかりに、マルセイユにあるメキシコ領事館の中で、ゲオルクがヴァイデルになりすませたのは、逃避行の列車の中でヴァイデルの遺作を読んでいたから。そして、「奥さんの名前は？」とひっかけ質問をする（？）担当官に対して、ゲオルクはとっさに「マリー」と正解を答えたから、まんまとゲオルクはヴァイデルになりすますことに成功！これならマルセイユがファシストに占領される前に、さらにホテルの女主人が官憲にタレ込む前に、マルセイユ発の船に乗ってメキシコに向かうことができそうだ。とこ

ろが、そんな風にマルセイユの
町を歩き回っているゲオルクは、
ある日一心不乱に人捜しをして
いるらしい黒いコート姿の女か
ら声をかけられたが、この女は
誰？そして、彼女はマルセイユ
で一体何をしているの？

©2018 SCHRAMM FILM/NEON/ZDF/ARTE/ARTE France Cinéma

　本作は歴史上の事実からはハ
チャメチャな設定だし、時間軸
上も地理上もそのストーリー展
開は読みにくい。したがって、
この謎めいた若い女は一体誰？
当然そう思ってしまうが、この
女こそ、それまでは手紙上だけ
で登場していたヴァイデルの妻
マリーだとわかると、やっと映
画全体のストーリー構成が捉え
られてくる。つまり、マリーは
航路メキシコに向かうためにス
ペインの港町マルセイユにやっ

©2018 SCHRAMM FILM/NEON/ZDF/ARTE/ARTE France Cinéma

てくるはずの夫ヴァイデルを一足先にマルセイユで待っていたわけだ。しかるに、なぜ夫
は約束通りやって来ないの？ちなみに、マルセイユはスペインの首都バルセロナのような
大都会ではないだろうが、それでも広いから、いくら毎日町中を歩いて探してもヴァイデ
ルを見つけるのは難しいのでは・・・？

　マリー役を演じる女優は、フランソワ・オゾン監督の『婚約者の友人』（16 年）でアン
ナ役を演じたパウラ・ベーア。同作の彼女は戦死した婚約者のために黒い喪服にベールを
被ってお墓へ通う姿が印象的だったが（『シネマ 41』289 頁）、本作でも夫を捜すべく一途
に思い詰めた表情が実に印象的だ。もっとも、ゲオルクがサッカー好きの少年ドリス（リ
リエン・バッドマン）から声をかけられ、この少年と友達になった後、病気になった少年
のために医者を捜し回る中盤以降の別個のストーリー展開を見ていると、マリーはこの医
師リヒャルトの愛人のような存在で、リヒャルトといっしょに生活していたから、アレ
レ・・・。この女は一体どうなっているの？そしてまた、いかにも良心的な医師リヒャル
トは、なぜマルセイユに留まっているの？本作は、中盤からまたまたそんな複雑なストー
リー構成に！

■□■乗船の譲り合いはほどほどに！■□■

　なぜ今、マルセイユの町で、亡命作家の夫を持つ若く美しい妻マリーが医師のリヒャルトと一緒に愛人のような存在で暮らしているの？治療費ももらえないような少年ドリスのためにわざわざ往診に駆けつけてきたリヒャルトは、良心的な医師のようだが、なぜ彼が国外に亡命せずにマルセイユにとどまっているのかはスクリーンを見ていてもかなり微妙だ。

　どうも、彼は女ゴコロに左右される性格らしい。そんなリヒャルトにマリーが魅かれているのは間違いないようだから、更にそこにゲオルクが割り込んでいけば、社会情勢が繁るヴァイテルの死を目撃したうえ、彼になりすましてメキシコに行こうとしているのだから、それを隠して妻のマリーに近づくのは如何なもの・・・？私の道徳観、倫理観（？）ではそんなさまざまな思いが錯綜したが、それはともかく、本作後半からクライマックスにかけてはメキシコ行きの船に誰が乗るのかを巡ってゲオルク、マリー、リヒャルトの三者間で三者三様の思いが錯綜するので、それに注目！

　もともと、一番最初にメキシコ行きの船に乗っていたはずのリヒャルトは、マリーが船に乗るのを止めたため自分も船に乗るのを中止したらしい。他方、今ゲオルクはマリーを妻として二人でメキシコ行きの船に乗る準備が整ったが、するとリヒャルトはどうするの？本作は中盤までのストーリーも複雑で分かりにくいが、このラストに向けてのメキシコ行きの船に誰がいつ乗るのかについても、三者三様の譲り合いが顕著になるので話がややこしい。もちろん、マルセイユにもファシストの侵攻が始まり、町は既に一斉摘発が始まったらしい。さあそんな中、ゲオルクは「未来を乗り換えた男」になることができるのだろうか？

　本作の主たる舞台はマルセイユだが、とりわけマルセイユにある、あるレストランが頻繁に登場し、そこがゲオルク達の"出会い"に使われる。そして、そのレストランのバーテンダー（マティアス・ブラント）がゲオルクやマリーたちの動きを良く知っていることもあって、本作のナレーターとしても登場する。そんな手法は少しうっとうしいが、そのことの是非を含めて、本作の是非についてじっくり考えたい。

　２０１８（平成３０）年１月２５日記

第5編　ナチスを裁く法廷は？
―戦後のドイツのあり方を考える―

第1章
アイヒマン裁判とは？悪の凡庸とは？

1）日本では「先の大戦」の戦争犯罪をテーマとした映画として、小林正樹監督の4時間37分の大作『東京裁判』（83年）（『シネマ45』52頁）の他、①A級戦犯・東條英機に焦点を当てた『プライド・運命の瞬間』（98年）、②B級戦犯とされた岡田資中将に焦点を当てた『明日への遺言』（08年）（『シネマ18』243頁）、③誰もが涙なしには観られない『私は貝になりたい』（59年）（『シネマ43』340頁）、『私は貝になりたい』（16年）（『シネマ21』298頁）が有名。しかし、アイヒマンやアイヒマン裁判の知名度は？

2）ナチスドイツを裁く法廷は「ニュルンベルク裁判」が有名だが、「アイヒマン裁判」もよく知られている。それを広く世界中に知らしめ、「悪の凡庸」を定着させたのが、『全体主義の起源』をはじめとする多くの著書を書いたドイツ系ユダヤ人の女性哲学者だから、『ハンナ・アーレント』（12年）は必見！さらに、第1章に収録した下記を観れば、「アイヒマン裁判」と「悪の凡庸」についてはバッチリ！

● 目　次 ●

SHOW-HEY シネマルーム

★★★★★

アイヒマンを追え！
ナチスがもっとも畏れた男

2015年・ドイツ映画
配給／クロックワークス、アルバトロス・フィルム・105分

2017（平成29）年1月14日鑑賞　シネ・リーブル梅田

Data

監督・脚本：ラース・クラウメ
脚本：オリヴィエ・グエズ
出演：ブルクハルト・クラウスナー
／ロナルト・ツェアフェルト
／リリト・シュタンゲンベル
ク／イェルク・シュットアウ
フ／セバスチャン・ブロムベル
ルク／ミヒャエル　シェン
ク／ルーディガー・クリンク
／ローラ・トンケ／ゲッツ・
シューベルト／パウルス・マ
ンカー

👀 みどころ

アウシュヴィッツ裁判でナチス・ドイツの元親衛隊中佐アドルフ・アイヒマンが見せた「悪の凡庸さ」は『ハンナ・アーレント』（12年）によって一躍有名になったが、その裁判の実現に執念を燃やしたのは誰？それがフリッツ・バウアー検事長だが、戦後ドイツの良心を代表する存在となった彼も、『顔のないヒトラーたち』（14年）と本作によって一躍有名に！

戦後の経済復興に熱心だったのは日本も西ドイツと同じだが、日本の戦犯とナチスの残党やアイヒマンに対する取り扱いの差は一体どこに？

それを勉強しながら、本作に見るバウアーと架空の若手検事2人のアイヒマンを追う執念をしっかり感じ取りたい。

————＊————＊————＊————＊————＊————＊————＊————＊————＊

■□■日本で公開が相次ぐ主なナチス関連映画！■□■

2017年1月11日付朝日新聞の「文化・文芸」は、「ナチス映画　多様に問う」「消えたタブー、せめぎあう反省と本音」の見出しで、「ナチスやヒトラーを題材にした映画が近年相次ぎ、日本でもその多くが上映されている。」ことを特集した。そこでは、「埋もれたキーマンに光を当てる人間ドラマから、ヒトラーを現代によみがえらせるブラックコメディーまで、切り口は様々。そこから見えてくるものとは―」という問いかけで、日本で公開が相次ぐ主なナチス関連映画として、次の作品を掲げている。

2015年8月	『ふたつの名前を持つ少年』（13年）（『シネマルーム36』49頁参照）
10月	『顔のないヒトラーたち』（14年）（『シネマルーム36』43頁参照）
〃	『ヒトラー暗殺、13分の誤算』（15年）（『シネマルーム36』36頁

■□■「アイヒマン3部作」「アウシュヴィッツ3部作」の完成■□■

　東京裁判とニュルンベルク裁判は有名だが、これは両者とも戦勝国（連合国）が敗戦国（日本、ドイツ）の戦争犯罪を裁いた裁判。それに対して「アウシュヴィッツ裁判」は、ドイツ人自らがナチス・ドイツを裁いた裁判だ。そのことを私は、『ハンナ・アーレント』（12年）（『シネマルーム32』215頁参照）と『顔のないヒトラーたち』（14年）（『シネマルーム36』43頁参照）を観てはじめて知ったが、私にとって、元ナチス親衛隊中佐アドルフ・アイヒマンの犯罪を裁いた「アウシュヴィッツ裁判」の姿を詳しく描いたこの両作は衝撃的なものだった。

　それに対して本作は、アウシュヴィッツ裁判でアイヒマン攻撃の先鋒となるフリッツ・バウアー検事長（ブルクハルト・クラウスナー）が多くの「抵抗」の中で「執務室を一歩出れば敵だらけ」と言いながら、アイヒマンの追及に執念を燃やす姿を描くもの。つまり、「バットマン」映画が既にたくさんあった中、『バットマン　ビギンズ』（05年）がバットマンの誕生物語だった（『シネマルーム8』127頁参照）のと同じように、本作は『ハンナ・アーレント』と『顔のないヒトラーたち』で描かれたアイヒマンを裁く「アウシュヴィッツ裁判」の誕生物語だ。『顔のないヒトラーたち』は邦題からは何の映画かわからなかったが、本作は『アイヒマンを追え！ナチスがもっとも畏れた男』という邦題だけで何の映画かハッキリわかる。そういう意味では、本作の原題は『Der Staat gegen Fritz Bauer』（『国家対フリッツ・バウアー』）だが、邦題はそれよりベターかも・・・。

　アイヒマンを追う映画や「アウシュヴィッツ裁判」を描く映画が今後どの程度作られるかわからないが、とりあえず2017年初頭の今、私は本作と『ハンナ・アーレント』、『顔

のないヒトラーたち』の３作を、「アイヒマン３部作」もしくは「アウシュヴィッツ裁判３部作」と呼びたい。

■□■バウアー検事長役の俳優に注目！■□■

　前述したように、近時は「ナチスもの」「ヒトラーもの」の映画が多い。本作のパンフレットにあるラース・クラウメ監督のインタビューによれば、ブルクハルト・クラウスナーが主役のフリッツ・バウアー役に起用されたのは、「キャスティング担当者が推薦してくれたんだ。彼はオーディションを受けた俳優の中で一番よかっただけでなく、

© 2015 zero one film / TERZ Film

最適だった。」ためらしいが、そりゃそうだろう。だって、私と同じ１９４９年にドイツのベルリンで生まれたブルクハルト・クラウスナーは、『ＧＯＯＤ　ＢＹＥ　ＬＥＮＩＮ！（グッバイ、レーニン！）』（０３年）（『シネマルーム４』２１２頁参照）、『白いリボン』（０９年）（『シネマルーム２６』２００頁参照）、『愛を読むひと』（０８年）（『シネマルーム２２』３６頁参照）、『コッホ先生と僕らの革命』（１１年）（『シネマルーム２９』１１２頁参照）、『リスボンに誘われて』（１２年）（『シネマルーム３３』１０頁参照）、『パリよ、永遠に』（１４年）（『シネマルーム３５』２７３頁参照）、『ヒトラー暗殺、１３分の誤算』（１５年）（『シネマルーム３６』３６頁参照）、『ブリッジ・オブ・スパイ』（１５年）（『シネマルーム３７』２０頁参照）等で名演を見せているベテラン俳優なのだから。

　そんなブルクハルト・クラウスナー演じるバウアーが本作冒頭では間一髪、もし発見が少しでも遅れれば「バスタブの中であわや死亡」というシーンで登場するので、それに注目！これは酒と睡眠薬による自殺？そんな噂も流れたが、何の何の。これはちょっとしたミスによるもので、バウアーのアイヒマン（ミヒャエル　シェンク）を追う気力はやる気満々だ！そのことは、ストーリー中盤に見るヘッセン州首相のゲオルク＝アウグスト・ツィン（ゲッツ・シューベルト）に対して、バウアーが「私は銃を持ってる。死ぬならそれでやる。噂も立たん」と語るシーンからも明らかだ。

■□■若手のアンガーマン検事役の俳優にも注目！■□■

　他方、本作に「師弟もの」の色彩を持たせる役柄で登場するのが、バウアーの信頼を得てアイヒマンを追うべく共に闘う若手検事カール・アンガーマン（ロナルト・ツェアフェ

ルト）だ。実在の人物たるバウアーに対してこちらは架空の人物で、本作を単純な「伝記もの」とせず、スリリングな物語性を持たせるためのラース・クラウメ監督の工夫だ。ちなみに、昨今はＬＧＢＴ（レズビアン、ゲイ、バイセクシュアル、トランスジェンダー）という言葉が完全に市民権を得ているが、ドイツには男性同士の同性愛を禁止した１８７１年制定のドイツ刑法１７５条があり、ナチ党政権はこれを根拠として多くの同性愛者を強制収容所に送ったそうだ（１９９４年に廃止）。

　なぜこんなことを書くのかというと、面白いことに、アウシュヴィッツ裁判の功績によって戦後の西ドイツの良心を代表する存在のようになったバウアーは同性愛者であったらしいためだ。去る１月１１日に行われた当選後はじめての記者会見で、トランプ次期大統領はアメリカの大手メディアのＣＮＮやネットメディアのバズフィードが流した「ロシア当局がトランプ氏の不名誉な個人情報や財産の情報を握っている疑いがある」としたニュースは完全な「ＦＡＫＥ」だと攻撃したが、さてその真偽は？それと同じように（？）、もしバウアーが同性愛者であることの証拠が得られれば、バウアーを検事長職から失脚させるのは容易だ。しかして、その真偽は？さらに、本作を見れば何と何と、若き検事アンガーマンも、ひょっとして同性愛者・・・？そんな驚くべき、かつスリリングな展開が見られるのでそれに注目したい。

© 2015 zero one film / TERZ Film

　ちなみに、本作でアンガーマンを演じたロナルト・ツェアフェルトも、『東ベルリンから来た女』（１２年）（『シネマルーム３０』９６頁参照）、『あの日のように抱きしめて』（１４年）（『シネマルーム３６』５３頁参照）という２本のナチス映画に出演している俳優だから、アイヒマンを追うのに熱心なのはあたり前・・・？

■□■戦後の経済復興を優先？バウアーの地位・権限は？■□■

　日本の戦後復興を主導したのは、吉田茂首相とその後を継いだ岸信介首相。そのポイントは、軽武装（日米安保条約）と経済復興優先政策だ。それと同じように第二次世界大戦後、東西に分断されたドイツでも、キリスト教民主同盟（ＣＤＵ）を率いた西ドイツ（ドイツ連邦共和国）のアデナウアー首相は、ナチスの戦争犯罪追及は「二の次」とし、何よりも戦後の経済復興を優先させた。日本では戦争に加担した多くのリーダーたちが戦犯として「追放」されたが、さて（西）ドイツでは？

　本作は、１９５０年代後半、西ドイツのフランクフルトことフランクフルト・アム・マインにあるヘッセン州検察庁の検事長であるバウアーが、ナチスによる戦争犯罪の告発に

執念を燃やしながら、なかなかそれが進まないことに苛立ちを募らせているシークエンスからスタートする。ユダヤ人であったため１９３６年にデンマークへ亡命したものの、デンマークがドイツに占領された後は、デンマークの収容所に入れられる体験を経てスウェーデンに逃げ、スウェーデンでナチス・ドイツへの抵抗運動を続けたバウアーは、１９４９年に西ドイツに帰国し、その後ヘッセン州で検事長に就任したそうだが、そこで彼が目指したものは？また、その地位・権限は？

■□■なぜ「執務室を一歩出れば敵だらけ」なの？■□■

バウアーが苛立ちを見せるのは、部下である上席検事のウルリヒ・クライトラー（セバスチャン・ブロムベルク）や連邦刑事局のパウル・ゲープハルト（イェルク・シュットアウフ）らが、同じ「元親衛隊」のよしみのため「アイヒマンの追跡」について何ら目ぼしい成果も挙げていないこと。しかもそれは、努力して成果があがらないのではなく、捜査機関や政府中枢にナチの残党が多数入り込んでいる現状では、本気でナチを追及するつもりがないためだから、タチが悪い。

戦後１０年経っても、アデナウアー首相は戦後の経済復興を優先させ、ナチスの追及は二の次らしい。しかし、バウアーが信頼する州首相のゲオルクに対して語る言葉によると、「アイヒマンを裁けば（アデナウアー首相の）お仲間の名前が出る。グロプケ官房長官の名前も出るだろう」という状況らしい。したがって、クライトラーもゲープハルトもバウアーに対しては面従腹背して、本音はバウアーの失脚を画策しているわけだ。そんな状況に照らせばバウアーが口癖のように言っている「執務室を一歩出れば敵だらけ」の言葉は冗談やモノのたとえではなく、現実そのものなのだ。

私は『顔のないヒトラーたち』を観てはじめてそのことがわかったが、本作では冒頭からそんな現実の圧迫感の生々しさがひしひしと・・・。

■□■モサドへの情報提供の可否は？リスクの大きさは？■□■

© 2015 zero one film / TERZ Film

アイヒマンの追及が遅々として進まないことにイライラしていたバウアーが喜んだのは、ある日、アルゼンチンのブエノスアイレスに住むローター・ヘルマンという亡命ユダヤ人からの手紙で、元親衛隊中佐アドルフ・アイヒマンが偽名を使ってブエノスアイレスに潜伏中だという情報がもたらされたこと。この手の情報はガセネタも多いはずだが、この手紙を読んで、さあバウアーはどう動くの？そこでのバウアーの決断は、ドイツの捜査機関は信用できないため、この手紙をイスラエルの情報機関モサドに流すということだからすごい。

本作では、バウアーがそんな決断をヘッセン州首相ゲオルクに打ち明けるシーンが登場するが、そこではゲオルク＝アウグスト・ツィンの執務室にローザ・ルクセンブルクの肖像が飾られているところがミソ。それを見たバウアーは「当局ににらまれるぞ」と心配するが、その意味のわかる人は？また、それに対するゲオルクの回答は？このシーンを見れば、バウアーとゲオルクの信頼関係がいかに強いかがハッキリわかるはずだ。

　他方、そんなバウアーの決断に対してゲオルクが「国家反逆罪に問われ、刑務所送りになるぞ」と警告したが、バウアーはそんな警告を無視して一人イスラエルへ飛び、エルサレム近郊の某所にあるモサド本部でイサー・ハレル長官（ティロ・ヴェルナー）と会見。しかしそこでは、「部下をアラブとの戦いの方に投入したい」と述べるハレルの協力を得るためには、アイヒマンがアルゼンチンにいるという「第二の証拠」が必要だと告げられることに。ブエノスアイレスからの手紙をモサドに情報提供するだけでも「国家反逆罪」のリスクを負っていたのに、アイヒマン追及のためにブエノスアイレスまで手を伸ばすには「第二の証拠」が必要と言われると、バウアーはお手上げ。そう思わざるをえなかったが・・・。

■□■敵を欺くにはまず味方から・・・■□■

　本作を観ていると、『００７』シリーズをはじめとする「スパイもの」とは異質の、情報（の価値とその活用）をめぐる「神経戦」のしんどさがひしひしと伝わってくる。そんな「神経戦」にあえてアンガーマンが参入させたのが、カネで動くだけのフリージャーナリストの男フリードリヒ・モアラッハ（パウルス・マンカー）。そんな男はうまく使えば便利だが、いつ裏切るかわからないリスクをはらんでいるのは当然だ。しかし、モアラッハはアイヒマンがブエノスアイレスで記者のインタビューに答えたという肉声の録音テープを持ってきたから、アンガーマンはビックリ。さて、その真偽は？その価値は？

　他方、ナチスの元親衛隊はクライトラーやゲープハルトのように捜査機関や政府中枢で生き残っていたばかりでなく、メルセデス・ベンツのような有名な民間企業内でも生き残っていたらしい。モサドの調査資料から、アイヒマンの偽名の手がかりをつかんだバウアーとアンガーマンがシュトゥットガルトにあるメルセデス・ベンツの本部を訪れ、人事部にいる元親衛隊の男・シュナイダーに圧力をかけたところ、アイヒマンがリカルド・クレメントという偽名でアルゼンチンのメルセデス・ベンツに勤務していることを突き止めたからすごい。この２つの証拠をモサドに届ければ、モサドもアイヒマンがブエノスアイレスにいるという「第二の証拠」として認めてくれるはずだ。

　もっとも、そんな時こそ「敵を欺くにはまず味方から・・・」の教えが大切。これは大石内蔵助が吉良上野介の屋敷への討入りを心の中では決めながら、世間にはそんなことはありえないことを納得させるため、あえて昼行燈のように遊びほうけていた故事に由来する教えだ。しかして、再び訪れたイスラエルで、モサドの法務長官、ハイム・コーン（ダニー・レヴィ）から、アイヒマンの捕獲とドイツでのアイヒマン裁判のための身柄の引き

渡しを確約してもらったバウアーは、「敵を欺くにはまず味方から・・・」の教え通り、記者会見では「アイヒマンはクウェートに潜伏中」とニセの情報を流したからえらい。これだけ油断させておけばブエノスアイレスに潜伏しているアイヒマンも、自分の身に危険が迫っているとは考えないから、モサドは容易にアイヒマンを逮捕できるのでは・・・？現実に味方を欺いていた大石内蔵助は油断していた吉良上野介を討ち取ることに成功したが、さてモサドのアイヒマン捕獲作戦の成否は？

■□■この美女は何者？ハニートラップの危険は？■□■

© 2015 zero one film / TERZ Film

『007』シリーズをはじめとして、「スパイもの活劇」には必ず美女が登場する。しかし「アイヒマンを追え」をテーマにした社会派作品には、必ずしも美女を登場させる必要はない。たしかにそれはそうだが、「映画はエンタメ」という（至上）命題のためには、本作にも美女を登場させた方がいいのでは？ラース・クラウメ監督がそう考えたかどうかは知らないが、本作中盤には本作本来のテーマにはおよそ似つかわしくない、クラブ歌手の美女・ヴィクトリア（リリト・シュタンゲンベルク）が登場するので、それに注目！

シャルロッテ・アンガーマン（コルネリア・グレーシェル）というれっきとした妻を持つ、現役の若手検事たるアンガーマンが、売春宿のような場所に出入りするのはいかがなもの？そう考えるのは当然だが、かつて同性愛の罪に問われたある被告人に対してごく軽微な罰金刑を求刑するという冒険を犯したアンガーマンは、その被告人の事件を通じて知り合った美女・ヴィクトリアの店に魅せられるように入っていくことに・・・。

デンマークに亡命中だったバウアーが男娼と一緒にいて逮捕されたことは、歴史上の事実としてデンマーク警察の調書に残っているそうだが、戦後ヘッセン州の検事長になって以降のバウアーはその方面の趣味（？）をどう処理していたの？さらに、ユダヤ人としての復讐のためではなく、正義のために闘おうとするバウアーの並々ならぬ勇気と熱意に心を動かされ、バウアーと共にアイヒマンを追うことに情熱を捧げていたアンガーマンが興味を示した美女・ヴィクトリアは、ホントに女？それとも・・・？日本の橋本龍太郎元首相はかつて中国流のハニートラップの罠にハマったそうだが、さてアンガーマンは・・・？

2017（平成29）年1月18日記

Data

監督：ポール・アンドリュー・ウィ
　　　リアムズ
出演：マーティン・フリーマン／ア
　　　ンソニー・ラパリア／レベッ
　　　カ・フロント／ゾラ・ビショ
　　　ップ／アンディ・ナイマン／
　　　ニコラス・ウッドソン／ルベ
　　　ン・ロイド・ヒューズ／ベ
　　　ン・アディス／ディラン・エ
　　　ドワーズ

SHOW-HEY シネマルーム

★★★★★

アイヒマン・ショー
歴史を映した男たち

2015年・イギリス映画
配給／ポニーキャニオン・96分

2016（平成28）年4月29日鑑賞　｜　テアトル梅田

👀 みどころ

「悪の陳腐さ（凡庸さ）」はハンナ・アーレントがアイヒマンを表現した有名な言葉だが、その意味は奥深い。

ハンナ・アーレントは「アイヒマン裁判」をすべて傍聴し、その傍聴記を書いたが、本作はその裁判を全世界にテレビで実況中継したプロデューサーと監督の奮闘を描くもの。1960年当時、すごい映画人がいたものだ。

近時はやりのアホバカ・バラエティーショーではないホントの『アイヒマン・ショー　歴史を映した男たち』を、『ハンナ・アーレント』（15年）と共にじっくり鑑賞したい。

—— * —— * —— * —— * —— * —— * —— * —— * ——

■□■ 『ハンナ・アーレント』と合わせての鑑賞をお薦め！■□■

『ハンナ・アーレント』（12年）を鑑賞するまでの私は、「ユダヤ人問題の最終的解決」（ホロコースト）に関与し、数百万人の人々を強制収容所へ移送するにあたって指揮的役割を担ったアドルフ・アイヒマンの名前は知っていても、ナチス・ドイツの強制収容所から脱出してアメリカに亡命し、『全体主義の起源』をはじめとする多くの著書を書いた女性哲学者ハンナ・アーレントは、その名前すら知らなかった。しかし、2014年1月に同作を鑑賞した後は、「アイヒマン裁判」の全貌はもとより、その裁判の傍聴記を書く中で彼女が力説した「悪の陳腐さ（凡庸さ）」の意味を十分理解することができた（『シネマルーム32』215頁参照）。このように、日本人は東條英機らを裁いた極東国際軍事裁判（東京裁判）については、『東京裁判』（83年）や『プライド・運命の瞬間＜とき＞』（98年）等でよく知っていても、「アイヒマン裁判」のことはあまり知らないはずだ。

本作は、ハンナ・アーレントが毎日傍聴したアイヒマン裁判をテレビ中継で全世界に伝える企画を練り、それを実現させたアメリカ人のプロデューサーのミルトン・フルックマン（マーティン・フリーマン）と、同じくアメリカ人のドキュメンタリー監督であるレオ・フルヴィッツ（アンソニー・ラパリア）の姿を描くもの。ちなみに、「首相の犯罪」を暴いた田中角栄を被告とするロッキード裁判については、そのすべてを傍聴したジャーナリストの立花隆が厳しく田中首相を追及したが、その裁判がテレビで実況中継されることはなかった。しかし、アイヒマン裁判については、史上初の裁判のテレビ放送に命を懸けたこの2人の男の活躍によって、当時の世界中の人々はテレビでそのナマの姿を見ることができたし、今日の私たちも「アイヒマン裁判」の実況中継そのものを見ることができるわけだ。

　したがって、本作は『ハンナ・アーレント』と合わせての鑑賞をお薦め！

■□■なぜ「赤狩り」対象の監督を起用？■□■

　去る4月17日、スイスのヴヴェイ市にあった故チャールズ・チャップリンの邸宅を改装して、チャップリン記念館「チャップリンズ・ワールド」がオープンしたことが、日本でも大々的に報じられた。『街の灯』（31年）や『モダン・

©Feelgood Films 2014 Ltd.

タイムス』（36年）等で有名なチャップリンは、なぜ晩年25年間もスイスに住んでいたの？それは1950年代にアメリカで始まった「赤狩り」（マッカーシズム）の中でチャップリンは共産主義者と批難され、1952年にアメリカを去ってスイスに居を定めたためだ。このことを私はキネマ旬報主催の映画検定3級を受験するための勉強で知ったが、本作の主役の一人であるフルヴィッツ監督も、そんな赤狩りの対象者だったらしい。

　「アイヒマン裁判」が始まったのは1961年4月11日だが、アイヒマン裁判のテレビ放映を企画するプロデューサーであるフルックマンが起用した監督は、何と「赤狩り」のブラックリストに挙げられていたため、10年以上も満足に仕事ができていなかったドキュメンタリー監督のレオ・フルヴィッツだったから、関係者たちはビックリ。アメリカ

人の革新派の敏腕プロデューサーと言われていたフルックマンが、アイヒマン裁判を全世界に実況中継するという前代未聞のプロジェクトにフルヴィッツのような「赤狩り」の対象者とされた監督を起用したのは一体なぜ？そんな世紀のプロジェクトを、そんな監督にまかせてホントに大丈夫なの？

　ちなみに、黒沢明監督の『影武者』（８０年）では、当初武田信玄役に勝新太郎を起用していたが、ケンカ別れとなったため、代役として仲代達矢が起用された。『影武者』の場合はそのため撮影期間が延びたり、撮影費用がかさんだりの被害で済んだが、アイヒマン裁判は期日を延ばしてくれないから、撮影は一発勝負。プロデューサーと監督が対立してケンカ別れになっては企画自体がフッ飛んでしまうが、さてフルックマンの眼力は大丈夫？

■□■撮影許可は？法廷やカメラの設営は？■□■

　極東国際軍事裁判（東京裁判）（１９４６〜４８年）は連合国がA級、B級、C級の「戦犯」を裁く裁判だったし、ニュルンベルク国際軍事裁判（１９４５〜４６年）は英米ソ仏４カ国によるナチの大物を裁く裁判だった。ちなみに、アイヒマン裁判におけるアイヒマン被告の弁護人たるゼルバティウス博士は、「裁判官がユダヤ人によって構成されたアイヒマン裁判では、アイヒマンに対し公正な裁判をおこなうのは不可能」と批判し、「ユダヤ人によるニュルンベルク裁判」と表現したそうだ。そこらあたりはつきつめていけば難しい問題だから、しっかり考えたい。

　それはさておき、本作導入部で興味深いのは、法廷の設営やカメラの設営についてのやりとりだ。裁判にテレビカメラを入れ、それを全世界に放映するという試みは今回がはじめてだから、裁判官たち自身が困惑したのは当然。その結果、カメラを法廷の主役のようにドンと据えることに裁判官が異議を唱えたのは、ある意味当然だ。ちなみに、この原稿を書いている５月６日〜９日には、朝鮮民主主義共和国（北朝鮮）の「４・２５文化会館」で、３６年ぶりの第７回党大会が開催された。そこには日本はもとより世界各国の報道陣がつめかけたが、結局党大会の会場に全世界からのカメラが入ることは許されず、あくまで、北朝鮮当局からの発表が一方的に全世界に垂れ流されるだけだった。

　しかし、プロデューサーのフルックマンや監督のフルヴィッツが考えるアイヒマン裁判のテレビ中継では、何よりもカメラの設営の仕方が大切だ。裁判官たちが難色を示したカメラ設営の問題は、法廷の壁を改造して隠しカメラを設置するというフルヴィッツ監督のアイデアによって何とか解消できたが、いざ本番になると、あれこれの問題点が・・・。

■□■問題点その１。妨害、脅迫の圧力は？■□■

　ユダヤ人による国家イスラエルは、第二次世界大戦後の１９４８年５月アメリカの応援によって建国された。しかし、その建国直後からアラブ諸国との対立が続いていることは周知のとおりで、近々鑑賞予定の『オマールの壁』（１３年）はそんな問題点をテーマにし

た映画だ。フルックマンが大手テレビ局に先駆けてアイヒマン裁判の撮影権を獲得できたのは、いち早くイスラエルの総理大臣ダヴィド・ベン＝グリオンに直訴するという、ずば抜けた行動力のため。しかし、敗戦後のドイツでは、１９６０年頃にはネオナチが台頭していたから、フルックマンたちのプロジェクトに対しては、ナチスシンパやネオナチからの妨害、脅迫の危険があったのは当然だ。

　もちろん、アイヒマン裁判はイスラエルの国家を挙げての一大イベントだから十分な警護体制がとられていたが、それでホントに大丈夫？そう思っていると、案の定「いざ本番」が始まろうとする中、フルックマンをアメリカからイスラエルに送り出す前に妻が心配していたとおりの事件が発生し、フルックマンは命の危険にさらされてしまうことに・・・。

■□■問題点その２。カメラで何を映し出すの■□■

©Feelgood Films 2014 Ltd.

©Feelgood Films 2014 Ltd.

映画づくりは「編集が勝負」と言われているが、それは編集すべきネタを既にカメラに収めていることが大前提の話。今フルックマンとフルヴィッツが目指しているのは、劇場用のつくりものの映画ではなく、ナマで動いていくアイヒマン裁判をいかにカメラに映し出すかというテーマだが、そこでフルックマンとフルヴィッツの間には大きな考え方の違いがあった。

　ドキュメンタリー監督としてのフルヴィッツの関心は、専らモンスターとしてのアイヒマンではなく、ひとりの人間としてのアイヒマンの姿をカメラで暴き出すこと。まさに、『ハンナ・アーレント』が「悪の陳腐さ（凡庸さ）」で描き出した、人間アイヒマンだ。それに対して、プロデューサーであるフルックマンが目指したのは、本作の原題、邦題どおりの「アイヒマン・ショー」を全世界の人々に見せること。そのためには、起訴状を朗読する検事の表情やそれを聞く弁護人の表情、そして証人たちの証言の様子等々、アイヒマン裁判の中で必然的に生まれてくるショー的要素を機敏に拾い、カメラに映し出すことが不可欠だが・・・。

330

■□■両者の対立は？その極限は？■□■

ところが、そんなフルックマンの考え方とは異なり、アイヒマンの人間性に注目するフルヴィッツ監督のカメラへの指示はアイヒマンの表情を映し出すことに集中したからフルックマンは少々おかんむりだ。プロデューサーと監督との対立は、映画づくりにおいて時々発生する事件だが、本作では審理が進んでいく中、当初から無罪を主張するアイヒマンの表情は一向に変わらないから、フルヴィッツ監督はそのことにイライラ。ホロコーストから生き延びたユダヤ人たちがその当時の映像を見ながら、聞くだけでも堪えられないような生々しい証言をしても、アイヒマンの表情は何ひとつ変わらないまま。そんなくり返しの中で、フルヴィッツ監督のイライラは徐々に頂点に・・・。

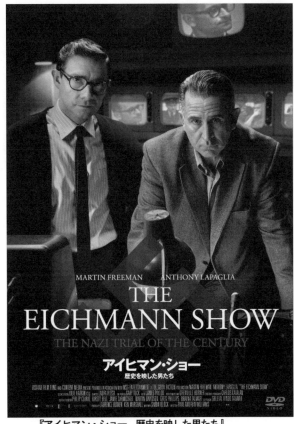

『アイヒマン・ショー　歴史を映した男たち』
発売・販売元：ポニーキャニオン
価格：DVD、ブルーレイともに￥4,700＋税
(C)Feelgood Films 2014 Ltd.

　証人席でのユダヤ人の証言を、防弾ガラスで囲まれた被告人席の中で聞き、涙するアイヒマン。そんな映像が撮れれば、フルヴィッツ監督はもちろんフルックマンも大満足だが、いくらアイヒマンの表情をアップで追ってもそんなシーンに至らない中、ある日遂にフルックマンとフルヴィッツ監督は決定的に対立。そして、フルヴィッツ監督は「監督を下りる」とまで言い放ったが、さてその結末は・・・？

２０１６（平成２８）年５月１０日記

Data

監督・脚本：マイケル・アルメレイダ

出演：ピーター・サースガード／ウィノナ・ライダー／ジム・ガフィガン／ジョン・レグイザモ／アントン・イェルチン／タリン・マニング／デニス・ヘイスバート／ケラン・ラッツ／ジョン・パラディーノ／アンソニー・エドワーズ

SHOW-HEY シネマルーム

★★★★

アイヒマンの後継者
ミルグラム博士の恐るべき告発

2015年・アメリカ映画
配給／アット エンタテインメント・98分

2017（平成29）年3月19日鑑賞	シネ・リーブル梅田

👀 みどころ

『ハンナ・アーレント』（12年）以降多くの「アイヒマンもの」映画を学んだが、ミルグラム博士による「アイヒマン実験」とは？その立証テーマは？

実験のやり方には多少の問題があるかもしれないが、それによって「人間はなぜ権威に服従してしまうのか？」が明らかになるから、なるほど人間は「個が全体に同調する動物」だということにも納得！

しかし、そんなことをホントに納得していいの？ホントにそうなら「ミルグラム博士の恐るべき告発」のとおり、私たち人間はすべて「アイヒマンの後継者」になってしまうのでは・・・？

———＊———＊———＊———＊———＊———＊———＊———＊———

■□■アイヒマン裁判に続いて「アイヒマン実験」の勉強を！■□■

２０１４年１月２５日に『ハンナ・アーレント』（12年）を観るまで、私はナチス・ドイツの迫害を逃れアメリカに亡命した女性哲学者ハンナ・アーレントの名前を知らなかったし、「アイヒマン裁判」を傍聴した結果をまとめた「悪の陳腐さ（凡庸さ）」も知らなかった（『シネマルーム32』215頁参照）。しかし、同作鑑賞後は『ヒトラー暗殺、13分の誤算』（15年）（『シネマルーム36』36頁参照）、『顔のないヒトラーたち』（14年）（『シネマルーム36』43頁参照）、『帰ってきたヒトラー』（15年）（『シネマルーム38』155頁参照）、『ヒトラーの忘れもの』（15年）等の「ヒトラーもの」と並んで『アイヒマン・ショー　歴史を映した男たち』（15年）（『シネマルーム38』150頁参照）、『アイヒマンを追え！ナチスがもっとも畏れた男』（15年）等の「アイヒマンもの」が次々と公開され、私はそのすべてを鑑賞している。しかして、『アイヒマンの後継者　ミルグラ

ム博士の恐るべき告発』という邦題のミルグラム博士とは一体ダレ？また「恐るべき告発」とは一体ナニ？

　それは、アイヒマン裁判が始まった１９６１年にアメリカ・イェール大学でユダヤ系アメリカ人である社会心理学者のスタンレー・ミルグラム博士（ピーター・サースガード）が行った「アイヒマン実験」と呼ばれるものらしい。しかしてその内容は？また「アイヒマンの後継者」とは一体誰のこと？どうもその実験の狙いを聞いていると、それはあなた自身あるいは私自身を指すようだがそれは一体なぜ・・・？

■□■人間はなぜ権威に服従してしまうの？■□■

　本作冒頭の舞台は、１９６１年８月のイェール大学の実験室。ミルグラム博士が主催するこの実験に応募した２人の被験者は一定の報酬をもらったうえで、くじ引きで「先生役」と「学習者役」に分かれ実験の簡単な説明を聞いた後、別々の部屋に入っていく。先生役は問題を出すだけだが、学習者役はミス回答をすると罰としてその都度腕に電流が流されるうえ、失敗を重ねるたびにその電圧が上げられるから大変。軽い心臓の持病があるという被験者のジェームズ（ジム・ガフィガン）は不安を訴えたが、最初に承諾し報酬も貰った以上方なし・・・？

　現在日本では高齢者ドライバーの運転免許証更新に際して「認知症テスト」を実施しているそうだが、本作の先生役が出す問題はそのレベルを超えた難しいもの。したがって、最初の１、２問は正解できてもその後は不正解が続き、次々と電圧が上がっていくから学習者役の被験者は大変だ。時々「うっ」という悲鳴があがり、ある時からは「止めてくれ！」という悲痛を訴えるため、それを聞いた先生役の被験者（アンソニー・エドワーズ）は何度も実験者（ジョン・パラディーノ）の方を振り返り「やめようか？」と指示を仰ぐが、実験者が「続けて下さい！」と命じると先生役は当惑した身振り素振りを交えながらも忠実に自分の役割を実行し、学習者役が不正解を続けると次々と電圧を上げていくことに・・・。

　ミルグラム博士が挑んでいる「アイヒマン実験」と呼ばれるこの実験のテーマは「人間はなぜ権威に服従してしまうのか？」だが、なぜこんな実験でそれがわかるの・・・？

■□■マジックにはネタが！同様に、この実験にもネタが！■□■

　テレビで時々見るさまざまなマジックショーは興味深いがそこには必ずネタがある。それと同じように、実は「アイヒマン実験」にもこんなネタ、あんなネタが含まれているのでそれに注目！もっとも、それをここでバラしてしまうと興醒めなので、ここではそれについては一切触れないでおこう。もっとも、ミルグラム博士が考案した「アイヒマン実験」のネタとその全貌をすべて明らかにしなければ、その実験のテーマが「人間はなぜ権威に服従してしまうのか？」であること、そしてまた「アイヒマン実験」によって見事にそれが実証されることはわからないので、それについてはあなた自身がスクリーン上でしっか

り確認してもらいたい。

　他方、そのネタがバレるとすぐに「アイヒマン実験」は騙しでは？という疑問が出てくるはずだが、それに対するミルグラム博士の反論は「どの精神科医も心理学者も、最後までやる人などいないと言った」ということ。つまり、どの精神科医も心理学者もミルグラム博士が考案した「アイヒマン実験」を学習者役が苦痛を訴えたり、やめてくれと懇願する場合、最後まで先生役をやる人などいないと予想したわけだが、実際に行った「アイヒマン実験」の結果は・・・？なるほど、なるほど・・・。だからこそ、ミルグラム博士が行った「アイヒマン実験」の全貌を明らかにする本作の邦題には「ミルグラム博士の恐るべき告発」というサブタイトルがつけられたわけだ。

『アイヒマンの後継者　ミルグラム博士の恐るべき告発』
配給：アット エンタテインメント

■□■この被験者だけは拒否！しかし圧倒的多数は？■□■

　本作は劇映画だがドキュメンタリー的色彩もあり、ミルグラム博士があるパーティーで運命の出会いを果たした女性アレクサンドラ（サシャ）（ウィノナ・ライダー）と結婚し、サシャも夫の実験に協力していく姿が描かれる。ちなみに、ミルグラム博士は１９８４年に心臓発作のために死亡したが、サシャは２０１７年の今も健在だそうだ。

　冒頭に見た「アイヒマン実験」の教師役となった被験者が「やりすぎだ！」と怒りを露わにして実験室を出ていったのは、口ひげをはやした被験者（アントン・イェルチン）の一例のみ。現実にはこれ以外にも教師役を続けることを拒否した事例はもっとあるのだろうが、トータルとしては学習者の悲鳴や「ここから出してくれ」との訴えを聞いても、実

験者から「続けて下さい」と言われると、そのまま教師役を続けた例が圧倒的に多かったそうだ。

■□■電流を流し続けたことへの「弁明」は？■□■

学習者役の被験者が不正解をくり返す度に罰として電圧を加え続けた教師役の被験者たちは、「なぜ電気ショックを与え続けたのですか？」との質問に対して、異口同音に「俺は途中でやめたかったが、続けろと言われたから続けた」「自分は抵抗をした。したがって自らの意思ではやっていない」と強調したそうだ。しかしそんな「弁明」にもかかわらず、教師役の彼らは実験者の命令に従って行動し続け、学習者役の被験者に対して電流を流し続けたわけだ。

「アイヒマン実験」はその後も、学習者が壁をたたいたり、先生が学習者の手をとり銅板に押し付けて直接電撃を与えたり、場所を変えたり、女性でもテストしたり等のパターンで続けられたが、途中で電圧のスイッチを押すことを拒否する教師役は少なく、圧倒的多数が「続けて下さい」の言葉に従って、電圧のスイッチを押し続けたそうだ。しかして、１９６２年５月２６、２７日、最後に実験の模様が動画で撮影され、実験が終了した４日後、アイヒマンは絞首刑に。その時、アイヒマンは「上官の命令がなければ何も行わなかった」と言っていたそうだが・・・。

■□■人間は個が全体に同調する動物？■□■

アイヒマン裁判を傍聴した哲学者ハンナ・アーレントが提唱した「悪の陳腐さ（凡庸さ）」が教えてくれるのはアイヒマンは邪悪で狂暴だからユダヤ人を大量虐殺したのではなく、凡庸で普通の人間だからこそ命令に従って行動し、結果的に大量のユダヤ人を死亡させてしまっただけということだ。なるほど、なるほど・・・。

本作のパンフレットには、森達也氏（作家・映画監督・明治大学特任教授）の「ミルグラム実験が呈示する歴史的意義　繰り返されるアイヒマン裁判と本作の意義」と武田邦彦氏（中部大学　教授）の「ミルグラム考」があり、両者とも視点は違うものの、ミルグラム博士の「アイヒマン実験」の正しさと先駆性を評価している。とりわけ、武田氏の「ミルグラム考」は福島原発事故、ＳＴＡＰ事件、そして東京都の豊洲問題を取り上げ、ミルグラムの実験があまりにピッタリと当てはまることに「思わず苦笑してしまうほど」と述べているが、私も全く同感だ。弁護士の仕事をしていても、私が「なぜ？」と質問すると、「みんながそう言っているから」とか「新聞にそう書いていたから」「テレビでそう解説していたから」と平気で答える人が多いことに唖然とすることがある。

ちなみに、本作では「アイヒマン実験」以外にも「スモールワールド現象」「放置手紙調査法」「メンタルマップ」「見知らぬ他人」「同調行動」等の実験が紹介されているので、それらも興味深く勉強したい。　　　　　　　　　　２０１７（平成２９）年３月２３日記

Data

監督・脚本：マルガレーテ・フォン・トロッタ

出演：バルバラ・スコヴァ／アクセル・ミルベルク／ジャネット・マクティア／ユリア・イェンチ／ウルリッヒ・ノエテン／ミヒャエル・デーゲン／ニコラス・ウッドソン／サーシャ・レイ／ヴィクトリア・トラウトマンスドルフ／クラウス・ポール／フリデリック・ベヒト／ミーガン・ケイ

★★★★★

ハンナ・アーレント

2012年・ドイツ、ルクセンブルク、フランス映画
配給／セテラ・インターナショナル・114分

2014（平成26）年1月25日鑑賞 ｜ 梅田ガーデンシネマ

👀 みどころ

　この人、一体ダレ？そんな主人公を描いた、「小難しい映画」が日本でも静かに大ヒット！これは喜ばしい！

　ナチス・ドイツの迫害を逃れ、アメリカに亡命した女性哲学者が書いた「アイヒマン裁判」傍聴記の結論は「悪の陳腐さ（凡庸さ）」だが、さて、その意味は？マスコミによる情報の単純かつ一方的垂れ流しが当たり前の昨今、「深く思考すること」の大切さを日本全体で再確認したい。

　ちなみに、本作を観れば、喫煙も思考に有効？思わずそう思ってしまったが、「日本禁煙学会」は本作のメチャ多い喫煙シーンをいかに・・・？

—— * —— * —— * —— * —— * —— * —— * —— * —— * ——

■□■この人、一体ダレ？アンナ・カレーニナなら知ってるが■□■

　今どきの「ＡＫＢ４８世代」ならともかく、私たち「団塊の世代」なら、トルストイの名作『アンナ・カレーニナ』はだれでもよく知っている。近時、イギリスのジョー・ライト監督が映画化した『アンナ・カレーニナ』（12年）では、アカデミー賞美術賞、衣装デザイン賞等にノミネートされた帝政ロシア時代の豪華絢爛たる美しさと、キーラ・ナイトレイの美しさが際立っていた（『シネマ30』105頁）が、ハンナ・アーレントって一体ダレ？多分、団塊世代のおじさん、おばさん達でも、ナチス・ドイツの強制収容所から脱出してアメリカに亡命し、『全体主義の起源』をはじめとする多くの著書を書いた、ハンナ・アーレントの名前は知らないのでは？もっとも、ドイツ人の哲学者ハイデガーは有名だから、ハイデガーに師事して哲学を学んでいた学生時代に、「この恩師と不倫関係にあった女子学生」と聞けば、少しはとっつきやすいかも・・・。

　ハンナは裕福な中流階級のドイツ系ユダヤ人だったから、フランスに居住していても、

ナチス・ドイツ台頭後は強制収容所送りという悲惨な目に遭わされたが、逆にドイツ人の恩師ハイデガーは親衛隊に入隊し、ナチス・ドイツのために働いた、というから皮肉なものだ。本作は、日本人にはほとんど馴染みのない、そんな20世紀の大哲学者ハンナ・アーレントを主人公として取り上げたものだが、今どきそんな映画が日本でヒットするの？そんな心配をしていたが、何の何の・・・。本作は口コミの広がりの中で大ヒットすることに。

■□■アイヒマンはどんな男？ホントに極悪非道の男？■□■

ナチス・ドイツを率いたアドルフ・ヒトラーに忠誠を誓い、反ユダヤ主義を貫いた、極悪非道の「三悪人」は、まず①宣伝大臣のヨーゼフ・ゲッベルスと、②ナチス親衛隊全国指導者のハインリヒ・ヒムラーの２人が有名。そして、その３番目には、地位こそナチス親衛隊中佐と低いが、「ユダヤ人問題の最終的解決」（ホロコースト）に関与し、数百万人の人々を強制収容所へ移送するにあたって指揮的役割を担った、アドルフ・アイヒマンが挙げられる。

ヒトラーの最後は『ヒトラー〜最期の12日間〜』（04年）で描かれたとおり（『シネマ8』292頁）だが、ゲッベルスは妻や6人の子供たちと共にヒトラーの総統地下壕に移り住み、5月1日に自殺した。他方、アイヒマンは、バチカン発行のビザと偽名を使ってアルゼンチンへ逃亡し、潜伏生活を送ったが、必死にその行方を追っていたイスラエル諜報部（モサド）によって1960年に逮捕され、イスラエルで裁判を受けることに。

日本の戦争犯罪を裁いた「東京裁判」をテーマとした映画では、『プライド　運命の瞬間』

（98 年）が有名だが、それ以外にも、藤田まことがB級戦犯・岡田資（たすく）中将を演じた『明日への遺言』（08 年）（『シネマ 18』243 頁）や、二等兵がC級戦犯として裁かれることの不条理さに多くの観客が涙した、『私は貝になりたい』（08 年）（『シネマ 21』208 頁）等がある。しかして、アイヒマンを裁く裁判は、なぜイスラエルで？そして、アイヒマンはホントに極悪非道の大悪人？

■□■なぜハンナがアイヒマン裁判の傍聴記を？■□■

　ザ・ニューヨーカー誌から、アドルフ・アイヒマン裁判の傍聴記執筆の依頼を受けたハンナは、なぜアイヒマンを裁く裁判がイスラエルで行われるのかという疑問を持ったが、弁護士の私に言わせれば、それは当然の疑問。しかし、誰でもそんな当然の疑問を持てるわけではないから、そんな疑問を持っただけでも、ハンナの「頭のキレ」がよくわかる。

　それはともかく、ザ・ニューヨーカー誌がハンナに、傍聴記の執筆を依頼した第1の理由は、当時『全体主義の起源』によってハンナが有名な哲学者になっていたこと。そして、第2の、それ以上の理由は、ハンナがドイツ系ユダヤ人として、ナチス・ドイツから迫害を受け、危うく強制収容所で命を落とすところだったという経歴に注目したためだ。

　先進国は、どのマスコミでも〇〇氏に頼めば〇〇の原稿を、△△氏に頼めば△△の原稿を、ということをあらかじめ想定したうえで依頼している。ザ・ニューヨーカー誌がハンナに白羽の矢を立てたのは、あやうく収容所で命を失いかけた経験をもつハンナならナチス・ドイツやアイヒマンをとことん批判し、アイヒマンが極悪非道な男であることをリアルに描き、伝えてくれると期待したためだ。ところが・・・。

■□■実際に傍聴してみると？聞くと見るとは大違い！■□■

　去る1月16日に開廷された、元オウム真理教信者・平田信の裁判員裁判では、裁判の傍聴は、法廷と傍聴席を隔てる防弾ガラスで作られた衝立越しとされた。これはひょっとして、被告人席を透明の防弾ガラスの箱の中に設定した、アイヒマン裁判を参考にしたの・・・？それはともかく、英語、ドイツ語さらにヘブライ語（？）が飛び交う法廷の運営は大変。本作で大きなウエイトを占めるアイヒマンの法廷シーンはすべてイスラエル放送が報道用にとった実写フィルムから抽出したものだから、そのリアル感がすごい。『プライド　運命の瞬間』を観れば、そこで裁かれた多くのA級戦犯は絞首刑や無期懲役を含む有罪とされたものの、それぞれ自分の言い分を主張することができたことがよくわかる。それと同じように、アイヒマン裁判でもアイヒマンは自由に自説を展開できていることがわかるが、さてその内容は？

　この裁判でイスラエル政府やマスコミが期待したのは、アイヒマンは誰が見ても反ユダヤ主義に凝り固まり、ユダヤ人をガス室に送り込むことに執念を燃やし、場合によれば快感さえ覚える極悪非道な男ということを、公開の法廷で明らかにすることだった。ところが、意外や意外、アイヒマンは命令を忠実に実行しただけ、と言い張る「中間管理職」風の典型的な「小役人」だったから、ハンナの傍聴記執筆の手はピタリと止まってしまった。私は一体ナニを書けばいいの？また、何が書けるの？悩みに悩み、思考に思考を重ねた挙

げ句、ハンナがたどり着いた結論は、「恐るべき、言葉に言いあらわすことも考えてみることもできぬ悪の陳腐さ（凡庸さ）」だが、さてその意味するものは？

本作を観れば、哲学的思考の苦手な日本人でもその概要は理解できるだろうが、より深くかつ正確にハンナの思考を理解するためには、た

(C) 2012 Heimatfilm GmbH+Co KG, Amour Fou Luxembourg sarl, MACT Productions SA ,Metro Communicationsltd.

くさんの資料を集め読みこなすことが不可欠だ。

■□■もう一つ、ハンナが傍聴記で明らかにしたものは■□■

古き日本共産党の幹部・市川正一の、裁判での主張は『日本共産党闘争小史』としてまとめられた。また、中国共産党の党中央政治局委員かつ重慶市の党委員会書記として、現在の習近平国家主席の良きライバルとされていた薄熙来（ボー・シーライ）は、昨年９月２２日に無期懲役の判決を受けたが、珍しいことに彼の主張は中国版ツイッター「微博（ウェイボー）」を通して全国に流された。それと同じように（？）１９６１年にイスラエルで開かれたアイヒマン裁判は、ザ・ニューヨーカー誌に掲載されたハンナの「イスラエルのアイヒマン」と題された傍聴記によって全世界に伝えられたが、その伝え方はイスラエル政府や多くのマスコミが期待するようなものではなく、逆に読み方によっては、ナチス・ドイツによって迫害を受けたユダヤ人が（のくせに）アイヒマンの悪行を擁護するものになっていたから、大変。ザ・ニューヨーカー誌とハンナのもとには読者から厳しい苦情が次々と。

もう一つハンナの傍聴記が明らかにしたのは、ユダヤ人で構成された「ユダヤ人評議会」がナチスの出先機関としてアウシュビッツでのユダヤ人大量虐殺に手を貸したことだった。したがって、これに対しては、アイヒマンを「悪の陳腐さ（凡庸さ）」というキーワードで評価したこと以上に、イスラエル政府とユダヤ人が猛反発！

こんな傍聴記をザ・ニューヨーカー誌に載せれば読者から猛反発を受けることは予測できたため、ザ・ニューヨーカー誌編集長ウィリアム・ショーン（ニコラス・ウッドソン）が大いに「憂慮」したのは当然。しかしハンナは「これは事実だ」と断言し、原稿に手を加えることを許さなかったが、それはなぜ？今ドキのテレビや新聞によく登場する「御用学者」や「便利屋コメンテーター」はマスコミの期待する答えを述べるだけの存在に成り下がっているが、本作にみるハンナは、頑固と言えば頑固だが、さすが当代一流の哲学者！

■□■来る者あれば、去る者あり。さてハンナは？■□■

　本作は、ハンナの生涯を「伝記モノ」としてまとめたものではなく、アイヒマン裁判とその傍聴記が引き起こした騒動の二点にしぼって、ハンナの役割とその生きザマを描いている。若き日のハンナ（フリデリック・ベヒト）も登場させて、ハイデガー教授との「不倫の恋」の様子も少しは描かれるが、これはあくまでちょっとしたサービス（？）だ。

　ハンナは、二度目の夫であるハインリヒ・ブリュッヒャー（アクセル・ミルベルク）と共に１９４１年にアメリカに亡命したが、アメリカ国籍を取得したのは１９５２年のこと。本作では、導入部で、アメリカ人の女流作家メアリー・マッカーシー（ジャネット・マクティア）や長年にわたってハンナの忠実な秘書の役割を果たした女性ロッテ・ケーラー（ユリア・イェンテ）の姿が登場する。彼女たちは、ハンナの夫ハインリヒと共に最後までハンナを擁護し、勇気づけてくれる役割を果たしたが、「イスラエルのアイヒマン」を読んだハイデガー教授をはじめとするハンナの多くの先輩・友人たちの反応は・・・？

　この執筆によって決定的に対立してしまったのは、ハンナの古くからの友人で、シオニスト連盟幹部のクルト・ブルーメンフェルト（ミヒャエル・デーゲン）や、ハンス・ヨナス（ウルリッヒ・ノエテン）たち。１９５１年に出版した『全体主義の起源』が世界的に評価され、プリンストン大学やハーバード大学の客員教授を務めている時は、ハーバード大学で哲学を教える夫のハインリヒ教授はもちろん、アメリカ国内やイスラエル国内で多くの友人、知人に囲まれて幸せかつ充実した生活を送っていたのに、こんな仕事を引き受け、ザ・ニューヨーク誌にこんな記事を書いてしまったために多くの敵を作り、「去る者」も生んでしまったわけだ。昨今でいう「ネットの炎上」はその多くが一時的なものだが、ハンナの場合はその反発は根源的なものだったから、ハンナは大変。

　さあ、ハンナはそんな苦境をどんな精神で乗り越えたの？それは、じっくりとあなたの自身の目で・・・。

■□■タバコを吸いながらのこの講義は、必見・必聴！■□■

　宮崎駿監督の『風立ちぬ』(13 年) を観た「日本禁煙学会」から、＜「学生が『タバコくれ』と友人にタバコをもらう場面などは未成年者の喫煙を助長し、国内法の『未成年者喫煙禁止法』にも抵触するおそれがあります」と指摘し、また、タバコの広告・宣伝を禁じた「タバコ規制枠組条約」にも違反する＞と問題提起されたことを受けて、思わぬ「タバコ論争」が起きたことは「『風立ちぬ』におけるタバコ論争をどう読み解く？」のコラムで紹介した（『シネマ 31』143 頁）。その「日本禁煙学会」の面々は、本作におけるハンナの喫煙ぶりを見たら、同じような主張をするのだろうか？思わず、そう思ってしまうほど、本作ではハンナの喫煙シーンが多い。パーティーの席でも、一人でタイプライターに向かっている時でも、とにかくハンナは四六時中タバコを吸っている超ヘビースモーカーだ。「イスラエルのアイヒマン」の執筆によって、世間の攻撃にさらされ始めるとその傾向はさらに助長し、横になって寝ている時でさえ、タバコは手放せない状態だ。これでは、どこのホテルでも貼られている「ベッド上では禁煙」の警告も完全に無視していることになって

しまう。

　本作ラストのクライマックスは、ハンナが大学の階段教室で学生たちに対して行う講義。「イスラエルのアイヒマン」で物議をかもしたハンナに対してミラー（ハーヴェイ・フリードマン）たち大学教授の面々は、講義の直前に「大学教授の職を辞めていただきたい」と申し出たが、ハンナは断固それを拒否。さて、階段教室で行うハンナの８分間にわたる力強い講義（スピーチ）とは？ハンナは日常の講義でも終わるとすぐに学生の許可をもらってタバコを吸っていたが、この時ばかりは何と「今日だけ、早々に吸うけど許してね」と述べ、何とタバコを吸いながらの講義に。そして、冒頭こそ原稿に目を通しながら静かに話しかけていたが、その後は演壇を行ったり来たりしながら１つ１つの言葉に力をこめて、なぜアイヒマン裁判の結論を「悪の陳腐さ（凡庸さ）」としたのかを説明。そんじょそこらの大学では到底聴くことのできない、この８分間の講義（スピーチ）を聴くだけでも、本作を見る価値があることまちがいなしだ。

■□■ドイツのマルガレーテ・フォン・トロッタ監督に注目！■□■

　私は寡聞にして、本作を監督した１９４２年生まれのドイツ人監督、マルガレーテ・フォン・トロッタを知らなかった。しかし、彼女は『鉛の時代』（81年）でベネチア国際映画祭金獅子賞を受賞、『ローザ・ルクセンブルク』（86年）でカンヌ国際映画祭主演女優賞を受賞するなど、ニュー・ジャーマン・シネマを牽引する世界でも有名な女性監督の一人らしい。

　「ローザ・ルクセンブルク」の名前は、大学入学後すぐに学生運動にのめり込んだ私には、マルクスやエンゲルスは別格として、レーニンやトロツキー以上に魅力的な人物として印象に残っている。ポーランドに生まれドイツで活動した彼女は、ローマ帝国に対する奴隷たちの反乱を指揮したスパルタクスにちなんで、「スパルタクス団」を結成。さらに、それを母体として１９１８年末には「ドイツ共産党」を創設し、「ドイツ革命」の中での闘いを続け、遂に１９１９年１月１５日には逮捕、殺害されてしまった女性革命家だ。

　「ハンナ・アーレント」という人物を素材にして本作のような見事な映画をつくりあげたマルガレーテ・フォン・トロッタ監督だから、きっと『ローザ・ルクセンブルク』でも、この女性革命家の「実像」を見事に引き出しているのだろう。この映画も、是非鑑賞してみなければ・・・。いずれにしても、本作を契機としてこのドイツ人女性監督に注目したい。　２０１４（平成26）年１月２９日記

『ハンナ・アーレント』
発売日：2014.8.5
発売/販売元：ポニーキャニオン
価格：DVD、Blu-ray 共に￥4,700（本体）＋税
(C) 2012 Heimatfilm GmbH+Co KG, Amour Fou Luxembourg sarl,MACT Productions SA ,Metro Communicationsltd.

第2章
アウシュビッツ裁判とは？アーヴィングｖｓ
リップシュタット裁判とは？こんな無名の裁判も

1）ニュルンベルク裁判は第2次世界大戦におけるナチスドイツの戦争犯罪を裁く国際軍事裁判で、日本の極東軍事裁判（東京裁判）と並ぶ二大国際軍事裁判の1つ。

2）『私は貝になりたい』（59年）では、終戦後やっと故郷へ帰れたフランキー堺演じる二等兵がＣ級戦犯とされた挙句、バカげた裁判手続の中で死刑判決を受けたうえ、その執行までされてしまうという、あまりの理不尽さにすべての日本人が涙した映画だが、アウシュビッツ裁判とは一体ナニ？それは、『顔のないヒトラーたち』（14年）と『ブルーム・オブ・イエスタデイ』（16年）でしっかり確認したい。

3）『否定と肯定』（16年）を観て私がはじめて知ったのが、アーヴィングｖｓリップシュタット裁判。「南京大虐殺」や「従軍慰安婦」問題等の歴史的認識はどうあるべきかを含め、この裁判については、腰を据えてしっかり勉強したい。

4）ケイト・ウィンスレットが念願のアカデミー主演女優書を受賞した『愛を読むひと』（08年）は、なぜ本書のこんな章に収録？それは、あなた自身の目でしっかりと！

Data

監督／ジュリオ・リッチャレッリ
出演／アレクサンダー・フェーリング／アンドレ・シマンスキ／フリーデリーケ・ベヒト／ヨハネス・クリシュ／ハンシ・ヨクマン／ヨハン・フォン・ビューロー／ロベルト・フンガー・ビューラー／ルーカス・ミコ／ゲルト・フォス

SHOW-HEY シネマルーム

★★★★★

顔のないヒトラーたち

2014年・ドイツ映画
配給／アット エンテインメント・123分

2015（平成27）年10月17日鑑賞 ｜ シネ・リーブル梅田

👀 みどころ

東京裁判やニュルンベルク裁判は知っていても、１９６３年からフランクフルトで行われたアウシュヴィッツ裁判を知っている人は少ないのでは？ ドイツ国民はもとより、世界中の人々がアウシュヴィッツ収容所の悲惨さをよく知っているのは、この裁判を断行した若き検事たちの勇気のおかげだ。

戦後７０年は日本もドイツと同じ。ドイツにおけるアウッシュヴィッツ解放７０周年と対比しながら、「あの戦争」をしっかり総括し、今後の日本のあるべき「枠組み」をしっかり構築したい。

—— * —— * —— * —— * —— * —— * —— * —— * —— * ——

■□■何とビックリ！アウシュヴィッツは忘れ去られた！■□■

戦後日本の経済復興は目ざましかったが、同じ敗戦国ドイツでもそれは同様だった。１９５８年、フランクフルト。戦後十数年経ち、ドイツは経済復興の波にのり、国民は戦争の記憶を忘れつつあったらしい。ナチス・ドイツによるユダヤ人の大虐殺。その象徴と言えるものがアウシュヴィッツ収容所だ。ドイツでは戦後７０年目を迎えた２０１５年１月にアウシュヴィッツ解放７０年目の追悼式典が開催され、メルケル首相は、「ナチスは、ユダヤ人への虐殺によって人間の文明を否定し、その象徴がアウシュヴィッツである。私たちドイツ人は、恥の気持ちでいっぱいです。何百万人もの人々を殺害した犯罪を見て見ぬふりをしたのはドイツ人自身だったからです。私たちドイツ人は過去を忘れてはならない。数百万人の犠牲者のために、過去を記憶していく責任があります」と述べた。

ナチス・ドイツがヒトラーという稀有なリーダーの下で、なぜあれほど巨大な勢力となり、第２次世界大戦を引き起こしたのか。そんな複雑な政治状況や世界情勢についてほと

んど知らない人でも、今日ではアウシュヴィッツの悲劇についてはよく知っている。したがって、当のドイツ人は若者から子供、お年寄りに至るまで、すべてアウシュヴィッツのことはよく知っているはず。本作を観るまで私はそう思っていたが、何と本作の主人公である若き検事ヨハン・ラドマン（アレクサンダー・フェーリング）は、検察庁のロビーに現われたジャーナリストのトーマス・グニルカ（アンドレ・シマンスキ）が検事正のウォルター・フリードベルク（ロベルト・フンガー・ビューラー）に対して、元親衛隊のアロイス・シュルツが違法に教師をしているという苦情を申し立てるまでアウシュヴィッツのことは全く知らなかったらしい。

しかし、何と驚くなかれ。それは何もヨハンが無知なためではなく、１９５８年当時のヨハンと同世代の若者はほとんどアウシュヴィッツのことは知らなかったらしい。それは一体なぜ？また、今ではなぜアウシュヴィッツのことをドイツ国民を含む世界の人々が知っているの？そのことを、本作を鑑賞することによってじっくりと。

■□■この記事はなぜ生まれたの？その反響は？■□■

検事の中でただ一人、グニルカの話に興味を抱いたヨハンがシュルツの経歴を調べてみると、案の定、彼はアウシュヴィッツの親衛隊だったことが判明。それを聞いた検事正はそのことを文部省に確認すると約束したから、シュルツは免職処分。そして、これにて一件落着。ヨハンは単純にそう考え、これをグニルカに報告したが、グニルカはその報告を

ハナから信用しなかった。そこでヨハンが自分の足で調べてみると、シュルツは前のまま教師の仕事をしていたから、アレレ・・・。

他方、グニルカはちゃっかりヨハンが集めた資料を失敬した（盗み出した）うえ、「闇に葬られたスキャンダル」と題する記事を発表したから、ヨハンは検事総長のフリッツ・バウアー（ゲルト・フォス）から大目玉をくらうことに。こんなストーリーを見ていると、友人である元アウシュヴィッツ収容者のシモン（ヨハネス・クリシュ）から得た情報で検察庁に乗り込んだグニルカは、優秀な記者ながらネタを入手するためには何でもする嫌なヤツと思えてくるが、実は・・・。また、検事正のウォルターは明らかにヨハンがアウシュヴィッツ

© 2014 Claussen+Wöbke+Putz Filmproduktion GmbH / naked eye filmproduction GmbH & Co.KG　PG-12

© 2014 Claussen+Wöbke+Putz Filmproduktion GmbH / naked eye filmproduction GmbH & Co.KG　PG-12
ヒューマントラストシネマ有楽町＆新宿武蔵野館（モーニング＆レイト）、ほか全国順次公開中

のことを調べることに反発していたが、検事総長のバウアーのスタンスはどうもそうではないらしい。中盤以降そのことが少しずつ見えてくるから、それに注目！

■□■本作が描く、アウシュヴィッツ裁判とは？■□■

記事のおわびとしてグニルカからパーティーに誘われたヨハンは、その夜、酔いつぶれたシモンをグニルカと共に自宅に送ったところで、シモンがアウシュヴィッツから持ち帰った実名入りの親衛隊の資料を発見。これをバウアー検事総長に報告したところ、検事総長はヨハンに対して膨大な資料の中に埋もれているアウシュヴィッツの被害者と証言者を結び付け、ナチ党員によるアウシュヴィッツの戦争犯罪を裁く行動に本格的に踏み出すことを指示。

日本の「東京裁判」と同じく、ドイツの「ニュルンベルク裁判」はよく知られているが、

これらはいずれも戦勝国が敗戦国たる日本やドイツの「戦争犯罪」を裁いたもの。それに対して本作が描く「アウシュヴィッツ裁判」は、１９６３年１２月２０日から１９６５年８月１０日まで西ドイツのフランクフルトで開かれた裁判で、アウシュヴィッツでホロコーストに関わった人たちをドイツ人自身によって裁き、ドイツの歴史認識を大きく変えたものだ。今ヨハンは、同僚のオットー・ハラー検事（ヨハン・フォン・ビューラー）と秘書のエリカ・シュミット（ハンシ・ヨクマン）と共に膨大な資料との格闘を開始したが、さてその前途は・・・？

■□■戦後の「非ナチ化」の徹底度は？■□■

私は『ハンナ・アーレント』（１２年）（『シネマルーム３２』２１５頁参照）を観て、１９４２年生まれのドイツ人女性監督マルガレーテ・フォン・トロッタの名前をはじめて知った。また、アメリカに亡命した女性哲学者ハンナ・アーレントが書いた「アイヒマン裁判」傍聴記が説いた「悪の陳腐さ（凡庸さ）」についてはじめて知り、大きなショックを受けた。

さらに、本作を観てショックを受けたのは、「アイヒマン裁判」も「アウシュビッツ裁判」も未だ提起されていない１９５８年当時のドイツは経済復興にまっしぐらで、国民全体が忌まわしいナチス・ドイツの記憶を忘れようとしていたため、バウアーが言うように、「政府機関内にナチ党員が未だに存在し、殺人の確固たる証拠なしに戦争犯罪者を裁くことができない」という状況だったことだ。つまり、戦後のドイツでは社会の「非ナチ化」は表面的にしか行われず、西ドイツの諜報機関や警察、外務省、法務省などには元ナチス党員らが数多く働いていたらしい。

日本では１９４５年８月１５日の敗戦を契機として、突然「天皇陛下万歳の軍国主義」から「アメリカ万歳の民主主義」に１８０度切り替わった。また、東京裁判におけるＡ級戦犯、Ｂ、Ｃ級戦犯の処分と戦争遂行協力者に対する公職追放処分によってあの戦争の「総括」を終了したが、ドイツにおける「非ナチ化」もその程度でお茶を濁していたわけだ。

■□■追及を徹底すれば、父親世代はみんな犯罪者？■□■

本作では、ヨハンがアウシュビッツ裁判にのめり込んでいく動機が正義感なのか、それとも立身出世、名誉欲なのかが微妙なところに注目したい。もちろん、ヨハンは検事としてそれが正義であると信じこんでいるが、「君のせいで若い世代が父親に犯罪者だったかと問いつめるのか？」と反論するウォルター検事正の考え方にも一理ある。

日本だって、あの戦争に徹底的に反対したのは日本共産党だけで、マスコミはもちろん学者、文化人たちがこぞって「聖戦」の遂行に協力したのは厳然たる事実だ。したがって、ヨハンが国際アウシュヴィッツ委員会の事務局長ヘルマン・ラングバイン（ルーカス・ミコ）の助けを借りて多くの証人の尋問に成功し、アウシュヴィッツの悲惨な実態に迫れば

迫るほど、ヨハンの父親世代たちの悪行が次々と明るみに出ることに。ヨハンは今、アウシュヴィッツで働いていた８０００人全員を容疑者と考え、住所から容疑者を特定するために、ドイツ全域の電話帳と格闘していたが、それを徹底させれば一体どうなるの・・・？

　こんな風にアウシュヴィッツの過去を掘り下げることのみに執着するヨハンと、現在を生き前向きな生活を夢見る恋人マレーネ・ウォンドラック（フリーデリーケ・ベヒト）との間にすきま風が吹きはじめたのは当然だ。さらに、いまだ戦争捕虜として家に戻っていないと母親から聞かされ、深く尊敬していた父親もまたナチ党員だったことが示唆されると・・・？そんなバカな！と思いつつ、ヨハンが米軍の資料によってこの事実を確認すると、それまでのヨハンの価値観、世界観が崩壊してしまったのは当然だ。そんな中、ヨハンは最悪の事態を迎え、検事を辞め某弁護士事務所に就職することまで決意したが、さてその立ち直りは・・・？

■□■メンゲレ医師が先？それともアイヒマンが先？■□■

　『ハンナ・アーレント』には、バチカン発行のビザと偽名を使ってアルゼンチンへ逃亡し、潜伏生活を送っているアドルフ・アイヒマンの追及に血眼になるイスラエル諜報部（モサド）の姿が描かれていた。アイヒマンは、数百万人のユダヤ人を強制収容所に移送するについて指揮的役割を担った男だが、本作にもその「モサド」が登場する。そ

© 2014 Claussen+Wöbke+Putz Filmproduktion GmbH / naked eye filmproduction GmbH & Co.KG　PG-12
ヒューマントラストシネマ有楽町＆新宿武蔵野館（モーニング＆レイト）、ほか全国順次公開中

れは、アウシュヴィッツ裁判の捜査を決断したバウアー検事総長がその権限にもとづいて世界中からあらゆる情報を収集していたためだが、今ヨハンが誰よりも追及の矛先を向けているのはヨーゼフ・メンゲレ医師。彼は、シモンの双子の娘を含む多くのユダヤ人に対してアウシュヴィッツ収容所でさまざまな人体実験を行った、「死の天使」と呼ばれていた悪魔のような医師だ。

　そのメンゲレは南米で逃亡生活を送っているものの定期的にドイツに戻り、家族との平穏な時間を享受しているとの情報をモサドの協力の中で得たから、ヨハンの怒りが頂点に達したのは当然。しかして、ヨハンは父親の葬儀のために帰国していたメンゲレの逮捕に向かったが、そこでは連邦情報局（ＢＮＤ）の協力は得られず、メンゲレを逃してしまうことに。モサドによるアイヒマンの逮捕はそんな時期と重なっていたらしい。その結果、

アイヒマン裁判は『ハンナ・アーレント』で描かれたとおり、世界中に大反響を巻き起こしたわけだが、さてメンゲレ医師の方は？

アイヒマンの逮捕はバウアー検事総長やモサドがメンゲレ医師よりアイヒマンの逮捕を優先させたためだが、それによって自分の危機を覚えたメンゲレは結果的に逃げ通し１９７９年ブラジルで溺死したそうだ。メンゲレの逮捕に躍起となるヨハンに対して、バウアー検事総長は「メンゲレは国に守られている。他の容疑者に集中しろ」と、アドバイスするとともに、重要なのは多くのナチ党員幹部を逮捕するだけでなく、多くの罪はナチス時代に"ごく普通のドイツ人"によってなされたことだと説明したが、１度ならず２度までもメンゲレの逮捕に失敗するヨハンの姿を見ていると、この若い検事の「総合力」はバウアー検事総長にはほど遠いが・・・。

■□■アウシュヴィッツ裁判の結末は？そのホントの意義は？■□■

『１２人の怒れる男』（０７年）（『シネマルーム２１』２１５頁参照）や、アメリカの小説家ジョン・グリシャムの作品をはじめとして「裁判モノ」の名作は多いが、アウシュヴィッツ裁判をテーマとした本作はそんな「裁判モノ」ではない。本作は、あくまで１９６３年１２月２０日からフランクフルトで始まったアウシュヴィッツ裁判に至るまでの、ヨハンたち若き検事の５年間にわたる正義のための闘いと、「反ナチ」を徹底させることによって必然的に生じる「父親世代叩き」の苦悩を描くものだ。膨大な資料を調べ上げ、それに関係する多くの証人たちの調書をとったヨハンたちがアウシュヴィッツ裁判で最終的に起訴したのは、アウシュヴィッツ収容所でホロコーストに加わった２０名。裁判で被告人らは自分の容疑を否認したが、結果的に６名が終身刑、１１名が懲役刑、３名が無罪とされた。

寡聞にしてアウシュヴィッツ裁判そのものの存在を知らなかった私は、もちろんその結果も知らなかったが、アウシュヴィッツ裁判のホントの意義はこのような裁判の結果以上に、アウシュヴィッツにおけるホロコーストの実態を全世界に赤裸々に知らしめたことになる。ちなみに、『日本共産党闘争小史』は治安維持法違反で起訴された日本共産党の幹部、市川正一の裁判記録だが、そこでは最初からわかっている有罪の結論ではなく、そこで市川正一がどんな主張をしたかを世間に知らしめることに意義があったことは明らかだ。

私たち今の日本人がアウシュヴィッツ収容所でナチスが行ったホロコーストの実態をよく知っているのは、まさにヨハンたちが正義を追求し、私的な苦悩を乗り越える中で実現させたアウシュヴィッツ裁判のおかげなのだ。本作を鑑賞するについては、そんな視点でアウシュヴィッツ裁判の結論だけではなく、その裁判が提起されたことの意義とその中でヨハンたちが主張、立証した内容の意義をじっくりと考えたい。

２０１５（平成２７）年１０月２０日記

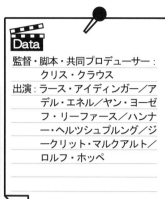

Data

監督・脚本・共同プロデューサー：
クリス・クラウス
出演：ラース・アイディンガー／ア
デル・エネル／ヤン・ヨーゼ
フ・リーファース／ハンナ
ー・ヘルツシュプルング／ジ
ークリット・マルクアルト／
ロルフ・ホッペ

ブルーム・オブ・イエスタディ

★★★★★

2016年・ドイツ・オーストリア映画
配給／キノフィルムズ・木下グループ・126分

2017（平成29）年10月29日鑑賞　｜　シネ・リーブル梅田

👀👀みどころ

　負の過去、負の歴史と真摯に向き合うため、ドイツでは今なおホロコースト研究が盛ん。そこが同じ敗戦国でも、日独の大きな違いだ。

　しかし、アウシュビッツ会議を成功させるためとはいえ、祖父をナチの親衛隊（SS）の大佐に持つドイツ人男と、祖母がホロコーストで殺されたユダヤ人女の組み合わせは最悪。そのうえ、キャラ的にもこの2人の男女は最悪。2人とも協調性がなく、エキセントリックで、しかも性的には・・・？

　そんな映画が、なぜ東京国際映画祭で最高賞を受賞したの？安易な純愛ドラマにうつつを抜かすのもいいが、たまにはこんな皮肉たっぷりの映画で、脳天に刺激を受けるのもいいのでは・・・。

———＊———＊———＊———＊———＊———＊———＊———＊———＊

■□■テーマはホロコースト！それが恋愛劇に！ユーモアも！■□■

　近時、ナチスドイツのホロコーストをテーマにした映画が途切れることなく続いている。それは大きく分けて、①『ミーシャー　ホロコーストと白い狼』（07年）（『シネマルーム23』96頁参照）、『縞模様のパジャマの少年』（08年）（『シネマルーム23』101頁参照）、『カティンの森』（07年）（『シネマルーム24』44頁参照）、『黄色い星の子供たち』（10年）（『シネマルーム27』118頁参照）、『アンネの追憶』（09年）（『シネマルーム29』145頁参照）、『サウルの息子』（15年）（『シネマルーム37』152頁参照）のように、ホロコーストを真正面から描いたもの、②『ハンナ・アーレント』（12年）（『シネマルーム32』215頁参照）、『アイヒマンを追え！ナチスがもっとも畏れた男』（15年）（『シネマルーム39』94頁参照）のように、歴史上の事実を真正面から分析

したもの。そして、③『ヒトラー暗殺、１３分の誤算』（１５年）（『シネマルーム３６』３６頁参照）、『顔のないヒトラーたち』（１４年）（『シネマルーム３６』４３頁参照）、『帰ってきたヒトラー』（１５年）（『シネマルーム３８』１５５頁参照）、『ヒトラーの忘れもの』（１５年）（『シネマルーム３９』８８頁参照）、『手紙は憶えている』（１５年）（『シネマルーム３９』８３頁参照）のように、様々な角度からひねったものの３つに分けられる。

しかして、本作はその第３のグループで、何とナチスのホロコーストを題材としながら、その内容は一種の恋愛劇。しかも、さすがに「男はつらいよシリーズ」のような娯楽作ではないものの、ユーモアたっぷりの映画だから、まずはそんな企画にびっくり！ええっ、そんなことって可能なの？

(C) 2016 Dor Film-West Produktionsgesellschaft mbH / FOUR MINUTES Filmproduktion GmbH / Dor Filmproduktion GmbH

■□■東京国際映画祭で東京グランプリを受賞！■□■

本作は２０１６年の第２９回東京国際映画祭のコンペティション部門で最高賞たる東京グランプリとWOWOW賞を受賞したもの。９８の国と地域の応募の中から選ばれた全１６作の中から選出されたそうだから、すごい。さらに、上記全１６作品の中には、私も興味深く鑑賞した、日本からの蒼井優主演の『アズミ・ハルコは行方不明』（１６年）（『シネマルーム３９』未掲載）と、杉野希妃監督・主演の『雪女』（１６年）（『シネマルーム４０』未掲載）も含まれていたから、いわばそれらを押しのけて最高賞に選出されたわけだ。

ちなみに、東京グランプリの審査委員長を務めたジャン・ジャック・ベネックス監督は、「映画はそのときの悲劇の瞬間を描写しますが、年々にそのイメージが薄れ、思い出も消えてしまいます。卓越した映画作りとは、それを越えて過去の罪を正しい視点でまた伝えるというもの」と評価したらしい。就任間もない小池百合子東京都知事から表彰状と麒麟像を受け取った本作のクリス・クラウス監督は、それを高々と掲げて喜びを爆発させたうえ、「非現実的でシュールな気分です。特に１９歳、２０歳の頃にベネックス監督の映画を見ていたので、同じ舞台に立てて夢がかなったような気持ちです」と興奮気味に話したそうだ。まさか、この２人の監督の出来レースではないと思うので、率直にこの受賞に拍手！

■□■２人の組み合わせの「最悪さ」に注目！■□■

　本作の主人公は、ナチの親衛隊（ＳＳ）の大佐だった祖父を持つ４０歳のドイツ人男性トト・ブルーメン（ラース・アイディンガー）と、ユダヤ人の祖母がホロコーストで虐殺されたユダヤ人女性ザジ・ランドー（アデル・エネル）の２人。第２次世界大戦の終了から７０年を過ぎた今、日本では広島、長崎の原爆被害の語り部たちが次々と亡くなっているが、それはドイツにおけるホロコーストの犠牲者たちも同じ。本作中盤にはアウシュビッツ会議への出席を要請されているホロコースト生還者である老女優ルビンシュタインが登場する。また、冒頭には、バーデン＝ヴュルテンベルク州司法行政・中央研究所の重鎮ノルクス教授が登場する。このルビンシュタインやノルクス教授が戦争第１世代なら、トトやザジたちは第３世代、つまり孫の世代だ。ドイツではそんな孫の世代が今なおホロコースト研究を続けているわ

(C) 2016 Dor Film-West Produktionsgesellschaft mbH / FOUR MINUTES Filmproduktion GmbH / Dor Filmproduktion GmbH

(C) 2016 Dor Film-West Produktionsgesellschaft mbH / FOUR MINUTES Filmproduktion GmbH / Dor Filmproduktion GmbH

けだが、この2人の主人公の組み合わせは最悪！

　本作のストーリーは、ノルクス教授が自分の感情すら制御できないトトの代わりに、アウシュビッツ会議の責任者として選んだバルタザール・トーマス（ヤン・ヨーゼフ・リーファース）から、トトがフランスにやってくる研修生ザジの世話係を命じられたところから始まっていく。トトとザジの組み合わせが最悪なら、スクリーン上に見る2人の出会いも最初から最悪。そのため、映画の主要部分を占める2人の会話の多くは議論を越えたケンカ的色彩が強くなる。また、トトは導入部のノルクス教授やバルタザールとのアウシュビッツ会議の打ち合せぶりをみればわかる通り、かなりの変わり者（性格破綻者？）だが、2人の会話を聞いていると、ザジもトトに勝るとも劣らない変わり者（性格破綻者？）であることがわかる。

　ストーリー紹介から明らかなように、トトは妻のハンナ（ハンナー・ヘルツシュプルンク）との家庭生活はすでに破綻しているが、ザジとの会話の中でその原因がトトの性的不能（インポテンツ）にあることまで明らかにされていくから、その生々しさにビックリ！さらに、ストーリー紹介にあるように、フランスから研修生としてやってきたザジが、なぜバルタザールと恋愛関係（もっとハッキリ言えば、肉体関係）にあるの？そこらあたりをみていると、ザジはエキセントリックを超えて、性格異常とギリギリの境界線上にあるようだ。しかして、トトもザジもこんな性格破綻者（？）になっているのは、すべてホロコースト研究と、その加害者・被害者だった祖父と祖母のせい・・・？

■□■2人の恋模様の展開は？日本の純愛ものとは大違い！■□■

　近時の邦画は、東宝を中心とする若者の恋愛ドラマで花盛り。さすがに今の私はとんとそういう映画への興味を失ったが、中学、高校時代は吉永小百合、浜田光男の純愛路線や、加山雄三、星由里子の「若大将シリーズ」が大人気だったし、それに夢中になっていたものだ。しかして、本作のメインはトトとザジのアウシュビッツ会議の開催に向けた懸命の奮闘ぶりだが、その活動の中で2人の間で顕著になっていく対立点や対決点とは・・・？また、そんな中でも意外に深まっていく2人の恋模様とは？

ストーリーの進行につれて、ザジの方はトトのことを事前に周到に調べ上げたうえドイツにやってきたことが明らかになっていく。それに対して、トトの方はザジについて何の情報を持っていなかったから、プライベートを含む2人の会話において大きな「情

(C) 2016 Dor Film-West Produktionsgesellschaft mbH / FOUR MINUTES Filmproduktion GmbH / Dor Filmproduktion GmbH

報格差」があったことは明らか。したがって、2人の会話のすべての局面においてザジの方が圧倒的に優位に立っていたのは仕方ない。その結果、本作中盤ではトトはザジの言動に振り回されっ放しにされてしまうから、かわいそう。そんな中、妻のハンナに慰めを求めて電話すると、タイミング悪くそこでハンナの裏切りに気づくから、これもまさに泣きっ面にハチだ。もっとも、妻との性生活が不能なんだとザジに告白する局面になると、さすがにザジはトトに優しく接してくれたから、さあ、そこでのトトの男性機能の復活は・・・？

ザジから「排卵の音が聞こえたから、どうやら妊娠したらしい」との言葉を鵜呑みにしたトトの馬鹿さ加減はさておき、本作には近時の日本の純愛ドラマとは全く別次元の到底思いつかないような恋模様の展開が見られるので、それに注目！

■□■負の過去、負の歴史と向き合う必要性を再確認！■□■

自分の祖父がナチの親衛隊（ＳＳ）の大佐だったというトトは、ホロコースト研究家として祖父の告発本を出版して世の評価を得たほどだから、家族から勘当され兄とは絶縁状態に。その私生活も研究生活もハチャメチャになっていたが、これらはすべてドイツの負の過去、負の歴史と向かい合い過ぎているため・・・？ザジの方も外見はかわいいが、しゃべることはいちいち癪に障るし、行動は極めてエキセントリック。そのうえセックス関係は自由奔放もいいところだから、少し付き合ってその本性を知れば、それ以上関わり合いになるのは嫌になるタイプ。トトは何度もそういう気分になったはずだが、ザジがその腹いせに（？）自分で自分の頭にペンキをかけてまで謝罪してくる姿を見ると、ついつい・・・。多分これも計算ずくなのだろうが、こうなると男は弱いものだ。本作の2人の主人公を見

ていると、このように負の過
去と負の歴史に向き合うこと
に精一杯で、未来志向性など
は、とても、とても・・・。

　そこで翻って考えてみると、
日本でも日清・日露戦争以降
の朝鮮への侵攻、そして、１
９３０年代の中国大陸への侵
攻、さらには、太平洋戦争へ
の突入という負の過去、負の
歴史に日本人がいかに向き合
うかという議論が延々と続い
ている。他方で、世界で唯一
の原爆の被爆国としてその悲
惨さを語り継がなければなら
ないという論調もあるが、圧
倒的に向き合う必要性が強調
されるのは加害者としての負
の側面だ。たしかに、その必
要性はあり、それはナチスや
ホロコーストを生んだドイツ
も同じだが、日本におけるそ
の向き合い方はドイツに比べ
ると圧倒的に小さいことが指

(C) 2016 Dor Film-West Produktionsgesellschaft mbH / FOUR
MINUTES Filmproduktion GmbH / Dor Filmproduktion GmbH

(C) 2016 Dor Film-West Produktionsgesellschaft mbH / FOUR
MINUTES Filmproduktion GmbH / Dor Filmproduktion GmbH

摘（批判）されている。たしかに、同じ戦争第３世代（孫の世代）の日本には、トトやザ
ジのようなホロコースト研究家は存在せず、逆に、戦後７０年続いた平和の中で、「あの戦
争」の負の側面に何の興味も示さない若者が繁殖している。

　中学、高校時代から歴史が大好きだった私は、大人になってからも小説や映画の中で歴
史を勉強してきたし、映画評論を書き始めた２００１年以降は自分なりに「あの戦争」と
向かい合ってきた。とりわけ２０００年８月の中国への初旅行以降は、私と中国との関係
はどんどん広がってきている。そんな中、私としては本作の鑑賞を契機として再度（負の）
過去、（負の）歴史と向き合うことの大切さを再確認し、特に中国に対してはその姿勢をさ
らに強化していきたい。

　　　　　　　　　　　　　　　　　　　　　２０１７（平成２９）年１１月１日記

Data
監督：ミック・ジャクソン
脚本：デヴィッド・ヘア
原作：デボラ・E・リップシュタット『否定と肯定　ホロコーストの真実をめぐる闘い』、『History on Trial』（翻訳書は２０１７年に発売）
出演：レイチェル・ワイズ／ティモシー・スポール／リチャード・ランプトン／アンドリュー・スコット

★★★★★

否定と肯定

2016 年／イギリス・アメリカ映画
配給：ツイン／110 分

2017（平成 29）年 12 月 9 日鑑賞　　TOHOシネマズ西宮OS

👀 みどころ

　ホロコーストの悲惨さを描く名作は多いが、何と「ホロコーストはなかった」と主張する学者も。それを批判したユダヤ人の女性研究者が名誉毀損で訴えられ、アーヴィングｖｓリップシュタット事件が１９９６年に勃発！

　イギリスの王立裁判所での審理は、「立証責任」がアメリカや日本とは大違い！そこでの裁判手続の特徴は？弁護団の方針は？その合理性は？そして、審理の展開は？判決は？

　ハリウッドや日本には「法廷モノ」の名作が多いが、本作はイギリスの「法廷モノ」として必見！さらに「ホロコーストはなかった」との主張をそもそもどう捉えればいいの？「南京大虐殺」や「従軍慰安婦」問題等の歴史的認識はどうあるべきかを含め、腰を据えてしっかりお勉強を！

――＊――＊――＊――＊――＊――＊――＊――＊――

■□■エルサレムをイスラエルの首都に！そんな時に本作を！■□■

　本作でレイチェル・ワイズが演じた、アトランタのエモリー大学教授で現代ユダヤとホロコーストについて教鞭をとるデボラ・E・リップシュタットは、ユダヤ人。彼女が『ホロコーストの真実　大量虐殺否定者たちの嘘ともくろみ』（原題：「Denying The Holocaust：The Growing Assault on Truth and Memory」）を出版したのは１９９３年。彼女は同書でホロコーストを否定しようとする人々について初めて詳細に調査し、イギリス人の歴史学者であるデイヴィッド・アーヴィングをホロコースト否定論者であり、偽りの歴史を作り上げた人種差別主義者で反ユダヤ主義者であると断じたらしい。

　本作の導入部では、聴衆の一人として彼女の講演会に出席していたそのアーヴィング本

人（ティモシー・スポール）が、「質問」という形でリップシュタットに対して「攻撃」を仕掛けるシーンが登場する。これは今年１１月に観た『笑う故郷』（16 年）で、ノーベル文学賞作家ダニエルがアルゼンチンの故郷サラスの町に戻り、「名誉市民」として講演している時、故郷のことを批判ばかりしていると主張する反ダニエル派の男がそこに闖入して「攻撃」を仕掛ける風景とまったく同じだ。ダニエルと同じように、「ここで議論はしない」「出て行ってくれ」との態度を貫くリップシュタットに対してアーヴィングはこの場は退いたが、その後リップシュタットを名誉棄損でイギリスの王立裁判所に提訴したから、リップシュタットはビックリ！さあ、彼女はどうするの？

　折しも、アメリカのトランプ大統領は去る１２月６日に、エルサレムをイスラエルの首都と認め、アメリカ大使館をテルアビブからエルサレムに移転するという大統領選挙時の「公約」を実行に移すことを発表。それによって世界は今、北朝鮮問題と並ぶ重大な問題に直面している。さあ、たまたまそんなタイムリーな時期に、私はデイヴィット・アーヴィング対ペンギン出版・リップシュタット裁判という、それまで全く知らなかったすごい裁判を知ることに。

■□■アーヴィングｖｓリップシュタット事件とは？■□■

　年配の日本人なら誰でも「東京裁判」を知っているが、「アイヒマン裁判」を知っている日本人は少ない。私も『ハンナ・アーレント』（12 年）（『シネマ 32』215 頁）を観てはじめてそれを知り、以降『アイヒマンを追え！ナチスがもっとも畏れた男』（15 年）（『シネマ 39』94 頁）、『アイヒマン・ショー　歴史を映した男たち』（15 年）（『シネマ 38』150 頁）等でさらに詳しくそれを勉強した。しかして、本作ではじめて知った「デイヴィッド・アーヴィング対ペンギン出版・リップシュタット事件」とは？それは、１９９６年９月５日にアーヴィングがリップシュタットとペンギン出版を名誉棄損でイギリスの王立裁判所に訴えた裁判のこと。２０００年１月１１日に開始された同裁判は、３２日間の審理を経て、判決は２０００年４月１１日に下されたそうだが、その展開と結末は…？

　本作の原作になったのは、リップシュタットの『History on Trial：My Day in Court with a Holocaust Denier』（Ecco / HarperCollins, 2006）。なお、本作は２０１６年に『History on Trial』に改題。また、翻訳書はハーパーコリンズ・ジャパンより２０１７年に発売されているそうだ。ちなみに、本作のプロダクションノートによれば、本作の脚本を書いたデヴィッド・ヘアは「事実、ドラマチックな場面を作る必要はなかった。法廷でのやりとりは一言一句、公式記録にあったものだ。」と述べているが、さて、本作の大部分を占める法廷シーンの出来は？本作では何よりも、法廷での迫真のやり取りに注目！

　アメリカでも日本でも、かつての裁判所には「かつら」がよく似合っていたようだが、今ではそんな風景は皆無。しかし、イギリスの王立裁判所では裁判官はもちろん、弁論に立つ弁護士も立派なかつらをつけているからビックリ。その姿を含めて、本作ではイギリ

スの裁判制度の実態をしっかり勉強したい。

■□■私にもわからない論点がいっぱい！しっかり勉強を！■□■

　また、本作にみるアーヴィング vs リップシュタット事件については、日本で４０年以上弁護士をやってきている私でもわからない「論点」が次のとおりたくさんある。

　①本件はアーヴィングがリップシュタットとペンギン出版を訴えた民事事件で、刑事事件ではない。しかし、その請求の趣旨は損害賠償なの？それとも謝罪請求なの？また、損害賠償ならいくらの請求なの？

　②イギリスに住むイギリス人のアーヴィングが、アメリカに住むリップシュタットを訴えるについて、アメリカではなくイギリスの裁判所にしたのは「地の利」からして当然だが、なぜ、王立裁判所に？王立裁判所は一般の裁判所とは何がどう違うの？

　③アーヴィングは弁護士に依頼せず自分自身で訴訟をやっているが、それはなぜ？単に弁護士費用をケチっただけ？それとも、なんらかの別の思惑が・・・？

　④イギリスの名誉棄損の訴訟では、アメリカと違って、訴えられた被告側に名誉棄損がなかったことの立証責任があると解説されているが、それは一体なぜ？そもそもその解説は正しいの？

　⑤イギリスでは法廷弁護士（バリスター）と事務弁護士（ソリシター）の２種類があることは知っていたが、具体的にその役割はどこがどう違うの？

　⑥原告と被告が同意すれば陪審制ではなく裁判官による審理を選べるそうだが、そのシステムは一体どうなっているの？

　⑦リップシュタットの弁護団は膨大な体制だが、一体その弁護士費用はいくらくらい？等々だ。

　本作は法科大学院の教材にぴったりだが、テーマはあくまでタイトルどおり、ホロコーストを否定するのかそれとも肯定するのかについて法廷で白黒をつけること。そのため残念ながら、私が知りたいこれらの多くの論点についての説明はない。したがって、日本人が本作をしっかり理解するについては、これらの点を自分でしっかり勉強することが不可欠だ。ちなみに、本作のパンフレットには「裁判トリビア」として、アーヴィング vs リップシュタット裁判の経過が一覧表にされているので、これは必読。とりわけ「法廷の華」である証人尋問の面白さを理解するためには、これは必読だ。

■□■被告の対応は？弁護士費用は？ユダヤ人社会の協力は？■□■

　アトランタに住んでいるリップシュタットに対して、イギリスの王立裁判所から提訴されたとの連絡が入ったから、さてリップシュタットはどうしたらいいの？依頼すべき弁護士は？弁護士費用は？ちなみに、２０１７年１１月２８日付朝日新聞「フェイクとどう闘うか」と題するリップシュタット氏のインタビュー記事によれば、それは２００万ドル（約

2億3千万円）だが、多くの人がそれを支援したらしい。そして、最大のテーマは何より
もこの裁判は勝てるの・・・？

　また、これはリップシュタット個人に対する裁判だが、アーヴィングの狙いはあくまで
ホロコーストそのものの否定だから、ある意味この裁判はユダヤ社会全体に対するもの。
そう考えたリップシュタットが、ユダヤ社会の各界の有力者に裁判への協力と、それに勝
訴することの意義を訴えたのは当然だが、それに対する彼らの反応は？イギリスにも日本
の民事訴訟法と同じように、擬制自白＝欠席判決（つまり、第1回期日に被告が答弁書を
提出しないまま欠席すれば、原告の主張を認めたもの（＝擬制自白）とみなされて、請求の
趣旨どおりの判決が下される）の制度があるのかどうかは知らないが、当然リップシュタ
ットはアーヴィングの名誉棄損の請求に屈するつもりはなく、争うつもり。ところが、ロ
ンドンで開いたユダヤ人団体の指導者たちの会合で、ユダヤ社会の有力者たちはリップシ
ュタットに対して示談を勧めたから、アレレ・・・。一体これはどういうことなの・・・？
これからの裁判闘争の大変さはわかっていても、何故そんな屈辱的なことをしなければな
らないの？そんなことをすれば自分の学者生命が終わってしまううえ、ユダヤ人としての
使命感まで放棄してしまうことになるのでは・・・？そう考えたリップシュタットはさら
に闘志をかき立てたが、いざ裁判ではどう闘えばいいの・・・？

　そんな中、アトランタに住むリップシュタットの家を、イギリスから事務弁護士のアン
ソニー・ジュリアス（アンドリュー・スコット）が訪れ、基本的な枠組みを打ち合わせた
が、そこでリップシュタットが聞かされた、イギリスの裁判制度や各種のルールは意外な
ものばかり。また、弁護士費用が膨大になるため、広く社会からその応援を求める必要が
あったが、その総額はHow　much・・・？

■□■弁護士には依頼者迎合型と依頼者説得型が！■□■

　弁護士は依頼者からの委任を受けて訴訟代理人になるし、弁護士費用（普通は、実費・
着手金・報酬の3本立て）も依頼者からもらう。私の分類では弁護士は「依頼者迎合型」
と「依頼者説得型」の2つに大別でき、私は典型的な後者だ。したがって、依頼者が私の
「説得」に従わない場合には、いくら金を積まれても依頼を断ることもある。

　イギリスには法廷弁護士（バリスター）と事務弁護士（ソリスター）の2種類があり、
その役割が決定的に違うことは日本にはない重要なポイントだが、本作に登場する前述し
た事務弁護士のジュリアスも、法廷弁護士のリチャード・ランプトン（トム・ウィルキン
ソン）も典型的な「依頼者説得型」弁護士で、その仕事ぶりは素晴らしい。「依頼者迎合型」
か「依頼者説得型」かは、とりわけ依頼者と弁護士の考え方や、訴訟事件の処理方針が食
い違う場合に顕著になるが、アーヴィングからの裁判を闘うについて明確に確認を求めら
れたのは、第1に陪審員によるものではなく一人の判事に委ねること。第2にリップシュ
タットには法廷で証言させない方針にすることだ。さて、この2人の弁護士が立てたそん

な作戦の狙いはどこに？また、実戦でのその作戦の効果は・・・？

　リップシュタットが『ホロコーストの真実』を出版したのは、アーヴィング流のホロコースト否定論を強く弾劾するため。したがって、その本人から名誉毀損の裁判が提起されたリップシュタットが、堂々と法廷に立ち自説を展開したいと考えたのは当然だ。アトランタでのジュリアス弁護士との打ち合わせではリップシュタットはその意欲満々だったが、イギリスでのランプトン弁護士を交えた打合せでは、それを完全に封印する方針にされたから、リップシュタットはかなり不満気味。本作を観ているとそんなリップシュタットの気持ちがよくわかるので、そこにも注目したい。そんなしゃべりたがり（？）のリップシュタットが法廷で一言もしゃべらせてもらえず、すべての弁論をランプトン弁護士に一任するというのはかなりの苦痛であることは明らかだが、さて法廷の中でさまざまな形で見せるリップシュタットのイライラを、あなたはどう考える・・・？

■□■依頼者と弁護士との信頼関係は？その緊張感に注目■□■

　イギリスに渡ったリップシュタットは、両弁護士との打ち合わせの中でその狙いを聞きしぶしぶ同意したが、いざ裁判が始まりホロコーストの生存者から、自分たちもこの裁判で証言させてほしいと懇願されると、勝手にそれを承諾してしまうことに。自分と同じユダヤ人の同胞から寄せられたこの裁判への期待がリップシュタット自身にわかるだけに、このシーンを観ているとリップシュタットの返事もわからないではない。しかし、やはり弁護士の目から見るとこれは如何なもの・・・？弁護士の了解なく勝手にそんなことをし

てもいいの？私なら激怒するところだが、さて両弁護士は？私とは言い方とやり方は大きく違ったものの、結局リップシュタットはジュリアス弁護士の説得に従わざるを得なかったが、同時にこれはユダヤ人の裁判支援者たちの期待を大きく裏切ることになったのはまちがいない。しかし、裁判において大切なのは、何よりも「勝つ」こと。本作の鑑賞については、そんな視点をしっかり確立させる必要がある。

他方、法廷弁護士が法廷で論争したり、証人尋問をするについては、可能な限り資料を読み込むと共にガス室等の現場を自分の目で見ておくことが不可欠。そのため、法廷弁護士ランプトンはホロコーストの現場を訪れ、あれこれズケズケとリップシュタットの気に障る質問をしていたが、そんなランプトンの努力はしっかり法廷で実を結ぶの？さらに、リップシュタットの弁護団の最若手はアーヴィングの膨大な日記帳を全て調べ上げるという気の遠くなるような作業に挑んでいたから、これにはビックリ。もちろん、これはアーヴィング本人の同意にもとづくものだが、イギリスのこんな制度は一体どういう考えのもとに生まれているの？

ハリウッドの本格的法廷モノはたくさんあるが、イギリスの王立裁判所におけるアーヴィングｖｓリップシュタット事件の丁々発止のやり取りは、まさに法科大学院の教材に最適。もちろん、証人尋問の下手クソな日本の多くの弁護士も、こりゃ必見！本作の中盤から後半にかけて展開される法廷風景をしっかり鑑賞しながら、依頼者であるリップシュタットとランプトン弁護士とジュリアス弁護士との間に信頼関係が醸成されていくサマと、その間に生まれている緊張感に注目！

■□■公判３２日目。裁判官のこの発言をどう理解すれば？■□■

日本でも裁判員裁判がかなり定着してきたが、連続審理、長期審理が続く大事件になると、裁判員の負担は大変。しかし、裁判官はそれが仕事だから、王立裁判所の裁判長は一人で連日にわたって見事な訴訟指揮を続けていた。本作導入部で、リップシュタットの講演会に聴講者の一人として参加していたアーヴィングが講演終了後リップシュタットを質問攻めにする姿にはビックリしたが、そこでみる彼の演説（私たちが大学時代によく使った言葉ではアジ演説）の能力は抜群。彼の講演会では、そんな彼のしゃべり方が結構聴衆に受けていたし、アーヴィングｖｓリップシュタット裁判の前半では、弁護士を使わず自分自身の弁論術で進める訴訟戦術もそれなりの見事なものだった。そのため、ランプトン弁護士もタジタジとなり、リップシュタットが心配するシーンもあったが、公判が１０日も２０日も続き、長期戦になってくると、さすがに少しずつアーヴィングの訴訟能力とリップシュタット弁護団の訴訟能力の違いが見えてくるように。

リップシュタットとリップシュタットの弁護団は審理の進展状況を日々チェックしながら、審理は有利に進んでいると判断していたが、３２日目の公判で、裁判長が突然「アーヴィングの意図的な資料の改ざん・解釈は反ユダヤ主義とは関係ないのではないか」と述

べ、さらに「反ユダヤ主義が信念を持つ発言ならウソと非難できないのではないか」と述べたから、被告側はビックリ。ランプトン弁護士は直ちにその反論を述べたが、さてこの裁判長の発言をどう理解すればいいの・・・？

日本でもアメリカでも、裁判長の訴訟指揮のやり方やちょっとした発言は、裁判所の心証形成がどのようになっているかを判断する重要なサインとなるが、それはイギリスの王立裁判所でも同じ。「反ユダヤ主義が信念を持つ発言ならウソと非難できないのではないか」という裁判長の発言を額面どおり受け取れば、ひょっとしてこの裁判はリップシュタットの敗訴・・・？一気にそんな心配が広がったが、さて言い渡された判決の結論とその理由は・・・？

■□■「ホロコーストはなかった」との主張をどう考える？■□■

西欧流の憲法や刑事訴訟法の大原則の1つに「無罪の推定」がある。つまり、刑事事件の被疑者や被告人には、有罪の判決が確定するまでは無罪の推定が働くから、新聞やテレビ等のマスコミから「犯人はあいつだ！」と決めつけられている人間でも、法律上そう決めつけるのはダメ、ということだ。それと同じように（？）、今ドキ「地球は平らだ」と主張すれば、「お前はバカか」と言われるが、あなたは本当に地球は丸いことを知ってるの？また、ナチスドイツによるホロコーストの悲惨さは誰でも知っていると思っているが、あなたはホントにそれを知ってるの？

本作における、アーヴィングの「ホロコーストはなかった」との主張や、「ガス室はなかった」等の主張をあなたはどう考える？また、それを裏付けるためのアーヴィングのさまざまな具体的な主張、たとえば、「強制収容所のガス室は遺体の消毒のための部屋だった」等の主張を聞いていると、私でも「なるほど」と思わざるを得ない説得力（？）がある。すると、「南京大虐殺」や「従軍慰安婦」問題など、今なお「論争」が続いている、さまざまな歴史的事実の認識問題についても、どう考えればいいの・・・？

ちなみに、本作のパンフレットには木村草太氏（憲法学者）の「ディナイアル」というREVIEWがあり、そこでは「ホロコーストはなかった」との主張を、「地球は平らだ」との主張の他、集団的自衛権行使容認の合憲違憲を巡る論争と比較対照して論じている。しかし、私はこの解説には全然納得できない。何が真実かの判断は、アーヴィングvsリップシュタット事件の判決文が333ページにも及んだことからも明らかなとおり、きわめて難しいわけだ。この裁判の結末は多分あなたの想定の範囲内だろうが、その思考過程やその論拠付けについては、本作の鑑賞を契機として改めてしっかり考えてみたい。

2017（平成29）年12月14日記

法苑コラム

これは必見！『否定と肯定』から何を学ぶ？
『法苑』１８４号（２０１８年５月）

1．ホロコーストもの・アイヒマンもの・法廷モノ！

　２０１６年の第９０回キネマ旬報ベスト・テンの第１位に片渕須直監督の『この世界の片隅に』（シネマ 39・41 頁）が選ばれたのは、若者向けの純愛モノ、原作モノに席巻されている現在の邦画界で特筆モノだった。同作は、声高に「戦争反対！」を叫ぶ映画ではないが、戦後７０年を迎えた２０１５年８月に公開された原田眞人監督の『日本のいちばん長い日』（15 年）（シネマ 36・16 頁）と共に、「あの戦争」を考えさせる契機となった。日本では毎年、広島と長崎で「原爆慰霊式」が、８月１５日には「全国戦没者追悼式」が開催されているが、「あの戦争」や「東京裁判」を考えさせる映画は近時めっきり減少した。しかし、ドイツでは一貫して「ホロコーストもの」「ヒトラーもの」「アイヒマンもの」が公開されている。古くは、『ライフ・イズ・ビューティフル』（97 年）（シネマ 1・48 頁）、『聖なる嘘つき　その名はジェイコブ』（99 年）（シネマ 1・50 頁）、近時は『ふたつの名前を持つ少年』（13 年）（シネマ 36・49 頁）、『あの日のように抱きしめて』（14 年）（シネマ 36・53 頁）、『サウルの息子』（15 年）（シネマ 37・152 頁）等が「ホロコーストもの」だし、『帰ってきたヒトラー』（15 年）（シネマ 38・155 頁）、『ヒトラーの忘れもの』（15 年）（シネマ 39・88 頁）、『ヒトラーへの 285 枚の葉書』（16 年）（シネマ 40・185 頁）等が「ヒトラーもの」だ。また、『ハンナ・アーレント』（12 年）（シネマ 32・215 頁）以降、『アイヒマン・ショー　歴史を映した男たち』（15 年）（シネマ 38・150 頁）、『アイヒマンを追え！ナチスがもっとも畏れた男』（15 年）（シネマ 39・94 頁）等の「アイヒマンもの」も次々と公開された。これは韓国で、古くは『シュリ』（99 年）、『JSA』（00 年）（シネマ 1・62 頁）、『二重スパイ』（03 年）（シネマ 3・74 頁）、近時は『レッド・ファミリー』（13 年）（シネマ 33・227 頁）、『The　NET　網に囚われた男』（16 年）（シネマ 39・145 頁）等の「南北分断モノ」が多いのと同じだ。

　他方、弁護士兼映画評論家の私が『シネマから学ぶ法律』の出版という大目標の視点から注目している「法廷モノ」は、近時アメリカでは『リンカーン弁護士』（11 年）（シネマ 29・178 頁）、『コネクション　マフィアたちの法廷』（06 年）（シネマ 29・172 頁）、『ジャッジ　裁かれる判事』（14 年）（シネマ 35・93 頁）等、韓国では『依頼人』（11 年）（シネマ 29・184 頁）、『弁護人』（13 年）（シネマ 39・75 頁）等、日本では『ゼウスの法廷』（13 年）（シネマ 32・221 頁)、『白ゆき姫殺人事件』（14 年）（シネマ 32・227 頁）、『三度目の

殺人』（17 年）（シネマ 40・218 頁）等がある。更に中国でも、『再生の朝に―ある裁判官の選択―（透析）』（09 年）（シネマ 34・345 頁）、『我らが愛にゆれる時（左右）』（08 年）（シネマ 34・350 頁）、『ビースト・ストーカー／証人』（08 年）（シネマ 34・453 頁）等、インドにも『裁き』（14 年）（シネマ 40・246 頁）等がある。

　しかして、今回私が「こりゃ必見！」と注目した『否定と肯定』（16 年）（シネマ 40・214 頁）はホロコーストもの、アイヒマンもの、法廷モノという「3 つの顔」を持った見応えいっぱいの名作だ。

2．アーヴィング vs リップシュタット事件とは？

　トランプ大統領が今年 1 月 3 0 日（現地時間）に行った就任 2 期目の「一般教書演説」は意外にも「いい子」に変身した感があったが、昨年 1 2 月 6 日の、エルサレムをイスラエルの首都と認め、アメリカ大使館をテルアビブからエルサレムに移転するという大統領選挙時の「公約」を実行に移す旨の発表は全世界に激震を与えた。イスラエル vs パレスチナ抗争と聖地エルサレムを巡るキリスト教、ユダヤ教、イスラム教の対立は根深く、日本人には理解しづらい。そんな（タイムリーな？）時期に、アトランタのエモリー大学の教授で現代ユダヤとホロコーストについて教鞭をとるユダヤ人女性デボラ・E・リップシュタットと、ホロコーストはなかったと主張する英国人の歴史学者デイヴィッド・アーヴィングが争った「アーヴィング v s リップシュタット事件」を、本作でしっかり勉強することに。これは、デボラが 1 9 9 3 年に出版した『ホロコーストの真実　大量虐殺否定者たちの嘘ともくろみ』で、アーヴィングをホロコースト否定論者であり、偽りの歴史を作り上げた人種差別主義者、反ユダヤ主義者であると断じたことが名誉棄損だとしてアーヴィングがイギリスの王立裁判所に訴えた民事訴訟だ。2 0 0 0 年 1 月 1 1 日に開始された同裁判は、3 2 日間の審理を経て、判決は 4 月 1 1 日に下されたが、その展開と結末は？

3．見どころは？俳優は？監督は？法的論点は？

　本作の新聞批評は概ね好評だったが、2 0 1 7 年 1 1 月 2 8 日付朝日新聞は「フェイクとどう闘うか」と題して、本作の公開を機会に来日したデボラのインタビューを大きく掲載した。そんな応援もあって、本作はクソ難しい内容であるにもかかわらずかなりの入り。デボラを演じるのは『ナイロビの蜂』（05 年）（シネマ 11・285 頁）等で有名な美人女優のレイチェル・ワイズだ。学生に熱く講義する大学内の姿もすばらしいが、はじめて体験する英国の法廷で身内のはずの弁護団との格闘にとまどいながらも真の敵と毅然と対峙する中で成長していく彼女の演技は素晴らしい。他方、アーヴィングは弁護士なしの本人訴訟。これはカネをケチったためではなく、元来の「頑固モノ」が「オレ流」を貫いたためだ。アーヴィングの法廷での舌鋒の鋭さはデボラの教室に乗り込んでケンカを売ったときと同じだが、さてその功罪は？『ターナー　光に愛を求めて』（14 年）（シネマ 36・156 頁）で

光の画家・ターナーを演じた英国の名優ティモシー・スポールが、本作ではターナーとよく似た（？）偏屈ながら強靭な自己主張を行う男アーヴィングを見事に演じている。監督は、ケビン・コスナーとホイットニー・ヒューストンが共演した『ボディガード』(92年)を代表作とする英国のミック・ジャクソンだ。

　本作は右のような映画としての見どころも満載だが、法的論点もテンコ盛り！①本訴訟の請求の趣旨は？②なぜイギリスの王立裁判所で審理を？③なぜ陪審制でなく1人の裁判官の審理に？④英国での法廷弁護士と事務弁護士の違いは？⑤準備手続の期間と審理期間は？⑥弁護士費用はHOW　MUCH？⑦一審判決の勝敗は？⑧控訴は？最終結末は？等々の疑問が次々と湧いてくる。最大の疑問は、「有罪と証明されるまでは無罪」（疑わしきは罰せず）という米国の法的信条とは逆に、英国の名誉棄損訴訟では被告側に立証責任があるとされていること。しかし、それって一体ナニ？

　ちなみに、司法試験用の勉強しかしていない多くの弁護士は大陸法（成文法）はそれなりに知っていても、イギリスのコモン・ローはほとんど知らないから、本作の法廷シーンを正確に理解するのは難しい。同時期に日本では大阪弁護士会が後援した『三度目の殺人』が公開されたが、これは福山雅治扮するエリート弁護士が役所広司扮する殺人犯（？）の二転三転する供述に翻弄される難しさはあるものの、日本人にはわかりやすかった。それに比べれば本作はクソ難しいことを覚悟してしっかり鑑賞したい。

4. 断固応戦！ユダヤ人の協力は？弁護団は？

　自己の信念を貫いて発表した著書に自信を持っていたデボラは、学会内での反論・批判は予測していたが、1996年9月、米国に住む自分に対してアーヴィングが英国の王立裁判所に名誉棄損の裁判を提起したことにビックリ。

　朝日新聞は昨年12月『徹底検証「森友・加計事件」朝日新聞による戦後最大級の報道犯罪』（飛鳥新社）によって名誉を棄損されたとして、同書の著者で文芸評論家の小川榮太郎氏に対し、5000万円の損害賠償を求める訴訟を提起した。これに対し、同氏は「一個人を恫喝するのではなく、言論には言論で勝負していただきたい」と回答し、産経新聞論説委員の阿比留瑠比氏は、「報道・言論機関である大新聞が自らへの批判に対し、言論に言論で対抗することもせず、あっさりと裁判所へと駆け込む。何という痛々しくもみっともない自己否定だろうか」と批判。更に徳島文理大・八幡和郎教授は、「名誉を回復したいということが目的でなく、（中略）個人や弱小出版社などが、朝日新聞を始めとするマスメディア集団を批判すること自体をやめさせようとすることが狙いとしか合理的には理解できない」と批判した。私も同感だ。

　もっとも、これは日本国内のちっぽけな言論抑圧訴訟だが、本作が描くそれは世界的な大訴訟。英国で本格的法廷闘争に臨めば、その費用は膨大な額になるはずだ。更に、そもそも立証責任が転換されている本訴訟でデボラは勝てるの？ユダヤ人は中国人（華僑）と

並んで世界中で固い連携を誇っているから、そこに支援を求めれば一介の学者からの提訴への対応なんてチョロいもの。デボラがそう考えたかどうかは知らないが、スクリーン上には広い人脈を誇るユダヤ人組織にまず相談するデボラの姿が描かれる。ところが、英国のユダヤ人コミュニティの指導者はこぞってデボラに対して和解による解決、つまり名誉棄損を認め、一定の和解金を支払うことで円満・早期に解決することを提案してきたから、アレレ？「戦わなければ、私は確実に負けたことになる」。感情先行型で独立独歩、何事も自分でやらないと気が済まない負けん気の強いデボラはそこから「断固応戦！」を決意し、弁護団選びに。

5. 依頼者と弁護士との信頼は？その緊張感に注目！

　私は『いま、法曹界がおもしろい！』（04年・民事法研究会）で、弁護士を「依頼者迎合型」と「依頼者説得型」に分類した。弁護士が急速に増員した昨今は、依頼者獲得のためのノウハウ講座が大流行。そこでは前者が大勢だが、私は典型的な後者だ。依頼者が私の説得に従わない場合は、いくら金を積まれても依頼を断ることもある。英国には法廷弁護士（バリスター）と事務弁護士（ソリシター）があり、その役割は決定的に違うが、本作に登場する両弁護士は両者とも依頼者説得型だ。とりわけ、法廷弁護士はホロコースト被害者のユダヤ人の声を法廷に持ち込もうとするデボラを厳しく批判。そればかりか、法廷で自己の主張をまくし立てるアーヴィングとは対照的に、法廷での彼女の発言を禁じたから、デボラの心の中には弁護団不信の芽も。本作中盤は、そんな視点で依頼者と弁護団との信頼関係のあり方をしっかり学びたい。しかして、アーヴィングへの質問でみせる、法廷弁護士のなんとも鮮やかな尋問テクニックとは？また、アウシュビッツ収容所を詳細に事前調査したことの意図とは？なるほど、ここまでわかればデボラの弁護団に対する信頼は１００点満点に。

6. ホロコーストはなかった！この主張をどう考える？

　西欧流の憲法や刑事訴訟法の大原則の１つに「無罪の推定」がある。つまり、刑事事件の被疑者や被告人には有罪の判決が確定するまでは無罪の推定が働くから、マスコミから「犯人はあいつだ！」と決めつけられている人間でも、法律上そう決めつけるのはダメ、ということだ。それと同じように、今ドキ「地球は平らだ」と主張すれば、「お前はバカか」と批判されるが、あなたは本当に地球が丸いことを知ってるの？また、ナチス・ドイツによるホロコーストの悲惨さは誰でも知っている（と思っている）が、あなたはホントにそれを知ってるの？

　本作にみるアーヴィングの「ホロコーストはなかった」「ガス室はなかった」等の主張やそれを裏付けるための「強制収容所のガス室は遺体の消毒のための部屋だった」等の主張を聞いていると、私でも「なるほど」と思ってしまう説得力（？）がある。よく考えれば、これは「南京大虐殺」や「従軍慰安婦」問題等、今なお「論争」が続いている歴史的認識

問題と同じような論点かもしれない。本作中盤の法廷シーンにおけるアーヴィングのアジ演説（？）ぶりを見ていると、本人訴訟を立派に遂行している彼の弁論術や訴訟戦術にも大いに感心させられる。しかし、約３年半の準備手続を経て、２０００年１月から始まった公判が１０日過ぎ、２０日過ぎてくると、さすがにアーヴィングとデボラの強力な弁護団との力量の差が歴然と・・・。

7. 公判３２日目の裁判官の発言をどう理解？

日本でも２００９年に始まった裁判員裁判はかなり定着してきた。しかし、連続審理、長期審理の大事件になると、裁判員の過大な負担問題が近時急浮上している。もっとも裁判官はそれが仕事だから、王立裁判所の裁判長は１人で連日、見事な訴訟指揮を続けていた。両弁護士は審理状況を有利と読み、終盤に向けて気を引き締めていたが、公判３２日目、裁判長が突然「アーヴィングの意図的な資料の改ざん・解釈は反ユダヤ主義とは関係ないのではないか」と述べ、さらに「反ユダヤ主義が信念を持つ発言なら、ウソと非難できないのではないか」と述べたから、被告側はビックリ。この裁判長の発言をどう理解すればいいの？

日本でもアメリカでも、裁判長の訴訟指揮のやり方やちょっとした発言は裁判所の心証形成のあり方を探る重要なサインになるが、それは本訴訟でも同じ。裁判長の先の発言を額面通り受け取れば、ひょっとして本訴訟は被告敗訴？一気にそんな心配が広がったが・・・。

8. 判決は？控訴は？結末は？

本作は『アラバマ物語』(62年) や『アミスタッド』(97年) (シネマ１・43頁)、さらにはジョン・グリシャム原作の『評決のとき』(96年) や『レインメーカー』(97年) のような弁護士の活躍が目立つ、丁々発止の血沸き肉躍る（？）法廷モノではない。鑑賞後の私ですら、英国流の法廷のあり方を十分に理解できていないかもしれない。しかして、本件は原・被告どちらが勝訴？それは読者自身の目で確認してもらいたいが、３２日間の審理終了から、約１カ月半後の４月１１日に言い渡された判決は３３３頁におよぶ力作だったそうだからすごい。何が真実かを発見することは、それだけ難しいということだ。ちなみに、本訴訟の弁護士費用は２００万ドル（約２・３億円）だが、世界中の人々がそれを支援してくれたから、デボラと弁護団はウインウインの結末に。それに対して、控訴審まで闘ったアーヴィングの方は破産宣告を受けたそうだから、その明暗はくっきりと！
第４１回日本アカデミー賞最優秀作品賞は『三度目の殺人』が、第９１回キネマ旬報ベスト・テンの第１位は『夜空はいつでも最高密度の青色だ』が選出された。両者とも多くの国民が納得する優秀作だが、たまには本作のようなクソ難しい映画でしっかり歴史と法律のお勉強を！
（注）（シネマ〇・〇頁）の表記は、筆者出版物の『シネマルーム』Ⅰ～40（２００１年～２０１７年）の巻数と頁数を示す。

Data

監督：スティーヴン・ダルドリー
原作：ベルンハルト・シュリンク『朗
　　　読者』（新潮文庫刊）
出演：ケイト・ウィンスレット／レ
　　　イフ・ファインズ／デヴィッ
　　　ド・クロス／レナ・オリン／
　　　ブルーノ・ガンツ／アレクサ
　　　ンドラ・マリア・ララ／ハン
　　　ナー・ヘルツシュプルング／
　　　ズザンネ・ロータ

SHOW-HEY シネマルーム

★★★★★

愛を読むひと

2008年／アメリカ、ドイツ映画
配給：ショウゲート／124分

2009（平成21）年3月3日鑑賞　　試写会・TOHOシネマズ梅田

みどころ

　アカデミー賞作品賞、監督賞は『スラムドッグ＄ミリオネア』にさらわれたが、主演女優賞はケイト・ウィンスレットが並み入る強豪（？）を抑えて念願の初ゲット！15歳の男の子との体当りベッドシーンにはじまるハンナには、誰にも言えないある「秘密」が・・・。

　そのため、彼女には無期懲役の言渡など波瀾万丈の人生が。原題の『ＴＨＥ　ＲＥＡＤＥＲ』の意味を噛みしめながら、『タイタニック』（９７年）とは全く異質の、女優魂が炸裂する成長したケイトの魅力を存分に味わいたい。

―――＊―――＊―――＊―――＊―――＊―――＊―――＊―――＊―――＊―――＊―――＊―――

■□■主演女優賞受賞おめでとう！■□■

　第81回アカデミー賞は作品賞、監督賞、脚色賞など『スラムドッグ＄ミリオネア』（08年）が最多8部門を受賞して圧勝。『愛を読むひと』は作品賞、監督賞、主演女優賞、脚色賞、撮影賞にノミネートされていたが、主演女優賞以外の4部門はすべて『スラムドッグ＄ミリオネア』に完敗した。しかし主演女優賞だけは、アン・ハサウェイ（『レイチェルの結婚』）、アンジェリーナ・ジョリー（『チェンジリング』）、メリッサ・レオ（『フローズン・リバー』）、メリル・ストリープ（『ダウト－あるカトリック学校で－』）の4人を制して、見事に本作でケイト・ウィンスレットが受賞。

　『フローズン・リバー』（08年）だけまだ観ていない私は、本作を観るまではアンジェリーナ・ジョリーが最有力候補と思っていたが、たしかに本作のケイト・ウィンスレットの演技はすばらしい。『タイタニック』（97年）でみせたあの肉感的な魅力いっぱいの若手女優が11年後にこんな成熟した女優に成長したのは立派だが、本作がすごいのは36歳から66歳までの役をスリリングなストーリー展開の中で見事に演じ切ったこと。主演女優賞受賞おめでとう！

367

■□■ダルドリーは、3作とも監督賞にノミネート！■□■

　1961年イギリス生まれのスティーヴン・ダルドリー監督は本作が長編3作目だが、第1作『リトル・ダンサー』（00年）はアカデミー賞3部門、第2作『めぐりあう時間たち』（02年）はアカデミー賞9部門、そして本作はアカデミー賞5部門にノミネートされている。しかも監督賞ノミネートは、3作連続パーフェクトという実績の持ち主。また、主演女優にアカデミー賞主演女優賞をもたらしたのは、『めぐりあう時間たち』のニコール・キッドマンに続く、2度目という快挙。何ともすごい監督がいるものだ。

　アカデミー最多13部門にノミネートされた『ベンジャミン・バトン　数奇な人生』（08年）は1918年から2003年までの年代の他、ブラッド・ピット演ずるベンジャミンとケイト・ブランシェット演ずるデイジーの年齢を追っていくのが大変だった（？）が、本作でのハンナ・シュミッツ（ケイト・ウィンスレット）とマイケル・バーグ（レイフ・ファインズ／デヴィッド・クロス）の年齢差は21歳。また2人の最初の出会いはハンナが36歳、マイケルが15歳と設定されているから、その点は楽。しかし、ケイト・ウィンスレットの熱演は36歳から66歳まで続くうえ、1958年、1966年、1976年、1980年、1988年、1995年とある時代ごとに物語が組み立てられていくから、やはり頭の整理は必要。メモをとりながら観る必要はないが、この映画については鑑賞後パンフレットを読んで確認したり、自分の整理メモを作るくらいの作業をした方が、よりストーリー展開を納得できるのでは？

■□■本作は、英語でも違和感なし！■□■

　本作はドイツの作家ベルンハルト・シュリンクが1995年に出版した自伝的要素を含む小説『朗読者』を原作としたものだから、当然登場人物はドイツ人だし舞台もドイツ。したがって、本来はドイツ人俳優がドイツ語で演ずるべき映画だが、本作はアメリカ・ドイツ映画として、英語をしゃべるイギリス人のケイト・ウィンスレットとレイフ・ファインズが共演し、青年時代だけはドイツ人のデヴィッド・クロスが出演し英語でしゃべっている。また、スイスとドイツを中心にヨーロッパで活躍しているブルーノ・ガンツは『ヒトラー～最期の12日間～』（04年）の印象が強烈だったため、ドイツ語をしゃべる俳優というイメージが強いが、彼も本作では英語。ちなみに、ケイト・ウィンスレット演ずるハンナ・シュミッツはドイツ語読みも英語読みも同じだが、レイフ・ファインズ演ずるマイケル・バーグは英語読みで、ドイツ語読みはミヒャエル・ベルグとなる。

　このように考えると、デヴィッド・クロスやブルーノ・ガンツに英語を喋らせるのは本末転倒で、本来はケイト・ウィンスレットやレイフ・ファインズにドイツ語をしゃべらせるべきだが、やはり現実は力関係（資金力？）で決まるらしい。もっとも、『ワルキューレ』（08年）はすごい題材だったが、現実に起きたヒトラー暗殺計画をドイツ人将校に扮したトム・クルーズが英語で演じ、「ハイル・ヒトラー！」だけドイツ語で叫ぶ（？）という

のはどうしても違和感があった。それに比べれば、本作は英語でも違和感なし！

■□■まずは、スケベおやじ好みの描写から■□■

アカデミー賞作品賞、監督賞、主演女優賞、脚色賞、撮影賞の計5部門にノミネートされ、ケイト・ウィンスレットが主演女優賞を受賞した本作は、まずはスケベおやじ好みの描写から始まる。時代は１９５８年、舞台はドイツのある都市。マイケルは１５歳の少年（青年？）、ハンナは路面電車の車掌をしている３６歳の女性だ。

この映画を観ていると、男と女の出会いには実にいろいろなパターンがあるものだと実感！ハンナにしてみれば、学校帰りに身体の具合が悪くなったマイケルをちょっとした親切心から助けてやっただけだろうが、３カ月後にやっと猩紅熱から回復し、お礼の花束を持ってハンナの部屋を訪れてきたマイケルとの間に、なぜあんな状況が生まれたの？ハンナがマイケルに石炭を運んでくれと頼んだこと、慣れない作業をしたマイケルが煤だらけになったこと、そのためハンナが急いでマイケルを風呂に入れようとしたこと、には何の計算もなかったはず。しかし、その後のハンナの行動は・・・？３６歳の男が１５歳の少女にこんなことをしたらたちまち「御用！」だが、男と女の年齢が逆であればオーケー・・・？

また１度そんな事態になれば、次の日もその次の日もマイケルが放課後になると何をおいてもハンナの部屋に駆け込んできたのは当然だが、ハンナがそれを無条件に受け入れたのは一体なぜ？スケベおやじ的な観点から２人のヌード姿と激しいセックスシーンを鑑賞するのもいいが、アカデミー賞主要5部門にノミネートされた本作冒頭のセックス描写は、原題の『ＴＨＥ　ＲＥＡＤＥＲ』と対比しながら、その意味をじっくり考えなくちゃ・・・。

■□■セックスの前に朗読を！■□■

恋人間のセックスライフやセックススタイルはいろいろあるだろうが、「セックスの前に小説の朗読を！」とねだる女性は少ないはず。それまでは、部屋の中で出会うや否や言葉も交わさず激しく求めあっていたのに、ハンナがそんな依頼（要求？）をしてきたのは一体なぜ？また、若い（性欲の固まりのような？）マイケルがすんなりそれに応じたうえ、毎日いろいろな名作を持参してハンナに読んでやったのは一体なぜ？

本作の邦題は『愛を読むひと』と何やら奥深い意味が込められているが、原作は『朗読者』だし、原題は『ＴＨＥ　ＲＥＡＤＥＲ』とシンプル。マイケルが読む小説は、マーク・トウェインの『ハックルベリー・フィンの冒険』からフランツ・カフカの『変身』、Ｄ・Ｈ・ロレンスの『チャタレイ夫人の恋人』まで多種多様だが、マイケルの朗読を聞いているハンナはどれを聞いていてもホントに楽しそう。「そんなに小説が好きなら、自分でも読めば・・・」とつい思ってしまうが、昼間は仕事で忙しいハンナにはそんな時間はなく、恋人（？）にベッドで読んでもらうのがベスト・・・？誰もがそんな風に思うはずだが・・・。

■□■２３歳のマイケルは２３歳の私と同じ？■□■

今日はマイケルの誕生日。クラスの友人たちやマイケルに好意をもってくれている女の子が企画してくれた誕生日パーティーを振り切って、ハンナの部屋に駆けつけてきたのに、今日のハンナの機嫌は最悪。それはなぜ？そんなことが１６歳になったばかりのマイケルにわかるはずはない。さらに、次に訪れた時部屋の中は空っぽになっていたから、マイケルのショックは大。さて思いあたる節は？

映画とは便利な芸術で、それから一瞬で７年が経ってしまう。今２３歳となったマイケルはハイデルベルグ大学の法科に入り、ロール教授（ブルーノ・ガンツ）の特別ゼミ生となっていた。私は２３～２５歳まで２年間司法修習を受けたから、実際の裁判傍聴から学ぶというロール教授のゼミで学んでいる２３歳のマイケルは、２３歳の時の私と同じようなもの？そんな個人的な興味はさておき、傍聴した裁判で、裁判長からの人定質問に対して「ハンナ・シュミッツ」と答えたのは、何とずっと想い続けてきた彼女だったからマイケルはビックリ。なぜ、ハンナが被告人席に？そして、彼女が問われている罪は？

■□■あの戦争犯罪をいつまで引きずるの？■□■

日本はA級、B級、C級戦犯についての東京裁判で、あの戦争犯罪のケリをつけ、１９５０年代の朝鮮特需、６０年代の高度経済成長に結びつけた。しかし、ドイツでは戦後２０年近く経過した１９６６年になっても、ナチ親衛隊の看守として収容所で働いていたハンナたちが戦争犯罪に問われ、裁判を受けていたからその姿にビックリ。ハンナたちが収容したユダヤ人を次々とアウシュビッツに送り込んだのは上からの命令に従っただけだが、「ある書類」によってその全責任をハンナが負わされることに。それに対する反論は可能だったはずだが、なぜかその反論をしなかったため、ハンナは無期懲役の極刑に。

そんな判決の言い渡しを受けて、ハンナはなぜそれを甘受しているの？裁判の一部始終を傍聴していたマイケルは、ここでやっとハンナが絶対に打ち明けようとしない、「ある秘密」に気付いたが、さあそこでマイケルはどんな行動を？

■□■それから１０年■□■

それから１０年後の１９７７年、弁護士になったマイケルは私と同じように離婚を経験し、幼い娘とも別れ、今は再び１人で生活をしていた。しかしハンナとどう向き合うのかというテーマは、何も解決しないままだった。そこで今マイケルが決意したのは、原点回帰、すなわち１５歳の時にしていた小説の朗読だ。服役しているハンナに対してある日、マイケルが朗読したホメロスの『オデュッセイア』、チェーホフの『犬を連れた奥さん』などのテープが送られてきたから、ハンナはビックリ。テープの送り主はマイケル。ハンナがそう直感したのは当然だ。そしてまた、マイケルが今も私のことを想ってくれている。そんな確信がハンナに新たな生きる希望を与えたこともまちがいない。

テープの前で名作の朗読を続けるマイケル。その思いを受けとめ続けるハンナ。そんな２人の関係はその後ずっと続いたが、刑務所の外では再びマイケルと会えないとわかって

いるハンナが、ある日刑務所の中で決意したことは？時は１９８０年。ハンナは既に５８歳になっていた。その決意の内容はここには絶対書けないから、あなた自身の目で・・・。

■□■ドイツにも仮釈放の制度が■□■

　日本には仮釈放制度がある。つまり、模範囚として刑期の１／３〜１／２をつとめれば仮釈放されるわけだが、当然ドイツにも同じような制度がある。朗読されたテープがドッサリとたまった１９８８年、つまりハンナが収監されて丸々２０年。ハンナに予想もしなかった仮釈放が告げられた。そこで問題は、身寄りのないハンナの受け入れ先、つまり住居と仕事。それが確保されなければ、ハンナの社会復帰の第一歩が踏み出せないことは明らかだ。そこで白羽の矢が立ったのがマイケル。今最もハンナに近い距離にいるのはマイケルだから。当然マイケルはそんな要請を受け入れ、ハンナと面会のうえ、部屋と仕事先を伝えた。弁護士として十分成功しているらしいマイケルの生活状態をみれば、それくらいの世話は何の負担でもなさそうだし、マイケルにとってはその世話をすることが喜びだったはず。また、２０年前のあの裁判の時、自分がなぜもっと勇気ある行動をとれなかったのか、という反省の気持もあったはずだ。

　そして、今日は晴れて仮釈放の日。ところが、そこでマイケルが目の前に見たものは？

■□■最後の舞台はニューヨーク、時代は１９９５年■□■

　本作の舞台はドイツだし、マイケルもハンナもドイツ人という設定。したがってアメリカのニューヨークには縁もゆかりもないはずだが、なぜか本作の最後の舞台はニューヨーク、そして時代は１９９５年。それは、１９６６年の「あの裁判」で収容されていたユダヤ人として証言台に立ったイラナ・メイザー（アレクサンドラ・マリア・ララ）をマイケルが訪れるためだ。なぜマイケルがあの証人を訪ねてわざわざニューヨークまで行くの？それもここでは絶対書けないが、１９６６年の裁判当時２３歳だったマイケルも１９９５年の今は５２歳。当然若かった証人のイラナ・メイザーも今は年をとっており、それを演ずる女優もレナ・オリンに変わっている（証言する娘を見守る母親ローズ・メイザーと二役）。

　２９年前の裁判で証言台に立ったユダヤ人女性と、その証言を傍聴席から固唾を呑んで見守っていた法科の若き学生が今ニューヨークではじめてご対面したわけだが、そこではどんな会話が？もちろん、イラナ・メイザーにとってマイケルは全く縁もゆかりもなかった人間。そこで出されたマイケルからの提案に対して、彼女はどのような対応を？

　アカデミー賞監督賞、作品賞、脚色賞、撮影賞を『スラムドッグ＄ミリオネア』にさらわれたのは仕方ない（？）が、ノミネートにふさわしい力作に拍手！ネタバレ厳禁だから、特に１９８０年以降の感動のドラマの詳細は書けなかったが、「ある秘密」とそれを軸とした大きな感動は是非あなた自身の目で。　　　２００９（平成２１）年３月１４日記

坂和先生、出版おめでとう！
―表紙のデザイン作成に参加した立場から―

1）坂和先生へ！このたびは、最新の著作『ヒトラーもの、ホロコーストもの、ナチス映画大全集』の御出版おめでとうございます。いつも先生から最新の本を受け取っていますが、今回は本書の表紙のデザイン作成に参加できたことを心から嬉しく思っています。2020年2月にはじめて先生から表紙のデザインの依頼を受けた時は、正直言ってすごくとまどいました。ヒトラー、ホロコースト、ナチスという言葉を聞いただけで誰もが陰鬱な気持ちになり、悲惨な風景を思い浮かべるのは当然です。そのため、それをテーマにした本書では、それを超越した力強いメッセージを美術的にデザインする手法や手掛かりを容易に思いつきませんでした。しかし、『ジョジョ・ラビット』(19年)を鑑賞し、そこで使われているデザインと色要素を参考にすることによって、すぐにイメージが浮かび上がりました。それは、ナチスドイツの国旗を構成している赤、黒、白の三色をメインに使用し、ほんの少しだけ淡い黄色を使用することです。

2）この表紙の作成については、構想から完成まで3週間を要しました。また、普段は仕事があるので、友人たちにも手伝ってもらいました。そこでは、主にテレワークでやり取りしましたが、遠隔で意思疎通するのは相当手間がかかりました。デザインというものは、「2mm違うだけで世界が変わる」と思っていただければ幸いです。そのため、CGを担当してくれた友人に、深夜に「あと○○ミリ右に！」等のしつこい要請を出しましたが、嫌な顔ひとつせず協力してくれたため、とことん修正することができました。他方、ヒトラーのイラストは、丸3日かけて今年美大を卒業するもう1人の友人が描き上げてくれました。この絵はどんな専門家にも自慢できる出来栄えです。

3）このように、カメラがすべてを録画してくれる映画と違って、美術は結局アナログなのです。どんな注文に対してもゼロから作っていくため、手間ヒマがかかるのだということをあらためて痛感しました。そしてまた、結局「正しい答えはない」ため、「総合的に素敵」なゴールを探し出すための時間が必要でした。「ゴールは見つかったのかな？」、自分が携わる仕事はいつもそう自問自答していますが、その答えには、きっといつか巡り合えるでしょう。さらに、デザインが仕上がり提出を目前にしたところで、最後の裏表紙の画を、それまでのカメラなどをテーマにした作品から、私のアートシリーズである「小格系列」に入れ替えました。このシリーズは私の創作を支えている原点といえる作品なので意義があると考えたわけです。

4）協力してくれた人が多い分だけ、先生が次回に上京する時、話題を共にできる友人が増えたのではないでしょうか。そんな集いの日を楽しみにしつつ、今回の出版の祝辞とさせて頂きます。

2020年3月16日

劉 茜懿

あとがき

1）本書は「まえがき」に書いたとおり、「アウシュビッツ収容所解放７５年」の節目にあたる２０２０年の今年、『ＳＨＯＷ－ＨＥＹシネマルーム』１～４５を出版し続けてきた弁護士兼映画評論家の私が、同書の中で心を込めて書いた「ヒトラーもの」「ホロコーストもの」をまとめ『ナチス映画大全集』として出版したものだ。

その総数は７２本になり、編と章の「見出し」だけでも圧倒される内容になっている。それを１本１本きちんと読んでもらえば、それぞれの映画が、それぞれの時期に、それぞれのテーマで、それぞれ訴えたかったものが、ひしひしと伝わってくるはずだ。

2）トランプ大統領は選挙時の公約どおり、就任後の２０１７年１２月に、エルサレムをイスラエルの首都と宣言した。また、これも公約どおり、イスラエル建国７０周年となる２０１８年５月１４日には、それまでテルアビブにあった米国の在イスラエル大使館をエルサレムに移転した。米国の歴代大統領は、イスラエルとパレスチナの「二国家共存」に配慮し、エルサレムの帰属は両者の交渉に委ね、米国大使館はテルアビブに置いていたことを考えれば、このトランプ大統領の決断と行動はあっと驚くべきものだ。そのため、東エルサレムを首都とする独立国家の樹立を目指してきたパレスチナが、これに猛反発したのは当然だ。ユダヤ教、キリスト教、イスラム教の聖地が集まるエルサレムは、１９４７年の国連によるパレスチナ分割決議で国際管理下に置かれることになったが、イスラエルは１９４８年の第１次中東戦争で西エルサレムを獲得。１９６７年の第３次中東戦争で東エルサレムを併合し、１９８０年にはエルサレム全域を首都と宣言した。そのため、国際社会はこれを無効とする国連総会決議を採択し、日本を含む多くの国々はテルアビブに大使館を置き、「移転しない」と明言しているが、さて・・・？

このような歴史的経緯と各国の対応に照らせば、トランプ大統領の決断と行動をどう解釈すればいいのだろうか？

3）イスラエルとパレスチナの対立・抗争の焦点になっているのは、ヨルダン川西岸地区だ。２０１８年５月に米国大使館をテルアビブからエルサレムに移転したトランプ大統領は、２０１９年１月に「和平案」を発表し、ユダヤ人の入植地を中心とするヨルダン川西岸の約３割をイスラエル領と認めた。これを受けて、イスラエルは境界画定作業を開始したから、パレスチナ側が猛反発したのは当然。パレスチナ自治政府のアッバス議長は、国連安全保障理事会で「この計画は平和や安定をもたらすものではない。軍事力による占領を肯定するものだ」と猛アピールしたが、サウジアラビアやエジプトなど対米関係を重視している国は一向に動こうとしないらしい。

デビッド・リーン監督の『アラビアのロレンス』（62年）の時代から中東情勢は複雑怪奇で、私たち日本人にはあまりにも難しすぎるが、１９４８年にアメリカの「後押し」によってはじめてユダヤ人国家として成立したイスラエルという国は実に興味深い。ちなみ

に、シェークスピアの『ベニスの商人』ではユダヤ人は金に汚い守銭奴として描かれているが、森繁久彌が長い間テヴィエ役を務めた『屋根の上のヴァイオリン弾き』では、ユダヤ人は悲しい流浪の旅をつづける民族として描かれている。古くさかのぼれば、彼らユダヤ人は、モーゼに率いられて「脱エジプト」を果たした末に世界中に広がって生き延び、やっと１９４８年に念願の独立国家を持った民族。その中には、アウシュビッツ強制収容所を生き延びた人間も加わっていたはずだ。そして、ヒトラーの主張とは逆に、ユダヤ人の優秀さはさまざまな実績から明らかだ。そんなユダヤ人の国家イスラエルは、長年続くパレスチナとの対立・抗争の中、今何を考え、どう動こうとしているのだろうか？

4)「ヒトラーもの」「ホロコーストもの」は日本でも毎年一定数が公開されているため、『シネマ４０』以降だけでも、次の映画を収録してきた。すなわち、『シネマ４０』では、「ヒトラー映画２作」と題して①『ヒトラーへの２８５枚の葉書』、②『ハイドリヒを撃て！「ナチの野獣」暗殺作戦』を、『シネマ４１』では、「アウシュビッツの悲劇をどう考える？」と題して①『否定と肯定』、②『ブルーム・オブ・イエスタディ』を、「『ヒトラーもの』にはこんな物語も」と題して③『永遠のジャンゴ』、④『ユダヤ人を救った動物園　アントニーナが愛した命』を、『シネマ４２』では、『ヒトラーと戦った２２日間』を、『シネマ４３』では「ナチスもの」と題して①『ナチス第三の男』、②『ちいさな独裁者』、③『あなたはまだ帰ってこない』、④『未来を乗り換えた男』を、『シネマ４５』では、「ナチスドイツを巡る戦争モノ２作」と題して①『オーヴァーロード』、②『アンノウン・ソルジャー　英雄なき戦場』を、「名画からナチスドイツを考える」と題して③『ヒトラーｖｓ.ピカソ　奪われた名画のゆくえ』を収録した。

5）また、『シネマ４６』に収録すべき、２０１９年１０月から２０２０年３月までに私が鑑賞した映画の中で注目すべき「ヒトラーもの」は、①２０１９年のアカデミー賞作品賞等６部門にノミネートされた『ジョジョ・ラビット』と、②テレンス・マリック監督の『名もなき生涯』だ。他方、「独ソ戦」を描いた名作は『スターリングラード』等たくさんあるが、ビックリさせられたのが、ニキータ・ミハルコフ監督がプロデュースした、ロシア発の『Ｔ－３４　レジェンド・オブ・ウォー』。さらに、『帰ってきたヒトラー』のイタリア版ともいうべき映画、『帰ってきたムッソリーニ』も興味深かった。これら直近の「ヒトラーもの」は２０２０年７月に出版予定の『シネマ４６』に収録予定だが、本書の企画が先行したため、その内容に応じて本書のしかるべき章に収録した。したがって、そんな最新作を含めて、本書ではたっぷりと坂和流の『ヒトラーもの、ホロコーストもの、ナチス映画大全集―戦後７５年を迎えて―』を味わってもらいたい。

以上

２０２０（令和２）年３月１６日

弁護士・映画評論家　坂　和　章　平

弁護士兼映画評論家　坂和章平の著書の紹介

＜都市問題に関する著書＞

『苦悩する都市再開発～大阪駅前ビルから～』（都市文化社・８５年）（共著）

『岐路に立つ都市再開発』（都市文化社・８７年）（共著）

『都市づくり・弁護士奮闘記』（都市文化社・９０年）

『震災復興まちづくりへの模索』（都市文化社・９５年）（共著）

『まちづくり法実務体系』（新日本法規・９６年）（編著）

『実況中継　まちづくりの法と政策』（日本評論社・００年）

『Ｑ＆Ａ　改正都市計画法のポイント』（新日本法規・０１年）（編著）

『実況中継　まちづくりの法と政策　ＰＡＲＴⅡ－都市再生とまちづくり』（日本評論社・０２年）

『わかりやすい都市計画法の手引』（新日本法規・０３年）（執筆代表）

『注解　マンション建替え円滑化法』（青林書院・０３年）（編著）

『改正区分所有法＆建替事業法の解説』（民事法研究会・０４年）（共著）

『実況中継　まちづくりの法と政策　ＰＡＲＴⅢ－都市再生とまちづくり』（日本評論社・０４年）

『Ｑ＆Ａ　わかりやすい景観法の解説』（新日本法規・０４年）

『実務不動産法講義』（民事法研究会・０５年）

『実況中継　まちづくりの法と政策　ＰＡＲＴ４－「戦後６０年」の視点から－』（文芸社・０６年）

『建築紛争に強くなる！建築基準法の読み解き方－実践する弁護士の視点から－』（民事法研究会・０７年）

『津山再開発奮闘記　実践する弁護士の視点から』（文芸社・０８年）

『眺望・景観をめぐる法と政策』（民事法研究会・１２年）

『早わかり！大災害対策・復興をめぐる法と政策
　　　－復興法・国土強靱化法・首都直下法・南海トラフ法の読み解き方－』（民事法研究会・１５年）

『まちづくりの法律がわかる本』（学芸出版社・１７年）　　ほか

＜映画評論に関する著書＞

『ＳＨＯＷ－ＨＥＹシネマルームⅠ～二足のわらじをはきたくて～』（０２年）

『社会派熱血弁護士、映画を語る　ＳＨＯＷ－ＨＥＹシネマルームⅡ』（オール関西・０３年）

『社会派熱血弁護士、映画を語る　ＳＨＯＷ－ＨＥＹシネマルームⅢ』（オール関西・０４年）

『ナニワのオッチャン弁護士、映画を斬る！ＳＨＯＷ－ＨＥＹシネマルーム４』（文芸社・０４年）

『坂和的中国電影大観　ＳＨＯＷ－ＨＥＹシネマルーム５』（オール関西・０４年）

『ＳＨＯＷ－ＨＥＹシネマルーム６』	（文芸社・０５年）	『ＳＨＯＷ－ＨＥＹシネマルーム26』	（１０年）
『ＳＨＯＷ－ＨＥＹシネマルーム７』	（文芸社・０５年）	『ＳＨＯＷ－ＨＥＹシネマルーム27』	（１１年）
『ＳＨＯＷ－ＨＥＹシネマルーム８』	（文芸社・０６年）	『ＳＨＯＷ－ＨＥＹシネマルーム28』	（１１年）
『ＳＨＯＷ－ＨＥＹシネマルーム９』	（文芸社・０６年）	『ＳＨＯＷ－ＨＥＹシネマルーム29』	（１２年）
『ＳＨＯＷ－ＨＥＹシネマルーム10』	（文芸社・０６年）	『ＳＨＯＷ－ＨＥＹシネマルーム30』	（１２年）
『ＳＨＯＷ－ＨＥＹシネマルーム11』	（文芸社・０７年）	『ＳＨＯＷ－ＨＥＹシネマルーム31』	（１３年）
『ＳＨＯＷ－ＨＥＹシネマルーム12』	（文芸社・０７年）	『ＳＨＯＷ－ＨＥＹシネマルーム32』	（１３年）
『ＳＨＯＷ－ＨＥＹシネマルーム13』	（文芸社・０７年）	『ＳＨＯＷ－ＨＥＹシネマルーム33』	（１４年）
『ＳＨＯＷ－ＨＥＹシネマルーム14』	（文芸社・０７年）	『ＳＨＯＷ－ＨＥＹシネマルーム34』	（１４年）
『ＳＨＯＷ－ＨＥＹシネマルーム15』	（文芸社・０８年）	『ＳＨＯＷ－ＨＥＹシネマルーム35』	（１４年）
『ＳＨＯＷ－ＨＥＹシネマルーム16』	（文芸社・０８年）	『ＳＨＯＷ－ＨＥＹシネマルーム36』	（１５年）
『ＳＨＯＷ－ＨＥＹシネマルーム17』	（文芸社・０８年）	『ＳＨＯＷ－ＨＥＹシネマルーム37』	（１５年）
『ＳＨＯＷ－ＨＥＹシネマルーム18』	（文芸社・０８年）	『ＳＨＯＷ－ＨＥＹシネマルーム38』	（１６年）
『ＳＨＯＷ－ＨＥＹシネマルーム19』	（文芸社・０８年）	『ＳＨＯＷ－ＨＥＹシネマルーム39』	（１６年）
『ＳＨＯＷ－ＨＥＹシネマルーム20』	（文芸社・０９年）	『ＳＨＯＷ－ＨＥＹシネマルーム40』	（１７年）
『ＳＨＯＷ－ＨＥＹシネマルーム21』	（文芸社・０９年）	『ＳＨＯＷ－ＨＥＹシネマルーム41』	（１７年）
『ＳＨＯＷ－ＨＥＹシネマルーム22』	（０９年）	『ＳＨＯＷ－ＨＥＹシネマルーム42』	（１８年）
『ＳＨＯＷ－ＨＥＹシネマルーム23』	（０９年）	『ＳＨＯＷ－ＨＥＹシネマルーム43』	（１９年）
『ＳＨＯＷ－ＨＥＹシネマルーム24』	（１０年）	『ＳＨＯＷ－ＨＥＹシネマルーム44』	（１９年）
『ＳＨＯＷ－ＨＥＹシネマルーム25』	（１０年）	『ＳＨＯＷ－ＨＥＹシネマルーム45』	（１９年）

＜その他の著書＞
※『シネマ40』以降はブイツーソリューション発行

『Ｑ＆Ａ　生命保険・損害保険をめぐる法律と税務』（新日本法規・９７年）（共著）

『いま、法曹界がおもしろい！』（民事法研究会・０４年）（共著）

『がんばったで！３１年　ナニワのオッチャン弁護士　評論・コラム集』（文芸社・０５年）

『がんばったで！４０年　ナニワのオッチャン弁護士　評論・コラム集』（文芸社・１３年）

『がんばったで！４５年　ナニワのオッチャン弁護士　評論・コラム集』（ブイツーソリューション・１９年）

『いまさら人に聞けない「交通事故示談」かしこいやり方』（セルバ出版・０５年）

『名作映画から学ぶ裁判員制度』（河出書房新社・１０年）

『名作映画には「生きるヒント」がいっぱい！』（河出書房新社・１０年）

『"法廷モノ"名作映画から学ぶ生きた法律と裁判』（ブイツーソリューション・１９年）

＜中国語の著書＞

『取景中国：跟着電影去旅行（Shots of China）』（上海文芸出版社・０９年）

『電影如歌　一个人的銀幕笔记』（上海文芸出版社・１２年）

＜都市問題に関する著書＞

（１９８５年８月）

（１９８７年７月）

（１９９０年３月）

（１９９５年８月）

（１９９６年５月）

（２０００年７月）

（２００１年６月）

（２００２年９月）

（２００３年７月）

（２００３年９月）

（２００４年６月）

（２００４年１１月）

（２００５年４月）

（２００６年９月）

（２００７年７月）

（２００８年４月）

（２０１２年４月）

（２０１５年１１月）

（２０１７年６月）

＜コ ラ ム 集＞

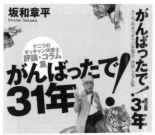

（２００５年８月）

（２０１３年１２月）

（２０１９年４月）

＜名作映画から学ぶ＞

（２０１０年３月）

（２０１０年１２月）

（２０１９年３月）

＜その他の著書＞

＜中国語の著書＞

（２００４年５月）

（２００５年１０月）

『取景中国：跟着电影去旅行』
（２００９年８月）

『电影如歌
　一个人的银幕笔记』
（２０１２年８月）

＜シネマルームは１巻から４５巻まで！＞

（２００２年６月）

（２００３年８月）

（２００４年４月）

（２００４年１１月）

（２００４年１２月）

（２００５年５月）

（２００５年１０月）

（２００６年２月）

（２００６年７月）

（２００６年１１月）

（２００７年２月）

（２００７年６月）

（２００７年１０月）

（２００７年１０月）

（２００８年２月）

（２００８年５月）

（２００８年６月）

（２００８年９月）

（２００８年１０月）

（２００９年２月）

（２００９年５月）

（２００９年８月）

（２００９年１２月）

（２０１０年７月）

（２０１０年１２月）

（２０１１年７月）

（２０１１年１２月）

（２０１２年７月）

（２０１２年１２月）

（２０１３年７月）

（２０１３年１２月）

（２０１４年７月）

（２０１４年１２月）

（２０１４年１２月）

（２０１５年７月）

（２０１５年１２月）

（２０１６年７月）

（２０１６年１２月）

（２０１７年７月）

発行：ブイツーソリューション
（２０１７年１２月）

発行：ブイツーソリューション
（２０１８年７月）

発行：ブイツーソリューション
（２０１８年１２月）

発行：ブイツーソリューション
（２０１９年７月）

発行：ブイツーソリューション
（２０１９年１０月）

発行：ブイツーソリューション
（２０１９年１２月）

＊著者プロフィール＊

坂和　章平(さかわ　しょうへい)

１９４９（昭和２４）年１月		愛媛県松山市に生まれる
１９７１（昭和４６）年３月		大阪大学法学部卒業
１９７２（昭和４７）年４月		司法修習生（２６期）
１９７４（昭和４９）年４月		弁護士登録（大阪弁護士会）
１９７９（昭和５４）年７月		坂和章平法律事務所開設
		（後　坂和総合法律事務所に改称）
		現在に至る

2020年3月3日、友人の北岡利浩さんが開いたオリジナリティあふれる個展を見学。ヒトラーとは無関係だが、見方によっては、この手は何を暗示・・・？
【撮影：2020年3月3日】

＜受賞＞

０１（平成１３）年５月		日本都市計画学会「石川賞」
同年同月		日本不動産学会「実務著作賞」

＜検定＞

０６（平成１８）年　７月		映画検定４級合格
０７（平成１９）年　１月		同　３級合格
１１（平成２３）年１２月		中国語検定４級・３級合格

＜映画評論家ＳＨＯＷ－ＨＥＹの近況＞

０７（平成１９）年１０月	北京電影学院にて特別講義
０７（平成１９）年１１月９日〜 ０９（平成２１）年１２月２６日	大阪日日新聞にて「弁護士坂和章平のＬＡＷ　ＤＥ　ＳＨＯＷ」を毎週金曜日（０８年４月より土曜日に変更）に連載
０８（平成２０）年１０月１６日	「スカパー！」「ｅ２ｂｙスカパー！」の『祭りＴＶ！　吉永小百合祭り』にゲスト出演（放送期間は１０月３１日〜１１月２７日）
０９（平成２１）年　８月	中国で『取景中国：跟着電影去旅行（Shots of China）』を出版
同月１８日	「０９上海書展」（ブックフェア）に参加　説明会＆サイン会
０９（平成２１）年　９月１８日	上海の華東理工大学外国語学院で毛丹青氏と対談＆サイン会
１１（平成２３）年１１月 ３〜６日	毛丹青先生とともに上海旅行。中国語版『名作映画には「生きるヒント」がいっぱい！』の出版打合せ
１２（平成２４）年　８月１７日	『電影如歌　一个人的銀幕笔记』を上海ブックフェアで出版
１３（平成２５）年　２月９日	関西テレビ『ウエル　エイジング〜良齢のすすめ〜』に浜村淳さんと共に出演
１４（平成２６）年　９月	劉茜懿の初監督作品『鑑真に尋ねよ』への出資決定
１４（平成２６）年１０月	日本とミャンマーの共同制作、藤元明緒監督作品『僕の帰る場所／Ｐａｓｓａｇｅ　ｏｆ　Ｌｉｆｅ』への出資決定
１５（平成２７）年　６月２９日	北京電影学院"実験電影"学院賞授賞式に主席スポンサーとして出席
１７（平成２９）年１０〜１１月	『僕の帰る場所／Ｐａｓｓａｇｅ　ｏｆ　Ｌｉｆｅ』が第３０回東京国際映画祭「アジアの未来」部門で作品賞と国際交流基金特別賞をＷ受賞
１８（平成３０）年　３月	『僕の帰る場所／Ｐａｓｓａｇｅ　ｏｆ　Ｌｉｆｅ』が第１３回大阪アジアン映画祭の特別招待作品部門で上映
１８（平成３０）年１０月	『僕の帰る場所／Ｐａｓｓａｇｅ　ｏｆ　Ｌｉｆｅ』が東京で公開
１９（令和　元）年　８月	『僕の帰る場所／Ｐａｓｓａｇｅ　ｏｆ　Ｌｉｆｅ』が福井、関西で２週目の上映開始

ヒトラーもの、ホロコーストもの、ナチス映画大全集
―戦後 75 年を迎えて―

2020 年 5 月 20 日　初版　第一刷発行
著　者　　坂和 章平
　　　　　〒530-0047 大阪市北区西天満 3 丁目 4 番 6 号
　　　　　西天満コートビル 3 階　坂和総合法律事務所
　　　　　電話　　06-6364-5871
　　　　　ＦＡＸ　06-6364-5820
　　　　　Ｅメール office@sakawa-lawoffice.gr.jp
　　　　　ホームページ http://www.sakawa-lawoffice.gr.jp/
発行所　　ブイツーソリューション
　　　　　〒466-0848 名古屋市昭和区長戸町 4-40
　　　　　電話　　052-799-7391
　　　　　ＦＡＸ　052-799-7984
発売元　　星雲社（共同出版社・流通責任出版社）
　　　　　〒112-0005 東京都文京区水道 1-3-30
　　　　　電話　　03-3868-3275
　　　　　ＦＡＸ　03-3868-6588
印刷所　　藤原印刷